KB086995

대한민국
부|동|산
미래지도

***일러두기**

이 책은 2016년 3월 출간된 《부자의 지도》의 개정증보판입니다. 서울 지역의 강서구, 중랑구와 경기 지역의 화성시, 평택시의 원고를 새롭게 추가하고 기존 지역의 원고를 현재 시점에 맞게 다듬었으며 책의 내용을 충실히 이해할 수 있도록 사진과 지도를 전면 보강하고 편집과 디자인 체제를 대폭 수정하였습니다. 땅의 내력을 살펴 사람과 돈이 몰리는 곳의 입지는 무엇이 다른가를 재미있게 통찰한 이 책에서 지금 내가 살고 있는 동네를 제대로 들여다보고 지역과 주택의 숨은 가치를 발견하시길 바랍니다.

대한민국 부동산 미래지도 · 서울편

초판 1쇄 발행 2021년 3월 4일
초판 4쇄 발행 2021년 3월 28일

지은이 김학렬

펴낸이 조기흠
편집이사 이홍 / **책임편집** 송병규 / **기획편집** 박종훈
마케팅 정재훈, 박태규, 김선영, 홍태형, 배태욱 / **디자인** 이창욱 / **일러스트** 정유진 / **제작** 박성우, 김정우

펴낸곳 한빛비즈(주) / **주소** 서울시 서대문구 연희로2길 62 4층
전화 02-325-5506 / **팩스** 02-326-1566
등록 2008년 1월 14일 제 25100-2017-000062호

ISBN 979-11-5784-485-2 14320

이 책에 대한 의견이나 오탈자 및 잘못된 내용에 대한 수정 정보는 한빛비즈의 홈페이지나
이메일(hanbitbiz@hanbit.co.kr)로 알려주십시오. 잘못된 책은 구입하신 서점에서 교환해드립니다.
책값은 케이스와 뒤표지에 표시되어 있습니다.

hanbitbiz.com facebook.com/hanbitbiz post.naver.com/hanbit_biz
youtube.com/한빛비즈 instagram.com/hanbitbiz

Published by Hanbit Biz, Inc. Printed in Korea
Copyright © 2021 김학렬 & Hanbit Biz, Inc.
이 책의 저작권은 김학렬과 한빛비즈(주)에 있습니다.
저작권법에 의해 보호를 받는 저작물이므로 무단 복제 및 무단 전재를 금합니다.

지금 하지 않으면 할 수 없는 일이 있습니다.
책으로 펴내고 싶은 아이디어나 원고를 메일(hanbitbiz@hanbit.co.kr)로 보내주세요.
한빛비즈는 여러분의 소중한 경험과 지식을 기다리고 있습니다.
저작권법에 의해 보호를 받는 저작물이므로 무단 복제 및 무단 전재를 금합니다.

* 이 도서는 2권 세트로만 판매되는 도서입니다.

대한민국 부동산 미래지도

서울편

김학렬 지음

한빛비즈
Hanbit Biz, Inc.

현명한 투자가 안락한 삶의 행복을 지켜줍니다

제가 아는 분의 사연을 들려드릴까 합니다. 이분은 대학을 졸업하고 대우조선해양 본사에서 근무하다가 좋은 여자를 만나 결혼했습니다. 부부는 처가가 있는 군포시 산본동의 아파트에 신혼살림을 차렸습니다. 대출금이 만만치 않았지만 대기업 월급으로 충분히 감당할 만했고, 당시 산본동의 시세가 오르던 때여서 별 걱정은 없었습니다. 첫째에 이어 둘째가 태어나자 조금 더 큰 평수로 옮기기로 했습니다. 마침 아이들의 외숙모, 그러니까 그분 아내 오빠의 처가 공인중개사로 일했는데, 여러 가지를 따져 본 뒤에 일가가 모두 김포시로 옮기는 결단을 내렸습니다. 그분은 40평이 넘는 대형 아파트로 옮겼고, 처가의 가족들도 주변 아파트에 집을 구했습니다.

이 결정을 잘못되었다고 말할 수는 없습니다. 김포시의 그 동네(현재 그 단지에서 살고 계신 분들을 위해 단지의 명칭을 정확히 밝히지 못하는 점 이해해 주세요)는 2기 신도시에 속했고 도로가 뚫리면서 서울과의 접근성도 크게 개선된 상황이었습니다. 또한 당시 부동산 시장 분위기는 시세차익이 높은 대형 아파트를 선호하는 추세였습니다. 일가는 장밋빛 미래를 그리며 그곳으로 옮겨 갔습니다.

하지만 불행히도 집값이 기대만큼 오르지 않았을 뿐만 아니라 오히려 떨어졌습니다. 반면에 생활비는 크게 늘어났습니다. 집의 덩치가 커지면 살림의 덩치도 커지기 마련입니다. 이때부터 대출금의 원금과 이자를 상환하는 일이 버거워지기 시작했습니다. 원리금을 분할 상환하느라 다시 빚을 내는 악순환이 되풀이되었습니다. 결국 그분은 4년 만에 크게 손실을 본 채 집을 팔고 작은 평수의 전세 아파트로 옮겼습니다. 오래지 않아 명예퇴직을 해서 퇴직금으로 사업을 시작했지만 그마저도 실패했습니다. 지금은 제주도에서 어선을 타며 근근이 집에 생활비를 보낸다고 하더군요. 그분은 전형적인 하우스푸어의 길을 걷고 말았습니다.

우리나라 서민 가정의 가장 큰 자산은 주택입니다. 또 대부분이 자산가치가 높은 아파트를 선호합니다. 가족이 머물 보금자리를 마련하는 동시에 매도했을 때 시세차익이 발생할 것을 기대하면서 대출을 받아 아파트를 장만합니다. 만약 매도한 뒤 손에 쥔 차액이 금리를 넘어선다면 이익을 본 것이고 그렇지 않다면 손해를 본 것입니다. 집값이 그대로이거나 떨어졌다 해도 그동안 가족이 안락하게 지낸 비용을 이자로 지불한 것이라고 생각할 수도 있지만 문제는 그렇게 간단하지 않습니다.

아파트에서 생활하다 보면 생활비가 올라가기 마련입니다. 같은 단지에 사는 주민들과 생활수준을 맞추느라 무리하게 되기도 하고, 아이들이 자라면서 교육 지출이 늘어나기도 합니다. 그래서 생계가 점점 팍팍해지고 이자를 내느라 대출을 하는 악순환의 고리에 빠지기도 합니다. 사정이 더욱 악화되면 원하지 않던 시점에 땡처리를 하는 심정으로 주택을 매도

하고 작은 평수로 옮기거나 전세를 구해야 하는 상황에 처하기도 합니다. 결코 남의 일이 아닙니다. 지금 대한민국 대다수의 가정과 가장이 겪고 있는 현실입니다.

주택을 구할 때는 반드시 가격이 오를 주택을 매수하고, 매도할 때는 가급적 차익을 얻어야 한다는 저의 지론은 결코 과한 욕망이 아닙니다. 집은 가족이 함께 생활하는 공간이자 노후를 기댈 유일한 희망입니다. 발품을 팔며 입지를 분석해서 좋은 지역의 좋은 주택을 구할 길이 있는데 그걸 외면한다면 언젠가 아프게 대가를 지불할지도 모릅니다. 신중하게 접근하고 부동산 투자에 대해서 알아가는 일은 보다 안락한 미래를 위해 반드시 필요한 공부입니다. 짧은 시간에 노력 이상의 대가를 바라는 마음과 투기는 금물이지만, 아예 노력을 하지 않는 것 역시 책임을 방기하는 어리석은 일입니다.

이 책에서 여러 번 강조하겠지만, 부동산 거래는 거품을 사고파는 행위라고 할 수 있습니다. 제가 말하는 거품을 점잖은 말로는 '프리미엄' 또는 '미래 가치'라고 부를 수 있습니다. 우리가 명품 가방이나 의류에 고액을 지불하는 이유는 그것이 가진 실질적인 효용성 외에 그 브랜드에 담겨 있는 가치를 인정하기 때문입니다. 부동산도 마찬가지입니다. 우리가 값을 지불하는 것은 땅값과 건축비만이 아니라 그 부동산이 위치하고 있는 입지의 장점과 환경의 가치를 함께 사들이는 것입니다. 만약 입지의 조건과 환경에 적절한 가격을 지불했다면, 그것은 성공적인 투자입니다. 그게 아니라 분위기에 휩쓸리거나 면밀히 알아보지 않은 채 과도하게 값을 치렀다면 실패한 투자입니다. 가장 훌륭한 투자는 부동산과 입지의 미래 가치를 미리 내다보고 선점하는 것이겠지요. 이것이 제가 이 책을 쓴 이유이고, 여러분이 이 책을 펼친 이유입니다.

이 책은 2016년에 펴낸 저의 책 《부자의 지도》를 전면 개정한 것입니다. 5년 사이에 달라진 정보와 사실을 업그레이드해야 할 필요가 절실했고 그동안 새롭게 발굴한 입지를 소개하고픈 마음이 간절했는데, 좋은 기회를 만나 완전히 새로운 책으로 펴내게 되었습니다. 이미 《부자의 지도》를 읽은 분들이라도 그동안 변화한 대한민국 부동산 시장의 흐름을 제대로 파악하고 최신 정보를 업데이트하는 의미에서 일독을 권합니다. 앞선 책에서는 다루지 않은 서울의 강서구와 중랑구에서 새로운 기회를 발견할 수 있을 것이고, 역시 이번에 처음 다룬 경기도 화성시와 평택시가 수도권 남부의 새로운 거점으로 변화해가는 과정을 목격하실 수 있을 것입니다.

독자님들께 보다 많은 것을 자세히 알려드리고자 하는 저의 욕심을 기꺼이 수용해주신 한빛비즈의 송병규 과장과 편집진 여러분에게 감사드립니다.

김학렬 드림

우리가 살아가는 도시와 공간을 깊이 있게 여행하는 좋은 방법

부동산은 가장 중요한 자산입니다. 때문에 부동산을 대할 때는 반드시 공부가 필요합니다. 개인적으로 항상 아쉽게 생각한 것은 사람들에게 인사이트를 줄 수 있는 '교재'가 없다는 점이었습니다. 2015년 이후 진행된 주택 시장의 상승장은 보다 체계적이고 논리적인 분석을 담은 책들이 등장할 수 있는 환경을 만들어주었습니다. 하지만 거의 모든 책이 여전히 어디가 오를지, 어떻게 사야 하는지에 대한 내용만 다루고 있어 아쉬움을 지울 수 없었습니다. 주택은 주식과 달리 단순히 사고파는 투자의 대상이 아닌, 우리가 실제로 살아가는 공간이기에 더욱 그러했습니다.

수많은 주택이 들어서 있는 도시는 그만큼 많은 이야기를 담고 있습니다. 시간과 자본, 그리고 사람의 삶이 어우러지며 만들어진 도시는 그 자체로 흥미롭고 재미있는 존재입니다. 과거의 모습이 어떠했는지, 어떤 이유로 지금의 모습이 되었는지를 안다면 콘크리트와 아스팔트를 반죽해서 만든 공간이 아니라 시간과 사람이 숨 쉬는 역동적인 공간으로 다가

올 것입니다. 또한 과거와 현재는 미래를 예측할 수 있도록 도와줍니다. 우연히 찾아온 한 번의 기회를 잘 활용하여 환골탈태한 지역도, 수없이 찾아온 기회를 다 날려버리고 뒤늦게 변화를 위해 몸부림치는 지역도 모두 흥미롭고 재미있는 이야기를 담고 있습니다.

대한민국의 도시, 그 가운데서도 서울과 수도권은 절박함과 욕망, 무질서와 냉정한 계획이 대립하면서 빚어낸 결과물입니다. 그 과정에서 많은 지역이 새롭게 등장하고 변화했으며, 지금도 끊임없이 모습을 달리하고 있습니다. 하루하루를 숨 가쁘게 살아가는 보통 사람으로서는 이러한 흐름을 체감하고 따라가는 것이 쉽지 않습니다. 우리나라가 국토가 좁다고들 하지만, 그래도 서울과 수도권은 대단히 넓고 미개발지 역시 많습니다. 내가 살아가고 자주 방문하는 곳에 대해서는 나름 알 수 있지만, 그렇지 않은 지역은 미지의 영역으로 남아 있습니다.

변화의 결과는 가격으로 나타납니다. 과거의 기억과 이미지를 대입해서는 도저히 생각할 수 없는 가격이 형성되고, 그것이 사람들에게 받아들여지는 과정은 때때로 당혹스럽게 다가옵니다. 애써 모른 척하고 싶은 마음이 들기도 하고, 한때의 '버블'이라며 거기에 매달린 사람들을 안쓰러운 눈으로 바라보기도 합니다. 하지만 시간이 지나도 버블이 꺼지지 않으면 마음이 급해지고, 뒤늦게라도 참여하고 싶은 마음이 커집니다. 진즉에 그 지역의 가치를 알아보았다면 하는 후회가 밀려오기도 합니다. 하지만 미래를 예측하기란 쉬운 일이 아니고 앞으로 어떻게 변화할 것인지를 내다보는 일 역시 능력 밖의 일입니다. 누가 좀 차분하게 알려주면 좋겠지만, 좀처럼 그런 기회는 찾아오지 않습니다.

김학렬 소장의 신간 《대한민국 부동산 미래지도》는 이러한 답답함과 아쉬움을 해결해주는, 그리고 시간이 지나도 계속 옆에 두고서 꺼내보고 삶은 친절하고 오래된 친구 같은 책입니다. 서울과 수도권에 있는 지역들의 과거와 현재를 차근차근 설명해주고 앞으로 어떻게 변화해갈 것인지까지 같이 생각해볼 수 있습니다. 지역이 가지고 있는 특성과 그러한 특성으로 인해 형성된 오늘의 모습을 설명해주고, 사람들의 노력과 계획을 통해 어떻게 변화해왔는지, 앞으로 어떤 변화를 맞이할 것인지에 대해서 친구가 곁에서 들려주는 것처럼 정감 있게 풀어나갑니다.

이 책은 차가운 투자 서적이 아니라, 사람과 공간에 대한 따뜻한 애정이 넘치는 책입니다. 어느 지역을 사면 된다, 오른다가 아니라 지역이 가지고 있는 잠재력과 가능성에 초점을 맞춥니다. 강남구와 서초구가 아니라 강서구와 중랑구에서부터 이야기를 풀어나가는 것이 그렇습니다. 까마득해 보이는 저 먼 공간이 아니라 많은 사람에게 친숙하고 편안한 공간에 대하여 공을 들여 하나하나 들려주는 글을 읽어가다 보면 김학렬 소장의 따뜻한 마음과 사람에 대한 애정을 느낄 수 있습니다. 지금의 현실이 마음대로 되지 않더라도 다시 힘을 내서 같이 가보자고 힘을 주며 노력하는 그런 마음이 느껴집니다.

한편 이 책은 잘 차려놓은 뷔페이기도 합니다. 좋은 재료로 최선을 다해 맛있는 음식을 내어놓지만 무엇을 먼저, 얼마나 먹으라고 강요하지 않습니다. 각자의 취향대로, 자신이 좋아하는 음식을 선택해서 나만의 상을 차리는 뷔페와 같이, 많은 정보와 이야기를 풀어내지만 그 가운데서 어떤 것이 가장 좋으니 그걸 먹으라고 떠밀지 않습니다. 무엇을 드셔도 만족할 것이라는 자신감 넘치는 셰프의 모습이 느껴지기도 합니다. 익숙한 것만 편식하지 말고 새로운 음식에 도전하고 경험해볼 마음이 들도록 편안하게 호기심을 자극합니다.

책상에 각 잡고 앉아서 읽기보다는 가방과 자동차 한 귀퉁이에 놓고 계속 읽어보면 더욱 좋을 책입니다. 어느 지역에 가서 누군가와 이야기를 나누다가 잘 모르는 동네 이야기가 나왔을 때 펼쳐서 훑어보면 좋은 친절한 가이드북이기도 합니다. 편안한 마음으로 읽어내려 가는 동안 호기심과 궁금증이 커지게 하고, 기어이 무거운 엉덩이를 들어 자리에서 일어나 움직이도록 만드는, 김학렬 소장의 묘한 매력을 그대로 담아낸 책입니다. 여느 투자 서적과는 달리 시간이 많이 지난 후 다시 읽어도 세월의 무게를 느낄 수 있는, 도시와 부동산을 다양한 관점에서 바라볼 수 있도록 해주는《대한민국 부동산 미래지도》는 우리 사회가 한 단계 성숙했음을 보여주는 결과물이라고 생각합니다.

이 책을 통해 많은 분이 김학렬 소장과 함께 우리가 살아가고 있는 도시라는 공간을 재미있게 둘러보는 기회가 되었으면 좋겠습니다.

최준영*

---

* 현재 법무법인 율촌에서 일하고 있다. 부동산 정책에 대한 지대한 관심으로 김학렬 작가와 함께 〈직방TV: 시즌 2〉를 진행하기도 했으며, 경제전문 유튜브 채널 〈삼프로 TV〉에 출연하여 최고의 인기를 얻고 있는 〈지구본연구소〉를 진행하고 있다. 앞으로도 분야의 경계를 넘나들며 왕성한 탐구욕을 발휘할 예정이다.

차례

Chapter 2

서울의 동쪽을 지키는 좌청룡 중랑구 이야기

SEOUL

Chapter 3

대한민국 최고 명품 주거지로 새롭게 탄생한 서초구 이야기

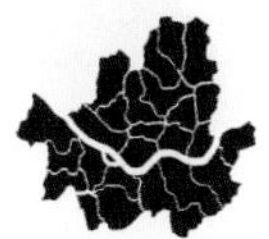

Chapter 4

자연에 가장 가까운 강남권, 강동구 이야기

SEOUL

Chapter 5

원조 강남, 영등포구 이야기

Chapter 6

서울 부동산의 축소판! 고금이 공존하는 성북구 이야기

Chapter 7

대한민국 최고의 인구 밀도를 보이는 노원구 이야기

Chapter 8

젊음과 한강의 도시 마포구 이야기

SEOUL

Part 1

서울

이제부터는 삶의 질을 추구하는 수요 시장이 열린다!

2020년 서울 지역의 아파트 시장은 신기록 행진을 이어갔습니다. 전용 면적 84㎡(분양 면적 31~35평형) 기준 최고가가 지속적으로 갱신되었습니다. 2020년 9월에는 서초구 반포동의 반포주공아파트 1단지 32평형 1층이 44억 원(평당 1억 3,750만 원)에 거래되는 놀라운 실거래가 사례가 발생했습니다. 물론 반포주공아파트 단지는 재건축을 앞두고 있어서 일반적인 사례로 볼 수 없다 하더라도, 2016년에 입주를 시작한 반포동 아크로리버파크 34평형 13층이 2020년 10월 36억 6,000만 원(평당 1억 76만 원)에 거래되어 일반 아파트로는 평당 1억 원을 돌파하는 새로운 이정표를 세웠습니다. 현재 서울은 서초구뿐 아니라 지역 불문하고 25개 구 모두에서 신규 아파트가 거래되기만 하면 실거래가로 신고가(新高價)를 계속 갱신하고 있습니다.

현재 서초구 지역 신규 아파트의 평균 시세는 평당 8,000만 원대(이 책의 초판이 나온 2016년에는 평당 4,000만 원)입니다. 8,000만 원이라는 가격은 단순히 '땅값+건축비'를 반영한 개념이 아닙니다. 이 지역만이 갖고 있는 입지 프리미엄에 신규 대단지 아파트라는 상품 프리미엄이 포함된 가치입니다. 상품성에 대한 가치, 즉 질을 추구하는 수요에 사회적으로 인정한 가치가 반영된 것이죠.

양적인 수요를 중시하던 시기에 서울 아파트 시장은 공급만 하면 분양이 잘되었고 기존 아파트 시세도 덩달아 올랐습니다. 하지만 2008년을 전후해 불어닥친 금융 위기는 서울의 부동산 시장을 재정비하는 결정적인 동기를 마련해주었습니다.

대한민국의 전국 226개 시군구 중에서 부동산 시세가 가장 높은 서울 강남구 아파트의 2020년 12월 기준 평균 시세는 평당 5,800만 원대입니다. 강남구의 최고가 아파트는 대치동 래미안대치팰리스 1단지이며, 2020년 10월 실거래가 기준으로 37평형이 35억 9,000만 원에 거래되었습니다. 현재 강남구 아파트의 평당 평균 시세는 서초구(5,500만 원)보다 높지만 개별 동으로 범위를 좁히면, 신규 아파트가 더 많은 서초구 반포동(7,600만 원)이 가장 높습니다. 송파구에서는 잠실주공 5단지(35평형 / 23억 2,100만 원 / 2020년 9월 거래)와 리센츠(33형평 / 22억 9,000만 원 / 2020년 11월 거래)가

반포주공아파트 1단지를 재건축하여 탄생할 예정인 디에이치클래스트 조감도

최고가 아파트 그룹을 형성합니다. 강남 3개 구 가운데 현재 최고가 아파트를 보유하고 있는 지역은 서초구입니다. 왜 서초구가 강남구나 송파구보다 가격이 높은 아파트가 많을까요?

현재 부동산 시장에서 희망하는 질적인 수요를 충족하는 상품력을 갖춘 아파트가 가장 많이 공급되었기 때문입니다. 대한민국 최고의 아파트 단지로 평가받던 압구정동(강남구)은 이미 순위에서 밀려난 지 오래되었습니다. 현재 재건축 추진위원회를 구성한 단계에 와 있는 압구정동은 입지 면에서 여전히 경쟁력이 높지만, 재건축이 본격적으로 진행될 때까지는 상품성 면에서 서초구 반포동에 비해 낮은 평가를 받을 수밖에 없습니다. 때문에 1976년 입주가 시작된 이래 약 40년간 아성을 구축했던 압구정동도 지금은 반포동을 보며 입맛을 다시고 있습니다.

압구정동은 재건축을 통해 질적으로 업그레이드된 아파트 상품이 공급되기 전까지는 서초구처럼 시세가 크게 오르는 그래프를 보이지 못할 것입니다. 최소한 조합이 설립되고 사업 승인 단계까지 가야 상승하게 될 것입니다. 이를 역으로 유추해서 서초구 반포동에 재건축이 진행되지 않았다면, 그래서 입지 좋은 지역에 상품성 높은 아파트가 입주하지 않았다면 평당 1억 원이라는 아파트 시장은 여전히 열리지 않았을 것이라고 볼 수 있습니다.

그렇다면 반포동의 신규 아파트들이 어떤 상품성을 갖추었기에 이 가격대가 형성되었을까요? 먼저 교통과 교육, 상권, 환경 등의 좋은 입지를 갖추고 있습니다. 여기에 대형 아파트 단지라는 경쟁력 있는 상품을 1군 브랜드로 제공합니다.

서울 서초구 반포동 아크로리버파크가 제공하는 호텔식 조식 서비스 안내문

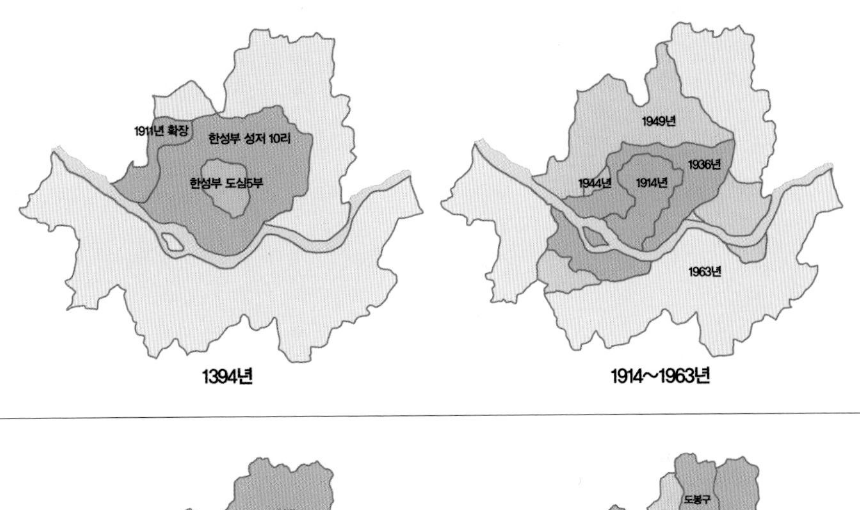

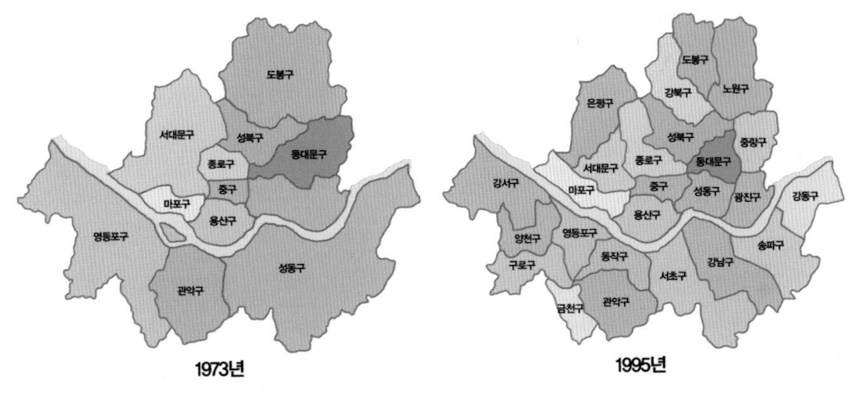

서울 행정 구역의 변천

근대 이후 서울에 신규로 등록된 지역들

출범 연도	해당 구(區)
1943년	종로구·중구·용산구·동대문구·성동구·서대문구·영등포구
1945년	마포구
1949년	성북구
1973년	관악구·도봉구
1975년	강남구
1977년	강서구
1979년	은평구·강동구
1980년	구로구·동작구
1988년	송파구·중랑구·노원구·서초구·양천구
1995년	강북구·금천구·광진구

이전에는 볼 수 없었던 수준 높은 단지 조경과 한 세대당 2대 전후로 제공되는 주차 공간, 주부들의 생활 동선을 고려한 평면 구성, 차별화된 세대 내외의 옵션 상품들, 단지 내에서 거의 모든 활동을 소화할 수 있는 다양한 커뮤니티 시설과 서비스 등을 갖춘 것도 가격 상승의 요인으로 작용했습니다.

서울에서는 예전의 아파트가 제공하지 않았던 상품적 요소를 갖춘 신규 아파트에 거주하기를 원하는 수요층이 기하급수적으로 늘어나고 있습니다. 이들은 상품성 높은 아파트에서 살기 위해서라면 기꺼이 비용을 지불하겠다는 의지가 강합니다. 또한 이들은 자가는 물론 임차도 꺼리지 않습니다. 이러한 시장의 요구는 구축 아파트와 신축 아파트의 전세 시

세를 비교해보면 알 수 있습니다. 단적인 예로, 반포주공 1단지 31평형의 전세가 4억 원인 반면 아크로리버파크 34평형의 전세가는 15억 원을 형성합니다. 이처럼 돈을 더 지불하더라도 더 좋은 주택 환경을 누리고 싶어 하는 주거 수요는 앞으로 점점 더 확대될 것입니다.

서울은 물리적으로 주택 공급을 크게 늘릴 수 없습니다. 마지막 택지 개발사업이었던 강서구 마곡지구 개발이 마무리 단계에 이르렀습니다. 따라서 앞으로 수도권 부동산 시장은 서울권을 생활 기반으로 희망하는 양적 수요는 경기·인천에서 충족시켜나갈 것이고, 서울은 질적인 상품을 공급하는 데 집중하게 될 것입니다. 다시 말해 세대수를 획기적으로 증가시킬 수 있는 택지개발은 경기도와 인천에서 담당하고, 서울은 기존 주택

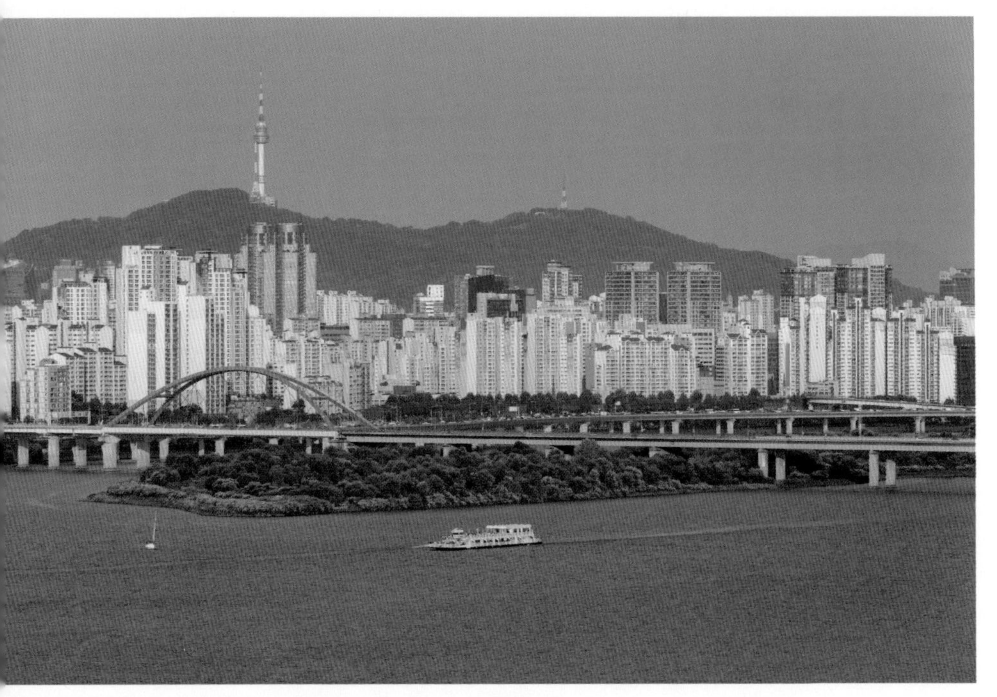

들의 상품성을 높이는 재건축·재개발을 활성화하는 방향으로 나아갈 것입니다.

이러한 수요에 맞추어 서초구를 필두로 강동·노원구는 재건축을 통해 질적으로 업그레이드된 아파트들이 입주하거나 개발되고 있으며, 영등포·마포·성북구는 재개발 위주로 공급되고 있습니다. 서로 다른 경로를 통한 상품으로 보이지만, 결국 질적으로 수준 높은 상품이 공급된다는 측면에서는 같은 내용이라고 보면 됩니다.

앞으로 서울의 부동산 시장은 이전과는 완전히 다른 모습으로 전개될 것입니다. 때문에 전에는 경험하지 못했던 트렌드 변화와 거기에 따른 진행 과정을 꼼꼼히 지켜봐야 합니다. 서초구 이외의 다른 지역에서도 삶의 질을 추구하는 방향을 벤치마킹할 것이고, 경기·인천의 주요 지역들도

유사한 개발 방식을 택할 것입니다. 그래서 서울에서 시작되는 변화를 제대로 살펴볼 필요가 있습니다.

그럼 지금부터 커다란 변화를 맞이할 서울의 주택 트렌드 세계로 함께 출발합시다!

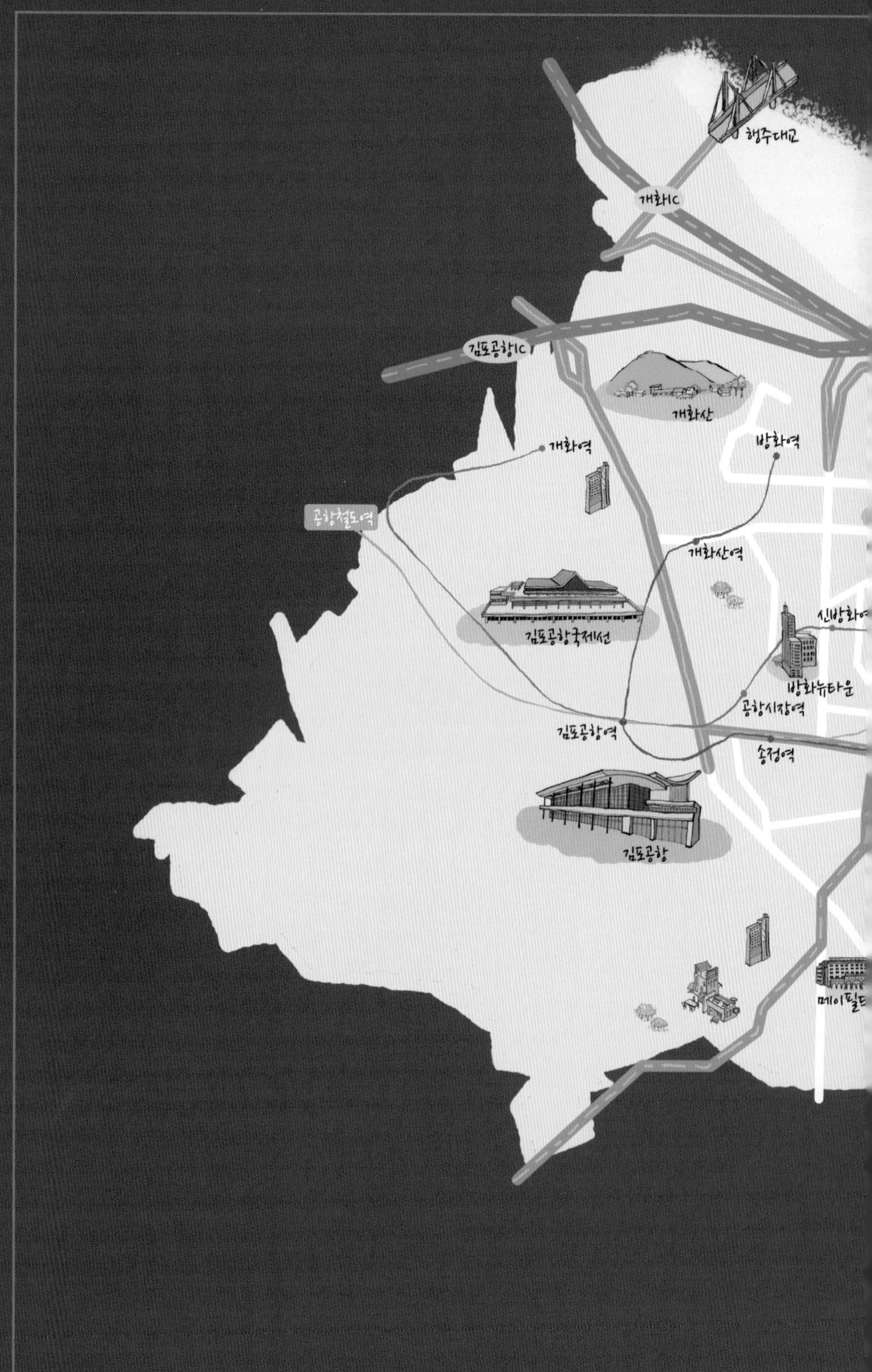

행주대교
개화IC
김포공항IC
개화산
개화역
방화역
공항철도역
개화산역
김포공항국제선
신방화역
방화뉴타운
공항시장역
김포공항역
송정역
김포공항
메이필드

Chapter 1

마곡이 미래다!
강서구 이야기

양천에서 김포로,
또다시 강서로!

강서구의 역사를 정리해보면 이 지역을 보다 쉽게 이해할 수 있습니다.

강서구 지역의 첫 주인은 2,000년 전의 마한이었습니다. 세월이 흘러 삼국시대에 이르러 고구려에서 남하한 비류가 지금의 인천과 마한 지역에 미추홀이라는 나라를 세웠고, 비류와 함께 내려온 온조의 백제에 미추홀이 통합됩니다. 이때부터 이 일대는 재차파의(齊次巴衣), 즉 구멍바위라는 이름으로 불리게 되었습니다(구멍바위는 현재 강서구 가양동에 있다). 다시 고구려의 지배를 받을 때까지 사용하던 재차파의라는 지명은 신라 점령 이후 공암(孔岩)으로 바뀌었고, 고려시대에는 우리가 아는 양천(陽川)이라는 새 이름을 얻게 됩니다. 밝은 빛이 쏟아지고 맑은 물이 흐르는 지역이라는 의미로, 조선시대에도 양천현(군)이라는 지명을 사용했습니다.

일제 강점기에 양천군은 김포군에 병합되었고, 광복 이후 1963년이 되어서야 드디어 서울시 영등포구에 편입되었습니다. 이때부터 서울에 속하게 된 것이죠. 그러던 중 1977년 영등포구에서 분구되면서 강서구라는 이름이 최초로 등장합니다. 1985년 이후 14개의 목동 아파트 단지가

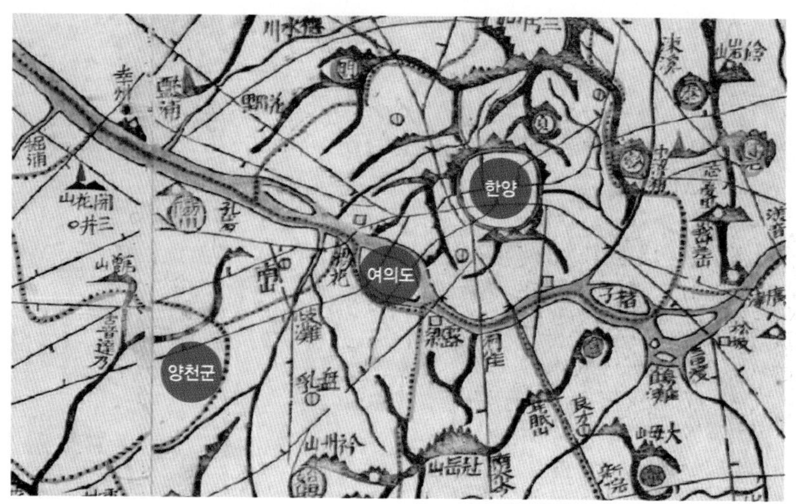

대동여지도에 나타난 양천군. 여의도와 한양 도성이 보인다.

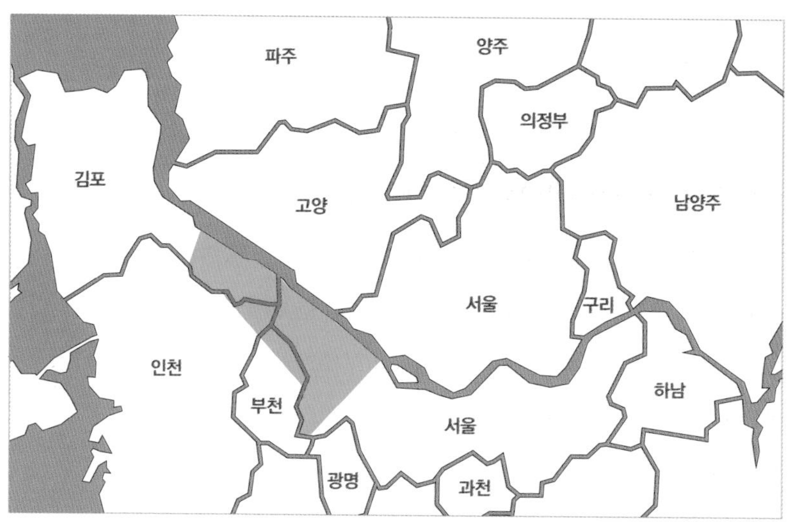

오늘날의 김포시와 강서구, 영등포구, 양천구 일대가 조선시대의 양천군이었다.

개발되어 행정 구역이 비대해지자, 1988년 목동, 신정동, 신월동 3개 동을 떼어내어 양천구에 편입시킵니다. 그렇게 현재의 강서구 지역이 완성되었습니다.

지금까지 살펴본 역사적 사실을 통해 강서구의 지역적 특징을 3가지로 정리해볼 수 있습니다.

첫째는 과거부터 양천현이라는 별도의 행정 구역이 있었다는 점입니다. 둘째는 주변 지역에 통합되고 분리되는 과정을 겪으며 김포시와 영등포구의 지역 성향을 어느 정도 지니고 있다는 점입니다. 셋째, 양천구에 알짜배기 입지를 내어준 뒤 위상이 낮아졌다는 점입니다. 뒤에서 살펴볼 영등포구처럼 말이죠.

강서구도 한강변의 도시다!

앞으로 살펴보겠지만, 서울에는 한강과 접해 있으면서도 한강을 제대로 활용하지 못하는 구(區)가 여러 개 있습니다. 강서구도 마찬가지입니다. 영등포구에 속해 있을 때부터 한강변 입지로서의 의미가 거의 없었습니다.

조선시대에 강서구 지역이 양천현(군)이라는 행정 구역에 편입되어 있었는데, 이름 자체에 천(川)이 들어갈 정도로 한강은 이 지역의 가장 중요한 특성이었습니다. 소금 창고(지금의 염창동)에 저장한 소금을 유통하는 경로로 활용되기도 했지만, 양천은 풍경이 뛰어난 지역 명소로 인기가 많았습니다. 진경산수화로 유명한 겸재 정선 선생이 바로 이 양천현의 현령을 지냈습니다. 지금으로 따지면 구청장이나 군수 정도의 직급이지요. 정선 선생은 한강변에 있는 궁산 등을 배경으로 여러 작품

겸재 정선이 한강 건너편에서 지금의 강서구 가양동 성산 기슭에 있는 소악루를 바라보며 그린 진경산수화

을 남겼습니다. 1994년 복원된 소악루에서 바라보는 한강 풍경은 정선의 그림에 남아 있을 정도로 아름답습니다. 한강 건너 마포에서 보는 강서구 소악루의 경치도 참 좋지요.

그랬던 양천이 김포군이 되고 영등포구가 되면서 한강변의 도시가 아니라 내륙 도심을 위한 부도심 지역으로 역할이 바뀌게 됩니다. 한강변이라는 특성은 사라지고 주거 지역의 성격만 부각되었지요.

강북 수요를 강남으로 분산시켰듯이 한강 이남의 중심이었던 영등포구에서도 늘어나는 인구를 감당하기 위해 주변 지역에 대규모 주거지를 개발하게 됩니다. 강서구에서는 화곡동에 처음 대형 주거지가 개발됩니다. 강서구에서 화곡동은 발산동, 등촌동과 더불어 한강에 접하지 않은 지역입니다. 내륙 지역이 먼저 개발되면서 화곡동을 중심으로 여러 가지 시설이 들어섰고, 강서구 지역은 한강변이라는 특성을 살리지 못한 채 내륙 지역으로 굳어버린 것이죠. 이것이 1963년 이후의 일입니다.

1977년 강서구로 분구되면서 다시 이름에 강(江)이 등장하게 됩니다. 강이라는 개념을 지명에 넣고 거의 같은 시기에 출범(1975년)했던 강남구와 강서구는 서로 다른 방향으로 모습을 갖추었습니다. 종로구, 용산구의 확장 개념으로 개발한 강남구는 한강변(압구정동)이 중심이 되었고, 영등포구의 확장 개념인 강서구는 화곡동이 중심이 되었습니다. 서로 다른 이 출발점이 오늘날의 차이를 만든 궁극적인 요인 중 하나인 것이죠. 하지만 강서의 향방은 이름에서 찾을 수 있다고 봅니다. 강과 연계되려는 노력이 필요하다는 뜻입니다.

화곡동과 발산동은 함께 개발되었습니다. 대규모 아파트 단지가 들어서고, 이외에도 엄청나게 많은 단독 주택과 다세대 주택이 들어섰습니다. 그러나 이렇게 많은 주택으로도 서울로 몰려드는 수요를 감당하기에는 역부족이었습니다. 게다가 강서 권역에서도 부익부 빈익빈 현상이 나타나면서 고급 주거 단지에 대한 수요가 계속 증가했는데요, 타 지역에서 유입되는 수요와 지역 내의 고급 주거에 대한 수요를 모두 충족시키기 위한 방편으로 목동 아파트 단지를 체계적으로 개발하게 되었습니다. 결국 1988년 14개의 목동 아파트 단지가 탄생하고, 이 고급 주거 지역을 양천구로 분리해주게 되죠. 강서의 원래 이름인 양천을 목동 아파트 단지에 한정하게 된 셈입니다. 이후 1990년대와 2000년대를 거치면서 양천구는 강서구가 넘보기 힘든 위상을 갖게 되었죠. 현 시점에서 강서구와 양천구 사이의 패권은 양천구가 쥐고 있으며, 앞으로도 계속 그럴 것입니다.

강남만큼 뜨거운 강서·양천 학군

강서구와 양천구의 위상 차이는 교육 환경으로 알 수 있습니다. 현재 7학군으로 같은 교육청 관할하에 있지만, 2000년 전까지만 해도 양천구보다 강서구의 교육 환경을 훨씬 높게 평가했습니다. 지금도 화곡동과 발산동에는 좋은 학교가 많습니다. 그런데 지금은 상황이 역전되었습니다. 학원가도 오목교역을 중심으로 목동 아파트 단지에 대규모로 형성되어 있

화곡동의 주거 밀집 지역

고, 중·고등학교의 위상도 양천구 쪽이 더 높아졌습니다. 7학군 최고의 인기 중학교인 목일중학교, 신목중학교가 양천구에 있고, 일반 고등학교 중에서 서울대학교에 가장 많이 보낸다는 강서고등학교도 양천구에 있습니다. 역사와 전통을 자랑하는 양정고등학교와 진명여자고등학교도 양천구에 있고요.

그럼에도 불구하고 강서구의 입지 프리미엄 중 하나가 교육 환경입니다. 그런데 왜 양천구보다 조금 뒤진다는 평가를 받을까요? 교육 환경은 학교와 학원에 다니는 사람들이 만드는 것입니다. 이는 1~2년에 만들어지는 것이 아니라, 최소 10년 이상의 인적 투자가 있어야 만들어집니다. 결국 양천구 주민들의 교육에 대한 열정이 강서구 주민들보다 앞섰음을, 교육에 관심이 많은 사람들이 양천구로 이주했다는 사실을 의미합니다.

하지만 강서구에도 전환점을 맞을 수 있는 아주 큰 호재들이 생겼습니다. 바로 9호선 개통과 마곡지구 개발입니다.

강서구를 이전과는 완전 다른 신세계로 업그레이드시켜준 9호선과 마곡동!

강서구는 전형적인 베드타운이었습니다. 서울에서 집값이 낮은 지역 중 한 곳이었고 교통도 불편했습니다. 1996년 5호선이 개통되기 전까지는 전철 구경도 못 하던 곳이었죠. 게다가 5호선은 강서구보다는 양천구를 위한 노선이라고 보는 것이 맞습니다. 5호선 오목교역과 목동역을 이용하는 목동 아파트 주민들이 가장 큰 수혜를 보았고, 실제로 목동 아파트를 현재의 시세까지 끌어올려준 계기가 된 것이 바로 이 교통 요소였습니다.

물론 5호선이 개통하면서 화곡동과 발산동의 시세도 많이 올랐습니다. 또 이 지역의 재개발과 재건축을 추진하는 데 큰 영향을 주기도 했습

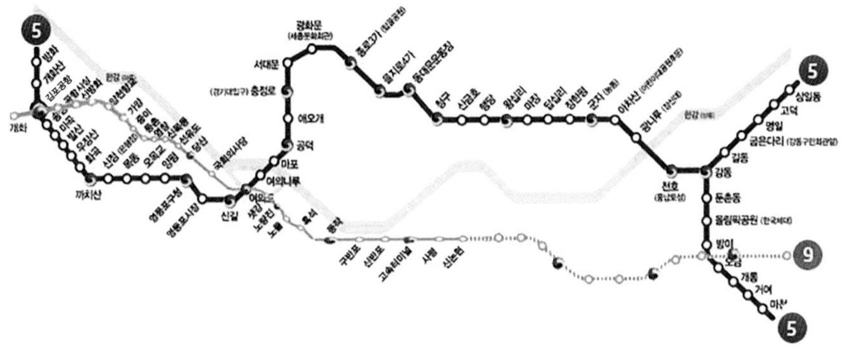

5호선과 9호선 전철 노선

니다. 하지만 화곡동이나 발산동보다는 목동이 여전히 더 많은 관심을 받고 있는 것이 현실입니다. 지역의 기반 시설과 단지의 쾌적함이 훨씬 더 좋았고, 서울 중심까지의 접근성도 더 좋았기 때문에 높은 평가를 받은 것이죠.

그러나 2009년에 개통한 9호선은 완전히 강서구만을 위한 노선입니다. 9호선은 강서구와 타 지역의 접근성을 획기적으로 개선시켰습니다. 더군다나 5호선도 못한 강남과의 연결고리를 만들었다는 면에서 큰 의미가 있습니다. 역세권의 실질적인 의미는 강남으로 접근하는 데 얼마나 시간이 걸리느냐에 있거든요. 9호선 개통으로 강서구는 급행을 이용할 시 30분 내에 강남권에 진입할 수 있는 지역이 되었습니다. 이 '강남 접근성 30분'이라는 조건은 엄청난 프리미엄을 발생시킵니다. 최근 몇 년간 강서구의 집값이 놀라울 정도로 상승한 데에는 마곡지구 개발의 영향도 있겠지만, 9호선 개통으로 교통 편리성이 개선된 영향이 더 크다고 봅니다.

여기에 마곡지구 개발이라는 어마어마한 호재가 새로운 동력으로 추가됩니다. 양천구에 비해 존재감마저 미미했던 강서구는 마곡지구가 어느 정도 활성화된 뒤 서울 지역 주택 시장에 커다란 깃발을 휘날리게 된 것이죠. 마곡지구는 서울에서 거의 유일하게 업무지구 위주로 건설한 최첨단 신도시입니다. 구로구나 금천구처럼 공장형 기업들이 들어선 게 아니라, 대기업 위주, 그것도 첨단 연구소 위주의 기업들만 입주하고 있습니다. 많은 사람이 선망하는 기업체들이 입주하자 대규모 주거 시설도 개발되었고, 대형 상업 시설도 속속 들어오고 있습니다. 대형 종합병원인 이대병원도 신설되었습니다. 말 그대로 현대인이 필요로 하는 거의 모든 시설을 갖춘 명품 도시가 탄생한 것입니다.

물론 모두가 선호하고 선망하는 시설들이 더 들어온다 해도 강남만큼의 위상을 갖지는 못할 것입니다. 하지만 강남처럼 직장과 주거가 어우러진, 누구나 거주하고 싶은, 그리고 주변에서 동경할 만한 새로운 명품 도시가 비강남권에도 탄생하게 되었다는 사실만은 분명합니다.

마곡지구는 아직 완성되지 않았습니다. 현재 공사가 진행 중이고, 기업체들도 지속적으로 들어오는 중입니다. 아직 사업이 진행 중인데도 이 정도의 파급력을 보이는데, 5년 후 강서구가 어느 위치에 있을지 한번 상상해보기 바랍니다. 그동안 양천구에 가려 타지 사람들이 잘 몰랐던 강서구의 태생적인 매력들이 한꺼번에 부각될 것입니다.

강서구에 어떤 매력이 숨겨져 있는지 미리 알아두면 좋겠죠? 지금부터 강서구 동네들의 매력을 발견하는 여행을 시작해봅시다.

마곡지구 조감도

원석에서 보석으로 세공된 미래 도시

동네 이야기 1 누가 뭐래도 강서구의 맏형, 화곡동

예로부터 화곡동은 강서구의 중심지였습니다. 지금도 강서구에서 가장 번화한 지역이고, 강서구청도 이곳에 있습니다. 아파트 단지 역시 가장 먼저 개발되었죠. 1967년부터 1973년 사이에 화곡 시범아파트와 화곡 1·2·3주구가 입주했습니다(1·2·3주구는 현재의 발산동). 이는 강남구 압구정동이나 서초구 반포동의 주공아파트, 송파구 잠실의 주공아파트보다 훨씬 먼저 개발된 대규모 단지였습니다. 그만큼 대단한 지역이었죠. 화곡 시범주구는 화곡푸르지오로, 1주구는 우장산힐스테이트, 2주구는 우장산아이파크e편한세상, 3주구는 강서힐스테이트로 새롭게 탄생했습니다. 이 4개 주구 모두 강서구의 랜드마크 역할을 하고 있습니다. 강서구에 아파트 문화를 최초로 심은 단지들이고, 지금도 마곡지구 다음으로 강서구에서 가장 수요가 많은 아파트들이라고 보면 됩니다.

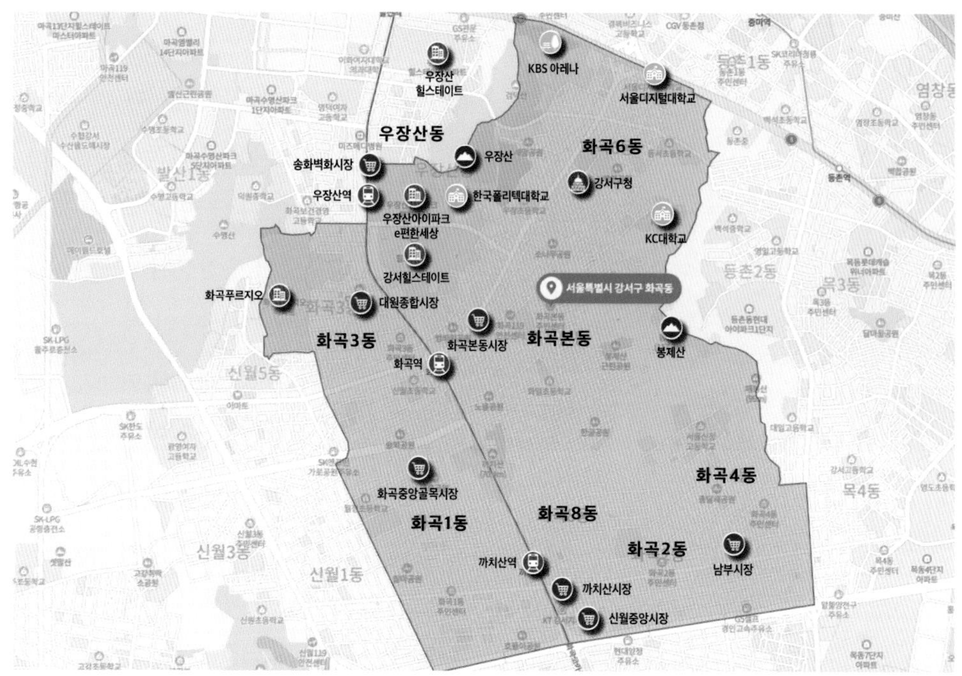

화곡동 지도. 화곡본동과 1동부터 4동, 6동, 8동, 우장산동 일부까지 8개 동으로 구성되어 있다.

왜 강서구에서 화곡동이 제일 먼저 주거 지역으로 정착된 걸까요? 이는 지명에서 유추할 수 있습니다. 화곡(禾谷)은 벼농사가 잘되어 마치 물결처럼 보인다는 의미입니다. 풍수지리에서 농사가 잘되는 땅은 좋은 땅입니다. 산지가 많은 한반도에는 논농사를 지을 만한 땅이 그리 많지 않습니다. 농자천하지대본(農者天下之大本)의 가치를 지닌 나라에서 벼농사를 지을 수 있는 땅은 가장 중요한 부동산이죠. 쌀이 나오는 곳이기도 하지만, 넓고 평평한 지형은 언제든 다른 목적으로 활용할 수 있으니까요. 현재 대한민국에서 으뜸으로 평가되는 강남구도 과거에는 논농사 지역이었습니다. 때문에 1960년대 후반 정부는 좋은 땅이 펼쳐진 강서구의 화곡동이 대규모 아파트를 짓기에 가장 좋은 입지라고 판단한 것입니다.

화곡동이 풍수적으로 뛰어난 입지라는 사실을 뒷받침하는 증거가 몇

화곡동은 대체로 평지여서 주거지를 개발하기에 안성맞춤이다.

가지 더 있습니다. 화곡동 북서쪽에 우장산이 있습니다. 이 우장산이 한겨울 칼바람인 북서계절풍을 막아주기 때문에 아주 아늑합니다. 또한 당시에는 한강이 범람하는 것을 인간의 힘으로는 막을 수 없었는데요, 화곡동 지역은 한강에서 어느 정도 떨어져 있어서 홍수 피해가 거의 없었습니다. 지금은 훨씬 높은 위상을 자랑하는 목동도 과거에는 화곡동보다 한 수 아래일 수밖에 없었던 이유가 천혜의 자연환경 때문이었습니다. 목동은 칼바람이 심할 뿐 아니라 안양천으로 인한 물 피해가 많았거든요.

화곡동의 출발은 이처럼 화려했습니다. 비옥한 농경지에서 대규모 아파트 단지로 탈바꿈하며 프리미엄이 쌓여갔습니다. 서울의 고도성장기인 1960년대 말부터 1970년대 초까지 엄청나게 많은 사람이 유입되었습니다. 대규모 아파트 단지로도 수요를 감당할 수 없게 되자, 주변 지역에 많은 주택이 들어섰습니다. 단독 주택을 비롯하여 다세대, 다가구, 빌라까지 거의 모든 형태의 주거 시설로 꽉 찼습니다. 지금도 인구 밀도만 놓고 보면 화곡동이 전국 최고 수준일 겁니다. 화곡동 동쪽 경계인 봉제산 가까이, 길이 좁아 자동차가 들어가지 못하는 구역에까지 집이 들어섰습니다.

이렇게 주거 밀집 지역이 된 지 50년 가까이 되었습니다. 노후한 주택이 많아서 뉴타운 후보지로 거론되기는 했지만 결국 선정되지는 못했습니다. 오래된 지역인 만큼 지역적 이해관계가 복잡하기 때문에 대규모 사업을 진행하기 어려운 것이죠. 그래서 오히려 단독·다가구·다세대 주택으로 신축하는 움직임이 활발합니다. 거주 수요가 많아서 분양이 잘되는 편입니다.

화곡동은 주거지로만 유명한 곳이 아닙니다. 중소 상권도 아주 발달해 있습니다. 주민이 워낙 많기 때문에 거의 모든 업종이 잘됩니다. 까치산역에서 화곡역을 거쳐 우장산역까지 이어지는 중심 상권에는 거의 모든 업종을 아우르는 중소 상업 시설이 있습니다. 하지만 소규모 부동산들만 촘촘하게 들어서 있다 보니, 백화점과 대형 마트 등의 시설이 없습니다. 대신 과거부터 터를 잡은 재래시장은 아주 발달해 있습니다. 화곡동에만 여러 개의 시장이 있는데요, 〈무한도전〉 '방콕 특집'의 무대가 된 까치산시장을 비롯하여 남부시장, 신월중앙시장, 화곡중앙골목시장, 화곡본동시장, 대원종합시장, 송화시장 등이 모두 화곡동에 있습니다.

강서구의 공공시설도 대부분 화곡동에 있습니다. 강서구청, 강서경찰서, 88체육관(KBS 아레나)이 있고, 한국폴리텍대학과 그리스도대학교(KC대학교)가 있습니다. 우장산 근린공원 등의 자연 공원도 있고, 5호선 3개 역(까치산·화곡·우장산역)과 2호선 지선(신도림역~까치산역)이 있습니다. 까치산역은 더블 역세권

화곡동은 오래된 지역인 만큼 재래시장이 발달해 있다. 사진은 까치산시장이다.

신월 IC와 여의도를 연결하는 제물포터널 공사 현장. 이 터널이 개통하면 서울 중심지로의 접근성이 개선된다.

이죠. 경인고속도로를 탈 수 있는 진출입 도로도 여럿입니다. 경인고속도로 주변에는 유통 도매 상가가 엄청나게 많고, 다양한 업무 시설이 있어서 일거리도 많습니다. 이곳에 물류를 담당하는 유통 상가가 많은 이유는 경인고속도로에 진입하는 접근성이 좋기 때문이기도 하지만, 부동산 가격이 낮기 때문이기도 합니다.

하지만 현재 이 구간에도 변화가 생겼습니다. 신월 IC에서 시작하여 여의대로(마포대교 방향)와 올림픽대로(잠실 방향)를 출구로 남서권과 서울 도심을 연결하는 왕복 4차로의 지하 터널 도로(제물포터널/유료)가 개통을 앞두고 있습니다. 2015년 10월 착공하여 4년 5개월 만에 터널 전 구간이 연결되었으며, 2021년 4월 개통할 예정입니다. 이 지하 도로가 개통하면 신월 IC에서 여의도까지 출퇴근 통행 시간이 54분에서 18분으로, 무려 36분이나 단축됩니다. 그리고 지하 도로 상단 주변에는 쾌적한 시설들이 들어오게 되겠지요. 그러면 입지 가치에도 변화가 생길 것입니다.

강서구에서 가장 오래되었기 때문에 전체적으로 낡았다는 인상을 주고 택지개발을 하는 주변 신도시와 비교하여 주거 시설의 수준도 보잘것 없지만, 화곡동은 그래도 강서구의 최강자입니다. 이유는 명확합니다. 사람이 가장 많이 사는 곳이기 때문입니다. 사람이 많이 살면 어떤 시설이든 활성화됩니다. 부동산에서 이보다 더 중요한 요소는 없습니다. 염창동, 가양동, 방화동이 한강을 끼고 있는 좋은 입지임에도 그동안 화곡동의 위상을 넘볼 수 없었던 이유이기도 합니다.

화곡동은 화곡본동을 비롯하여 무려 8개의 동으로 구성되어 있습니다. 이 8개 동은 저마다 특색이 있어서 다양한 생활 환경을 누릴 수 있습니다. 20만의 도시, 화곡동. 지금껏 그래왔듯이 서울 강서권을 대표하는 주거지로서 그 역할을 충분히 해나갈 것입니다.

동네 이야기 2 | 강서구 최고의 학군, 발산동

발산동에 있는 수명산을 과거에는 발산(鉢山)이라고 불렀습니다. 산의 생김새가 밥그릇을 엎어놓은 모양이어서 생긴 이름인데, 발산의 '발(鉢, 바리때 발)'은 승려들의 밥그릇을 뜻하는 한자입니다. 이 수명산을 중심으로 하는 지역이 발산동입니다. 수명산 서쪽은 외발산동, 동쪽은 내발산동입니다. 당시 강서구 행정의 중심이 화곡동이어서 화곡동에 가까운 쪽을 '안'이라고 본 것이죠. 내발산동과 외발산동은 자연환경을 기준으로 구분한 명칭이고, 지금은 5호선 우장산역에서 발산역까지 이어지는 강서로를 기준으로 왼쪽이 발산 1동, 오른쪽이 발산 2동입니다. 일반적으로 발산동이라고 하면 발산 1동을 지칭하고요, 발산 2동은 우장산동이라고 합니다.

이곳은 강서구에서 교육 환경이 가장 좋습니다. 명덕외국어고등학교,

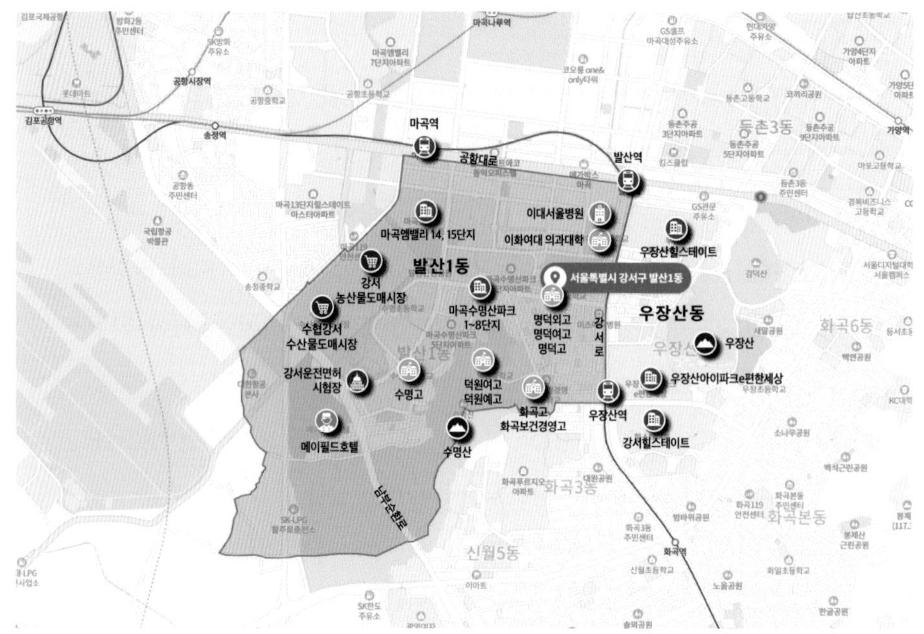

발산동 지도. 발산동은 과거의 내발산동과 외발산동을 아우른 발산 1동에 해당한다. 발산 2동은 우장산동이라고 부른다.

명덕고등학교, 덕원여자고등학교, 화곡고등학교, 덕원예술고등학교, 수명고등학교, 화곡보건경영고등학교가 있습니다. 학교 수가 많을 뿐 아니라 수준도 높습니다. 강서구는 교육 환경이 가장 중요한 입지 평가 요소이기 때문에 그런 면에서 발산동의 위상이 가장 높다고 해도 과언이 아닙니다.

발산동에는 업무 시설도 많습니다. 강서운전면허시험장, 수협강서수산물도매시장이 있습니다. 공항 부근에 위치하고 있어서 강서구 최고의 호텔이자 고급 레스토랑을 갖춘 메이필드 호텔도 있습니다. 2019년 5월 23일 개원한 이대서울병원과 이화여대 의과대학도 이곳에 있습니다.

우장산과 수명산만으로도 녹지 공간이 풍부해서 자연환경이 좋은 편이고, 교통 환경도 아주 좋습니다. 5호선 우장산역과 발산역이 있고, 강서로, 공항대로, 남부순환대로, 화곡로 등 강서구를 대표하는 도로망이 모두 발산동을 지납니다.

발산동은 화곡동이 확장된 공간으로 이해하면 좋습니다. 때문에 화곡동보다 규모가 크고 새로운 시설이 더 많습니다. 화곡동의 주거 시설이 다세대 위주인 반면, 발산동은 아파트 위주입니다. 화곡 1·2·3주구를 재건축한 우장산힐스테이트, 우장산아이파크e편한세상, 강서힐스테이트가 입주해 있고요, 심지어 주거 시설이 거의 없었던 외발산동 지역에도 마곡수명산파크 1~8단지가 들어서 있습니다. 마곡동과 더불어 새 아파트가 가장 많은 지역입니다. 그리고 마곡지구가 개발되면서 발산동에도 마곡엠밸리 14·15단지가 입주했습니다.

발산역 사거리는 프랜차이즈 음식점들이 집결해 있습니다. 마곡지구 내 중심 상업지구가 활성화되면서 일부 기능과 역할을 나누어주기는 했지만, 여전히 강서구 중심 상권으로서 인기가 많습니다. 이미 꽤 오랜 기간 많은 사람이 이용해왔고 마곡지구 내 상업지구가 아직 완성 단계에 이르지 못했기 때문에 발산역 상권은 한동안 강서구 중심 상권 역할을 지속할 것으로 보입니다.

발산동은 5~10년 후 마곡지구가 활성화되어도 여전히 높은 위상을 누릴 것입니다. 기반 시설이 훌륭하고, 마곡지구가 아무리 노력해도 역전하기 힘들 만큼 교육 환경이 좋기 때문입니다.

강서힐스테이트 단지 모습

이대서울병원. 이화여자대학교 의과대학이 바로 붙어 있다.

동네 이야기 3

뉴타운으로 재탄생하는 방화동

방화동은 강서구에서 시세가 가장 낮습니다. 보통 지자체 단위 안에서 시세가 가장 낮은 지역들은 주택이 노후하고 도로 사정이 좋지 않으며 기반 시설이 제대로 갖추어지지 않은 곳입니다. 그렇기에 대부분 뉴타운으로 지정되지요. 방화동도 마찬가지입니다. 그래서 타지 사람들에게 방화동은 뉴타운으로만 인식될지 모르지만, 사실 이곳은 일반적인 이미지보다 훨씬 더 다양한 모습을 가진 동네입니다.

방화동은 3개 동으로 구성되어 있습니다. 먼저 방화 1동은 대부분 뉴타운 지역으로, 공항대로나 남부순환도로를 지날 때 보이는 지역입니다. 동쪽은 마곡지구와 맞붙어 있어서 기반 시설이 어느 정도 갖추어져 있고 '나홀로'이기는 하지만 꽤 많은 아파트가 밀집해 있습니다. 서쪽은 낡은 주택들이 밀집해 있는데, 이 지역들이 뉴타운으로 지정되었습니다.

방화 2동은 개화산에서 행주대교 사이에 위치한 곳으로, '개화동'으로

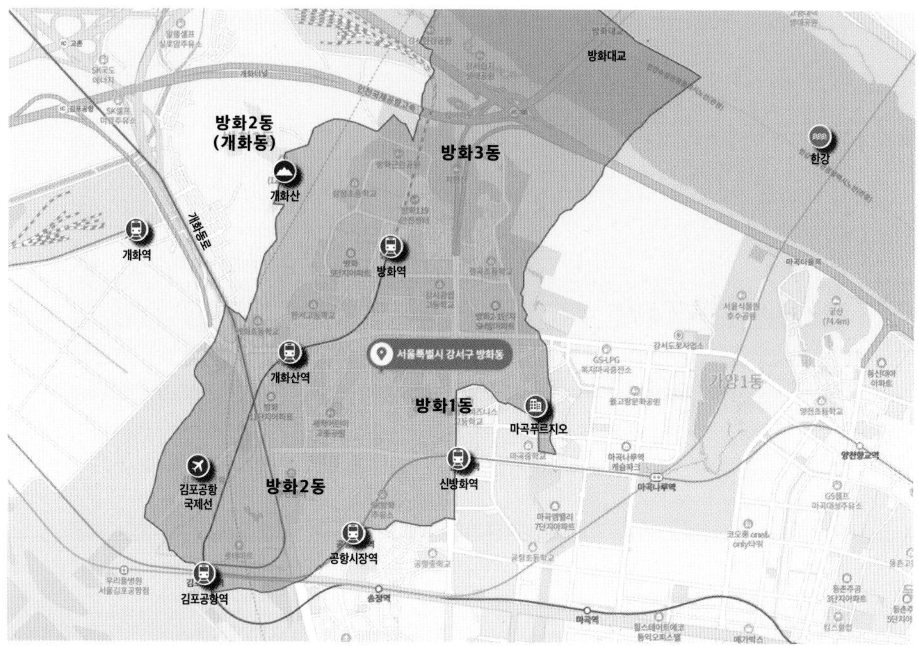

방화동 지도. 방화 1동부터 3동으로 구성되어 있다. 단 방화 1동의 일부 지역은 마곡지구가 건설되면서 마곡동으로 편입되었다. 방화 2동은 개화산을 끼고 있는 개화동을 포함한다.

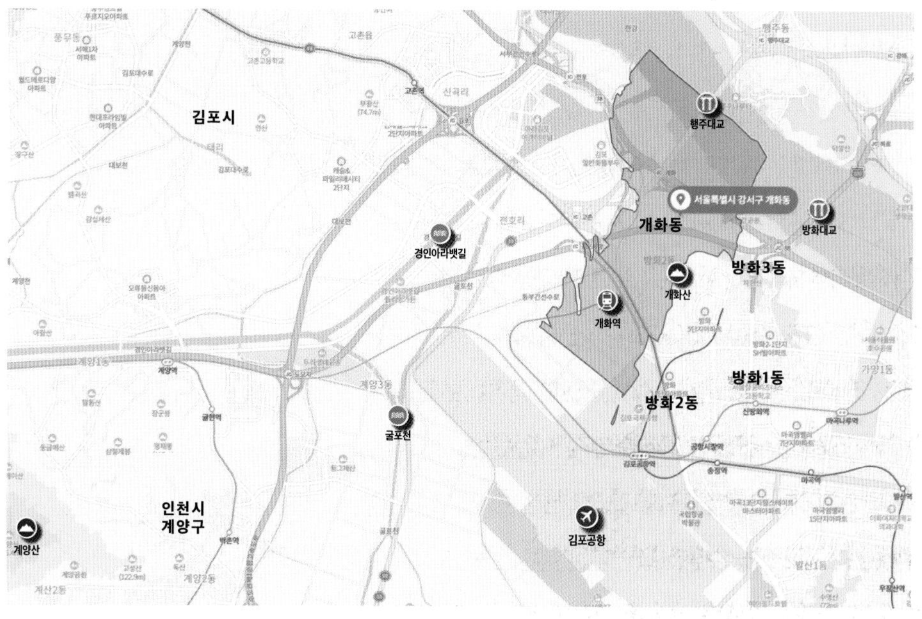

개화동 지도

방화동은 김포공항과 면해 있어서 한때는 주거지로 적합하지 않다고 평가되었으나, 공항 주변이 현대화되면서 방화동에도 기반 시설이 확충되었다.

알려진 지역입니다. 도로가 네모반듯하게 정비된 단독 주택촌이 형성되어 있습니다. 개화동은 풍수적으로 아주 좋은 입지입니다. 조선시대 봉수대 역할을 했던 개화산을 등 뒤로 하고 정면으로는 인천 계양구의 계양산을 조망할 수 있습니다. 두 산 사이에는 굴포천이 흐르니, 말 그대로 배산임수 입지이죠. 이 개화동, 즉 방화 2동은 아파트보다는 단독 주택과 궁합이 잘 맞는 지역입니다. 게다가 한강변과도 가깝습니다. 풍수나 자연의 기운을 선호하는 분들에게 안성맞춤입니다.

방화 3동은 방화동에서 가장 안쪽에 자리 잡고 있습니다. 5호선 종점인 방화역 주변 지역이죠. 강서구의 끝이고 서울에서 가장 서쪽에 위치한 곳이어서 변두리 느낌이 들지만, 실제로 방문해보면 이런 곳이 있나 싶을 정도로 깔끔하고 쾌적합니다. 도로가 잘 정비되어 있고 학교도 많고 낙후된 집이 거의 없으며 주변에 공원도 많습니다.

이렇듯 방화동은 3개 동이 모두 다른 모습을 지니고 있습니다. 모두

개화산을 중심으로 한 방화동과 개화동 일대. 개화산 주변의 개화동에는 단독 주택이 밀집해 있다.

아기자기하면서 예쁜 구석이 많은 곳이지요. 방화동(傍花洞)이라는 지명도 이 일대의 기둥이라고 할 수 있는 개화산(開花山)에서 따왔는데, 산세가 마치 꽃이 피는 모습과 같다는 의미입니다. 방화동 옆 마곡지구가 활성화되고 방화동의 뉴타운 사업이 정돈되면 방화동은 더욱 예쁜 꽃으로 활짝 피어날 것입니다.

한편 개화산에는 2개의 봉수대가 있었는데, 군사적으로 매우 중요한 역할을 했다고 합니다. 지금도 통신대대가 주둔하고 있습니다. 개화산에서 공항대로 건너편에는 9호선의 종점인 개화역이 있습니다. 이 개화역 주변에는 일반인들이 이용할 수 있는 축구장과 야구장 등이 있습니다. 방화동은 다양한 쓰임새를 가진 시설들을 두루 갖춘 참 독특한 지역입니다.

동네 이야기 4

마포로 가는 중간 포구였던 염창동

조선시대에 전국에서 한양으로 올라가는 대부분의 물건은 한강을 통해 마포 포구에 집결했습니다. 그중 보관하기 까다로운 소금은 마포나 용산까지 운반하기 전에 기착점에 저장소를 따로 마련했는데, 그 소금 창고가 있던 부지가 지금의 염창동 103번지 지역이라고 하네요. 현재 한강동아 2차 아파트가 있는 자리입니다. 안양천과 한강이 만나는 자리죠.

염창동은 한강변에 위치하고 작은 개천이 많아 특정 용도로 쓰기에는 애매한 땅이었습니다. 1978년 작은 하천들을 복개한 뒤에야 공장들이 들어서게 되었지요. 당시 준수한 공장들이 많았습니다. 거평그룹에서 운영하는 반도체 공장이 있었고, 삼천리기계, 대덕산업 등 당시로서는 꽤 알

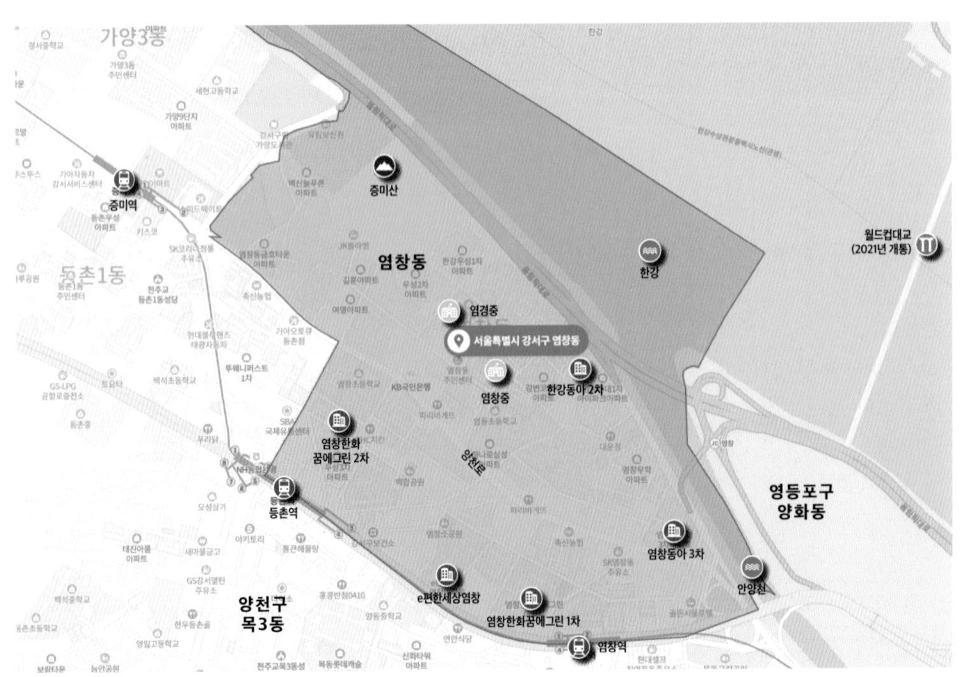

염창동 지도. 양천·영등포구와 접해 있어 도심 접근성이 좋다.

려진 기업들의 큰 공장들이 있었습니다. 이 공장들은 서울 도심 정비 계획에 의해 서울 외곽 지역으로 이전했고, 방조제가 축조되면서 이 지역은 주택지로 변경됩니다. 이 공장 부지들은 개별적으로 개발되었습니다. 한 공장이 이전한 부지에 아파트를 짓고, 또 다른 공장이 이전하면 거기에 아파트가 들어서는 식이었지요. 현재 염창동에 있는 아파트 대부분이 나홀로 아파트이고 도로가 정비되지 않은 것이 이런 이유 때문입니다. 당연히 아파트가 무척 많지만

e편한세상염창 조감도(위)와 염창동아 3차 아파트(아래)

안양천. 경기도 의왕시 청계산에서 출발한 안양천은 경기도와 서울시, 여러 시군구의 경계를 이루며 굽이굽이 흐르다가 염창동의 염천교에 이르러 한강과 합류한다.

대부분 소규모 단지들이죠. 지금은 9호선 염창역 가까이에 건설해서 입주한 염창한화꿈에그린이 염창동의 랜드마크 아파트고요, 2019년 입주한 e편한세상염창도 인기가 많습니다. 1998년 입주한 염창동아 3차 아파트도 거래가 많습니다.

최근에 염창동은 주거지로 인기가 높아졌습니다. 강서구 내에서도 서울 도심에 가장 가까워서 접근성이 좋고, 올림픽대로에 진입하기에도 좋습니다. 서울 지하철 가운데 가장 수요가 많은 9호선의 등촌·염창역을 이용할 수 있고, 양천로 양쪽으로는 중소 상권이 잘 발달해 있습니다. 교육환경도 양호한데요, 강서구에서 가장 인기 많은 중학교인 염경중학교와 염창중학교가 있습니다. 강서구에서 한강 접근성이 가장 좋아서 자전거를 타거나 조깅하려는 사람들이 염창동을 통해 한강 둔치로 향합니다. 앞서 밝힌 대로 체계적으로 정비되지는 않았지만, 주거지로 인기가 좋고 선택할 수 있는 아파트도 많습니다.

염창공원이 있는 증미산에는 재미있는 사연이 숨어 있습니다. 과거에 용산으로 향하는 세곡선(稅穀船, 세금으로 거둔 곡식을 운반하는 배)이 증미산 근처에서 자주 침몰했다고 합니다. 이때 증미산 아래 한강변에서 곡식을 건지려는 사람들이 많았다고 해서 건질 증(拯), 쌀 미(米)를 써서 증미산(拯米山)이라고 이름 지었다고 합니다. 그래서인지 염창동은 왠지 돈이 될 것 같은 느낌을 줍니다. 한국인의 식생활에 가장 중요한 소금, 곡식과 관련한 곳이니까요.

동네 이야기 5

9호선 최대 수혜 지역, 등촌동

1980년대까지만 해도 외국 귀빈이 우리나라에 방문하여 공항대로를 지날 때면 주변 학교의 학생들이 환영 행사에 동원되고는 했습니다. 그 환영 인파의 핵심을 이룬 지역이 바로 등촌동이었습니다.

등촌동(登村洞)은 산등성이에 위치한 마을이라는 의미입니다. 과거에는 봉제산 정상에서 한강변까지 등선으로 이어졌는데, 지금도 등촌중학교 윈편에는 봉제산에 오르는 등산로가 있습니다. 지형 특성상 이곳 주민들 대다수가 산에서 나무를 채취하는 일을 생업으로 삼았다고 합니다. 농업보다는 임업을 바탕으로 한 상업을 생계 수단으로 했던 마을이었죠. 과거의 기운이 이어진 탓인지 지금도 등촌동에는 상권이 매우 발달해 있습니다.

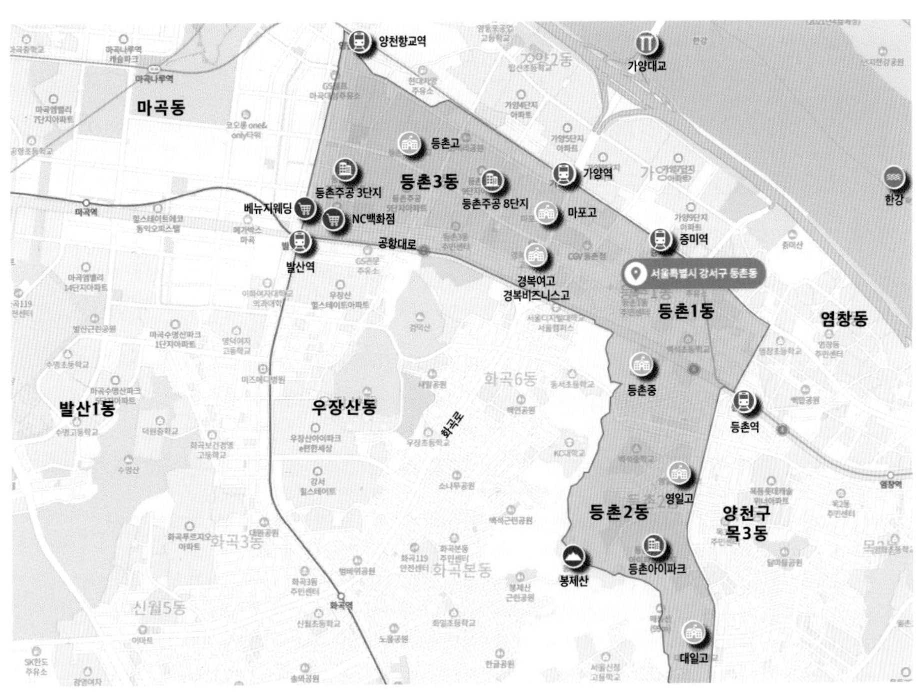

등촌동 지도. 1동부터 3동까지 3개 동으로 이루어진다.

경복여자고등학교(좌)와 등촌동 NC백화점(우). 등촌동은 교육 환경이 좋고, 상업 시설이 적절하게 갖추어져 있다.

등촌동은 강서구의 전형을 보여줍니다. 먼저 교육 환경이 좋습니다. 대일고등학교, 영일고등학교, 마포고등학교, 등촌고등학교, 경복여자고등학교, 경복비즈니스고등학교 등의 고등학교가 포진해 있습니다. 앞서 언급한 대로 강서구의 중심 대로인 공항대로를 끼고 있어서 그 주변의 상권이 아주 좋습니다. 먹자골목이 제대로 형성되어 있고, NC백화점과 베뉴지웨딩(구 그랜드마트)이 있습니다. 마포고등학교 앞에는 홈플러스도 있습니다.

공항대로와 화곡로가 있어서 교통 환경도 좋은 편입니다. 특히 화곡로는 강서구에서 유일하게 서울 북부와 연결되는 한강다리인 가양대교에 연결되는 도로입니다.

등촌동 지도를 보면 마치 마곡동을 정조준하고 있는 권총 같습니다. 그 모습 그대로 이제 등촌동은 서울 도심이 아닌 마곡지구를 향하고 있는데요, "너, 나 버리면 죽어!"라는 식으로 마곡동을 죽도록 사랑하는 마곡바라기가 되지 않을까 싶습니다. 마곡동의 영순위 베드타운으로 말이죠.

9호선 개통으로 가장 큰 수혜를 누린 지역이 바로 등촌동입니다. 9호선이 개통하기 이전에 등촌동의 전철역은 발산역뿐이었습니다. 그것도 모퉁이에 간신히 붙어 있어서 등촌동 대부분의 지역에서는 이용하기 어려웠습니다. 하지만 9호선이 들어서며 양천향교역, 가양역, 증미역, 등촌

등촌아이파크

역 등 무려 4개 역을 이용하게 되었습니다. 9호선 전철역 인근의 주거 시설과 상업 시설의 가치가 팍팍 올라가게 된 것이죠. 이제 등촌동은 강서구만의 동네가 아니라, 강남으로 출퇴근하는 수요를 가진 세대가 지속적으로 유입되는 동네랍니다.

과거 등촌동의 랜드마크 아파트는 구 국군통합병원 자리에 들어선 등촌아이파크였습니다. 마곡지구가 들어서기 전까지는 말이죠. 하지만 이제 등촌동의 시세는 마곡지구 접근성과 9호선 급행 정착역 접근성으로 정해지게 되었습니다. 등촌주공 3단지는 마곡지구와 5호선 발산역 접근성으로, 등촌주공 8단지는 9호선 급행 가양역 접근성이 가장 좋아서 인기가 많습니다. 현재 등촌동에는 10년 차 미만의 새 아파트가 없습니다. 신규 아파트 프리미엄이 반영되지 않아서 가격이 적당하다는 뜻입니다. 교통 편리하고 가격 적당한 지역은 당연히 인기가 많겠죠. 그만큼 등촌동은 한동안 주거지로 계속 관심을 끌 것입니다.

동네 이야기 6 | 양천현이 있었던 가양동

가양동은 강서구에서 한강과 가장 넓게 접해 있습니다. 하지만 어느 누구도 가양동을 두고 한강을 조망할 수 있는 동네라고 말하지 않아요. 왜 그럴까요? 이것이 가양동의 향방을 예측해볼 수 있는 중요한 질문입니다.

가양동은 북쪽으로 한강에 접해 있고, 서쪽으로 궁산을 사이에 두고

가양동 지도. 가양 1동 일부와 2, 3동으로 구성된다. 단, 가양 1동의 많은 부분이 새로 개발되는 마곡지구로 편입되어 있다. 개발이 진행되는 동네는 아직 행정 구역, 법정 경계가 정착되지 않았다.

마곡동과 접하고 있습니다. 동쪽에는 증미산이 있습니다.

지명은 가마동(加麻洞)과 고양리(古陽里)에서 한 글자씩 따서 만들었다고 합니다. 가마동은 가양동에 있던 마을로, 삼밭이 많아서 생긴 이름이고, 고양리(현재의 고양시 대덕동)는 한강 건너편에 있습니다. 지금은 가양대교가 두 지역을 연결하고 있죠.

조선시대 양천현의 중심이었던 가양동 지역은 오늘날의 구청에 해당하는 양천현 관사가 있던 곳입니다. 지방 국립 교육기관인 향교도 있었는데, 이 양천 향교는 서울에 현존하는 유일한 향교입니다.

가양동은 1~3동까지 구분됩니다. 가양 1동은 현재의 마곡동 쪽으로, 가양 2동과 함께 과거 이 지역의 중심지였습니다. 가양 3동은 한강 폐천(廢川, 원래 하천이었으나 자연적으로 또는 인위적으로 물의 흐름을 바꾸어 물이 흐르지 않게 된 땅)을 활용하여 만든 부지로, 올림픽대로가 개통하면서 택지지구로 개발한 곳입니다.

가양동은 택지개발사업으로 전 지역에 아파트가 공급되었기 때문에 다른 시설은 많지 않습니다. 목동 아파트 단지를 개발한 뒤 그 인력을 그대로 가양동 택지개발사업에 투입했으나 목동만큼 체계적으로 개발하지 못했다는 평가를 받고 있습니다. 한강변에 위치하고 있다는 이점을 살리지 못했고, 부대시설이나 기반 시설도 제대로 배치하지 못했습니다. 게다가 임대 아파트 비율이 높아서 일반 아파트 세대와 잘 어울리지 못한다는 지적도 있습니다. 강서구에서 입지가 가장 좋은데도 그 입지적 가치를 제대로 활용하지 못한 것이죠. 결국 남들한테는 부러움을 살 만한 한강변 아파트라는 장점도, 아파트만 있는 택지개발지구라는 이점도 묻혀버리고 말았습니다.

하지만 최근 가양동의 위상이 달라졌습니다. 과거 가양동은 다른 지역

가양대교. 가양동과 고양시를 연결한다.

서울식물원. 주변의 드넓은 녹지 공간에 호수공원과 생태공원 등이 조성되어 있다.

사람들이 눈여겨볼 만한 곳이 아니었지만, 9호선이 개통한 뒤로 수요가 증가하기 시작했습니다. 9호선 라인 중에는 시세가 가장 저렴했기 때문이죠. 게다가 마곡지구 개발 호재도 추가되었습니다. 가양 1동 대부분은 마곡지구에 포함되어 있습니다. 서울식물원 부지가 바로 그곳입니다. 서울식물원은 가양동뿐 아니라 강서구, 나아가 서울 남서권에서는 매우 드문 대형 자연 공원으로 가양동의 위상을 높이는 데 기여했습니다. 이 3가지 호재만으로도 가양동의 분위기가 많이 살아났습니다.

하지만 여전히 부족합니다. 가양동의 입지적 장점을 살리려면 도시 설계와 운영에 변화를 가해야 합니다. 대부분의 아파트가 1992년 전후로 준공되어서 이제 몇 년 후면 재건축 연한이 도래하는데, 재건축을 할 때 이 시영(市營)아파트들에 어떤 변화를 줄 것인가가 가양동을 몇 단계 업그레이드하는 데 중요한 키가 될 것입니다. 특히 영구 임대 아파트들과 어떻게 조화를 이룰 것인지가 매우 중요합니다.

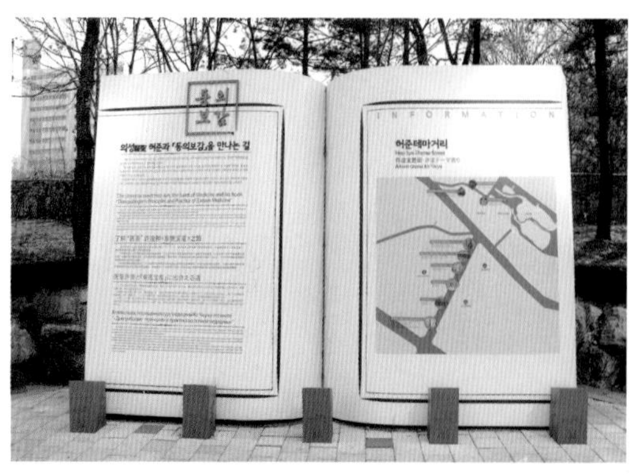

허준테마거리. 허준 선생의 발자취를 담은 여러 가지 구조물과 박물관 등이 있다.

가양동은 분명 중심이 될 만한 입지입니다. 하지만 한편으로 입지는 사람이 만들기도 합니다. 이곳에는 구암 허준 선생의 생가가 있습니다. 양천 허씨의 발상지라고 하는 허가바위도 있지요. 만병통치의 명의였던 허준 선생의 후손들이 터를 닦은 곳입니다. 허준 선생이 환자의 막힌 혈을 뚫어 원기를 회복시켰듯 가양동 주민들도 반드시 해법을 찾을 것입니다. 인류가 언제나 답을 찾아냈듯이 말입니다.

동네 이야기 7

강서구의 미래, 마곡동

마곡동(麻谷洞)이라는 지명은 과거 이 일대에서 삼마(麻)를 많이 심었던 데서 유래되었습니다. 지명에서 알 수 있듯 주거지로 선호할 만한 지역은

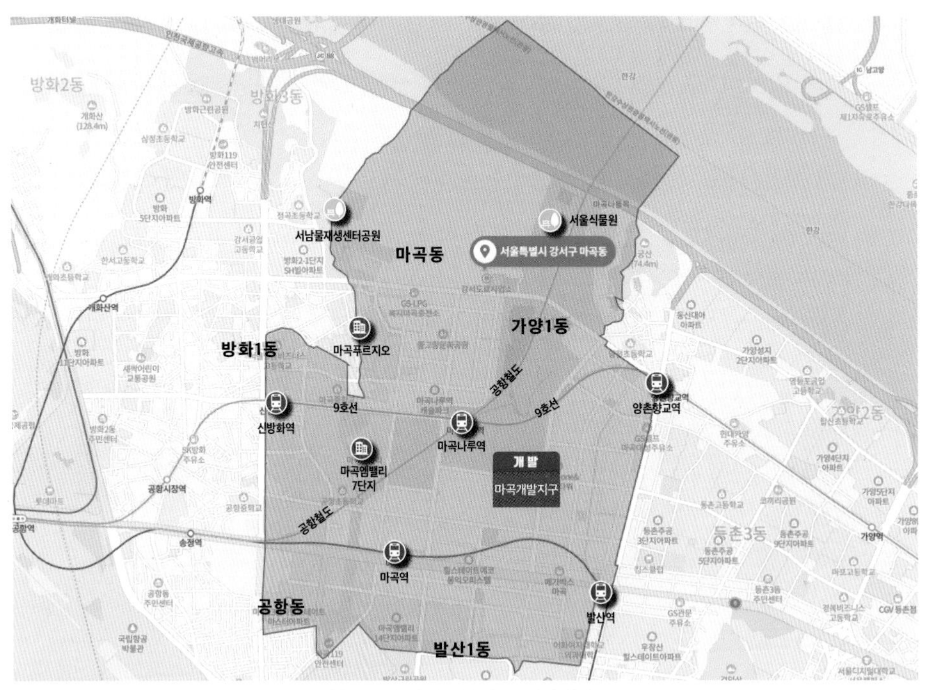

마곡동 지도. 방화 1동과 가양 1동, 발산 1동, 공항동의 일부가 현재의 마곡동에 속한다.

아니었습니다. 몇 년 전까지만 해도 벼농사를 짓던 땅이었죠. 하지만 이제 마곡동은 강서구의 핵심 지역인 동시에 서울 남서권의 중심이자 서울의 유일한 업무 중심 복합 도시로 거듭났습니다.

마곡동은 서울의 마지막 남은 대규모 택지개발지였습니다. 서울시는 2005년 마곡지구를 서울 남서권의 전략적 지역 중심지로 육성하겠다는 계획을 발표합니다. 단순히 대규모 아파트 단지를 공급하는 기존의 신도시 개발 방향이 아니라, 업무지구를 중심으로 한 자족 신도시를 만들겠다는 구상이 담겨 있었습니다. 이에 따라 마곡지구에는 업무 시설과 주거 시설 외에 호텔, 컨벤션 등의 기업 지원 시설, 쇼핑, 문화센터, 대형 병원 등 상업·기반 시설도 함께 개발됩니다. 지구 한가운데에는 50만㎡ 규모의 서울식물원이 조성되었습니다.

교통 환경도 보강되었습니다. 현재 마곡지구에는 5호선 마곡·발산역, 9호선 마곡나루·신방화·양천향교역 등이 있습니다. 여기에 공항철도 마곡나루역이 개통했습니다. 마곡동은 한강변을 제대로 활용할 강서구 최초의 입지이기도 합니다. 수변 환경을 조성하기 위해 서남물재생센터 일

마곡지구 개발 조감도

서남물재생센터 개발 계획 조감도

대를 수변 공원으로 조성하는 사업도 진행 중입니다.

강서구에 있어서 마곡동은 말 그대로 당첨된 로또 복권이나 다름없습니다. 강서구를 단숨에 남서권 최고 지역으로 바꾸어준 3장의 에이스 카드라고 할 수도 있습니다. 에이스 카드 3장을 가지고 포커를 치면 돈 잃을 일이 거의 없겠지요?

신기하게도 과거의 중심지가 세월이 흐른 뒤에 다시 중심지가 되는 경우가 많습니다. 조선시대 양천현의 중심지였던 마곡동이 이렇게 다시 강서구의 중심이 되었으니 말입니다.

마곡동은 앞으로도 계속 성장할 것입니다. 입주할 기업들이 아직도 꽤 남아 있고, 대형 상업 시설들도 들어올 예정이며, 주변 지역들도 점점 좋아지고 있으니까요. 마곡동의 미래를 기쁘게 즐기자고요.

강서구 이주·투자 이전에 생각해볼 것들

강서구는 지금 기준으로 보아도 정말 좋은 입지이고, 향후 기준으로 보면 더욱 멋진 입지입니다. 투자를 미래 가치를 선점하기 위한 행위라고 볼 때 투자 가치가 점점 더 높아지는 지역입니다. 하지만 아파트 매매를 한다고 가정했을 때, 강서구의 모든 동, 모든 아파트가 다 좋은 물건일까요? 아무 아파트나 투자해도 괜찮은 걸까요? 그건 절대 아닙니다.

강서구의 역사는 화곡동의 역사입니다. 주거지로서의 화곡동 역사가 약 40년 정도 되었다고 말씀드렸죠? 그 40년 동안 같은 강서구에 있으면서도 왜 어느 지역 아파트는 올랐는데, 다른 지역 아파트는 거의 안 올랐는지 생각해본 적 있나요? 강서구의 다른 동네가 올랐으니, 여기도 똑같이 오를 거라고 단순하게 생각하지는 않았나요?

거의 모든 지역이 다 그렇지만, 강서구의 입지에도 등급이 있습니다. 강서구의 장점과 단점을 먼저 생각해본 뒤 장점이 많은 입지와 단점이 많은 입지를 선별해야 합니다. 이것이 지역을 분석할 때 가장 먼저 해야 하는 일입니다. 투자용이든 실거주용이든 매입에 나서는 건 그다음입니다.

돈이 적게 들어간다고 해서 좋은 투자가 아닙니다. 좋은 투자법도 아니고요. 투자금이 더 들어가도 좋은 입지를 사는 것이 부동산을 대하는 바람직한 태도입니다. 왜 싼지, 왜 쌌는지 한 번쯤은 따져봐야죠. 게다가 강서구는 이제 예전처럼 저렴하기만 한 동네가 아닙니다. 경제력이 높은 층과 낮은 층이 공존하고 있습니다. 학군이 매우 중요한 동네이고, 상권에 대한 기대 수준도 매우 높습니다. 교통 환경도 획기적으로 호전되었습니다. 입주민의 특징과 성격이 바뀌고 있다는 의미입니다. 따라서 일자리, 교통, 교육, 생활편의 시설, 자연환경, 입주민, 이 6가지 사항을 충족하지 못하는 입지는 한 번 더 고민하고 매수 여부를 결정하기 바랍니다.

혹시 강서구에서 관심이 가는 지역이 있나요? 가장 저렴한 공항동이나 방화동인가요? 구관이 명관이라고, 화곡동인가요? 가장 전형적인 강서구 동네인 등촌동에 마음이 쏠리나요? 도심에 가장 가까운 염창동에도 눈길이 가나요? 투자 목적이든 실거주 목적이든 강서구에서 부동산을 찾는 분들은 대부분 이들 지역 위주로 매수를 했고, 또 지금도 살펴보고 있을 겁니다. 조금 더 해보죠. 마곡지구와 바로 인접한 발산동이나 가양동은 어때요? 혹시 가장 중심 지역인 마곡동에 투자한 분은 없으신가요?

눈치 빠른 분들은 제가 어떤 기준으로 동네를 나열했는지 아실 겁니다. 시세가 낮은 지역부터 높은 지역 순으로 말씀드린 겁니다. 여기에 이 지역들을 또 다시 두 권역으로 나눈 것까지 파악하셨다면, 이미 강서구 지역의 입지 전문가입니다. 더 이상 이 책을 읽지 않으셔도 됩니다. 어떤 기준이었냐 하면, 강서구 평균보다 높은 지역과 낮은 지역, 두 권역으로 나누었습니다.

싸다고 좋은 것이 아닙니다. 투자 금액을 아꼈다고 해서 올바른 투자를

강서한강자이 조감도. 강서한강자이는 강서구 지역 아파트 시세의 바로미터 역할을 한다.

한 것이 아닙니다. 좋은 물건을 상대적으로 싸게 사는 것이 중요합니다. 핵심은 '좋은 물건'이지, 가격이 '저렴한 것'이 아니라는 뜻입니다. 제가 던진 화두를 염두에 두고 다음의 아파트들을 살펴보기 바랍니다.

첫 번째 아파트는 현재 강서구 전체 지역에서 가장 비싼 아파트 중 하나인 가양동의 강서한강자이입니다. 평당 4,000만 원 정도이죠. 눈여겨봐야 할 부분은 마곡동이 아니라 왜 가양동에 있는 아파트의 시세가 높은가 하는 점입니다. 자, 이 아파트의 시세를 눈여겨보십시오. 가격이 좋으니 이 아파트를 매수하라는 의미가 아닙니다. 이 아파트와 비교했을 때 더 살기 좋은데 시세가 저렴하다면 그 아파트의 시세는 상승할 가능성이 큽니다. 반대로 이 아파트 대비 거주 편의성이 떨어지는데 시세가 더 높다면 그 아파트의 시세는 앞으로 조정될 가능성이 큽니다.

두 번째 아파트는 방화동에 있는 마곡푸르지오입니다. 2008년 입주한 아파트로, 현재 평당 2,800만 원 정도 형성하고 있습니다. 방화동은 강서구에서 시세가 가장 낮은 곳이죠. 왜 방화동에 있는 아파트를 굳이 '마곡' 푸르지오라고 이름 지었는지 생각해볼 필요가 있습니다. 마곡이라는 이름만으로도 프리미엄이 형성된다는 뜻입니다. 마곡동과의 연계성을 향후에도 주목할 필요가 있는 것이죠.

세 번째 아파트는 발산동 우장산힐스테이트입니다. 2005년 입주한 아파트로, 평당 3,500만 원 정도입니다. 발산동은 강서구에서 시세가 높은 편에 속합니다. 현 시점에서 강서구에서 가장 좋은 입지에 있는 아파트 중 한 곳입니다. 왜 이곳이 가장 좋은 입지인지 꼼꼼히 따져보세요.

이 아파트에 투자하라는 이야기가 절대 아닙니다. 일자리, 교통, 교육, 생활편의 시설, 자연환경, 입주민이 모두 갖추어진 좋은 입지임을 말씀드리려는 겁니다. 강서구에서 상대적으로 시세가 높은 아파트들이 왜 시세가 높은지 이유를 알면, 강서구 내 다른 아파트를 분석하는 데 큰 도움이 되겠죠.

네 번째로는 화곡동에 있는 강서힐스테이트입니다. 평당 3,500만 원 정도입니다. 화곡동은 강서구에서 가장 역사가 깊고 가장 집이 많으며 가장 많은 사람이 사는 곳입니다. 강서구를 관심 지역으로 둔다면, 먼저 화곡동부터 공부할 필요가 있습니다. 화곡동에는 대규모 아파트 단지가 몇 개 없습니다. 화곡동의 대규모 단지라는 이유만으로도 가치가 있다는 뜻이죠.

다섯 번째 아파트는 마곡동의 마곡엠밸리 7단지입니다. 평당 3,900

우장산힐스테이트

만 원 전후입니다. 마곡동은 현지 시점에서도, 향후 시점에서도 가장 주목받을 지역입니다. 대부분 1,200만 원대에 분양했고 초기에는 미분양도 꽤 있었지만, 현 시세는 모두 평당 4,000만 원에 육박하고 있습니다. 다만 SH공사가 시공을 담당했다는 점을 고려해야 합니다. 공공기관이 시공한 아파트는 민간 기업이 시공한 아파트와 질적으로 차이가 납니다. 당장 주변에 있는 힐스테이트와 비교해보면 되겠죠? 실례로 비슷한 시기에 분양한 우장산역 부근의 강서힐스테이트와 마곡·신방화역을 끼고 있는 마곡엠밸리(SH공사 시공)의 시세는 현재 거의 비슷합니다. 이 두 아파트의 미래 가치는 어떻게 달라질까요? 과연 입지 브랜드가 이길지, 아파트 브랜드가 이길지 예측해보는 것도 재미있는 부동산 공부가 될 것입니다. 결국 입지도 좋고 브랜드도 좋은 아파트가 최후의 승자가 되겠죠?

지금까지 강서구 내 동별로 가장 비싼 아파트를 기준으로 분석을 해보았습니다.

강서힐스테이트(위)와 마곡엠밸리 조감도(아래)

먼저 이 아파트들의 공통점을 찾아보세요. 그리고 왜 이 아파트들이 비싼지, 입지 특성은 어떤지, 분양가는 얼마였는지, 앞으로 어떨지 분석해보세요. 어떻게 분석하냐고요? 입지와 아파트를 대할 때 다음의 사항을 꼭 고민하시기 바랍니다.

첫째, 일자리, 교통, 교육, 생활편의, 주변 환경, 브랜드 등을 따져보고,
둘째, 이 요소들 중 그 지역 거주민들이 가장 중요하게 고려하는 것이 무엇인지 알아보며,
셋째, 이 아파트가 5년 후에는 어떤 위상을 가지게 될 것인지를 예측해보는 것입니다.

이 3가지를 딱 한 번만이라도 진지하게 생각해보기 바랍니다. 매매가와 전세가 갭만 따지지 마시고요!

강서구의 미래, 마곡! 마곡지구의 영향권을 주목하자!

과거의 서울처럼 모든 지역에 동시다발적으로 인구가 유입되고 부동산 시세가 급등하는 일은 이제 없을 것입니다. 결국 좋은 입지의 인기 많은 아파트들은 꾸준히 승승장구할 것이고, 입지 요소가 떨어지는 인기 없는 곳은 도태되겠죠. 이러한 지역별 부익부 빈익빈 현상은 지속될 겁니다. 결국 사람들은 돈이 없어서 집을 사지 않는 것이 아니라, 집을 산 이후에 그 가치가 떨어질 것이 두려워 매입을 주저하는 것이니까요. 이 두려움의 근본적인 이유는 어떤 입지가 좋고 나쁜 것인지 정확하게 판단하지 못하는 데 있습니다.

좋은 입지의 대표적인 지역은 강남입니다. 이 지역은 항상 대기 수요가 넘쳐납니다. 가격만 사정권에 있다면 언제든지 들어가려고 하죠. 위례신도시 분양 사례를 보면 이런 사실을 확인할 수 있습니다. 위례 신도시 분양의 성공 원동력은 단 하나입니다. 준강남권인데, 강남권보다 가격이 낮았기 때문입니다.

여유 있는 사람들은 생각보다 많습니다. 그러니까 위례 신도시도, 강남권 재건축 지역들도 분양이 안 될 걱정은 하지 않는 것이죠. 수요가 풍부하기 때문입니다. 기꺼이 지불할 만한 가격이라면 언제든지 총알을 쏠 준비가 되어 있는 사람들이 많습니다. 많은 사람에게 강남은 다른 나라라고 여겨집니다. 그들만의 리그라고 여기는 것이죠. 그렇다고 마냥 부러운 눈으로 쳐다볼 필요는 없습니다. 강남은 아니지만, 강남 같은 지역이 있으니까요. 그런 곳 중 한 곳이 바로 마곡지구입니다.

SH공사에서 운영하는 마곡지구의 홈페이지에 들어가보면, 마곡지구를 '동북아 미래를 선도하는 지식 산업 그린시티'라고 설명합니다. 무슨 말인지는 이해하겠는데, 왜 동북아가 나오고, 어떻게 미래를 선도하고, 지식 산업이 왜 등장하며, 그린시티는 무엇을 뜻하는지 명확하게 다가오지 않을 겁니다. 그래서 왜 이런 표현을 썼는지 구체적으로 설명해드리면, 이 마곡지구를 확실하게 이해하지 않으실까 합니다.

마곡지구의 면적은 110만 평 정도 됩니다. 우리가 잘 알고 있는 상암 DMC의 6배 정도 되는 규모죠. 정확한 비교를 위해 상암 DMC를 더 설명해보자면, 이곳에는 SBS, MBC, CJ, YTN, 중앙일보 등의 미디어 그룹들이 대규모로 입주했거나 입주할 예정입니다. LG, KT 등의 통신 기업들도 있고, 영화 박물관도 있습니다. 이 지역 내의 문화 관련 시설에서 근무하는 인원만 현재 5만 명 정도라고 합니다. 명실공히 대한민국 최대의 미디어밸리죠. DMC는 업무 시설만 좋은 것이 아닙니다. 주거 시설도 좋고, 상업 시설도 훌륭합니다. 게다가 한강이 가깝고, 근사한 공원(하늘·노을공원)도 있지요. 과거에 난지도 인근이었다는 사실을 대부분 까맣게 잊을 정도로 서울에서도 매우 잘나가는 지역이랍니다.

마곡지구는 이런 상암 DMC보다도 무려 6배가 큽니다. 상암 DMC처

상암 DMC. 대한민국을 대표하는 미디어 단지로, 업무 시설만이 아니라 주거 시설과 상업 시설이 잘 갖추어져 있다.

럼 대부분의 부지에 업무 시설이 들어올 예정입니다. 그것도 공장 등의 혐오 시설이 아니라, 대부분 대기업의 R&D센터 위주로 많은 사람이 선호하는 첨단 기업들이 입주할 예정입니다. 현재 확정된 대기업만 36개 기업으로, 대부분 LG와 코오롱 계열사 등입니다. 이랜드, 신세계, 롯데 등 유통이 강한 기업들도 들어올 예정입니다. 예상 고용 인원이 약 40만 명 정도라고 합니다.

교통은 어찌나 편리한지 지하철 5호선, 9호선, 공항철도를 이용할 수 있습니다. 도로망으로 공항대로, 올림픽대로 등을 이용할 수 있고요. 김포공항이 있으니 해외 진출도 용이합니다. 현재는 일본과 중국만 갈 수 있지만, 마곡지구가 활성화되면 그 외의 해외 노선이 추가될 것입니다. 김포공항에서 해결이 안 되면 인천공항을 이용하면 됩니다. 서울에서는 인천공항에 제일 가까운 위치니까요.

자연환경도 꽤 괜찮습니다. 서울 사람들이 가장 좋아하는 한강은 기본이고, 궁산, 개화산, 우장산, 수명산으로 둘러싸인 분지 지형입니다. 좋은 산과 물이 있으니 업무 위주의 지역임에도 높은 수준의 쾌적함이 유지될 것입니다.

마곡지구가 완성되면, 서울 서부권에서는 상암 DMC와 함께 지역 경제를 선도할 것입니다. 강서구뿐만 아니라 서울의 미래가 되는 지역인 것이죠.

이제 왜 마곡지구를 '동북아 미래를 선도하는 지식 산업 그린시티'라고 표현했는지 이해되시죠? 마곡지구는 업무 시설 위주의 지구입니다. 상업 시설과 주거 시설도 함께 개발되기는 하지만, 중심은 업무 시설입니다. 이 점은 위례 신도시보다 오히려 이점이 있습니다.

상업 시설 부분은 마곡지구 전체 규모에 비해 매우 작은 규모로 계획되어 있습니다. 따라서 마곡지구 주변의 상권인 발산역 주변이 김포공항 쪽과 함께 활성화될 확률이 높지요. 주거 시설도 마찬가지입니다.

결국 마곡지구는 그동안 조용했던 강서구에 상당 기간 매우 많은 관심을 집중시킬 충분한 능력이 있는 요소입니다. 2기 신도시 중에서도 판

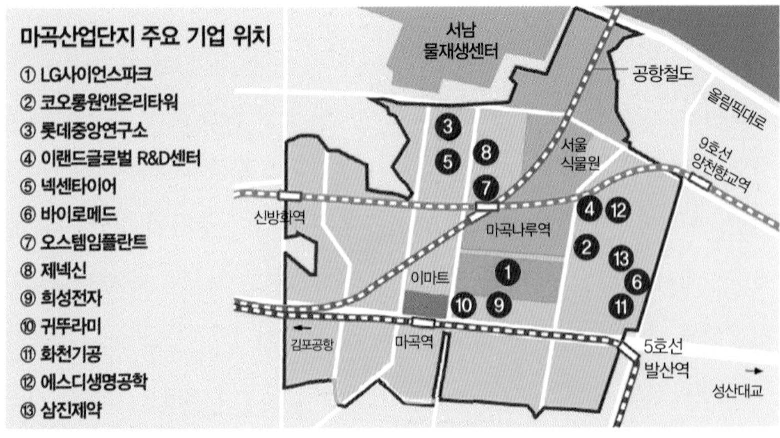

마곡지구에 입주할 기업 리스트

교가 압도적으로 인기가 많았던 것은 이런 자급자족 도시로 구성되었기 때문입니다. 마곡도 충분히 그런 조건을 갖추었기 때문에 마곡지구와 그 인근 지역들을 꼼꼼하게 살펴볼 필요가 있다는 말씀을 드리고 싶습니다. 마곡은 강서구의 확정된 미래니까요.

=지역과 상품의 인지도를 이용하는 방법

한 지역이 정착되는 데는 최소 10년이 걸립니다

강남구 개발은 1975년에 시작되었지만, 1990년대가 되어서야 지금의 위상을 갖게 되었습니다. 1기 신도시의 대장인 분당도 1992년부터 입주하기 시작했지만, 2000년대가 되어서야 시세가 상승하기 시작했고요. 강

1975년 강남4로의 지하차도 공사 당시 조감도(좌)와 1978년 당시의 서울 양재동(우) ⓒ 서울특별시

북구 길음뉴타운도 2003년 사업을 시작했는데, 15년이 지난 지금에서야 부각되기 시작했습니다.

마곡지구는 아파트가 많이 들어서 있지만 중심이 되는 업무 시설과 상업 시설은 여전히 공사가 진행 중입니다. 앞으로도 최소 5년은 더 기다려야 합니다. 그 이후가 되어서야 마곡지구의 진가를 확인할 수 있습니다. 단기간에 결과를 보려고 하지 마세요. 그것은 투기입니다. 조급해하지도 마세요. 1~2년 먼저 가려다 10년 뒤처질 수 있습니다. 침착하게 마곡지구가 미래 도시로 변화하는 과정을 즐기시기 바랍니다.

지명에도 브랜드가 있습니다

행정 구역상 방화동에 있는 푸르지오는 방화푸르지오가 아닌 마곡푸르지오라는 이름을 씁니다. 외발산동에 있는 수명산파크 단지들은 마곡수명산파크라고 이름을 바꾸었습니다. 부천시 중동에는 중동래미안이 있습니다. 원래 이 입지의 대부분은 약대동입니다. 약대래미안이 아닌 중동래미안을 쓰는 이유가 있겠죠? 서대문구 북아현동에는 e편한세상신촌이 있습니다. 신촌은 마포구에 속한 지명이죠. 서대문구 남가좌동의 가재울뉴타운 단지에 있는 아파트들에는 모두 DMC라는 이름이 들어갑니다.

마곡푸르지오(위)와 마곡수명산파크(아래). 각각 방화동과 발산동에 있지만, '마곡'이라는 이름을 쓴다.

강서구 재건축 현황 (※재개발은 없음)

시군구	읍면동	재건축 단지명	준공연월	사업단계	총세대수	건립예정세대수	시공사
강서구	염창동	등마루	1971년 5월	관리처분계획	80	78	제이앤이건설㈜

DMC는 마포구 상암동에 있는데 말이죠.

지명에는 프리미엄이 있습니다. 어떻게든 이 프리미엄을 활용하고 싶은 것이 사람의 본성입니다. 부동산의 입지를 보고 선택하듯이 인지도 있는 지명을 선택하는 것도 좋은 투자 방법입니다. 물론 가장 좋은 방법은 좋은 입지에 있는 브랜드 아파트에 주목하는 것입니다.

랜드마크 아파트를 찾으세요

지역 내 랜드마크 아파트는 그 지역 아파트 시세의 기준이 됩니다. 기존 아파트들은 그 랜드마크 아파트와의 수준을 비교하면서 가격 하락의 범위를 정하게 되는 거죠. 신규 아파트의 분양가를 책정할 때도 마찬가지입니다. 랜드마크 아파트와 같은 입지면 그보다 조금 더 비싸게 책정하고, 랜드마크 아파트보다 입지가 나쁘다고 판단되면 그보다 낮게 책정합니다.

랜드마크 아파트는 향후 시세를 추정하는 데에도 활용할 수 있습니다. 부동산 경기가 지속적으로 상승하면 랜드마크 아파트의 가격이 목표점이 되기도 하거든요.

랜드마크 아파트를 활용하는 방법은 여러 가지입니다. 실거주할 아파트를 찾을 때 특별한 대안이 없다면 랜드마크 아파트를 선택하면 됩니다. 적어도 다른 아파트를 찾아가 겪을 수 있는 시행착오를 피하게 해주니까요.

왕의 무덤으로 점지한 땅, 개화동

강서구 방화 1동에 능리(陵里)라는 자연 마을이 있습니다. 능은 왕이나 왕비의 무덤을 뜻하는 말이죠. 능리는 개화산에 있는 마을로, 실제 고려 후기 왕실은 이곳을 왕릉지로 선정해두었다고 합니다.

고려 말에 이르러 나라가 망할 것이란 예언이 난무하고 천도설이 유행했는데,

능리와 풍산 심씨 문정공파 묘역 위치

왕기(王氣)가 모두 남경(南京, 오늘날의 양주 일대) 쪽으로 빠져나간다는 지관들의 주장으로 인해 왕릉으로 쓰는 것을 폐지하게 됩니다. 뿐만 아니라 다른 어느 누구도 이 능 부지를 쓰지 못하게끔 왕릉 부지 터에 말뚝을 박아 사람이 접근하지 못하게 했다는 이야기가 전해져 내려오고 있습니다. 조선시대 광해군을 쫓아내고 왕위에 오른 인조도 생부였던 원종의 능을 양주에서 이곳 개화산으로 이장하려 했다가 결국에는 뜻을 거두어 김포 장릉으로 옮겼다고 합니다. 현재는 풍산 심씨 문정공파 묘역이 형성되어 있지요. 능리는 심씨 집성촌이기도 합니다.

그만큼 개화산 주변은 풍수적으로 명당의 기운이 흐르는 곳입니다. 개그맨 정형돈 씨가 여의도 주상복합으로 이사 가기 전까지 바로 이 개화동 단독 주택촌에서 잠시 살았죠. 개화동으로 이사 온 뒤 결혼 잘하고 연예인으로 명성을 유지하며 사업도 잘 풀려서 서울 중심부인 여의도로 집을 옮겼으니 풍수적으로 좋은 영향을 받았다고 해도 되지 않을까요?

풍산 심씨 문정공파 묘역

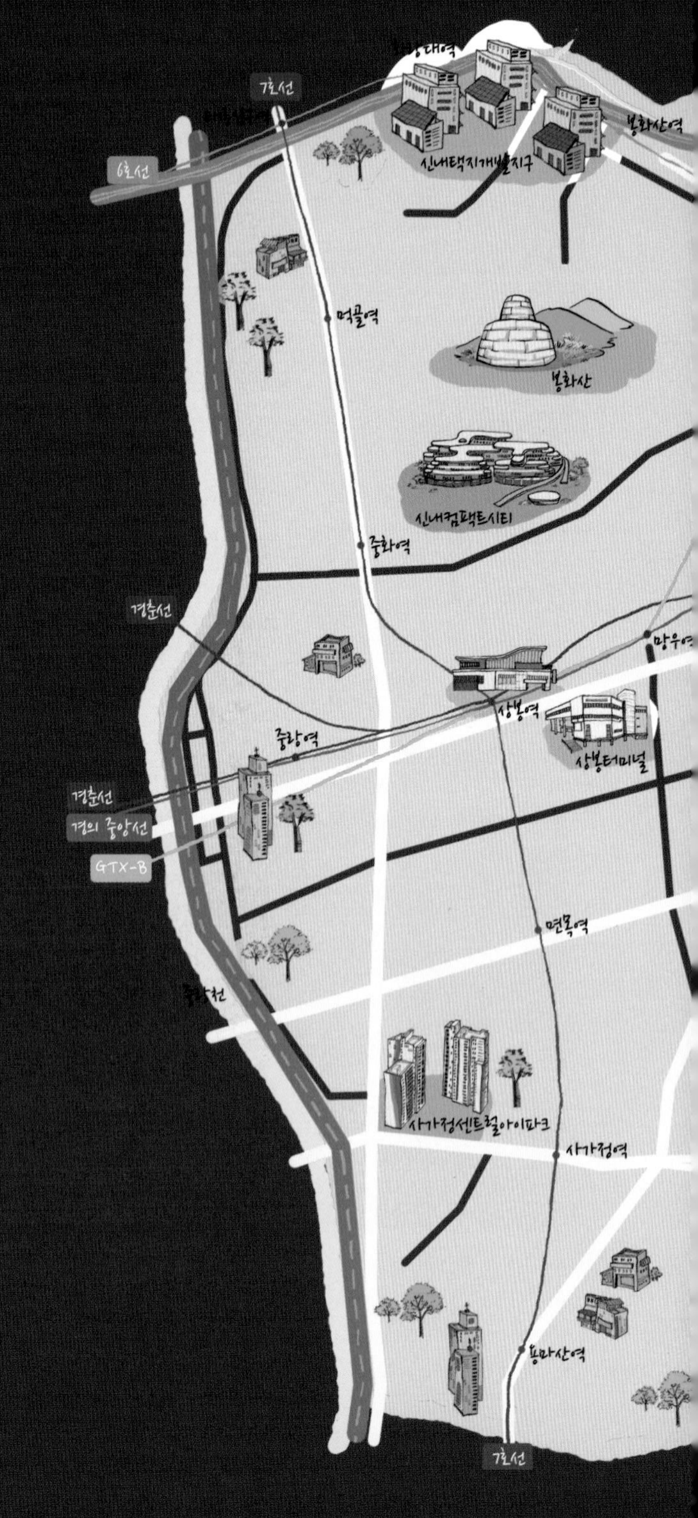

7호선
6호선
봉화산역
신내택지개발지구
먹골역
봉화산
신내컴팩트시티
중화역
경춘선
상봉역
상봉터미널
중랑역
경춘선
경의 중앙선
GTX-B
면목역
사가정센트럴아이파크
사가정역
용마산역
7호선

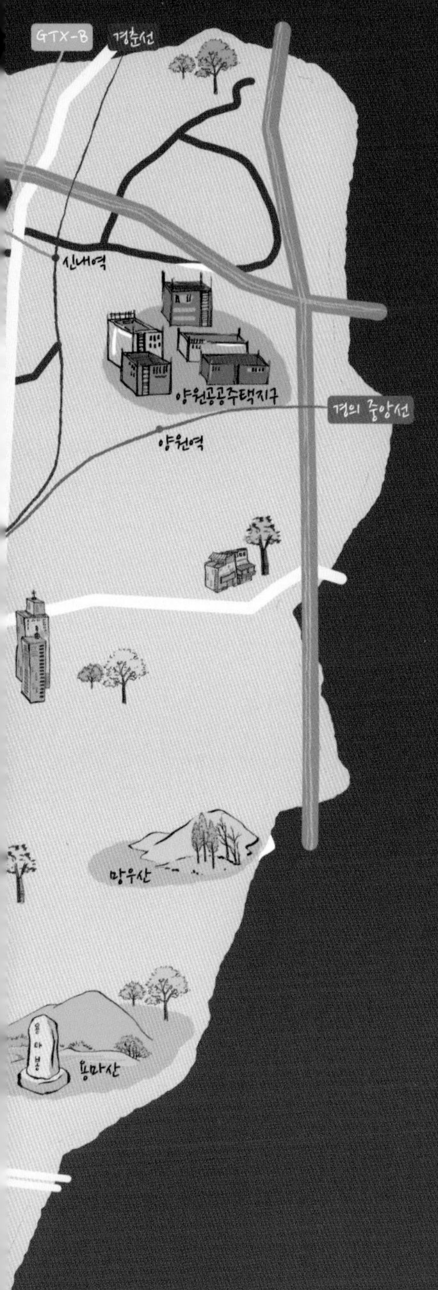

Chapter 2

서울의 동쪽을 지키는 좌청룡 중랑구 이야기

조선 건국 때부터 서울이 될 운명이었던 중랑구

조선시대의 한양은 오늘날의 서울보다 훨씬 작았습니다. 북으로는 북대문(숙정문)이 있는 북악산을, 남으로는 남대문(숭례문)이 있는 남산을, 서쪽으로는 인왕산 끝자락의 서대문(돈의문)을, 동쪽으로는 동대문(흥인지문)이 있는 낙산을 경계로 두었으며, 이 4대문을 연결한 성곽이 조선시대 한양의 경계였습니다. 현재 서울 성곽길이 조선시대 한양의 테두리였던 셈입니다.

풍수지리에서 수도를 에워싼 산들을 사신사(四神砂)라 일컫습니다. 북현무, 남주작, 좌청룡, 우백호가 그것인데요, 이를 한양에 대입해보면 북악산이 현무, 남산이 주작, 낙산이 청룡, 인왕산이 백호가 됩니다. 이 4개의 산을 다른 말로는 내신사(內神砂)라고도 합니다.

여기에 놀라운 사실 하나를 추가하겠습니다. 지금까지 이 이야기를 하는 사람을 본 적이 없으니, 저만의 이론이라고 할 수 있겠네요. 제가 주장하고 싶은 내용은 이렇습니다. 이미 600년 전에 무학대사와 정도전이 한양을 도읍으로 정하면서 오늘날의 서울 경계까지 정해두었던 것은 아닐까

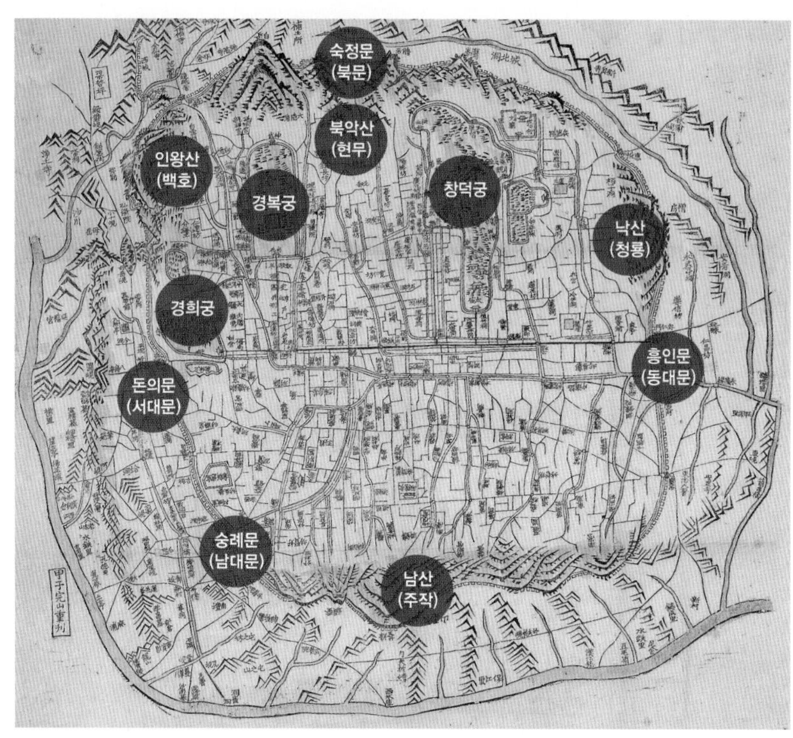

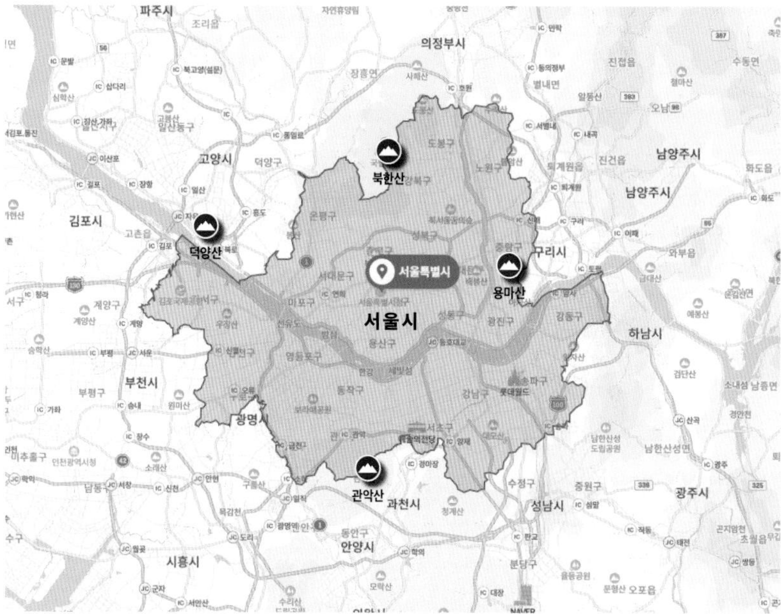

조선시대 한양을 담은 〈수선전도〉에 나타난 내신사(위)와 오늘날 서울의 영역에서 나타나는 외신사(아래) 위치

하는 이야기입니다. 풍수 이론에서는 내신사 외에도 외신사(外神砂)가 있는데요, 문자 그대로 핵심 지역인 내신사를 보호하는 외부의 또 다른 산을 의미합니다. 그런데 외신사로 지정된 산이 북현무 북한산, 남주작 관악산, 좌청룡 용마산, 우백호 덕양산이었으니, 조선 건국 당시 이미 현재 서울의 경계선이 지정되었다는 것이죠. 놀랍지 않은가요? 특히 좌청룡 용마산과 우백호 덕양산은 최근 들어서야 서울 권역에 편입된 지역이라 더욱 놀라울 따름입니다. 이렇게 입지에 관한 선조들의 예언을 하나씩 적용해보면 정말 재미있는 부동산 공부가 됩니다.

그런 의미에서 용마산 아래 위치한 중랑구는 이미 조선시대부터 서울의 입지로 지정된 곳이었습니다. 그것도 좋은 하천(명당수)으로 평가받는 중랑천과 풍수적 명산인 용마산 사이에 위치한, 그야말로 명당입니다. 《조선왕조실록》에 조선을 건국한 태조가 중랑구 망우동에 와서 모든 근심을 잊게 되었다는 기록이 남아 있을 정도니까요. 이러한 사실만으로도

중랑천 ©johnathan21/shutterstock

중랑구가 그 옛날 우리 선조들로부터 인정받은 괜찮은 입지라는 점을 알 수 있지 않나요?

아직까지 많이 알려지지 않은 지역

중랑구에 속한 행정(법정)동명을 보면 그곳이 동대문구인 것 같기도 하고 광진구 같기도 하고 노원구 같기도 합니다. 실제로 잘못 알고 계신 분이 꽤 많습니다. 신내동과 묵동은 노원구에 속한 것으로 알고 계신 분이 꽤 많고, 중화산동과 상봉동은 왠지 동대문구인 것 같고, 면목동은 광진구 같고, 망우동은 행정 구역상의 동네 이름이 아니라 특정한 지역을 이르는 별칭 같기도 합니다.

그래서 중랑구를 제대로 알기 위해서는 먼저 중랑구에 속한 행정동에 대해서 정확히 파악하고 지역을 이해할 필요가 있습니다. 존재감이 전혀

중랑구 남쪽에 위치한 아차산에서 바라본 서울시

중랑구 영역

없어 보이는 동네들이지만, 구체적으로 쪼개어 분석해보면 각 동네마다 꽤 흥미로운 부동산이 많습니다.

중랑구에 대해서 몇 가지만 먼저 말씀드릴게요. 중랑구는 지역 경계가 정말 명쾌하고 단순합니다. 북쪽엔 태릉, 동쪽엔 동구릉이 있습니다. 남쪽에는 아차산, 서쪽에는 중랑천이 있습니다. 서울에 천혜의 자연환경을 지역 경계로 가진 구는 거의 없습니다. 물론 이로 인해 확장이 어렵고 진출입에 한계가 있을 수 있다는 점은 단점으로 작용하지만, 이러한 자연환경에 입지한 곳은 적어도 실거주를 하기에는 최적의 입지가 될 수 있습니다.

다음은 교통 환경입니다. 북쪽으로는 북부간선도로가 있어서 내부순환도로와 수도권제1순환고속도로까지 쉽게 연결되고, 서쪽으로는 동부간선도로를 이용하여 북으로는 서울 노원구·의정부 지역으로, 남쪽으로 광진구·강남구까지 쉽게 연결됩니다. 몇 년 전 개통한 용마터널과 구리암사대교를 통해 구리시, 남양주시, 강동구와의 거리도 크게 가까워졌습니다. 또한 중랑구를 남북으로 가로지르는 3번 국도와 동서로 가로지르는 6번 국도는 광역 도로망으로 이어지고, 전철로는 6호선, 7호선, 경의

중앙선, 경춘선이 지납니다. 여기에 면목선 경전철 노선 개발이 확정되었죠. 이 노선까지 준공되면 1호선, 4호선과도 연계되므로 중랑구는 매우 촘촘한 전철 교통망을 갖추게 됩니다.

입지 프리미엄을 평가하는 다른 요인이나 환경적인 요소를 제외하더라도 교통 환경이 이토록 훌륭한 곳이 왜 지금껏 많은 사람에게 생소한 지역으로 인식되어왔는지 궁금할 지경입니다. 앞으로도 계속 그럴까요? 지금까지 중랑구에 덧씌워진 인상에 대한 이유와 다가올 미래를 예측해 보며 중랑구 이야기를 시작하겠습니다.

전통의 바탕 위에 현대의 색깔을 입히다

동네 이야기 1

공부 잘하는 동네, 묵동

묵동(墨洞)은 이 지역에 있는 봉화산의 소나무를 참숯으로 구워 나라에 진상하는 묵을 만들었기 때문에 생긴 지명입니다. 선비들의 필수 문방구였던 묵을 만든 지역이라는 사실만으로도 학문에 대한 내공이 쌓일 수밖에 없는 곳이라 생각됩니다. 실제로 중랑구에서 학교가 많고 학군이 좋기로 정평이 나 있으니, 우연의 일치라고 하기에는 너무나 오묘하지요.

대개 다른 조건이 유사하다면 교육 환경에 따라 부동산 가격이 정해집니다. 교육 프리미엄은 부동산의 가치를 상승시키며, 이는 서울뿐 아니라 지방 모든 도시에도 동일하게 적용됩니다. 입지 평가를 할 때 교육 환경을 꼭 따져보아야 하는 이유입니다.

묵동은 교육 환경만 좋은 것이 아니라, 6·7호선이 지나가는 더블 역세권역입니다. 서울은 전철 역세권을 최고의 프리미엄 요소로 칩니다. 편리

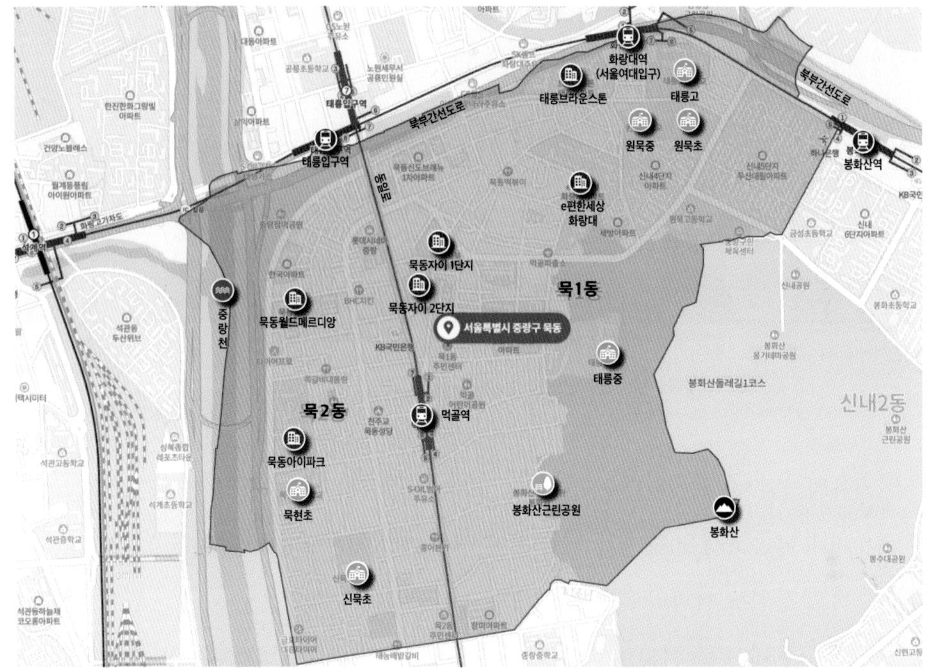

묵동 지도. 중간을 남북으로 가로지르는 동일로를 사이에 두고 동쪽이 묵 1동, 서쪽이 묵 2동이다.

한 전철 교통망과 양질의 교육 환경을 갖추었기에 묵동은 현재 중랑구에서 거주 선호도가 가장 높은 지역으로 통합니다.

현재 묵동에서 가장 비싼 아파트는 묵동자이입니다. 묵동자이는 중랑구 전체에서도 상위권인 평당 2,400만 원 전후의 시세를 형성하고 있습니다. 한동안 분양가 아래로 시세가 빠졌다가 지난 몇 년간 서울 지역의 매물 부족 사태가 이어지자 2020년에 드디어 분양가 이상으로 시세가 상승했습니다. 2010년 12월 입주한 이 아파트는 평당 1,700만 원에 최초 분양되었지만 부동산 경기가 워낙 좋지 않았고 중랑구에선 과하게 가격이 높다는 평가 때문에 심지어 2013년까지도 미분양 상태에 있었습니다. 2014년을 전후해 부동산 경기가 살아나면서 비로소 미분양을 해소할 수 있었죠. 이후 문재인 정부 들어 서울의 매물이 빠르게 소진되고 전세가가

묵동자이(좌)와 태릉브라운스톤(우)

올라가면서 묵동자이까지 혜택을 보게 되었습니다. 제 지인 한 분은 5년 내내 마음고생을 하다가 시세가 매수가 이상으로 상승하자 얼마 전 매도하고 강원도 지역의 넓은 평형대로 이사를 갔습니다.

묵동에서 두 번째로 비싼 아파트는 태릉브라운스톤입니다. 평당 2,000만 원대 시세를 형성하고 있죠. 2003년 입주한 이 아파트의 분양가는 500만 원대 후반이었습니다. 이후로 시세가 지속적으로 상승했고, 현재 최고가를 기록하는 중입니다. 정책의 영향으로 서울 부동산의 매물 부족 현상이 지속되면 시세가 계속 오를 수밖에 없는 단지입니다. 물론 상승폭이 크지는 않더라도 말이죠.

이 두 단지를 비교해보면 묵동 주민들의 주거 단지에 대한 성향을 파악할 수 있습니다. 묵동자이는 7호선 먹골역 역세권으로 상업 시설이 발달한 지역에 위치해 있습니다. 주상복합 아파트로 저층에 이마트가 있는, 생활편의 시설이 편리한 곳이죠. 묵동뿐 아니라 주변 동네의 주부들이 묵동 이마트와 인근 상권으로 거의 매일 찾아듭니다. 이 일대에 은행과 병원, 각종 상점들이 밀집해 있기 때문이죠. 사람들이 많이 몰리는 지역은 대부분 부동산 가격이 높습니다. 그러므로 묵동에서 가장 높은 시세를 형성하고 있는 것이죠.

그런데 시세 상승이라는 차원에서 분석해보면 조금 다른 결과가 도출되기도 합니다. 태릉브라운스톤은 분양가 500만 원대로 시작했지만, 현재 목동자이에 육박하는 시세를 보일 정도로 꾸준히 상승하고 있습니다. 이 아파트 주변에는 특별한 상권이 없습니다. 6호선 화랑대역 역세권이라는 장점이 있지만, 대형 슈퍼마켓조차 없습니다. 심지어 북부간선도로 밑에 있어서 전망이 좋지 않고 주변이 쾌적한 편도 아닙니다. 그런데 도대체 왜 이 단지가 묵동에서 가장 선호하는 아파트가 되었을까요?

이유는 바로 교육 환경입니다. 묵동은 교육 요소가 중요한 곳이라고 서두에서 말씀드렸습니다. 태릉브라운스톤 단지 바로 앞에 원묵초등학교, 원묵중학교, 태릉고등학교가 있습니다. 게다가 화랑대역(서울여대입구역)이라는 명칭에서도 알 수 있듯이 길 건너에는 육군사관학교가 있고 서울여대도 가시권에 있습니다. 이런 교육 환경이 부동산 가치를 높이는 요소로 작용한 것이죠. 이러한 입지적 장점을 등에 업고 태릉브라운스톤 옆 부지에 2017년 e편한세상화랑대가 입주했습니다. 이 아파트의 분양 전략이 교육 환경을 내세우는 것이었습니다. 결과는 1순위 완판이었습니다.

e편한세상화랑대 단지

이처럼 묵동을 이해하는 첫 번째 열쇠는 교육 환경입니다.

묵동을 이해하는 두 번째 열쇠는 자연환경입니다. 중랑천은 묵동의 보물입니다. 중랑천 조망이 가능한 단지들은 부동산 불황기에도 시세가 거의 빠지지 않았습니다. 이 막강한 힘을 보여준 단지들이 묵동아이파크와 묵동월드메르디앙인데요, 실제로 태릉브라운스톤 다음으로 시세가 형성되어 있습니다.

묵동에는 봉화산 근린공원이 있습니다. 이 공원 역시 지역의 부가 가치를 크게 올리는 역할을 합니다. 봉화산은 자칫 삭막할 수 있는 중랑구 도심에 쾌적한 공기를 공급해줍니다. 그래서 봉화산 주변의 다세대, 빌라는 아주 인기가 많죠.

봉화산 소나무로 만든 묵으로 묵동 이야기를 시작했습니다. 마무리 역시 봉화산으로 하려고 합니다. 봉화산 정상에서 보면 북쪽으로는 불암산과 도봉산이, 남쪽으로는 남산과 한강이 보입니다. 북과 남이 잘 보이는 위치여서 조선시대에 봉화대가 있었습니다. 때문에 봉화산이라는 이름을 갖게 되었지요. 묵동은 중랑구에서 봉화 같은 역할을 할 겁니다. 중랑구의 인기 지역이자, 중랑구를 좋은 방향으로 이끌어줄 횃불 같은 지역으로 계속 성장할 것입니다.

동네 이야기 2 | 없는 듯 있을 건 다 있는 알찬 신내동

신내동은 망우동과 더불어 중랑구에서 시세가 가장 낮습니다. 아마도 변두리 지역이라는 이미지 때문에 다른 지역 분들에게는 서울 같지 않은 곳으로 인식되기 때문일 겁니다. 실제로 6호선 종점인 봉화산역이 있으며,

신내동 지도. 1동과 2동으로 나뉜다. 동쪽으로 구리시 동구동, 인창동과 만난다.

북부간선도로의 끝부분이기도 합니다. 경기도 구리시의 시작이 되는 태릉구리간고속화도로의 출발점이기도 할뿐더러 이렇게 구리시와 경계를 맞대고 있다는 점이 변두리 이미지에 적지 않은 영향을 미치고 있습니다.

그러나 뒤집어 생각해보면 오히려 이러한 조건들 덕분에 주거지로서 좋은 환경을 갖추고 있다고 해석할 수 있습니다. 신내동에는 묵동에는 많은 유흥 시설이 전혀 없습니다. 거의 대부분이 아파트 단지여서 낙후된 주택을 찾아볼 수 없습니다. 단지의 동 배치도 시원시원합니다. 서울의료원 남쪽의 신내데시앙아파트 1단지에 한번 가보면 탁 트인 느낌을 받으실 겁니다.

신내동에는 서울시에서 운영하는 시립 병원인 서울의료원이 있습니다. 공공 병원이 있다는 것은 아주 큰 혜택입니다. 의료 서비스를 비교적 저렴한 비용으로 이용할 수 있으니까요. 중랑구청과 관련된 부대시설도

신내데시앙아파트 단지

서울의료원

함께 있어서 행정 업무를 보기에 편리합니다. 이밖에 중랑보건소, 중랑소방서, 중랑경찰서도 모두 신내동에 위치해 있습니다.

주요 상권은 봉화산역과 중랑구청 사거리에 소규모로 형성되어 있습니다. 대형 마트인 홈플러스가 봉화산역에 있으며, 그 주변으로 상가 건물들이 있습니다. 시설과 지역 분위기로 봐서는 중랑구에서 꽤 잘나가는 지역이어야 할 것 같은데 시세가 가장 낮습니다. 그 이유가 무엇일까요?

두 가지 이유를 들 수 있습니다. 서울의 끝, 변두리라는 이미지와 교육시설의 부족입니다. 물론 단지 사이사이에 초등학교가 있습니다. 하지만 중·고등학교가 단 한 곳도 없습니다. 초등학교를 졸업하면 이웃 동으로 통학해야 하는 것이죠. 결국 신내동은 중학생 이상의 자녀를 둔 세대로서는 다시 한번 생각해볼 수밖에 없는 지역입니다. 이 지역에서 계속 살 것인지, 구리시나 중랑구의 다른 지역으로 이주할 것인지 말입니다. 장기간 거주할 수 있는 여러 요소 중 한 가지 요소가 빠진 지역이라는 사실을 생각한다면 신내동이 낮은 평가를 받는 이유를 이해할 수 있습니다.

결국 신내동의 향방을 전망하기 위해서는 앞으로 신내동이 어떤 변화를 맞을지 상상해봐야 합니다. 두 가지 고려 사항이 있다고 말씀드렸죠?

첫째, 변두리 이미지입니다. 도심이나 부도심으로 이미지를 바꿀 수 있는지 판단해보아야 합니다. 사실 신내동 주변에는 아주 큰 개발 계획이 잡혀 있습니다. 구리 갈매지구 개발과 서울 양원 보금자리 개발이 그것입니다. 구리 갈매지구는 이미 대부분의 단지가 입주했습니다. 갈매한라비빌디(2016년 5월), 갈매더샵나인힐스(2016년 6월), LH갈매 1단지(2016년 7월), LH이스트힐 2단지(2016년 11월), 갈매스타힐스(2017년 9월), 구리갈매푸르지오(2017년 10월), 갈매와이시티(2017년 12월), 갈매역아이파크(2018년 4월), 갈매 6단지 스위첸(2018년 9월) 등입니다. 반면 양원 보금자리는 현재 공공주택 위주로 진행 중입니다.

변두리 지역은 주변에 새로운 개발지구가 생기면 기존 지역이 확장된 것과 같은 효과를 누립니다. 유동 인구가 늘어나면서 끝 지역이 아닌 도심, 최소한 부도심이 되는 것이죠. 그렇게 되면 지역 인지도가 올라가고, 그 지역을 선택하려는 사람이 많아지게 됩니다. 결국 이 두 가지 개발이 신내동에 얼마나 영향을 미칠 것인지를 추측해봐야겠죠. 구리 갈매지구가 입주한 뒤 신내동 상가를 이용하거나 인근 지역에 방문하는 인구가 늘어난 것으로 알 수 있습니다.

둘째, 학교 시설이 추가될 수 있는가 하는 부분입니다. 특정 지역에 거주 인구가 많아지면 당연히 타 지역의 학교가 옮겨오거나 신설됩니다.

신내동 북쪽의 구리 갈매지구 아파트 단지. 갈매지구가 활성화되면 신내동에도 긍정적인 영향을 미칠 것이다.

신내동에 학교가 새롭게 들어오는지 여부를 교육청에 수시로 확인해볼 필요가 있습니다. 또한 주변 대규모 개발 지역에도 학교가 신설될 수 있으니, 그럴 경우 신내동에서 통학 가능한 위치인지 따져봐야겠지요.

신내동은 분명 여러 가지 매력을 갖춘 지역입니다. 하지만 선택을 꺼리게 되는 요소도 함께 있습니다. 그래서 발전 가능성을 타진해야 합니다. 이제 판단은 여러분의 몫입니다.

동네 이야기 3

뉴타운과 신규 아파트 입주로 변화되고 있는 중화동

서울시에서는 추진하기 어려울 것으로 예상되는 뉴타운 지역들을 직권해제했습니다. 중화뉴타운도 그중 하나입니다.

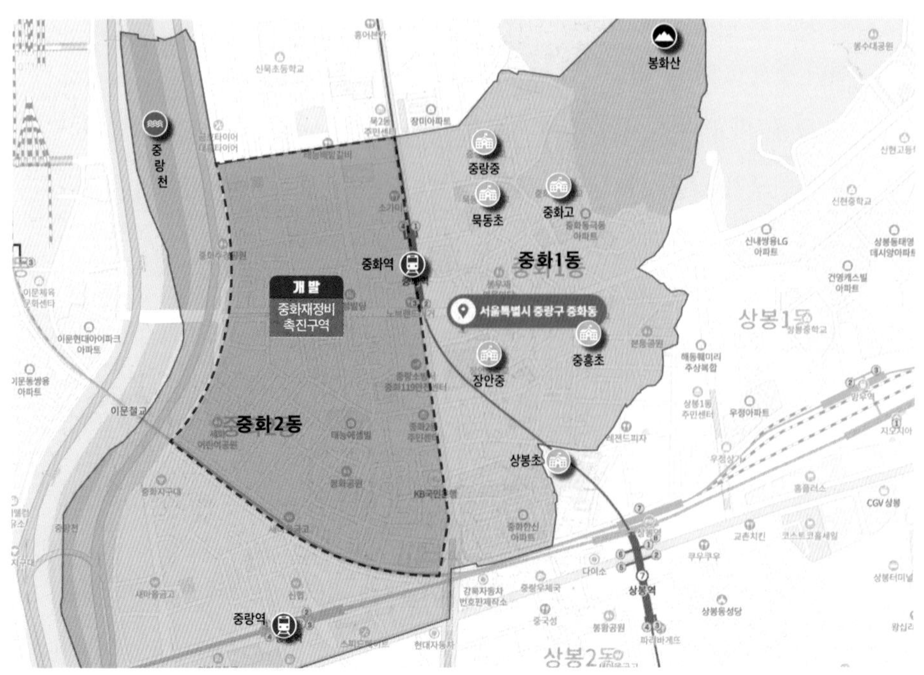

중화동 지도. 1동과 2동으로 구성되어 있다.

중화동 전경. 아파트 단지보다는 단독과 다세대 형태의 주택이 압도적으로 많다.

뉴타운은 소규모 개발로는 지역의 전반적인 환경과 분위기를 바꿀 수 없을 때 지자체가 주도하여 대규모 개발을 하는 사업입니다. 복지 차원의 정책이지요. 중화동은 이 같은 뉴타운 방식으로 개발해야 할 만큼 낙후된 주거 시설이 많습니다. 낡은 다세대 주택과 빌라가 대부분이며 아파트 단지는 거의 없습니다. 일반 주택은 아파트에 비해 노후화 속도가 빠르기 때문에 그 지역을 더 낙후해 보이게 합니다. 이러한 환경을 반전시키려면 지역 전체가 한꺼번에 개발하는 계획이 필요했고, 중화뉴타운이 그 해결책이었습니다. 지역민들뿐 아니라 인근 지역 주민들도 개발에 대한 기대가 컸습니다.

현재 서울의 뉴타운 사업 대부분이 거의 진행되지 못하고 있습니다. 2010년 이후로 부동산 경기가 심각하게 악화되었고, 국가의 보조와 지원이 있어도 지역민들이 부담해야 하는 추가 비용이 너무 컸기 때문에 쉽게 진행할 수 있는 뉴타운이 없습니다. 중화뉴타운도 사정이 별반 다르지 않았죠.

다행히 2014년 이후 부동산 경기가 살아나면서 신규 아파트 분양이

중화 재정비 촉진지구 조감도

순조롭고, 기존 주택의 시세도 상승세이기 때문에 개발을 재개해야 한다는 분위기가 조성되었습니다. 그 후 중화뉴타운은 중화 재정비 촉진지구로 변경되었습니다. 중화 1·2·3 재정비 촉진 구역과 중화 2·3 존치 정비 구역, 존치 관리 구역으로 나누어 개발이 진행되고 있습니다. 재정비 촉진 구역은 2개의 아파트 주거 지역과 1개의 상업 지역이 될 듯합니다. 재정비 촉진 1구역은 2016년 2월 SK건설과 롯데건설이 컨소시엄을 형성하여 수주했고, 현재 이주·철거 단계입니다.

중화동 개발이 타 지역보다 기대되는 이유는 교통이 편리한 지역이기 때문입니다. 7호선 중화역이 중화동 한가운데에 있고, 7호선·경의중앙선 더블 역세권인 상봉역, 경의중앙선 중랑역이 남쪽에 접해 있어 전철 교통망을 이용하기가 매우 편리합니다.

중화동은 중화 1동과 중화 2동으로 나누어져 있습니다. 봉화산과 중화역 사이의 중화 1동이 현재 이 지역의 중심지입니다. 봉화산이라는 천혜의 자연환경과 중화역세권이라는 조건이 상대적으로 좋은 주거 환경을 형성하기 때문이죠. 하지만 중화 재정비 촉진지구 사업이 재개되면 중화 2동에 주도권을 넘겨주게 될 것입니다. 현재는 낙후했지만 중랑천이라는 천혜의 하천과 경의중앙선 중랑역세권 개발 계획은 중화 1동이 모방하기 힘든 조감도를 보여주기 때문입니다. 말 그대로 명품 주거 지역이 탄생하게 됩니다. 결국 중화 재정비 촉진지구 사업을 진행하는 것에 중화동의 장밋빛 미래가 달려 있다고 볼 수 있습니다.

동네 이야기 4 중랑구 변화의 중심, 상봉동

상봉(망우) 균형발전 촉진지구라고 들어보셨나요? 앞으로 5년 동안 중랑구와 관련된 뉴스의 70% 이상이 이와 관련한 것일 겁니다. 중랑구 한가운데에 위치한 상봉동은 중랑구에서 교통망이 가장 좋고, 가장 많은 개발 계획을 바탕으로 큰 변화를 보여줄 지역입니다. 중랑구 내에서는 유일하게 개발이 확정되었고 실제로 진행되고 있어서 다른 동네보다 더 많은 관심을 받게 될 것입니다.

상봉동에는 경의중앙선이 들어오면서 남북으로 나뉘는 경계선이 생겼습니다. 이를 기준으로 북쪽은 상봉 1동, 남쪽은 상봉 2동으로 나뉘는데요, 상봉동이 서울에 편입되기 전에는 상봉 1동을 상리, 상봉 2동을 봉황리로 불렀다고 합니다. 여기서 두 지역의 첫 글자를 따서 상봉이라는 지명이 정해졌습니다. 상봉 1동의 이전 이름인 상리(上里)는 봉화산 구릉지였기 때문에 지대가 높아서 생긴 이름이고, 상봉 2동의 옛 이름인 봉황리는 봉화산에서 내려다본 땅의 모양새가 봉황이 앉아 있는 모양이었다해서 붙여진 이름이라고 합니다. 봉황이 놀던 땅이라는 의미죠. 이름에서도 왠지 명당 분위기가 느껴지지 않나요? 놀랍게도 현재 상봉동 지도를 보면 정말 봉황의 모습을 하고 있습니다. 지도를 꼭 봐주시기 바랍니다.

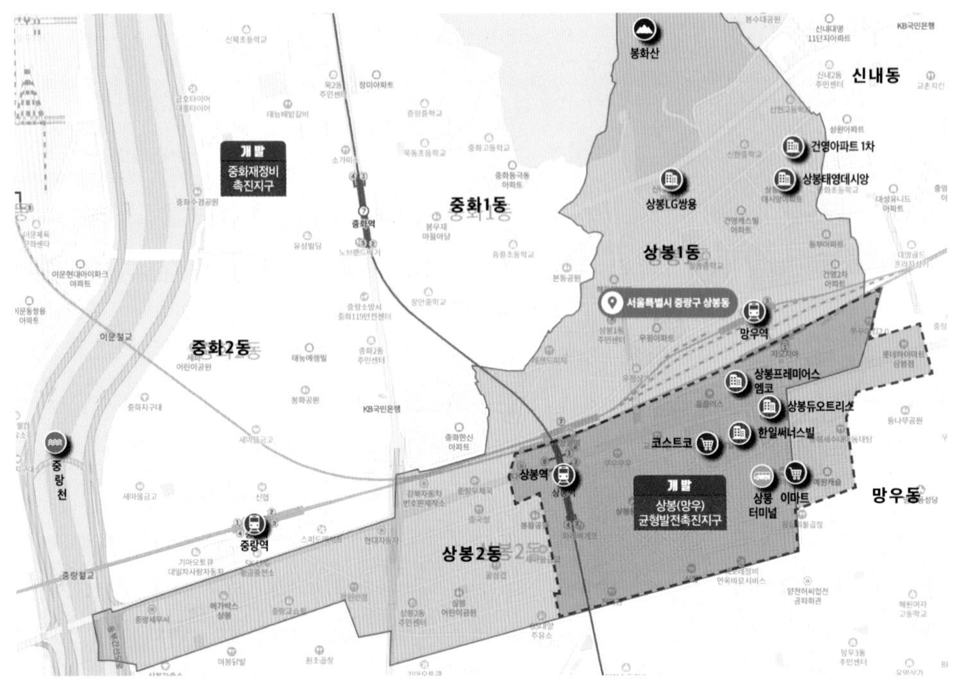

상봉동 지도. 1동과 2동으로 나뉜다.

봉화산 쪽이 머리, 상봉역 쪽이 몸통과 다리, 중랑천 중랑교까지 쭉 뻗은 도로가 봉황의 꼬리에 해당합니다. 의도한 것은 아닐 텐데, 참 신기하죠.

현대적 의미의 명당은 사람이 자발적으로 많이 모이는 곳이라고 말씀드렸습니다. 중랑구에서는 상봉역과 망우역, 상봉터미널 주변의 상권이 가장 붐비는 번화가입니다. 특히 상봉터미널 주변에는 이마트, 코스트코 등 대형 할인점이 있어 광역에서 찾아오는 유동 인구가 끊이지 않습니다. 현재 이 상권을 중심으로 추가 개발이 이루어지고 있으니, 앞으로 더 많은 사람들이 찾아오게 될 것입니다.

상봉동은 어느 한 곳 관심을 두지 않을 곳이 없습니다. 봉화산 구릉지에 입지하고 있는 상봉 1동은 아파트 단지 밀집 지역입니다. 상봉태영데시앙을 중심으로 상봉LG쌍용, 건영아파트 등의 단지들과 학교들이 어우

상봉듀오트리스 조감도

상봉터미널 부지. 첨단 복합 시설로 거듭날 예정이다.

려져 좋은 주거지를 형성하고 있습니다. 특히 상봉 1동 망우역세권은 주거·상업·업무 시설이 동시에 들어서는 복합 개발을 추진하고 있습니다. 2013년 11월 입주한 48층 상봉프레미어스엠코는 한일써너스빌과 함께 상봉동 내에서 가장 비싼 주상복합으로, 지역의 랜드마크 건물입니다.

상봉 2동은 규모가 더 큰 개발을 앞두고 있습니다. 상봉프레미어스엠코 바로 건너편에 2016년 1월 입주한 41층 상봉듀오트리스는 망우역 주변의 마천루를 형성했습니다. 추후 상봉터미널 부지는 무역센터 코엑스 형태의 복합 시설로 개발될 것입니다. 최고 52층 높이의 건물을 지을 수 있고, 상업 시설로 백화점, 영화관 등이 함께 들어설 예정이며, 아파트와 오피스텔도 들어설 예정입니다. 터미널 역세권 개발이 완료되면 당연히 이 지역이 중랑구의 중심이 되겠죠.

이와 같은 고층 건물 개발이 아니더라도 상봉 2동의 스트리트 상업 시설들은 참 매력적입니다. 지금도 망우역에서 상봉역을 지나 중랑역, 중랑천변까지 이어지는 골목 상가 거리는 서울에서 최대 길이의 골목 상가라고 생각됩니다. 직선거리로 2km가 넘거든요. 시간이 되는 날 이 길을 쭉 걸어보세요. 중랑구 상봉동의 매력을 온몸으로 느낄 수 있을 겁니다.

동네 이야기 5 | 인간의 희로애락을 느낄 수 있는 망우동

망우동 하면 망우리공원이 가장 먼저 떠오르실 겁니다. 망우리 공동묘지라는 이름으로 더 많이 알려진 이 공원묘지는 일제 강점기인 1933년 공동묘지로 지정된 이래 1973년을 마지막으로 더 이상의 매장은 하지 않고 있지만, 아직도 서울에서는 가장 큰 공원묘지입니다. 특히 만해 한용운 선생을 비롯하여 소파 방정환 선생, 종두법을 개발한 지석영 선생, 시인 박인환 선생, 화가 이중섭 선생 등 우리 근대사에 획을 그은 많은 분의 묘역이 이곳에 있습니다. 그래서인지 이곳은 단순한 공동묘지를 넘어 역사·문화적인 공간으로서의 의미가 더 큽니다.

망우동에는 이외에도 2개의 공원이 더 있습니다. 용마랜드와 용마놀이동산이 있는 용마공원이 있고, 서울 최초의 오토캠핑장이라고 할 수 있

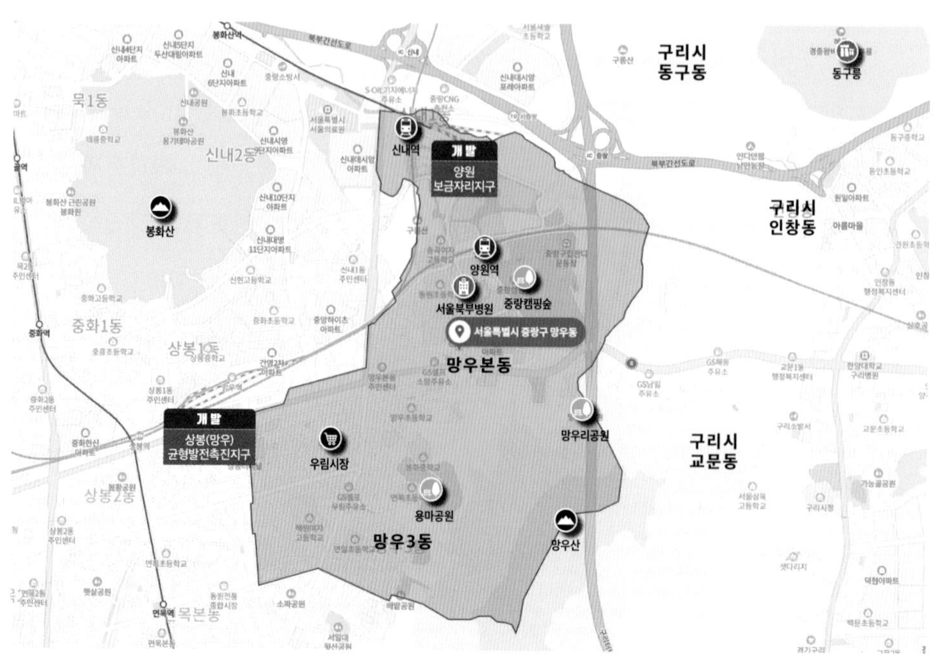

망우동 지도. 특이하게 망우동은 망우본동과 망우 3동, 두 동으로 이루어져 있다.

망우리공원(위)과 중랑캠핑숲(아래)

는 중랑캠핑숲이 있습니다. 특히 중랑캠핑숲에는 다양하게 자연을 즐길 수 있는 공간이 마련되어 있습니다. 삼림욕을 할 수 있는 숲이 넓게 조성되어 있을 뿐만 아니라 가족 캠핑장도 시설이 매우 훌륭합니다. 천연 잔디축구장과 여러 가지 실내외 행사를 주최할 수 있는 청소년 수련관도 있습니다. 넓고 좋은 시설이 이렇게나 많으니 망우동을 찾을 이유가 한두 가지가 아니죠.

망우동(忘憂洞)은 태조가 무학도사의 추천으로 자신의 무덤이 될 동구릉 입지를 살펴보고 돌아가던 중 이곳의 어느 산에서 동구릉을 바라보며 "흠잡을 곳이 없어 오랫동안 가지고 있던 걱정거리를 잊게 되었다"라는 말을 했다는 데서 지명이 유래했습니다. 이 산에는 망우고개라는 이름이 붙었지요. 왕의 근심 걱정을 잊게 할 정도로 명당이었던 것입니다. 혹시 고민이 많을 때는 여기 망우리공원에 있는 사색의 길을 걸어보세요. 5㎞에 이르는 순환 산책로를 걷고 나면 더욱 담대하게 세상을 살아야겠다는 마음가짐을 새롭게 할 수 있을 것입니다.

망우동은 정말 조용하고 한적한 곳입니다. 고층 빌딩이 없는 대신 상권이 발달한 재래시장이 있고 병원 시설도 좋습니다. 쾌적한 주거지를 찾는 분들에게는 안성맞춤이어서 실제로 나이 지긋한 분들이 많이 살고 있습니다.

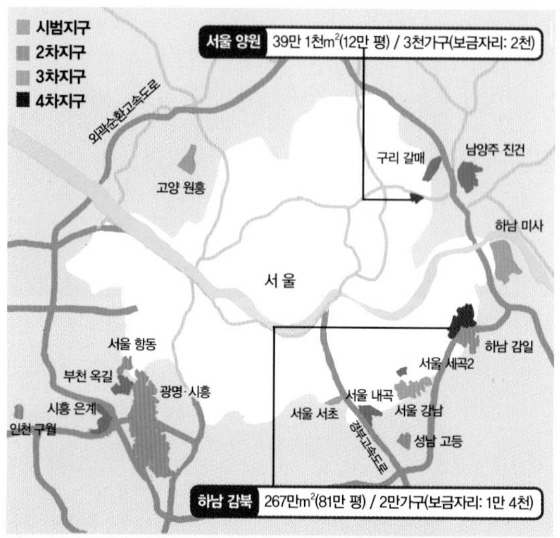

보금자리 주택지구 위치도

신내동 편에서 언급한 양원 보금자리 부지도 망우동에 있습니다. 망우동 북쪽의 양원 보금자리 개발이 마무리되면 경춘선 신내역과 경의중앙선 양원역 주변은 지금보다 주목받을 겁니다. 신내동과 더불어 새로운 발전 가능성이 있는 지역이 되는 것이죠. 하지만 저로서는 지금의 망우동이 더 정겹고 좋습니다. 개발을 해서 동네가 발전하면 좋아하는 주민이 많겠지만, 그 지역만의 특색을 없애는 것 같아서 한편으로는 생각이 많아지기도 합니다.

동네 이야기 6 | 중랑구의 신동력이 될 면목동

2015년 6월 겸재교가 개통했습니다. 동대문구 휘경동과 중랑구 면목동을 잇는 중랑천 다리로서 차도와 보도가 1층과 2층으로 분리된 서울시 최초의 다리입니다. 게다가 주탑을 케이블로 연결한 사장교(斜張橋, 양쪽에 탑 모양의 기둥을 세우고 쇠줄을 늘어뜨린 모양의 다리)로 시각적으로도 매우 아름답습니다. 두 개의 주탑은 배의 돛을, 케이블은 돛줄을 형상화한 듯 보이죠. 또한 조명을 설치해 야간 경관도 즐길 수 있어서 지역 명물이 되었습니다.

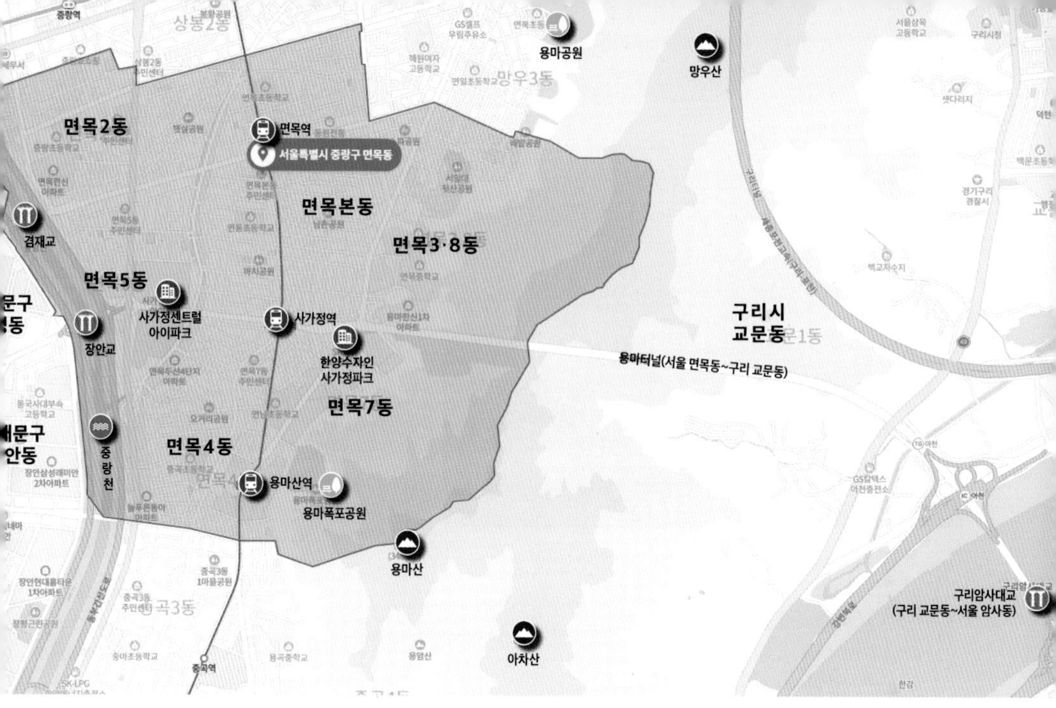

면목동 지도. 면목본동과 2동, 3동, 4동, 5동, 7동, 8동, 7개 동으로 이루어져 있다.

그동안 면목동에는 이렇다 할 호재가 없었습니다. 중랑구에서 가장 큰 면적을 차지하고 있지만, 주택 수가 많다는 점을 제외하면 특별히 내세울 만한 시설도, 지역의 자랑거리도 없었습니다. 주택들도 노후해서 개발이 필요하다는 분위기가 형성되던 중에 뉴타운이라는 화두가 지역의 주요 관심사로 떠올랐습니다. 지자체에서 개발 계획을 수립한 거죠. 이미 개발 성과물이 나오기도 했고, 추진 중인 것도 있으며, 개발을 포기한 사업도 있습니다.

면목동 개발은 내부와 외부로 나눌 수 있는데요, 외부 개발로는 용마터널 개통이 가장 중요한 요소입니다. 자연환경으로 인해 주변과 단절되어 섬 같았던 중랑구 지역을 강남권과 직접 연결하는 최초의 시도였기 때문입니다. 이 용마터널과 함께 구리암사대교가 개통하면서 중랑구 면목동을 통해 강동구까지 10분이면 도달할 수 있게 되었습니다. 면목동이

겸재교. 동대문구 휘경동과 중랑구 면목동을 잇는 중랑천 다리다.

강남 진출의 교두보 역할을 하는 것이죠.

다음은 내부 개발입니다. 기존의 단독주택, 다세대 주택, 빌라가 노후화되면서 재개발·재건축 예정지가 많이 생겼습니다. 다른 지역들이 그렇듯 개발이 쉽지는 않습니다. 심지어 뉴타운에서 해제된 지역도 있죠. 하지만 신규 주택들이 꾸준히 생겨나고 있습니다. 어느 지역보다도 다세대 주택과 빌라 공급이 많습니다.

면목동 개발에서 주목할 점이 있습니다. 가로주택정비사업이라는 새로운 개발 방식인데요, 서울시에서는 최초로 시행되었습니다. 기존의 도로망을 유지하면서 소규모 개발을 추진하는 것으로, 의사결정 과정과 추진 속도가 빠르기 때문에 면목동과 유사한 환경을 지닌 서울 내 다른 지

용마산을 관통하는 용마터널 입구(좌)와 중랑구 면목동과 강동구 암사동을 잇는 구리암사대교(우)

역의 정비사업에도 적지 않은 영향력을 미칠 것으로 보입니다. 반드시 대규모 개발이 아니더라도 충분히 지역을 정비할 수 있다는 사례를 보여주는 것이니까요. 현재 중랑구의 랜드마크 역할을 하는 2개의 단지도 이런 방식으로 조성되었습니다. 2020년 7월 입주한 사가정센트럴아이파크와 2019년 11월 입주한 한양수자인사가정파크의 84㎡는 14억 원 전후의 호가를 형성하고 있습니다.

교통 호재도 추가됩니다. 경전철 면목선 개발이 확정되었습니다. 청량리역에서 면목동을 거쳐 신내동까지 연결되는 경전철로, 이로 인해 현재 강북권의 중심지인 동대문구와 종로구까지의 접근성이 획기적으로 개선될 예정입니다. 더블 역세권이 되는 면목역(7호선·경전철 면목선) 주변은 상권으로서도, 신규 주거지로서도 인기가 훨씬 높아지겠지요.

소들이 한가로이 풀을 뜯던 목장이었던 면목동이 이제 교통의 중심지로 거듭날 채비를 하고 있습니다. 면목동은 상봉동처럼 고층 빌딩들이 들어서지는 않겠지만, 교통의 요지와 쾌적한 주거지로 각광받을 것입니다. 묵묵히 서울을 지켜온 동쪽의 수호신 용마산처럼 면목동은 중랑구의 대표 주거 지역으로 꾸준히 발전해나갈 것입니다.

경전철 면목선 노선도

중랑구에서 가장 중점적으로 추진할 일은 인지도를 높이는 것!

지역 부동산이 갖는 가치는 그 지역의 인지도와 비례합니다. 인지도 면에서 중랑구는 서울에서 최하위 그룹에 속합니다. 실제로 서울에서 시세가 세 번째로 낮습니다. 재미있는 사실은 가장 시세가 낮았던 금천구에 롯데캐슬골드파크가 입주하고 신안산선이라는 교통 호재가 발생하면서 최근 많이 변화하고 있다는 점입니다. 새 아파트가 입주하고 교통 호재가 있는 중랑구 역시 마찬가지입니다. 이처럼 방향성 있는 변화로 인해 시세 순위는 언제든 바뀔 수 있습니다. 말 그대로 꼴찌들의 반란이라고 할 만합니다. 흥미를 갖고 지켜볼 만한 일입니다.

중랑구는 상봉동을 중심으로 비약적으로 발전할 것입니다. 이와 함께 묵동과 면목동의 변화도 충분히 예상 가능하고, 신내동이나 망우동, 중화동은 눈에 띌 만한 변화는 없지만 꾸준히 변화를 모색할 것입니다.

중화 재정비 촉진지구 등 중랑구의 낙후한 지역들에 생기를 불어넣어 줄 호재들이 하나둘 추가되고 있습니다. 용마터널, 구리암사대교의 개통이 그 시발점이 되었습니다. 경전철 면목선이 개통하면 더 많은 사람이 중랑구를 찾게 될 것입니다. 많은 사람이 찾으면 인지도가 올라가고, 인지도가 올라가면 부동산 가치도 올라갑니다. 당연한 일이지만, 부동산 가치가 낮은 지역보다는 시세가 높은 지역에 기반 시설이 더 많이 들어서고 생활편의 시설도 더 많이 생겨납니다.

중랑구의 가장 큰 관건은 사람들이 많이 찾아오게 하는 것입니다. 이러한 변화를 보여야 중랑구 주민들의 삶도 보다 윤택해질 것입니다.

중랑천변에는 장미터널이 있습니다. 중랑천 둔치에 덩굴장미 5만 7,000그루로 약 5.2*km*에 달하는 터널 길을 만들어놓은 것이죠. 매년 5월 말~6월 초를 축제 기간으로 정하고 개방합니다. 해가 거듭될수록 많은 사람이 찾아오고 있어서 중랑구에서는 이 장미축제를 바탕으로 지역 곳곳에 꽃과 관련한 축제를 열 계획을 세우고 있습니다. 중랑구에는 누구나 쉽게 오를 수 있는 그리 높지 않은 산이 많기 때문에 알차게 준비한다면 자연을 소재로 한 이벤트로 유인 효과가 클 만한 기획입니다.

중랑구에서 주최하는 중랑천변의 장미축제

이러한 지역 행사를 유치하는 것은 지역의 인지도를 높인다는 면에서 개발만큼이나 중요한 사업입니다.

상업 시설은 상업 시설대로, 주거 지역은 주거 지역대로 발전

상습 침수지였던 중랑천 인근은 농사를 짓거나 배 농장으로만 사용할 수 있는 곳이었습니다. 낮은 구릉지에는 소와 사슴을 키우는 목장이 자리 잡고 있었습니다. 하지만 중랑천변이 정비되고 동부간선도로가 뚫리고 6호선과 7호선이 개통하면서 중랑구는 서울 동북 지역의 새로운 주거지로 조금씩 부각되기 시작했습니다. 경의중앙선이 개통하면서는 상업 시설 입지로 활용되는 움직임이 일어났고 기존의 재래시장들과 어우러져 다른 지역에서는 찾아보기 힘든 독특한 상가를 형성하게 되었습니다.

중랑구를 분석할 때는 상업 지역으로 발전할 곳과 주거 지역으로 인기를 끌 곳으로 나누어 생각하면 향후의 전망을 보다 쉽게 이해할 수 있

아차산에서 바라본 중랑구 일대. 멀리 도봉산이 보인다.

습니다. 상업 시설의 중심은 상봉터미널이 될 것입니다. 이 터미널 주변의 복합 시설이 완공되면 서울 북동권뿐 아니라 구리·남양주에서도 많은 사람이 찾아올 것입니다. 망우역에서 시작하여 중랑천으로 이어지는 스트리트 상권은 서울에서 가장 길고 친근한 상권으로 자리 잡을 것으로 보입니다. 6·7호선, 경의중앙선에 경전철 면목선까지 더해지면 역세권 주변으로 크고 작은 상가들이 더 많이 들어설 것입니다.

한편 대부분의 낙후한 주거지들은 여러 가지 개발이 필요한 상태입니다. 뉴타운으로 지정된 곳은 뉴타운 개발을 기대하면 되고, 뉴타운으로 지정되었다가 해제된 지역은 소규모 개발로 눈길을 돌리면 됩니다. 어떤 지역을 개발하고 추진하는 일은 그 지역에 관심을 가진 사람들이 진행하는 것입니다. 개발을 희망하는 사람이 많아지면 당연히 개발됩니다. 중랑구의 교통망과 상권이 좋아지면 더 많은 사람이 유입될 것이고, 그들은 당연히 현재보다 정비된 모습을 바랄 겁니다. 그런 기대들이 쌓이고 쌓이면 낙후한 주거지는 개발될 수밖에 없습니다.

물론 아직까지는 개발이 진행되는 곳들이 많지 않습니다. 게다가 주거 시설은 상업 시설보다 개발 속도가 더딜 것입니다. 하지만 중랑구 주거 시설은 개발이 될 수밖에 없을 듯합니다. 대규모 개발이 아니라, 소규모 개발이 꾸준히 이어지는 형태로 말이죠. 중랑구가 가성비 높은 주거 지역으로 쭉쭉 성장해나가기를 진심으로 기대합니다.

=뉴타운 해제 지역과 터미널 부지 개발

뉴타운 해제 지역들에 관심을 가져보세요!

2015년 4월 22일 박원순 전 서울시장은 서울시 내 28개 뉴타운 구역을 직권 해제했습니다. 지역 주민들의 부담이 커서 사업을 추진하기 어렵다는 이유였습니다. 개발이 진행되는 것도 아니고, 그렇다고 뉴타운에서 해제되지도 않은 상태에서 희망고문을 당하며 재산권을 행사하기 힘든 지역을 그대로 방치하는 것보다는 훨씬 경제적이고 합리적인 결정이었다고 생각합니다. 이때 직권 해제된 곳에는 중랑구의 3개 구역도 포함되어 있었습니다. 면목동, 묵동, 중화동이죠. 지역 개발을 희망하던 분들께는 아쉬운 결정이었겠지만, 반대로 생각해보면 다른 방법으로 개발할 수 있게 되었으니 활용도가 더 높아졌다고 볼 수 있습니다.

뉴타운은 규모가 큰 개발사업입니다. 대규모 개발은 얽히고설킨 이해관계로 인해 여간해서는 원만하게 진행되지 않습니다. 하지만 소규모 개발은 다릅니다. 지역을 정비하기 위해 반드시 대단지 아파트를 건설할 필요는 없습니다. 소규모 단지도 좋고 다가구 주택이어도 좋습니다. 중랑구에서는 신규 다세대 주택도 꽤 인기가 좋습니다. 최근 다가구 신축 가구 수를 4가구에서 8가구로 확대·완화했으니, 이런 정책을 적극 활용하여 신규 주택을 공급하는 것도 좋은 부동산 투자가 될 수 있겠죠.

직권 해제 뉴타운·재개발 구역(총 28곳)

자치구	구역명
강북구	수유 1-1, 수유 4-1, 수유 4-2, 미아 16
관악구	봉천 6-1, 봉천 9-1
금천구	독산 4 · 5, 가산 1
도봉구	쌍무 1, 쌍문 11
동대문구	장안 3, 장안 4
서대문구	남가좌 12, 북가좌 3, 북가좌 4, 홍은동 411-3
성북구	동선 3, 삼선 3
양천구	신월 2
은평구	불광동 445-10, 신사 3
종로구	필운 1, 체부 1, 누하 1
중랑구	면목 172-1, 묵 3, 중화 1
마포구	공덕 18

중랑구 재건축 예정 단지

시군구	읍면동	재건축 단지명	준공연월	사업단계	총 세대수
중랑구	망우동	염광	1983년 3월	조합설립인가	233

중랑구 재개발 예정 구역

시군구	읍면동	구역	단계	예정 세대수	대지면적(m²)	시공사
중랑구	중화동	존치정비 2구역	기본계획	–	139,003	
중랑구	중화동	존치정비 3구역	기본계획	–	87,633	
중랑구	면목동	면목 1	구역지정	200	3,859	
중랑구	중화동	중화촉진 2구역	구역지정	3,027	140,855	
중랑구	상봉동	상봉7재정비촉진구역	사업시행인가	511	16,503	
중랑구	중화동	중화촉진 3구역	사업시행인가	–	6,878	
중랑구	중화동	대명삼보연립	사업시행인가	179	7,403	
중랑구	중화동	중화촉진 1구역	이주/철거	1,055	44,726	롯데건설㈜ SK건설㈜

각 도시 내 터미널 부지를 보세요!

서울에는 4개의 시외버스터미널이 있습니다. 서울고속터미널과 센트럴시티터미널은 같은 곳으로 보아도 무방하고요, 이외에 동서울종합터미널, 서울남부터미널, 상봉터미널이 있습니다. KTX가 도입된 뒤 시외 여행 수단으로 고속버스와 기차가 역할을 분담해왔지만, 아직도 고속버스를 이용하는 승객이 많습니다. 터미널에는 늘 사람이 모이기 마련이고, 이런 곳에는 상업 시설도 함께 발전합니다. 또 이 상업 시설 주변으로는 주거 시설도 많이 들어서게 되니, 터미널은 지역 경제 활성화에 적지 않은 역할을 합니다.

터미널은 더 많은 사람에게 보다 향상된 서비스를 제공하기 위해 리뉴얼을 진행하고는 합니다. 대표적으로 센트럴시티터미널을 들 수 있죠. 상봉터미널 부지도 곧 개발을 시작합니다. 무려 52층 건물 3개 동이 들

어서게 되며, 센트럴시티에 버금가는 다양한 상업 시설들이 함께 들어옵니다. 이러한 터미널 부지의 개발 방향은 서울뿐만 아니라 지방 도시에도 그대로 적용됩니다. 각 도시에 있는 터미널 부지를 주목해야 할 이유가 있는 것이죠.

풍 수
이야기

청정한 자연을 되살리면 생기는 일들

중랑천은 길이 19.3㎞의 국가 하천입니다. 경기도 양주시에서 발원하여 의정부를 지나 서울의 도봉구, 노원구를 거쳐 중랑구와 광진구를 통해 한강으로 흘러들어 가죠. 중랑천 하류는 청계천과 만나 서쪽으로 꺾여 한강과 합류합니다. 도봉천, 우이천, 묵동천, 면목천 등의 지류가 있습니다.

큰 곡선을 그리며 한강에 합류하는 중랑천

중랑천은 청정 하천이었습니다. 그러나 많은 지역과 접한 탓에 산업 오수와 생활 오수가 섞이면서 서서히 오염되기 시작했습니다. 오랜 세월 방치되는 동안 혼탁한 하천으로 변했습니다. 과거에는 궁궐에 납품하던 얼음을 이곳에서 채취할 만큼 물이 맑았는데 말이죠. 그 얼음을 보관하던 곳이 용산구 서빙고입니다. 중랑천 수질이 나빠진 뒤에는 지금의 옥수동 쪽에서 얼음을 채취했다고 합니다. 중랑천은 오랜 시간 잊히고 버려진 하천이었습니다. 지역의 맑은 기운을 담당하던 명당수 중랑천은 그 역할을 잃어버린 것이죠.

1979년, 중랑천 하수처리장이 생긴 이후로 수질이 개선되면서 중랑천은 다시 풍수적 의미를 지닌 하천으로 거듭났습니다. 둔치가 정비되고 물이 맑아지자 사람들이 찾게 되었습니다. 중랑천이 부활하면서 주변 지역에까지 활기를 불어넣었습니다. 풍수란 사람이 자발적으로 찾아오는 장소를 찾거나 만들어내는 것입니다. 중랑천 주변이 좋아지면 좋아질수록 주변에는 더 많은 사람이 몰릴 것입니다. 중랑구의 미래가 기대되는 또 하나의 이유입니다.

빠숑의 부동산 칼럼 1

이렇게 많이 올랐는데 또 오를까요?

쉬지 않고 오르기만 하는 것처럼 보이는 서울 아파트 시세도 조정기를 맞을 것입니다. 사고 싶어도 살 수 없을 정도로 매물이 사라진 현재의 시장 상황에서 무슨 말이냐고 반문하는 전문가도 있을 것입니다.

다들 너무 조급합니다. 주택을 구입하려는 이들도 조급해하고, 이런 시장을 바라보는 정부도 조급해합니다. 서울의 인기 아파트들도 언젠가는 조정에 들어갈 것입니다. 그런데 시세 조정의 원인은 정부의 강력한 정책 때문이 아니라, 시장의 자정 작용에 의한 것일 가능성이 99%입니다.

현재 급등세를 보이는 부동산 시장을 바라보며 저는 다른 사람들과는 다른 걱정이 생기기 시작했습니다. '특정 입지에는 또 거품이 발생하겠구나' 하는 우려입니다.

많은 부동산 전문가는 현 정부의 정책이 단기 급등세에 가장 큰 원인을 제공했다고 진단하고 있습니다. 현 정부의 부동산 정책은 8·2 부동산 대책으로 설명할 수 있습니다. 8·2 대책은 실수요자를 보호하고 단기 투기 수요를 억제하기 위해 만들어진 정책입니다. 하지만 정책의 주목적인 실수요자 보호에 효과적이지 않습니다. 오히려 실수요자들을 조급하게 만들었습니다.

경기 김포시의 한 아파트 매도 계약을 했던 지인은 계약금으로 받은 3,500만 원의 2배인 7,000만 원을 제안하며 계약 해지를 요구했습니다. 하지만 매수자는 계약 해지금인 7,000만 원을 수용하지 않고 버티기를 하고 있습니다. 정상적인 시장이 아닙니다. 1~2년 후에 이사할 집을 알아보고 있던 한 지인은 지난 2주 동안 서울 주요 매물이 급속도로 줄어들고 있는 현상을 목격했다고 합니다.

요즘 종종 프롭테크(Proptech, 부동산을 뜻하는 'Property'와 기술을 의미하는 'Technology'의 합성어. 정보 기술을 활용한 부동산 서비스다) 사이트가 다운되는 경우를 접합니다. 자주 검색하는 단지들의 매물이 점점 사라져가고 있습니다. 거래가 된 것이 아닙니다. 매도 희망자들이 물건을 거두어들인 것입니다. 시장에 매물이 점점 줄어들고 있습니다. 이러한 시장 상황에서 정부는 추가적인 규제 대책을 내놓습니다.

중학생인 딸에게 질문해보았습니다.

"아파트 가격이 계속 오르고 있어. 왜 계속 오를까?"

"아파트를 사려는 사람 수보다 아파트를 팔려고 하는 사람이 더 적어서 아닌가요? 아니면 아파트를 팔려는 사람보다 사려는 사람이 더 많아서겠죠."

부동산 분야를 전혀 모르는 중학생도 이렇게 답하는데, 정책을 만드는 정치인들은 그렇지 않다고 합니다. 시장이 실패한 이유는 여전히 투기 세력이 많기 때문이라고 합니다. 그래서 투기를 억제하기 위해 추가 대책까지 발표합니다. 대책에 점점 놀라운 내용이 더해집니다. 강남의 1가구 1주택자들도 투기 세력이라고 단정합니다. 토지 거래 허가 구역으로 지정된 삼성동, 대치동, 청담동, 잠실동으로 이사하기 위해 미리 매매 계약을 하는 것도 안 된다고 합니다. 이전 집을 팔고 등기까지 완벽하게 옮긴 뒤에 무주택자 신분으로 매수하라고 합니다. 집을 팔았는데 매수할 물건이 없는 상황에 대해서는 책임지지 않겠다고 합니다. 1가구 1주택자라도 세금을 부여하는 기준인 기준시가를 현실화하겠다고 합니다. 보유 세금이 부담되면 팔라는 것이죠. 시장에 매물이 나오도록 하려는 의도입니다. '이 정도면 부동산 전문가로서도 정말 할 말이 없겠구나'라는 생각이 듭니다.

한 경제학자는 이런 말을 했습니다. 국토교통부 장관으로서 일을 열심히 한다고 보았는데 자신이 잘못 생각했다며, 그분은 국토교통부 장관이 아니라 국세청장으로서의 업무를 충실히 하고 있는 것 같다는 것입니다. 이번에 벌어진 시장 상황의 원인과 결과에 대해서는 후대에 다시 평가받겠지만, 지난 20년간 부동산 시장을 지켜봐온 저로서는 시장과 정책이 이렇게 불협화음을 낼 수 있나 하는 신비한 경험을 하고 있습니다.

평당 1억 원 아파트 매수자, 정말 투기꾼일까요?

2020년 10월 서울 서초구 반포동 아크로리버파크 84㎡가 36억 6,000만 원에 거래되었습니다. 1평(3.3㎡)당 1억 원이 넘은 실거래 사례가 꽤 많이 발생하고 있습니다. 일반 아파트를 평당 1억 원에 매수한 사람은 과연 투기꾼일까요, 아니면 실거주를 위한 매수였을까요?

투기꾼이든 실수요자든 재산세를 올려서 기존에 1,000만 원 내던 것을 2,000만 원 내게 만들면 세금이 부담되어 매물로 내놓을 것이라고 생각하는 걸까요? 더군다나 1가구 1주택자가 말입니다. 그럴 일은 거의 없습니다. 투기 지역을 아무리 많이 지정하고 재산세를 올린다 해도 시장에 매물이 나올 가능성이 크지 않다고 판단해야 옳지 않을까요?

금리를 올려야 한다는 의견도 있습니다. 과연 이 고가 아파트들을 매수할 때 대출을 얼마나 받을 거라고 생각할까요? 얼마 전 뉴스에서는 17억 원 이상 강남아파트를 매수한 세대 중 79%는 대출을 일절 받지 않았다고 합니다. 이미 부동산 담보 대출의 경우 실거래가로 15억 원이 넘으면 대출이 나오지 않습니다. 현재 시장 상황과 정책이 미스매칭되고 있다는 의견은 바로 이런 부분을 두고 하는 말입니다.

다시 딸에게 질문했습니다.

"아파트 가격이 계속 오르는데, 그럼 어떻게 해야 할까?"

"더 오르기 전에 사야죠. 더 오르면 부담되잖아요."

아마도 이것이 일반인들의 심정일 것입니다. 마지막으로 정말 어려운 질문을 딸아이에게 했습니다.

"그럼 아파트 가격이 오르지 않게 하려면 어떻게 해야 할까?"

"아파트를 많이 지으면 되지요."

"아파트를 많이 짓고 싶은데 땅이 없고 돈도 없으면 어떻게 해야 돼?"

"그걸 내가 어떻게 알아요! 그러니까 비싸지는 거잖아요!"

"그, 그럼 말이야. 누가 아파트를 못 사게 하면 아파트 가격이 내려가지 않을까?"

"못 사게 막으면 왠지 더 사고 싶을 것 같은데요."

딸아이의 말에 무슨 덧붙일 말이 있나요?

어떤 강력한 규제가 나온다 해도 원인 진단이 잘못되면 처방이 잘못될 수밖에 없습니다. 시세가 더 올라갈 수 있는데, 그나마 정책으로 저지했다고 말하는 정부 인사들도 있습니다. 이 부분에 대해서는 제가 20년 동안 리서치해온 분야라서 자신 있게 말씀드릴 수 있습니다. 소비자들은 아무리 좋아도, 또 조급해도 상품의 가치에 비해서 너무 비싸다고 판단하면 매수하지 않습니다. 시장과 소비자를 너무 만만히 본 발언인 것이죠.

투기 세력을 왜 확실히 억제하지 않느냐는 평가도 있습니다. 개인적으로는 생각이 다릅니다. 2016년 하반기 이후 서울에서 갭 투자 세력은 거의 사라졌다고 생각합니다. 이것은 정책이 시행되기 한참 전의 일이므로 정책의 결과라고 할 수 없습니다. 매매가와 전세가의 갭이 전세 레버리지 투자를 할 만큼 크지 않기 때문입니다. 결국 실수요자를 보호하기 위해 제거 대상으로 지정했던 투기 세력이 실제로는 존재하지 않았다는 의미입니다. 정부는 지금 존재하지 않는 대상을 상대로 규제 정책을 펴고 있는 것입니다. 규제 정책이 과연 누구를 위한 것인지, 정말 실수요자를 위한 정책인지 독자 여러분도 생각해보시기를 바랍니다.

어떤 부동산에나 거품은 있기 마련입니다

정상적인 거래가 이루어지는 부동산 시장에서도 필연적으로 거품이 발생합니다. 부동산 시세에는 원가와 프리미엄이 반영되는데, 바로 이 프리미엄에 거품이 포함될 수 있기 때문입니다. 서초구 반포동의 반포주공 1단지나 용산구 동부이촌동의 한강맨션이 입주할 즈음부터 본격적인 대한민국 아파트의 역사가 시작되었다고 본다면, 벌써 50년 가까운 시간이 지났습니다. 지난 50년 동안의 대한민국 아파트 역사는 프리미엄, 즉 거품이 발생했다가 일부 제거되기를 반복하는 역사였을 것입니다. 결국 우리가 매수하고 거주하는 아파트 시세에는 늘 이 거품이 존재했던 것입니다.

거품 가격이 과도하게 발생되는 시기가 있고 이것이 제거되는 시기도 있다는 사실을 알고 주택을 거래해야 합니다. 단, 어떤 때라도 거품이 완전히 제거될 수는 없습니다. 그 거품 가격에는 아파트 상품 본연의 가치가 아닌, 주변 입지의 가치가 훨씬 많이 반영돼 있기 때문입니다. 예를 들면 이렇습니다. 서초구 반포동 래미안퍼스티지는 2009년 준공된 2,444세대 대단지라는 상품 가치 외에 지하철 3·7·9호선 황금 라인 3개가 동시에 지나는 역세권으로서의 프리미엄에 강남구 학군 버금가는 반포동 학군 프리미엄을 가지고 있으며, 명품 백화점과 중저가 백화점, 저가 고속터미널 상권까지 모두 갖춘 대한민국 최고의 상권이 도보권 내에 위치하고 있다는 프리미엄까지 누리고 있습니다. 게다가 가톨릭대학교 서울성모병원이라는 대형 병원과 서리풀공원, 한강 반포 둔치까지 포함하고 있습니다. 이처럼 다양한 입지 조건을 가진 단지이기에 112.3㎡(34평형)가 25억 원, 즉 평당 9,000만 원 전후로 거래되고 있는 것입니다.

정부와 제도권 전문가들은 이 가격을 두고 거품이라고 합니다. 맞습니다. 거품입니다. 분양 원가와 매우 큰 차이를 보이니까요. 하지만 이러한 입지, 이러한 상품에는 시세에 거품이 끼었다는 사실을 알고도 매수하고 싶어 하는 수많은 대기 수요층이 존재합니다. 그런 수요층이 충분하다는 사실을 지난 50년간의 부동산 시장이 확인시켜주었습니다.

강남·서초·용산·송파구 등 소위 잘나가는 지역의 아파트 시세에는 모두 거품이 끼어 있습니다. 하지만 매수자는 이 가격대가 거품인 것을 알면서도 거래합니다. 훗날 매도자로 입장이 바뀌었을 때 역시 거품이 낀 가격으로 매도할 것이기 때문입니다. 이것이 시장의 현실이고 실제 상황입니다. 거품인 줄 알면서도 매수할 수요층이 있으면 시장은 작동합니다. 그것도 아주 정상적으로 작동합니다.

불확실한 거품이 낀 하위 시세 시장이 문제입니다

하지만 서울이라고 해서 모든 지역이, 모든 아파트가 이렇게 정상적으로 '거품 거래'가 이루어지는 것은 아닙니다. 거품인 줄 알면서도 정상적으로 거래된다면 그것은 전혀 걱정할 문제가 아닙니다. 문제는 상위 시장이 아닙니다. 거품을 인정하고 거래되는 상위 시세 지역이 아니라 거품인 줄 모른 채 거래가 이루어지는 하위 시세 지역이 문제입니다.

정말 운이 좋아서 매수한 가격보다 매도 가격이 높다면 문제가 되지 않지만,

기대와는 달리 거품이 빠져서 매수가보다 낮은 가격에 매도하는 상황이 발생할 수 있습니다. 왜냐하면 그런 곳은 자체 수요가 많아서 거품이 발생한 것이 아니라 주변 지역의 거품이 흘러넘쳐서 생긴 거품이기 때문입니다. 그래서 자신이 얼마만큼의 거품을 사들였는지 알 수가 없습니다. 결국 시세 조정기가 오면 하락할 위험이 커집니다.

수요가 적은 지역, 시세가 낮은 지역일수록 호재성 뉴스에 더 크게 반응합니다. 실제 가치가 아닌 기대 가치가 거품 가격을 발생시키죠. 1호선부터 9호선까지 9개의 서울 지하철 노선이 모두 같은 프리미엄을 누리는 것이 아닙니다. 지하철은 고정 이용 수요가 있어야 합니다. 메인 일자리 지역과 연결된 노선이어야 한다는 뜻입니다. 150만 개의 메인 일자리가 있는 강남권을 지나는 노선의 프리미엄이 다른 노선보다 높다고 볼 수 있습니다. 따라서 1·4·5·6·8호선 대비 2·3·7·9호선의 프리미엄이 더 높습니다. 서울의 극히 일부 지역만 지나는 6·8호선의 프리미엄이 가장 낮을 것입니다. 우이신설 경전철의 경우 프리미엄이 미비하겠죠.

그런데 서울 북동권 경전철을 조기 착공한다는 사실이 회자되면서 현재 북동권의 부동산 시장마저 매우 급격하게 뜨거워지고 있습니다. 착공을 한 것도 아니고 예산을 확보한 것도 아닙니다. 북동권 지역을 지나는 GTX-B·C 노선은 이제 예비타당성 조사를 통과했을 뿐입니다. 호재가 없던 지역에 호재가 발생하면 지역은 축제 분위기에 휩싸이고 지역 발전의 큰 원동력이 될 수도 있습니다. 국가에서 제공하는 복지 혜택 가운데 이만한 것도 없을 것입니다. 하지만 만약의 상황에 대비해야 합니다. 너무 급하게 의사결정을 하지 않았으면 합니다. 개발이 확정되고 착공하는 것을 확인한 뒤에 매수해도 절대 늦지 않습니다.

거품은 호재가 만들어내기도 하지만, 사실은 심리가 더 크게 작용합니다. 부동산 투자가 장기적이어야 하는 이유가 여기에 있습니다. 한 발 물러서서 마음의 여유를 갖고 시장을 바라보기 바랍니다. 단언컨대 지금 매물이 부족해서 급등하는 지역의 단지들 중에는 비정상적인 거품이 낀 곳들이 꽤 있습니다. 특히 매물이 아예 없는 단지들을 더욱 조심해야 합니다. 매물이 어느 정도는 있어야 적정한 가격을 산출할 수 있기 때문입니다. 실거주든 투자든, 주변 시세와 대비해서 단순히 싸다는 이유만으로 '묻지 마 투자'가 범람하는 시장을 바라보면서 단기간에 부동산으로 돈 벌겠다는 투기 심리를 내려놓기를 간절히 희망했습니다.

부동산은 장기 투자여야 합니다. 주식 같은 데이트레이딩이 아닙니다. 정상적인 시장의 입지 가치와 상품 가치를 모른 채 단기 투자를 하는 주택 매수층은 반드시 실패합니다. 부동산의 가치는 쉽게 형성되지 않지만, 한 번 형성된 가치는 거의 떨어지지 않습니다. 미래 가치가 있다는 판단이 서면 언제든지 매수해도 됩니다. 다만 최소한 5년 이상 10년 정도를 내다보는 매수 전략이 필요합니다. 매도 시점을 10년 후로 예상한다면 되도록 준공 10년 미만의 새 아파트를 공략하는 것이 바람직합니다. 입지와 상품 경쟁력 모두를 고려해야 하기 때문입니다. 적어도 이 두 가지 조건만 지킨다면, 어떠한 부동산 규제 정책이 나온다 해도 리스크를 관리할 수 있습니다. 이것이 부동산 규제 시대의 가장 안전한 투자 방법이라고 할 수 있습니다.

자, 이제 제가 가장 자주 접하는 질문에 답하면서 칼럼을 마무리할까 합니다.

"이렇게 올랐는데 더 올라갈까요?"

미래 가치가 지금보다 더 높다고 판단되면 언제든지 매수해도 됩니다. 다만 최소한 5년 이상 10년 정도를 내다보는 매수 전략이 필요합니다. 매도 시점을 10년 후로 예상한다면 되도록 준공 10년 미만의 새 아파트를 공략하는 것이 바람직하다는 제 말을 가슴에 새기시길 바랍니다. 상품만 놓고 생각해도 이렇게 하면 됩니다. 입지가 더 좋아질 것 같다고요? 그럼 매수해도 되지요. 이것이 부동산 시장을 대하는 올바른 태도입니다.

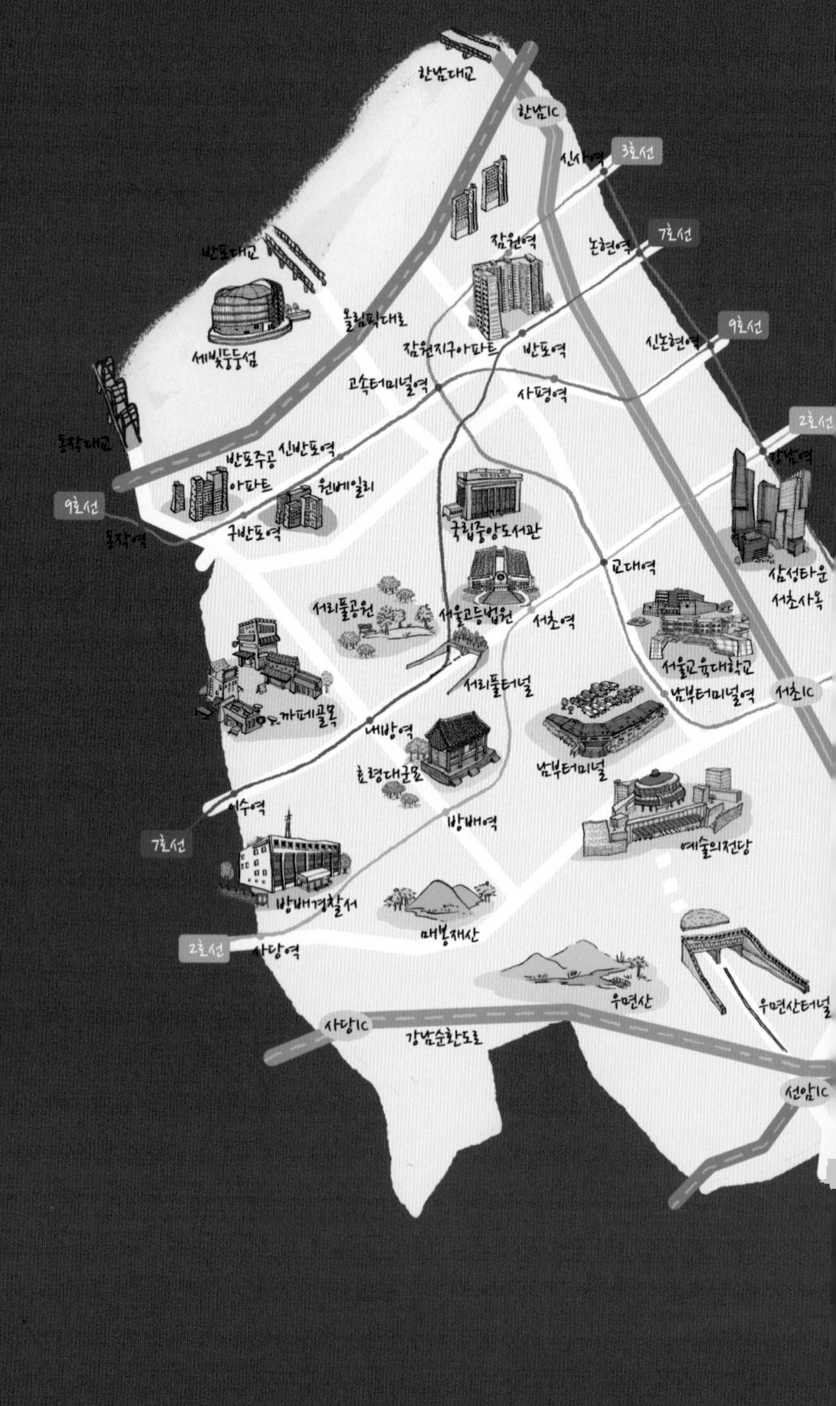

한남대교
한남IC
신사역
3호선
반포대교
잠원역
논현역
7호선
세빛둥둥섬
올림픽대로
잠원지구아파트
반포역
신논현역
9호선
고속터미널역
사평역
2호선
동작대교
반포주공 아파트
신반포역
강남역
9호선
원베일리
동작역
구반포역
국립중앙도서관
교대역
삼성타운 서초사옥
서리풀공원
서울고등법원
서초역
서울교육대학교
서리풀터널
남부터미널역
서초IC
카페골목
내방역
효령대군묘
남부터미널
이수역
방배역
7호선
예술의전당
방배경찰서
매봉재산
2호선
사당역
우면산
우면산터널
사당IC
강남순환도로
선암IC

Chapter 3

대한민국 최고 명품 주거지로 새롭게 탄생한 서초구 이야기

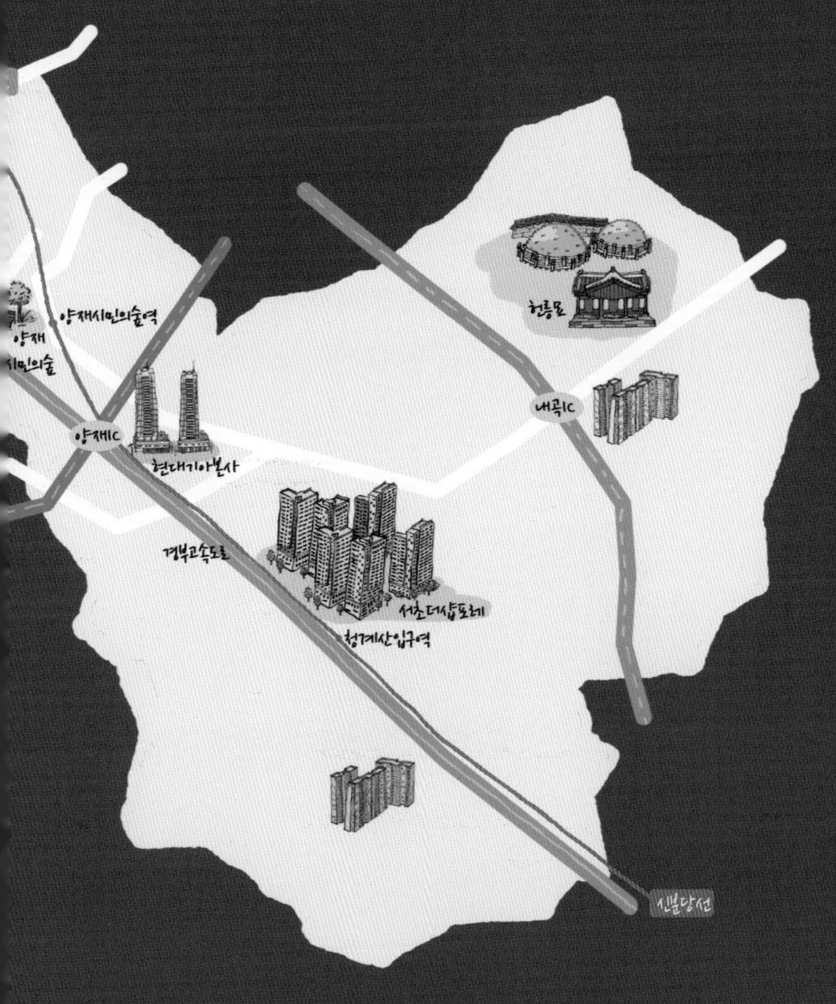

대한민국 최고 아파트를 향한 진검 승부!

서초구 반포동 한신 1차 아파트를 재건축한 아크로리버파크가 2014년 9월에 분양을 시작했습니다. 1차는 평당 분양가가 약 3,900만 원, 2차는 당시로서는 최고가였던 평당 5,000만 원이었습니다. 아파트 한 채 가격이 아니라 평당 가격이 말입니다. 더욱 놀라운 일은 이렇게 높은 가격에 분양했는데도 전 평형이 1순위에 마감되었다는 사실입니다. 그리고 6년이 지난 2020년 12월 현재 시세는 25평형이 28억 원 전후이고 34평형은 37억 원 전후를 형성하고 있습니다.

이 단지에서 실거래가 체결될 때마다 대한민국 거의 모든 아파트 관심층은 서초구를 주목할 수밖에 없습니다.

현재의 시점에서 제 개인적인 기준으로 대한민국에서 가장 좋은 아파트 단지를 꼽으라면 2009년 신규 입주한 반포동 래미안퍼스티지를 들 수 있습니다. 대한민국에서 이용객이 가장 많은 지하철 노선 가운데 3개 노선(3·7·9호선) 역세권을 끼고 있고, 전국 어디든 갈 수 있는 고속버스터미널이 인접해 있으며, 최고 학군인 8학군과 학원가가 위치하고 있을 뿐만 아니라 신세계백화점 강남점, 뉴코아백화점, 킴스클럽, 파미에스테이션, 국내 최대의 지하상가 몰인 고터몰 등 수준 높은 유통 시설이 자리 잡고 있습니다. 게다가 우리나라에서 병상 순위 톱 5에 드는 가톨릭대학교 서울성모병원도 있습니다. 그리고 한강 둔치 중에서 최고 인기 지구인 반포·잠원지구를 걸어서 이용할 수 있습니다. 부동산 입지 평가 요소들을 모두 갖춘 명당 중의 명당이죠. 아파트 자체의 상품성도 매우 뛰어납니다. 최고 인기 브랜드인 '래미안' 타이틀과 2,440세대의 대단지, 수영장과 야외 카페 등의 탁월한 커뮤니티 시설…. 아파트 입주민이라면 누구나 꿈꾸는 최적의 조건을 갖춘 아파트입니다. 이보다 좋은 아파트 단지가 있다면 말씀해주세요.

서초구에는 '최고'라고 불릴 만한 아파트가 많습니다. 래미안퍼스티지와 양대 산맥을 형성했던 반포자이 역시 둘째가라면 서러운 단지입니다.

한강 둔치에서 바라본 아크로리버파크(좌)와 래미안퍼스트지(우)

반포힐스테이트, 반포리체 등도 그동안 강남구 압구정동에 밀려 움츠려 지냈던 서초구 아파트의 위상을 높여준 단지들입니다. 최근 5년 이내에 입주한 반포센트럴자이, 아크로리버뷰, 래미안리더스원, 신반포자이, 반포래미안아이파크, 서초푸르지오써밋, 래미안신반포팰리스, 래미안신반포리오센트, 래미안서초에스티지, 래미안서초에스티지S 등도 언급하지 않으면 서운해할 단지들이지요.

그런데 2009년부터 최고의 자리를 차지하고 있던 래미안퍼스트지가 아크로리버파크에 왕관을 넘겨주게 되었습니다. 하지만 아크로리버파크의 왕좌도 그리 오래가진 않을 것입니다. 반포주공 1단지(디에이치클래스트)와 래미안원베일리가 차기 왕좌를 차지하기 위해 칼을 갈고 있으니까요.

개포동을 제외하면 아직 재건축 움직임이 활발하지 않은 강남구에 비해 서초구는 거의 전 지역에서 도시정비사업이 진행 중입니다. 대한민국 최고의 아파트에 도전하는 반포주공 1단지가 가장 높은 시세를 유지하며

서초구 전경

이주와 철거를 앞두고 있고, 래미안원베일리는 이미 착공한 상태입니다. 잠원동은 신반포 2차를 비롯한 거의 모든 단지가 재건축을 진행 중입니다. 게다가 서초구의 원조 대장 지역이었던 방배동에서도 재건축이 본격적으로 진행 중이기 때문에 대한민국 부동산의 바로미터였던 강남구가 긴장하고 있는 것이죠. 그야말로 대한민국 넘버원 아파트 후보 단지들의 배틀이 강남구가 아닌 서초구에서 펼쳐지고 있습니다.

현 시점 기준으로 대한민국 최고의 부동산 입지를 갖추고 강남구의 아성을 넘보는 위치까지 오른 서초구는 과연 어떻게 탄생했을까요? 그리고 정말 서초구가 강남구를 넘어설 수 있을까요? 그 전망은 여러분 스스로 해보세요. 저와 함께 서초구 부자의 미래지도 투어를 한 다음에 말이죠.

그럼 지금부터 서초구 부동산의 미래지도 속으로 들어가볼까요?

2인자의 설움을 딛고 왕좌를 노리다

동네 이야기 1 반포동, 서초구 대표 선수에서 대한민국 대표로

여러분은 '반포동' 하면 제일 먼저 무엇이 떠오르시나요? 아마도 나이가 좀 있는 분들은 '주공아파트'라고 대답하실 것 같네요. 그보다 조금 아래 연령층이라면 앞에서 설명해드린 래미안퍼스티지나 아크로리버파크라고 말씀하는 분도 계시겠죠. 반포·잠원지구 둔치를 자주 찾는 분들은 반포대교의 달빛무지개분수나 세빛둥둥섬을 떠올릴 겁니다. 고속버스를 자주 이용하는 분들은 서울고속터미널이라고 말씀하실 것이고, 명품 쇼핑을 즐기는 분들은 신강(신세계백화점 강남점)을, 맛집 탐방을 좋아하는 분들은 파미에스테이션이나 센트럴시티를 거론하실 겁니다.

하지만 뭐니뭐니 해도 '아파트'를 입에 올리는 분이 가장 많을 것 같습니다. 그렇습니다. 반포동은 서초구에서도 가장 대표적인 아파트 밀집 지역이자 부동산 시장에서 가장 많이 회자되는 주거 지역입니다.

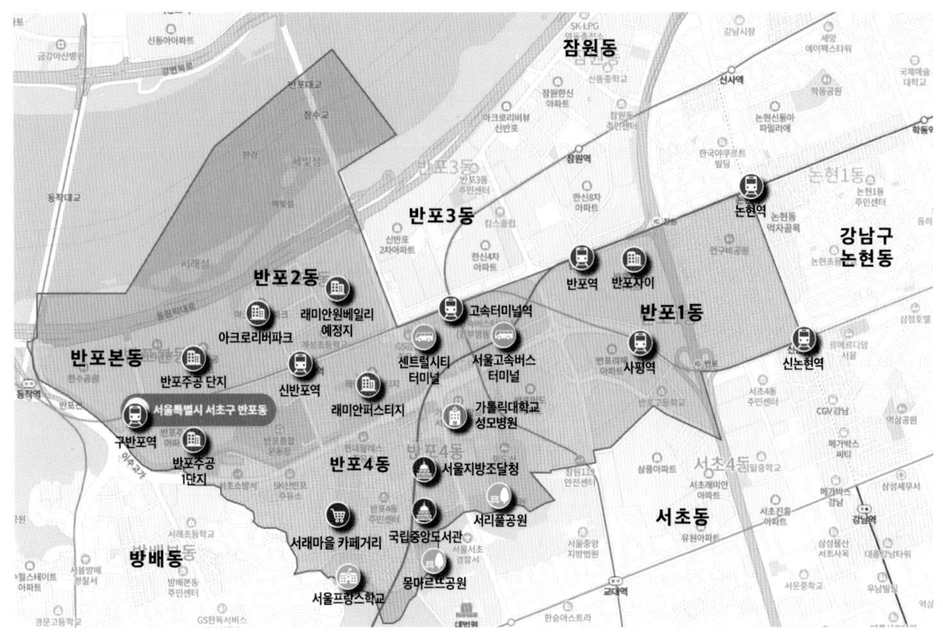

반포동 지도. 반포본동과 반포 1·2·4동으로 구성되어 있다. 반포 3동은 행정 구역상 잠원동에 속한다.

1973년 대한주택공사(현 LH공사)는 대한민국 최초로 주공아파트 대단지를 건설하는데, 이것이 현재까지도 반포에서 가장 큰 단지인 반포주공아파트 1단지입니다. 22~42평 3,786세대로 강남 지역을 아파트 왕국으로 만드는 시발점 역할을 했습니다. 주공 1단지는 국내 최초로 복층 구조의 주거 상품을 개발했고, 개별난방이 아닌 지역난방 시설을 갖추는 등 최첨단 설비를 갖춘 아파트였습니다. 물을 아궁이나 난로에서 데워서 쓰는 것이 아니라, 수도꼭지를 틀기만 하면 되는 시스템이 적용되었죠.

반포주공아파트 1단지 개발은 지금 평가해도 손색이 없는, 대한민국 부동산 개발의 한 획을 그은 사건이었습니다. 지금도 신도시 택지개발을 하면서 기반 시설(교통·생활편의·교육 시설)을 갖추지 못해서 분쟁과 갈등을 빚고는 합니다. 그런데 반포주공 1단지는 입주 때부터 다양한 기반 시설을 이용할 수 있도록 작업을 병행했습니다. 단지 앞에는 그 유명한 반포

상가타운이 스트리트 점포 형식으로 배치되어 있고, 유치원, 초·중·고등학교 등 교육 시설과 주민센터, 전화국, 은행 등의 생활편의 시설이 모두 도보권 내에 위치하고 있습니다. 대중교통 문제를 해결하기 위해 단지 안으로 버스를 통과시키기도 했습니다. 지금 생각해도 대단하지 않나요?

이러한 대단지 주공아파트 개발은 반포주공 2단지와 3단지로 이어졌습니다. 반포주공 2단지를 재건축한 아파트가 현재의 래미안퍼스티지이고요, 3단지를 재건축한 아파트가 반포자이입니다. 1단지는 현재 재건축을 진행하고 있는데, 현대건설이 시공을 맡은 1·2주구는 아마도 2021년부터 이주와 철거를 할 예정이고, 3주구는 삼성건설이 시공사로 선정되어 진행할 예정입니다.

반포주공 1단지는 서초구에서 가장 오랜 역사를 지닌 만큼 입주민의 애정이 큽니다. 재건축이 완성되어 디에이치클래스트로 거듭나면 입주 시점부터 반포동을 넘어 대한민국의 랜드마크 아파트가 될 규모와 위상을 지니고 있습니다. 당연히 재건축에 관심을 가진 분들에게는 최우선 단지가 되겠지요. 그래서 최초로 평당 1억 원을 넘었던 아크로리버파크도

반포주공아파트 3단지를
재건축한 반포자이

그 위상을 반포주공 1단지나 래미안원베일리(신반포 3차·신반포 23차·경남아파트 재건축)에 넘겨주게 될 것이라고 말씀드렸던 겁니다.

반포동의 뛰어난 점은 주거 시설만이 아닙니다. 교통 환경, 상업 시설, 자연환경 등 부동산의 프리미엄을 높이는 모든 요소를 제대로 갖춘 대한민국 최고의 입지를 갖추고 있습니다.

먼저 교통 환경을 이야기해볼까요?

한때 반포동을 대표한 시설은 서울고속버스터미널이었습니다. KTX가 운행되면서 경부권행 고속버스의 이용 빈도가 다소 줄긴 했지만, 여전히 강원권이나 전라권은 버스 이용 빈도가 높습니다. 하지만 반포동 교통망의 핵심은 전철입니다. 현 시점 전철 역세권으로는 대한민국 최고의 입지입니다. 서울 지하철 중에서 가장 인기가 높다는 9호선 역이 무려 4개(구반포·신반포·고속터미널·사평역)나 있고요, 인천 부평구에서 출발하여 부천, 광명을 지나 서울 강남권과 강북권 그리고 의정부까지 연결되는 또 하나의 인기 노선인 7호선도 이곳을 지납니다. 9호선이 개통하기 전까지 최강 전철 노선이었던 3호선도 지납니다. 핵심 노선으로만 트리플 역세권이지요.

다음으로 상권을 살펴볼까요?

서울고속버스터미널은 이제 시외로 나가는 버스를 이용하기만 하는 공간이 아닙니다. 센트럴시티라는 지명이 붙을 정도로 중심 상권이 엄청나게 발전되어 있습니다. 신세계백화점 중 매출 1위인 신세계 강남점(2019년 매출 2조 400억 원)이 있고, 호남선 버스터미널이 있는 센트럴시티와 파미에스테이션이라는 복합 쇼핑몰 안에는 유명 식당들이 즐비합니다. 전주 최고의 맛집인 베테랑칼국수와 삼백집을 비롯하여 미국의 인기 햄버거 체인인 쉑쉑버거, 일본의 명물 햄버거인 모스버거 등이 입점해 있어

서울고속버스터미널을 중심으로 신세계백화점, 센트럴시티, 메리어트 호텔, 서울성모병원이 둘러싸고 있다.

다양한 식문화를 경험할 수 있습니다. 엄청난 규모의 스타벅스를 포함하여 다양한 음료 브랜드의 상품을 즐길 수도 있습니다. 또한 대한민국 최고의 지하도로 상권으로서 없는 것이 없다는 고터몰도 위치하고 있지요. 고터몰의 500원짜리 양말부터 신세계 강남점에서 판매하는 4,000만 원 상당의 에르메스 백까지 다양한 층위의 쇼핑을 즐길 수 있는 명실공히 대한민국 최고의 상권입니다.

이외에도 주목해야 하는 대형 편의 시설이 많습니다. 서초구에서 가장 큰 병원인 가톨릭대학교 서울성모병원(1,400병상)이 있고, 메리어트 호텔과 곧 주상 복합으로 변신할 팔레스 호텔도 있습니다. 공공기관의 공공기관이라 할 수 있는 서울지방조달청과 대한민국 도서관의 대장인 국립중앙도서관 역시 반포동에 자리하고 있습니다.

명품 주거지로 이름난 서래마을 역시 반포동에 있습니다. 고급 빌라가 밀집한 서래마을은 서울프랑스학교가 있을 정도로 프랑스인이 많이 사는데, 고품격 문화 거리가 형성되어 고급스럽고 이국적인 분위기를 띱니다. 서래마을은 유명 연예인들의 주거지로도 유명합니다. 최고 인기 프로그램이었던 <무한도전>에는 개그맨 김제동 씨의 집이 자주 등장했는데, 이 집이 있는 곳이 바로 서래마을입니다. 같은 프로그램에 출연했던 하하 씨, 박명수 씨, 정준하 씨의 집도 이곳에 있습니다. 뿐만 아니라 봉준호 감독, 개그맨 신동엽 씨, 영화배우 최민수 씨, 백윤식 씨, 고현정 씨, 황정민 씨, 한지민 씨 등도 서래마을 주민으로 유명합니다. 이분들이 찾는 맛집도 많이 있겠죠. 그래서인지 평일과 주말 상관없이 이곳을 찾는 사람들이 많습니다. 사람이 많이 몰리는 곳은 부동산 프리미엄이 형성되기 마련입니다. 서래마을은 보고 즐길 것이 많아서 좋기도 하지만, 부동산의 흐름을 파악하는 데에도 좋은 사례가 되는 지역입니다.

반포동은 정말 다양한 매력을 갖춘 곳입니다. 이제는 대한민국 최고의 위상을 가진 강남구 압구정동과 비교해도 손색이 없습니다. 2000년대까지만 해도 압구정동은 반포동이 감히 쳐다보지도 못할 정도로 위상이 높았습니다. 물론 반포동도 비강남권과 비교하면 대단한 위엄을 보였겠죠.

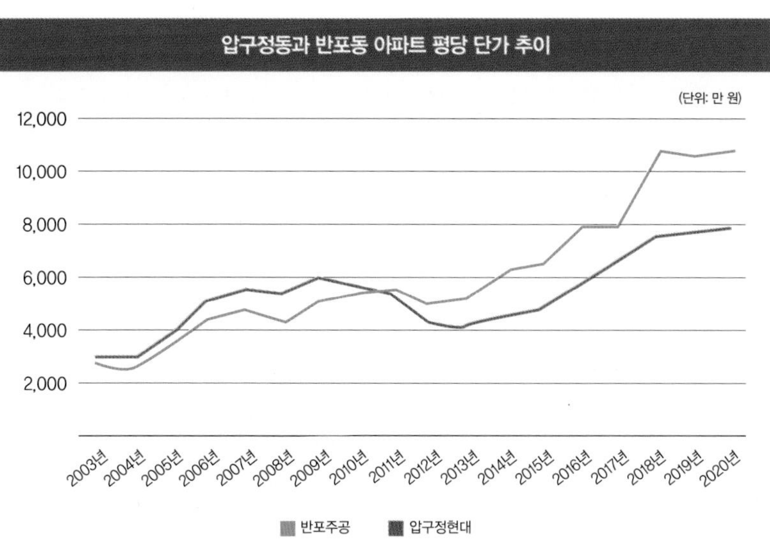

하지만 이제는 압구정동보다 반포동을 향한 관심이 높아지고 있습니다. 반포동은 현재 다각적인 변화가 진행 중이고, 이로 인해 수요층이 추가적으로 유입될 가능성이 크다는 점에서 부동산의 진정한 강자라 할 수 있습니다. 반포동에 대한 선호도는 계속 올라갈 것이고 미래 가치 역시 함께 상승하게 되겠지요.

때문에 현재의 반포동도 흥미진진하지만 미래의 반포동이 더욱 기대됩니다. 특히 반포주공 1단지 재건축 이후의 반포를 상상해보는 것이 이 지역을 바라보는 재미있는 기준이 되겠지요?

동네 이야기 2 강남권에서 가성비가 가장 좋은 잠원동

잠원동은 서초구와 강남구 통틀어서 지난 5년간 가장 높은 시세 상승을 보인 지역입니다. 과거 서초구의 대장 지역은 방배동이었지만, 래미안퍼스티지와 반포자이가 입주한 이후 대장 지역이 반포동으로 바뀌었습니다. 원래 잠원동은 반포동에 비해 그리 시세가 높지 않았습니다. 하지만 지금은 반포동과 더불어 서초구 최고가 지역으로 탈바꿈했습니다. 1980년대에 조성된 잠원동 아파트 밀집 지역의 거의 모든 단지가 현재 재건축 후 신규 입주했거나 재건축이 진행 중이기 때문입니다.

특히 2018년은 잠원동에 있어서 아주 뜻깊은 해였습니다. 서초구의 중저가 지역이었던 잠원동이 고가 지역으로 업그레이드된 해였으니까요. 같은 해 6월 아크로리버뷰 입주를 시작으로 7월에 신반포자이, 8월에 반포래미안아이파크, 9월에 반포(센트럴푸르지오)써밋 등이 연이어 입주하면서 잠원동은 '잠원동'이 아니라 '반포지구'라는 별칭을 얻으면서 반포동과 동일시되는 평가를 받을 정도로 성장했습니다.

잠원동은 서초구에서 규모가 가장 작습니다. 하지만 아파트들이 낡았다는 외형적인 요소만 제외하면 모든 측면이 우수합니다. 교통 환경이 매우 편리하고요, 생활편의 시설과 교육 환경도 매우 좋습니다. 그리고 무엇보다도 서초구에서 한강 뷰가 가장 뛰어납니다. 반포동과 더불어 서초구에서 유이하게 한강 조망이 가능한 입지이지요. 한강 조망권이라는 프리미엄은 시간이 흐를수록 그 가치가 높아질 겁니다.

이처럼 좋은 환경을 갖춘 잠원동은 그동안 '낡은 아파트'라는 외형적 요소에 묻혀 크게 눈에 띄지 않다가 최근 몇 년 사이 신규 입주한 아파트와 새롭게 분양한 아파트들이 입지 장점을 대대적으로 홍보하기 시작하면서 본격적으로 시세가 상승하기 시작했습니다. 어찌 보면 그 전까지는 입지의 가치 대비 저평가되어 있었던 것이죠.

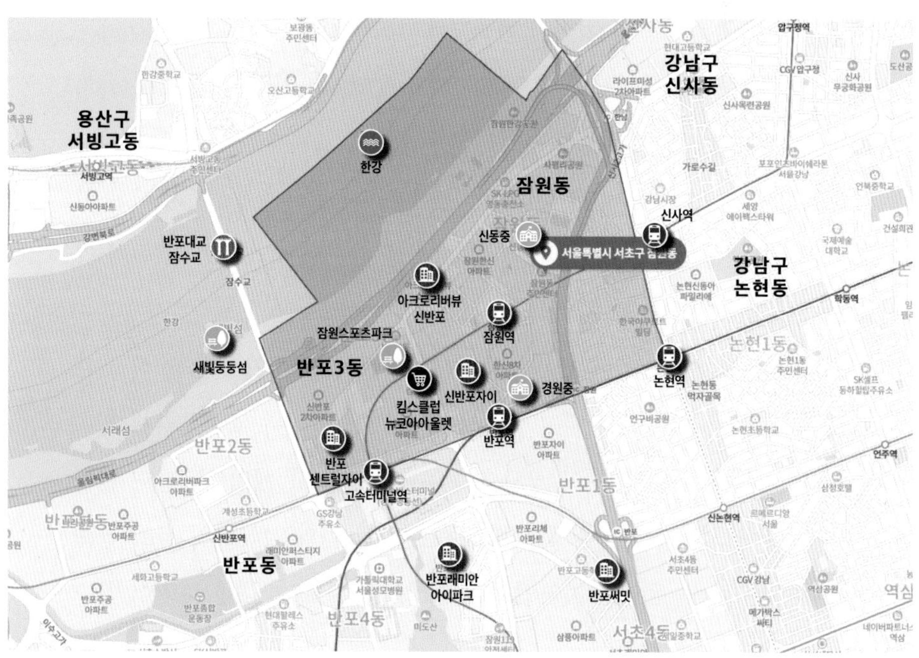

잠원동 지도. 반포 3동은 행정 구역상 잠원동에 속한다.

서리풀공원과
몽마르뜨공원을
연결하는 누에다리

이름에서 유추할 수 있겠지만, 잠원동은 잠실과 비슷한 기능을 하던 곳이었습니다. 누에고치, 즉 뽕나무 재배지였죠. 서초동 몽마르뜨공원과 서리풀공원을 연결하는 구름다리의 이름이 누에다리인데요, 이 지역이 뽕나무 재배지로 유명했다는 사실을 말해줍니다. 실제로 세종대왕이 심었다고 알려진 잠실리 뽕나무가 이곳 잠원동에 있습니다.

잠원동은 대부분의 지역이 아파트 단지입니다. 특히 한신공영이라는 건설사가 시공한 아파트가 많습니다. 때문에 택시 타고 "잠원동 한신아파트 갑시다"라고만 말하면 택시기사님들이 화를 낼지도 모릅니다. 한신아파트만 무려 27차까지 있어서 한신 '몇 차'인지 정확하게 알려주어야 합니다. 이 한신아파트 거의 대부분이 현재 재건축을 했거나 추진 중에 있습니다.

잠원동에서도 한강변에 개발될 아파트들은 당연히 가장 좋은 한강 뷰를 누릴 겁니다. 한강의 대교 중에서 가장 멋진 야경과 달빛무지개 분수쇼를 보여주는 반포대교와 잠수교가 눈에 들어오고 세빛둥둥섬도 있습니다. 용산구 쪽 동부이촌동·서빙고동·한남동 뷰와 남산타워 뷰를 한눈에 즐길 수 있는 유일한 지역입니다. 따라서 한강 뷰에 대한 로망이 있는 분들은 잠원동 아파트에 관심을 가져보는 것이 좋습니다. 다만 대한민국에서 가장 비싼 곳 중 한 곳이라는 점을 수용할 수 있다면 말이죠.

앞서 한강 둔치 중에서 가장 많은 사람이 찾는 곳이 잠원지구라고 말씀드렸습니다. 주말은 말할 것도 없고, 평일 저녁에도 많은 인파가 몰립니다. 반포대교에서 매일 3번 연출하는 달빛무지개 분수쇼와 한강 유람선에서 쏘아 올리는 불꽃놀이는 잠원동을 명품 주거지로 업그레이드하는 데 큰 역할을 하고 있습니다. 이처럼 황홀한 광경을 즐기기 위해 다른 지역에 사는 사람들은 일부러 이곳을 방문해야 하지만 잠원동 주민들, 특히 한강변 아파트 거주민들은 집 안에서 이 멋진 광경을 무료로 즐길 수 있으니까요. 한강이라는 자연환경 하나만으로도 잠원동은 명품 주거지가 될 수밖에 없는 입지인 것입니다.

잠원동은 교통도 아주 편리합니다. 서울 지하철 최고 인기 노선인 3·7·9호선을 모두 이용할 수 있으니까요. 특히 9호선이 등장하기 이전에 가장 핫한 노선이었던 3호선을 가까운 거리에서 이용할 수 있다는 면에서 보면 오히려 반포동보다 교통 환경이 더욱 편리하다고 할 수 있습니다.

반포대교의 달빛무지개 분수쇼(위)와 세빛둥둥섬(아래)

쇼핑 시설로는 뉴코아아울렛(뉴코아백화점)이 신반포자이 앞에 위치하고 있습니다. 서울고속버스터미널 옆 부지에 신세계백화점 강남점이 들어서기 전까지는 뉴코아백화점이 서초구, 아니 강남권 최고의 상업 시설이었습니다. 부도가 나기도 하고 소유주가 여러 번 바뀌는 우여곡절을 겪기도 했지만, 여전히 뉴코아백화점은 잠원동뿐 아니라 서초구 주민들의 큰 사랑을 받는 쇼핑 시설 중 한 곳입니다. 저렴한 가격이라는 경쟁력을 갖춘 할인 마트 킴스클럽도 이용할 수 있습니다.

교육 시설로는 초등학교 2개와 중학교 2개가 있습니다. 잠원동의 신동중학교와 경원중학교는 강남권을 통틀어서 다섯 손가락 안에 드는 명문 중학교입니다. 단점이라면 아직 고등학교가 없다는 점인데, 이 문제는 곧 해결될 전망입니다. 서울시 소유의 잠원스포츠파크 부지에 고등학교를 맞이할 준비를 하고 있으니까요. 예정대로 현재 강남구에 있는 청담고등학교가 이곳으로 이전해오게 되면 잠원동의 교육 프리미엄은 한층 더 높아질 겁니다.

자연환경과 더불어 교통·생활편의·교육 환경까지 갖춘 잠원동은 앞으로 강남권 내에서도 반포동만큼이나 인기 있는 지역이 될 것입니다. 향후 10년 동안 계속 변화할 잠원동을 관심을 갖고 지켜봐야 할 이유가 여기에 있습니다.

한때 강남권의 대표 상업 시설이었던 잠원동의 뉴코아아울렛

동네 이야기 3

서초구의 중심, 서초동

법조계 단면을 그린 SBS 드라마 〈펀치〉(2014~2015)에 이런 장면이 나옵니다. 새로 부임한 검찰총장이 대검찰청으로 출근하면서 이렇게 말해요. “이 길 하나 건너오는데 10년이 넘게 걸렸구나.” 여기서 말하는 ‘이 길’이란 반포대로를 말합니다. 반포대로를 사이에 두고 동쪽에는 고등검찰청이 있고, 서쪽에는 대검찰청이 있거든요. 서초구의 중심이 서초동이듯, 서초동을 대표하는 시설로는 대법원과 대검찰청을 들 수 있습니다. 길 하나를 사이에 두고 서울중앙지방법원도 이곳에 함께 있습니다.

이외에도 서초동에는 다양한 분야의 소위 내로라하는 시설이 참 많습니다. 대한민국 최고의 문화 공연 시설인 예술의전당, 대한민국 최고의 선생님 사관학교인 서울교육대학교가 있습니다. 대한민국 1등 기업이라고 평가받는 삼성타운도 있습니다. 많은 분이 오해하는데, 강남역 삼성타운은 강남구에 속한 것이 아니라 사실 서초구 서초동에 자리 잡고 있어요. 따라서 대한민국 최대 상권인 강남역도 절반은 서초동인 것이죠. 이렇듯 서초동은 가히 ‘1등’이라고 할 만한 다양한 시설을 갖추고 있습니다.

교통 환경도 아주 우수합니다. 대한민국 고속도로의 중심인 경부고속도로가 서초동을 관통하고 있고, 서울남부터미널도 여기에 있습니다. 또 지하철 2호선과 3호선이 지납니다.

뿐만 아니라 서초동은 반포동이나 잠원동과 달리 업무 환경이 매우 좋습니다. 대한민국 대표 업무 지역인 테헤란로 업무 집중 지역이 2호선 서초역부터 시작한다고 보시면 됩니다. 동쪽 끝은 삼성역이 될 것이고요. 때문에 2호선 교대역과 강남역은 항상 수많은 유동 인구와 출퇴근 인구로 북적입니다. 덩달아 상권도 많이 발전해 있습니다. 유동 인구 상권

서초동 지도. 서초 1동부터 4동까지 있다.

프리미엄만 놓고 보면 강남역이 전국 톱 1입니다.

사실 서초동에는 강남권에서 가장 잘나가던 백화점이 있었습니다. 바로 그 유명한 삼풍백화점이 있던 곳이 바로 서초동이죠. 현재 교대역에서 삼호가든사거리 쪽으로 올라가다 보면 서울고등법원이 있는데요, 그 길 건너편이 삼풍백화점 부지였습니다. 현재는 압구정동 현대백화점과 갤러리아백화점이 가지고 있는 명품 백화점 이미지를 서초동 삼풍백화점이 선점하고 있었던 것이죠. 그런데 1995년 6월 29일 삼풍백화점이 붕괴하는 참사가 일어났습니다. 500명 이상의 목숨을 앗아간 최악의 사고였죠.

그 삼풍백화점 부지 위에 건축한 아파트가 바로 대림아크로비스타입니다. 고바위 지형에 자리 잡아 지대가 높기 때문에 북쪽 한강 뷰와 우면산 뷰가 모두 가능합니다. 때문에 창문이 없었던 백화점보다는 이러한 고급 주상 복합의 입지로 훨씬 적합하다는 것이 제 개인적인 의견입니다. 혼잡한 분위기를 싫어하는 부유층에게는 대형 상업 시설이 없는 것이 오히려 좋은 조건이 되니까요. 그 덕분에 분양도 잘되었습니다. 대림에서 분양한 아파트 중 가장 고급 주거 시설로 평가받고 있죠. 실제로도 현재 서초동에서 가장 비싼 아파트가 바로 아크로비스타입니다. 그만큼 입지가 중요하다는 사실을 보여준 좋은 사례가 되는 곳이죠.

예술의전당은 예술 문화의 전당일 뿐만 아니라 건축적으로도 뛰어난 멋을 보여줍니다. 서초역사거리에서 보면 선비가 갓을 쓰고 있는 모양새를 하고 있는데, 뒤에 있는 우면산과 어우러져 멋진 외관을 자랑합니다. 예술의전당에서는 실력과 인지도를 인정받은 예술가들만 전시할 수 있고, 공연도 클래식을 중심으로 합니다. 대중가수들도 공연할 수 있는 세종문화회관과는 다른 운영 방식을 택한 것이죠. 실제로 가수 인순이 씨가

대한민국 넘버원 상권인 강남역 사거리. 강남역 상권은 서초구 서초동과 강남구 역삼동에 걸쳐 있다.

예술의전당 측에 여러 번 콘서트 신청을 했지만 번번이 반려된 일이 있었습니다. 이 일로 인순이 씨는 기자 회견을 열기도 했어요. 가수 싸이는 MBC 〈무릎팍 도사〉에 출연하여 대중문화를 경시하는 예술의전당을 비판했고, 공교롭게도 그 직후 병역 문제가 발생하여 싸이는 두 번이나 군대에 입대하는 불상사(?)를 당했습니다. 물론 예술의전당이 싸이를 군대에 보낸 것은 아닙니다. 예술의전당만이 가진 권위와 분위기를 설명해드리고자 이 에피소드를 소개한 것뿐입니다.

북쪽과 동쪽에는 서리풀공원과 몽마르뜨공원이 있고, 남쪽으로는 우면산이 둘러싸고 있어서 서초동은 풍수적으로도 아주 좋은 기운을 담고 있습니다. 풍수지리와 자연환경 측면에서도 특별한 위상을 가지고 있는 것이죠.

서초구의 핵심 시설을 모두 안고 있는 서초동은 한강을 조망할 수 없

우면산에서 바라본 서초동. 예술의전당(아래)을 출발하여 앞으로 쭉 뻗은 길이 반포대로다. 대법원 등이 보인다.

다는 점만 제외한다면 서초구 내에서 입지가 가장 좋다고 해도 과언이 아닙니다. 고급스러움을 추구하고 녹지를 가까이하고 싶어 하며 문화 예술을 좋아하시는 분들에게는 최상의 주거 지역이라 할 수 있습니다.

그래서인지 과거에는 그다지 시세가 높지 않았던 아파트들도 재건축이 된 이후에는 꽤 높은 시세를 보였습니다. 2016년 12월 입주한 래미안서초에스티지, 2017년 6월 입주한 서초푸르지오써밋, 2018년 1월 입주한 래미안서초에스티지S, 2019년 9월 입주한 래미안리더스원 모두 평당 7,000만~8,000만 원 정도의 시세를 형성하고 있으니까요. 현재 재건축이 추진되고 있는 삼풍아파트, 진흥아파트, 신동아 1차가 그다음 세대를 책임지게 될 것입니다.

그리고 명품 오피스타운 개발도 계획되어 있습니다. 국내 최대 디벨로퍼인 엠디엠(MDM)그룹이 서울 강남권의 마지막 금싸라기 땅으로 평가받는 서초구 서초동 옛 정보사령부 부지를 매입했습니다. 축구장 13배 넓이인 이 부지는 감정평가액만 1조 원이 넘는 데다 서리풀공원으로 둘러싸여 있고 강남 테헤란로와 직선으로 연결되는 교통 요충지입니다. 엠디엠그룹은 오는 2023년 완공 목표로 IT(정보 기술), 바이오, 금융 등 첨단 산업과 스타트업이 들어서 융합 시너지를 낼 수 있는 오피스타운을 조성하여 한국형 실리콘밸리로 발전시켜나가겠다는 구상을 세웠습니다. 이 또한 서초동의 프리미엄을 한층 높여줄 것입니다.

동네 이야기 4 서초구의 원조 대장, 방배동

영화 〈건축학개론〉(2012)에서 여주인공 수지를 유혹하는 돈 많은 선배로 나왔던 유연석의 극중 별명이 '방 서방'이었습니다. 방배동에 거주하는 오렌지족을 표현한 말이지요. 방배동에 형성된 고급 빌라촌에는 부유층이 많이 살았습니다.

방배동은 원래 관악구에 속했습니다. 1980년 강남구로 편입되었다가 강남구에서 서초구가 분할되면서 다시 서초구에 속하게 되었죠. 방배동은 관악구 남현동, 동작구 사당동과 맞닿아 있습니다. 그래서 관악구와 동작구, 강남구의 성격이 뒤섞여 있습니다. 강남권에 가까운 방배본동과 방배 3동은 아파트 위주이고, 서쪽 관악구와 동작구에 가까운 방배 1·2·4동은 단독 주택과 연립이 많습니다.

7호선 이수역과 내방역 사이에는 재건축 예정 지역이 많습니다. 특히 단독 주택 재건축이 예정되어 있는 방배 5구역은 부동산 투자층의 관심이 가장 집중된 지역이지요. 다세대 위주의 주거 시설이 아파트 등의 공

방배동 지도. 방배본동과 방배 1동부터 4동까지 구성되어 있다.

방배동 카페 거리

동 주택으로 개발될 경우 지역 프리미엄이 더욱 높아질 겁니다. 경남아파트를 재건축하고 있는 방배그랑자이, 구역 지정된 신동아아파트, 추진위원회가 구성되어 있는 삼호 4차 아파트, 조합설립인가를 받은 방배삼익아파트 등도 눈여겨보아야 할 단지입니다.

2호선 방배역 주변은 쾌적한 환경과 더불어 학교와 아파트가 잘 어우러진 명품 주거 지역입니다. 효령대군 묘가 있는 서리풀공원과 매봉재산이 있고, 방배서리풀e편한세상 등 명품 아파트와 녹지 공간 사이에 고급 빌라들이 많이 들어서 있습니다.

2·4호선 더블 역세권인 사당역은 서울에서도 손꼽히는 맛집 상권입니다. 하지만 뭐니뭐니 해도 방배동의 메인 상권은 역시 카페 거리죠. 방배 카페촌은 레스토랑인 '장미의 숲'이 있을 때만 해도 한국식 카페의 전형을 보여주었습니다. 약간 촌스러우면서도 클래식한 분위기를 자아냈죠. 하지만 최근에는 서래마을이나 가로수길 같은 세계 음식의 메카로 변화해가고 있답니다. 카페촌 건너편에 있는 방배동사이길(방배로 42길) 역시 여러 가지 수공예품 상점들과 카페들로 채워지고 있습니다. 강남구 논현동 가로수길처럼 골목 자체가 하나의 문화로 자리 잡아가고 있는 것이죠.

어찌 보면 방배동은 가장 서초구답지 않은 지역인지도 모릅니다. 그만큼 방배동은 서초구에서는 섬 같은 지역이었습니다. 위로는 반포주공아

2019년 서리풀공원을 관통하는 서리풀터널이 개통하여 방배동 지역의 강남권 접근성이 획기적으로 개선되었다. ⓒ 서울특별시

파트에 막힌 탓에 반포동이나 한강권에 속할 수 없었고, 서쪽으로는 동작구, 남쪽으로는 관악구에 막혀 있어 서초구이면서도 다른 서초구 지역과는 다른 면모를 보였습니다.

하지만 서초구의 메인이라 할 수 있는 서초동과의 숨통을 틔어주는 계기가 생겼습니다. 바로 7호선 내방역과 2호선 서초역 사이에 있는 서리풀공원을 뚫은 서리풀터널이 2019년에 개통한 것입니다. 그동안 다소 소원한 관계였던 서초동과 방배동은 이제 친형제처럼 밀접해졌습니다. 기존 서초역과 교대역을 중심으로 했던 2호선 상권이 내방역, 이수역까지 확대되고 있습니다. 이는 서리풀터널 주변의 주거 지역에도 여러 가지 활력을 가져다주는 계기가 되었지요. 서리풀터널이 뚫리는 순간 방배동의 위상은 한 단계 이상 업그레이드된 셈입니다. 방배동은 서초구 내에서는 복고 스타일을 지닌 지역이어서 기존 강남구나 서초구의 분위기에 식상해 있던 층들에게는 새로운 매력으로 다가갈 수 있는 곳이죠.

현재 방배동은 여러 가지 재건축 사업이 진행되고 있습니다. 한동안 주거 지역으로서는 호재가 없었지만 앞으로는 발전 가능성이 있는 지역입니다. 계속 방배동의 변화를 지켜봐야 하는 이유가 생긴 것이죠.

동네 이야기 5

강남 개발의 산증인, 말죽거리 양재동

양재동은 서초구에서 가장 넓은 지역입니다. 땅이 넓다는 것은 그만큼 개발이 덜 진행되었다는 사실을 의미하기도 합니다. 그래서인지 자연환경이 뛰어납니다. 구룡산이 있고, 연예인들이 많이 찾는다는 청계산 입구가 있으며, 서초구의 진산인 우면산도 있습니다. 말 그대로 자연 속의 도심을 느낄 수 있는 동네입니다.

또한 양재동은 서초구와 강남구의 개발 과정을 계속 지켜봐온 강남 개발의 산증인이죠. 강남구와 서초구 사이에 위치해 있는 데다 지대가 높아서 강남구와 서초구 개발 현장을 지켜볼 수 있었던 곳입니다.

양재동은 한남대교까지 이어지는 강남대로의 시작점이자 종착점이

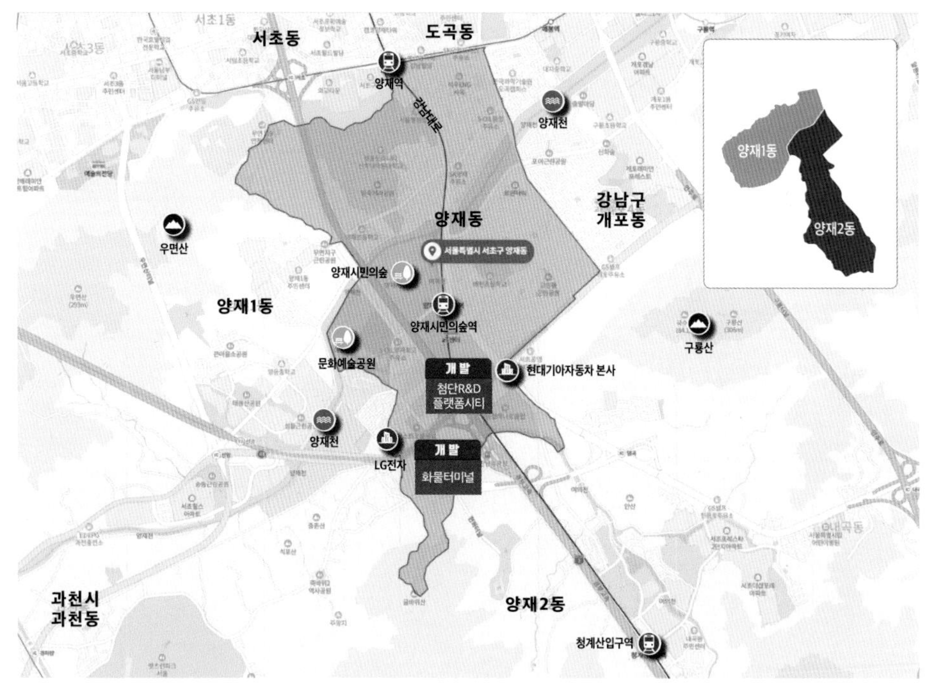

양재동은 양재 1동과 양재 2동으로 이루어진다. 양재동 영역이 광범위하여 지도에는 주요 지역만 표시했다.

고, 강남구의 주거 환경을 쾌적하게 만드는 데 큰 역할을 하는 양재천의 상류 지역이기도 합니다. 양재시민의숲과 문화예술공원은 사람들의 발길이 끊이지 않습니다. 여기에 윤봉길 선생 기념관도 있죠.

강남구 개포동과 도곡동, 역삼동과 맞닿아 있고, 서초구의 서초동과 같은 생활권을 이룹니다. 인접해 있는 동만큼 위상이 높지는 않지만, 서로 영향을 주고받으며 함께 움직였습니다. 그만큼 발전 가능성이 농후했던 거죠. 무려 40년 동안이나요. 양재동의 발전은 지금도 현재 진행형입니다. 이미 많은 개발이 이루어졌지만, 첨단 R&D 플랫폼시티와 화물터미널 부지등 앞으로도 개발될 여지가 많습니다. 그래서 더욱 흥미 있는 곳이랍니다.

지하철 3호선이 지나는 만큼 교통이 편리한 지역이었지만, 신분당선이 추가로 개통됨에 따라 양재동의 위상은 한층 높아지게 되었습니다. 분당과 용인 등 경기 지역과 서울 강남권을 연계하는 중계 입지로서 양 지역의 주민들이 지속적으로 관심을 가질 것으로 예상됩니다. 어찌 보면 조선시대 말죽거리 시절부터 특화되었던 교통 요지로서의 역할을 지금도 충실히 수행하고 있는 셈이죠.

양재동에는 사실 다른 지역 주민들이 주목할 만한 인지도 있는 주거

시설이 아직 없습니다. 크고 작은 업무 시설과 중소 상업 시설들 그리고 다세대·다가구 위주의 주거 시설이 있을 뿐입니다. 지역적으로는 강남권에 속하면서도 강남구나 서초구와는 사뭇 다른 분위기를 띠죠. 강남권이면서도 아파트 단지가 밀집해 있지 않은 곳에서 살고 싶어 하는 분들에게는 오히려 명품 주거지가 될 수도 있겠다는 생각이 듭니다.

그럼 이번에는 양재동에 위치한 업무 시설을 통해 양재동의 미래를 점쳐볼까요?

먼저 대한민국 넘버 2 그룹인 현대기아자동차 본사를 들 수 있습니다. LG전자 메인 연구소도 있어요. 이외에도 계속해서 대규모 업무 시설이 유입되고 있습니다. 또한 도시건축공동위원회가 경부고속도로 양재 IC 인근 부지에 첨단 R&D 플랫폼시티를 집중적으로 개발하자고 요청했다는 발표가 있었습니다. 이게 실현된다면 이미 자리 잡고 있는 LG의 시설이 확대될 뿐만 아니라 삼성전자도 무조건 들어오게 될 겁니다. 양질의 업무 시설은 업무 시설로 끝나는 것이 아니라 인근 지역의 주거 시설과 상업 시설에도 큰 영향을 줍니다. 따라서 양재동으로서는 큰 호재를 맞이하게 된 것이죠.

양재천(좌)과 강남권의 허파 역할을 하는 양재시민의숲(우)

양재동은 과거부터 대규모 상업 시설 개발지로 잠재력이 큰 지역이었습니다. 화물터미널 부지를 대한민국 최대 규모의 호텔 및 상업 시설로 개발하려던 파이시티가 부도를 맞으면서 잠시 주춤했지만, 대한민국 1등 닭고기 기업 하림이 사업을 인수하고 개발을 추진하면서 새로운 활력을 띠고 있습니다. 용산 국제업무지구에는 다소 미치지 못하더라도 양재동은 입지가 워낙 좋기 때문에 좋은 개발 주체를 만나기만 하면 하늘 높이 비상할 수 있는 곳이라고 보면 됩니다. 100층 이상의 건물이 들어설 수 있는 입지를 갖추고 있거든요. 그렇게만 된다면 양재동은 다른 지역에 자랑할 만한 랜드마크를 갖게 되는 거죠.

조선시대부터 지금까지 양재동은 한 번도 주인공이 된 적이 없습니다. 그런 면에서 용산구와 닮았습니다. 이제 양재동은, 인조가 이괄의 난을 피해 공주로 피난하다가 급하게 말 위에서 죽을 먹고, 또 제주도에서 한양으로 올려 보낸 말들에게 말죽을 쑤어 먹이던 역사의 기억을 가진 지역으로서가 아니라, 발전을 주도해가는 주인공으로서 주목되기를 기원해봅니다. 예전의 화물터미널 부지에 첫 삽을 뜨는 순간, 양재동의 역사가 달라질 테니까요.

동네 이야기 6 | 서초구의 청정 지역, 내곡동

서초구에는 왕릉이 딱 하나 있습니다. 조선왕조를 다룬 드라마의 소재로 가장 많이 등장하는 인물인 태종 이방원의 무덤인 헌인릉이죠. 이 헌인릉이 위치한 곳이 내곡동입니다. 헌인릉 주변은 개발제한구역으로 묶여 있어서 내곡동은 자연 친화적인 환경을 잘 유지하고 있습니다.

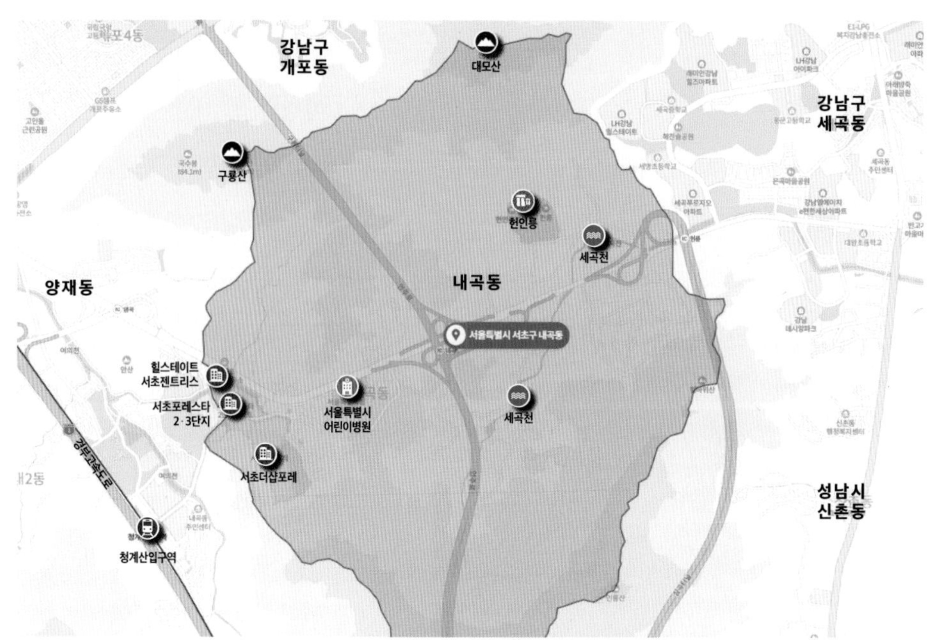

내곡동 지도. 대부분의 지역이 자연 그대로의 모습을 간직하고 있다.

내곡동은 행정 구역상 서초구에 속할 뿐 사실 서초구와는 크게 연관이 없었습니다. 그저 서초구와 인근 지역에 자연의 숨결을 불어넣는 그린벨트 지역으로만 인식되었죠.

그런데 한 가지 사건으로 내곡동이 이슈의 주인공으로 등장하게 됩니다. 바로 이명박 전 대통령의 사저 부지로 세인의 입방아에 오르내리게 된 것이죠. 유명이든 오명이든 이런 식으로 인지도가 높아진 지역은 시세가 오르기 마련입니다. 땅에 관심이 많은 분들은 지속적으로 관심을 가져도 좋겠지요. 대한민국 최고의 건설 회사를 이끌며 부동산 개발에 일가견이 있는 대통령이 선택한 입지이기에 일반인들이 보지 못한 특별한 장점이 있을 거라고 믿는 분들도 있었습니다. 어느 정도는 타당한 분석이라고 봅니다.

보금자리주택 계획도(위)와 실제로 공급된 서초더샵포레(아래)

이명박 전 대통령은 서민들을 위한 주택 공급 정책으로 보금자리주택을 강력하게 추진했습니다. 그런데 내곡동의 공공주택 부지는 다른 지역의 '보금자리'와는 다른 느낌을 줍니다. SH공사(서울주택도시공사)가 제공한 아파트인데도 시공사 브랜드를 이름으로 내세웠다는 사실만으로 특별한 아파트로 보입니다. 서초더샵포레, 힐스테이트서초젠트레스, 서초포레스타 등 이름만으로도 기존의 공공주택에 비해 몇 단계 업그레이드된 느낌을 줍니다.

강남순환고속도로가 관악선을 관통하여 금천구, 광명까지 연결되면서 내곡동에도 변화의 면모가 추가되었습니다. 물론 내곡동은 다른 서초구 지역처럼 큰 개발 호재가 생기거나 변화가 일어나지는 않겠지만, 보금자리주택 사례처럼 어떤 뜻밖의 사건이 일어날지 지켜보는 것도 재미있겠지요?

보금자리주택 개발 때도 그랬지만, 그린벨트 지역은 국가의 정책을 시행할 때 요긴하게 활용되고는 합니다. 최근 서울의 주택 부족 문제가 심각해지자 서울 그린벨트를 일부 해제하자는 논의가 일어나기도 했습니다. 그럴 때마다 항상 1순위로 거론되는 곳이 바로 내곡동입니다. 바꾸어 말하면, 내곡동은 정치적인 결단이 있어야만 움직일 수 있는 지역이라는 의미이기도 합니다. 그렇기 때문에 계획이 확정된 것이 아니라 단순히 호재만 소문으로 떠돈다면 그저 뉴스 정도로만 봐야 할 것입니다.

서초구는 태생이 강남구다!

서초구는 1988년 강남구에서 떨어져 나왔습니다. 강남구와 같은 뿌리라는 말이지요. 그래서 교육 학군도 같습니다. 그 유명한 8학군입니다. 때문에 같은 강남권으로 분류되는 송파구와는 학군 자체가 다릅니다. 이런 디테일한 측면까지 고려하는 분들은 '강남 3구' 중 하나로 평가받는 송파구를 강남권으로 인정하지 않기도 합니다. 강동구는 말할 것도 없고요.

그만큼 서초구의 위상이 대단히 높습니다. 입주민들의 자부심 또한 대단합니다. 서초구는 현 시점에서 가장 주목받는 지역인 반포동을 중심으로 강남구를 뛰어넘을 입지 프리미엄과 상품 프리미엄을 꾸준히 쌓아가는 중입니다. 이러한 움직임은 비강남권 지역과 차별화하기 위한 노력의 일환입니다. 실제로 동작구와 관악구가 서초구와 인접해 있지만, 이 2개 구를 서초구의 이웃 동네라고 생각하는 분들은 많지 않을 겁니다. 반면에 동작구에서 서초구와 붙어 있는 흑석동이나 상도동, 이수동 지역 주민들은 스스로를 동작구 권역에 속한다고 생각하지 않습니다. '반포 생활권'

이라고 여기며 동작구와 분리하려고 할 정도니까요. 그만큼 서초구는 지역 주민들의 자부심이 클 뿐 아니라 주변 지역에서도 편입되고 싶어 하는 동시에 질투와 시샘의 대상이 될 만큼 높은 위상을 지니고 있는 것이죠.

서초구 내 정비사업(재건축) 추진 현황

시군구	읍면동	재건축 단지명	준공연월	사업단계	총 세대수	건립 예정 세대수	시공사
서초구	반포동	반포미도 1차	1986년 12월	안전진단	1,260	–	
서초구	서초동	진흥	1979년 9월	안전진단	615	–	
서초구	방배동	신동아	1981년 12월	구역지정	493	–	
서초구	반포동	궁전	1983년 12월	추진위	108	249	
서초구	방배동	(신)삼호 4차	1983년 5월	추진위	481	839	
서초구	잠원동	신반포 25차	1984년 1월	추진위	169	367	
서초구	잠원동	신반포 2차	1978년 8월	추진위	1,572	1,572	롯데건설㈜
서초구	잠원동	신반포 4차	1978년	추진위	1,212	1,696	
서초구	방배동	삼익	1981년 12월	조합설립인가	408	590	
서초구	잠원동	신반포 12차	1982년 4월	조합설립인가	324	441	
서초구	잠원동	신반포 16차	1982년 11월	조합설립인가	396	459	
서초구	잠원동	신반포 19차	1983년 7월	조합설립인가	242	315	
서초구	잠원동	신반포 20차	1983년 12월	조합설립인가	112	–	
서초구	잠원동	신반포 21차	1984년 1월	조합설립인가	108	–	㈜포스코건설
서초구	잠원동	신반포 27차	1985년 1월	조합설립인가	156	156	
서초구	잠원동	신반포 7차	1978년	조합설립인가	320	–	대림산업㈜
서초구	반포동	주공 1단지	1974년 3월	사업시행인가	3,590	2,117	삼성물산㈜
서초구	잠원동	신반포 18차(337동)	1983년 7월	사업시행인가	182	202	㈜포스코건설
서초구	반포동	주공 1단지	1974년 3월	관리처분계획	3,590	5,335	현대건술㈜
서초구	서초동	신동아 1차	1978년 12월	관리처분계획	893	1,340	대림산업㈜
서초구	서초동	신동아 2차	1978년 12월	관리처분계획	104	1,340	대림산업㈜
서초구	잠원동	신반포 10차	1980년 12월	관리처분계획	876	2,880	GS건설㈜
서초구	잠원동	신반포 11차	1981년 1월	관리처분계획	398	2,880	GS건설㈜
서초구	잠원동	신반포 17차	1983년 6월	관리처분계획	216	2,880	GS건설㈜
서초구	잠원동	신반포 22차	1984년 1월	관리처분계획	132	168	현대엔지니어링㈜
서초구	잠원동	신반포 8차	1981년 3월	관리처분계획	864	2,880	GS건설㈜
서초구	잠원동	신반포 9차	1981년 2월	관리처분계획	286	2,880	GS건설㈜
서초구	반포동	경남	1978년 1월	이주/철거	1,056	3,200	삼성물산㈜
서초구	반포동	신반포(한신 15차)	1982년 6월	이주/철거	180	641	삼성물산㈜
서초구	반포동	신반포(한신 23차)	1983년 11월	이주/철거	200	2,971	삼성물산㈜
서초구	반포동	신반포(한신 3차)	1978년 1월	착공	1,140	2,990	삼성물산㈜

최근에는 흑석뉴타운을 '서반포 지역'이라고 부르기도 합니다. 아마도 서초구 주민들이 아니라 흑석동 주민들이 만든 신조어겠죠.

강남구와의 1위 쟁탈전, 과연 누가 이길까?

현 시점에서 평가하자면 분명 서초구가 강남구보다 더 잘나가는 것처럼 보이는 게 사실입니다. 2008년 래미안퍼스티지와 반포자이가 신규 입주할 때부터 대한민국 최고 아파트의 위상은 압구정동에서 반포동으로 확실하게 넘어왔다고 볼 수 있습니다. 이후 아크로리버파크가 입주하고 '일반 아파트 평당 1억 원'이라는 실거래가가 발생하면서 반포동은 대한민국 최고의 입지로 등극했습니다.

하지만 다른 의견을 가진 분들도 있습니다. 특히 압구정동에 살고 계신 분들은 반포동이 압구정동을 추월했다고 인정하지 않을 겁니다. 대한민국 아파트의 진정한 대장은 여전히 압구정동 현대아파트라고 생각합니다. 반포동은 압구정동에 들어올 수 없었던 '서민층'으로 시작한 지역이라는 점과 반포의 아파트는 주택공사(주공아파트)가 지은 것에 비해 압구정동은 현대라는 당대의 1등 브랜드가 지은 아파트였다는 사실을 내세웁니다.

다른 지역 거주민들이 이런 논쟁을 보고 있노라면, 저게 무슨 대단한 일이라고 저리 치열하게 다툴까 하는 생각이 드실 겁니다. 어차피 두 지역 모두 일반 서민으로서는 접근하기에 부담스러울 만큼 높은 시세가 형성된 단지이니까요. 다른 지역 주민들로서는 누가 1등을 하든 상관이 없는 거죠. 하지만 과연 누가 1등인지 궁금하기는 할 겁니다.

앞으로 한동안은 서초구에 관심이 조금 더 집중될 수밖에 없습니다.

서초구 내 거의 모든 아파트가 재건축을 앞두고 있고, 그동안 거의 변화가 없었던 양재권역 개발과 방배동 개발 등 여러 가지 호재가 많으니까요. 이런 호재들이 이어진다면 서초구는 과연 강남구를 제치고 1위 자리를 차지할 수 있을까요?

저의 조심스러운 생각에는 그럼에도 불구하고 오리지널 강남구가 1등 지역이라는 위상을 서초구에게 빼앗기지는 않을 것이라고 전망합니다. 아니, 애초부터 서초구와 강남구는 높이가 달랐다고 말씀드리고 싶습니다. 서초구가 아무리 많이 올라도 강남구의 높이에는 미치기 어려울 것이라는 뜻입니다.

단적인 예로 하나의 부동산 개발 사례를 들어보겠습니다. 바로 강남구 삼성동의 글로벌비즈니스센터(GBC) 부지 개발 사례입니다. 삼성동 한국전력 부지를 현대자동차가 11조 원에 매입할 때 이미 강남구의 위상을 충분히 보여주었다고 생각합니다. 물론 필요 이상으로 과다한 비용을 지불했다고 볼 수도 있습니다. 하지만 한국전력 부지는 그 이상의 가치를 충분히 해줄 겁니다. 그래서 현대자동차도 철저한 사전 조사를 진행한 뒤에 그 가격을 지불했던 것이겠죠.

강남권 지하철은 1개 노선이 1조 5,000억 원 정도의 경제 효과를 창출한다는 보고서를 본 적이 있습니다. 그런데 약 9개 노선이 이 삼성동 부지를 지나가게 됩니다. 이 노선들이 창출하는

삼성동 GBC 조감도

경제 효과만도 이미 13조 원이 넘는다는 것이죠.

현대자동차 부지 개발이 완료될 즈음에 강남구의 위상은 지금보다 더 높이 올라가 있을 것입니다. 서초구에서는 그 정도의 위상을 가질 만한 호재를 가진 부지가 없습니다. 반포주공 1단지가 재건축되어도, 양재지구에 아무리 많은 연구 단지가 들어와도 현대자동차 부지 개발 호재를 이길 수는 없습니다. 현재 서초구에도 서초동 롯데칠성 부지 개발이 계획되어 있는데, 규모가 상당합니다. 삼성타운보다 바닥 면적은 훨씬 더 크니까요. 하지만 이 부지 개발을 포함해도 강남구의 개발 호재에는 미치지 못합니다. 게다가 강남구의 경우, 대한민국 1등 입지인 압구정동 재건축은 아직 본격적인 시작도 하지 않았습니다. 그 미래 가치가 어느 정도인지 어림짐작도 되지 않는 핵탄두를 예비 전력으로 늘 가지고 있는 셈입니다. 이에 비해 서초구는 이미 자신이 가진 능력의 가능 수치를 다 보여준 것이니까요.

아직도 누가 이길지 궁금하신가요? 저는 이렇게 말씀드리고 싶습니다. "누가 이기는 것이 그렇게 중요한가요?"

비강남권 주민들이 바라보는 서초구는 최고의 부동산 입지를 갖춘 부러움의 대상입니다. 이미 최고의 주거지임을 증명했고, 최고의 업무 시설 타운이 있으며, 뛰어난 자연환경과 국내 최대 규모의 상업 시설을 보유하고 있습니다. 굳이 강남구와 비교할 필요가 있을까요? 올라갈 곳보다 내려다볼 곳이 많다는 사실 하나만으로도 충분히 뿌듯한 곳입니다. 서초구 주민 여러분, 지금 누리고 있는 위상만으로도 충분히 자랑스러워해도 됩니다. (저도 많이 부러워하고 있답니다.)

그래서, 서초구가 더 매력적입니다

강남구는 왠지 개인의 영역이 아니라는 생각이 듭니다. 종교를 가진 분들이 천국을 염원하는 것처럼, 대한민국 부동산 관심층들이 어쩌면 강남구를 부동산의 최정상이라는 존재로 만들어놓은 것은 아닌가 하는 생각이 들고는 합니다. 가격만 놓고 본다면 누구나 그런 생각을 할 것입니다. 대한민국에 이렇게 돈 많은 사람들이 많은가 하는 생각도 들죠.

그래서 이런 제안을 드리고 싶습니다. 굳이 강남구로 들어가기보다는 한 걸음 떨어져서 강남구를 사업적으로만 접근하면 어떨까 하고 말입니다. 충분히 활용만 하자는 말씀입니다. 내 행복을 위해 일하며 돈을 버는 공간으로, 또 그곳의 기반 시설을 즐기는 공간으로 이용하자는 뜻입니다.

그런 의미에서 보면 서초구가 조금 더 친근합니다. 주거 지역으로도 더욱 매력적입니다. 물론 다른 지역보다는 월등히 비싼 지역지만, 열심히 검색해보면 서초구에도 큰 부담을 안지 않고 이사를 갈 수 있는 수준의 주택들이 꽤 많이 있습니다.

서초구에는 걷고 싶은 거리가 많고, 놀러가고 싶은 곳도 많습니다. 배우고자 하는 욕구를 충족시켜주는 시설도 많고, 물론 살고 싶다는 생각이 들게 하는 곳도 많습니다. 이렇게 다양한 매력을 가진 좋은 지역이기에 많은 사람이 친근하게 여기고 좋아하는 것 아닐까요?

가보고 싶은 곳, 즐기고 싶은 요소가 많은 서초구의 미래가 더욱 기대됩니다. 주거 지역이든 상업 시설이든 교육 환경이든 자연환경이든 모두 모두 기대됩니다. 아, 이렇게 정리하고 나니까 진짜 서초구에 살고 싶어지네요.

=주거 트렌드와 교통망의 확충이 가져올 변화

한강 조망권을 주목하세요!

주택의 양적 수요가 충족되면 질적 수요에 대한 관심이 높아집니다. 양적 수요를 충족하려는 시기에는 일자리와 집만 있으면 되었지요. 그다음 단계로 넘어가면 입지 조건(교통·교육·생활편의 시설)을 따지기 시작하는데요, 이 입지 조건마저 충족되고 나면 추가로 고급 주거지에 대한 기대를 갖게 됩니다. 특히 자연환경을 중요시하게 되지요.

서울에서 최고의 자연환경 프리미엄은 남산과 한강입니다. 특히 한강 조망권은 최고의 프리미엄을 부여하는 대한민국 부동산 관심층의 로망이죠. 서초구의 재건축 단지들 중 한강 조망이 가능한 지역은 반포동과 잠원동뿐입니다. 이 두 지역을 계속 주목해야 하는 이유입니다.

핵심 지역 내 터널이 뚫리는 지역은 꼭 주목하세요!

방배동에 대해서 설명하면서 서리풀터널 개통에 대해 말씀드렸죠. 서초구로서는 매우 중요한 교통망의 변화입니다. 터널 하나로 입지의 운명이 크게 바뀌는 경우는 드물지만, 서초구이기 때문에 완전히 다른 이야기가 되는 거죠.

서초구의 중심 지역은 서초동입니다. 강남구의 핵심인 테헤란로와 직접 연결되는 입지 때문입니다. 그런데 이 도로의 시작이 서리풀터널이 개통되면서 이제 서초동이 아니라 방배동이 되었습니다. 현재의 여유로움과 업무 지역으로서의 입지가 어우러져 방배동 지역에 큰 변화가 올 것입니다. 서리풀터널 개통은 강남구의 업무 시설을 동작구 사당동까지 연장하는 것은 물론이고 주거·상업 지역으로서의 수요도 확장시키게 됩니다.

임대 아파트와 분양 아파트의 어울림

하나의 단지 내에 임대동과 분양동이 함께 있는 경우, 눈에 보이지는 않지만 분명히 벽이 존재하게 됩니다. 대규모 택지개발지구 내 임대 아파트 단지와 분양 아파트 단지 간에도 이런 보이지 않는 벽이 존재하기 마련입니다. 이러한 현상은 최근에 생긴 사회 문제가 아닙니다. 이미 1970년대에 입주한 반포주공 1단지 역시 입주 당시부터 임대와 분양 세대 간의 갈등이 존재했습니다. 단지를 동서로 가르는 도로(현재 신반포로) 남쪽에는 임대 단지가, 한강변인 북쪽으로는 중대형 일반 분양 아파트가 배치되어 있었습니다. 낭연히 양쪽 간에 위화감이 조성될 수밖에 없었죠. 관리 수준이나 인력 배치, 주변 기반 시설 운영 등이 임대동과 분양동이 각각 다르게 적용되었다고 합니다.

사정이 지금도 크게 달라지지 않은 걸 보면 사람 사는 모습이란 시간이 지나도 변하지 않는 것인가 봅니다. 하지만 이 같은 어른들의 이해관계가 어린 아이들에게 나쁜 영향을 주고 상처를 줄 수 있습니다. 어른끼리의 문제는 어떻게 풀어야 할까요? 꿈과 희망을 품고 자라는 아이들에게 더불어 살아가는 여유로움을 보여주어야 하지 않을까요? 임대 아파트와 분양 아파트를 운영하는 데 있어 선진적인 제도가 필요합니다.

한 가지만 분명히 하겠습니다. 강남구에도 임대 아파트가 꽤 많습니다. 그런데 강남구에서는 왜 다른 지역에서 발생하는 임대와 분양 세대 간의 갈등이 크지 않은 걸까요? 크게 신경 쓰지 않기 때문입니다. 어차피 강남구에 사는 사람들의 경제 수준은 대한민국 최상위에 속하기 때문에 상대적으로 우월감을 느낄 필요가 없으니까요.

게다가 요즘 젊은 세대는 굳이 '소유'하려 들지 않습니다. 매달 일정한

비용을 지불하고 빌려 쓰는 '구독 경제'가 활성화되는 이유이기도 합니다. 이러한 현상이 임대 단지와 분양 단지의 문제를 푸는 하나의 힌트가 될 듯합니다.

반포대교에서 바라본 한강. 왼쪽에 세빛둥둥섬이 보인다.

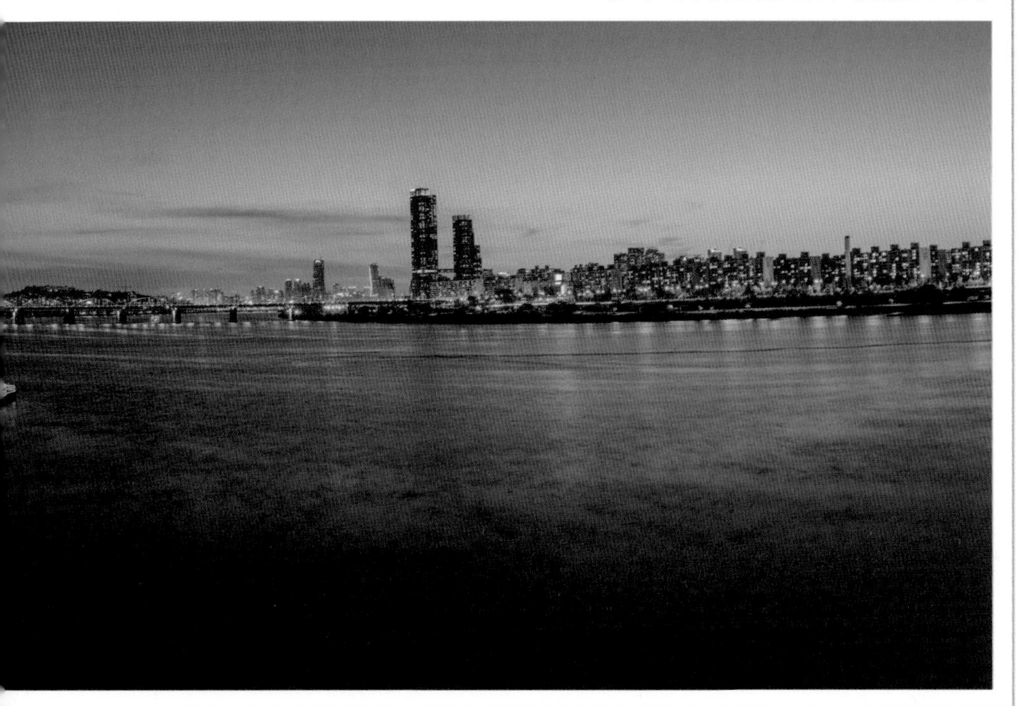

굳이 1등으로 살 필요 있나요?

지하철 2호선 방배역 4번 출구로 나오면 효령대군 묘와 사당인 청권사가 있습니다. 효령대군은 세종대왕의 둘째 형으로 매우 똑똑하고 순박했으며 늘 웃는 얼굴이었다고 합니다. 또 세종 이상으로 책 읽기를 좋아했고 문장력도 뛰어났다고 합니다. 게다가 활쏘기에 뛰어나서 아버지인 태종을 따라 사냥터에 다녔고, 효성 또한 지극했습니다.

첫째인 양녕이 세자에서 폐위되자 효령은 자신이 세자에 책봉될 것으로 기대했으나 동생인 충녕이 세자로 책봉되자 크게 실망했던 것으로 보입니다. 울화병이 생겼을 테지요. 효령이 불가에 귀의한 데에는 마음을 다스리고 미련을 버리기 위해서이지 않았을까 하는 생각이 듭니다.

본성이 선했던 효령은 주변 사람들과 관계가 좋았다고 합니다. 비록 왕위는 양

청권사 사당(좌)와 효령대군 묘역(우)

보했지만, 세종이 죽는 그날까지 함께 국사를 논의하는 등 좋은 관계를 유지했습니다. 뿐만 아니라 당시로서는 91세라는 놀라운 나이까지 장수하면서 세종, 문종, 단종, 세조, 예종, 성종을 거치며 국사를 도왔다고 합니다. 생전에 왕의 형님, 왕의 삼촌, 왕의 할아버지, 왕의 고조할아버지 노릇까지 했던 효령은 조선시대 왕족 가운데 가장 행복한 이가 아니었나 하는 생각이 듭니다.

효령대군 영정

대부분의 왕이 단명했습니다. 평균 연령이 40세 전후였으니까요. 스트레스를 많이 받았을 것이고, 운동도 제대로 못했을 것이며, 따라서 여러 가지 질병에 시달렸을 가능성이 큽니다. 반면에 효령은 비록 왕이 되지는 못했으나 왕족으로서의 권한을 누리고 왕의 웃어른으로서 여섯 명의 왕에게 대접을 받았으니 세상 부러울 것이 없었을 것 같다는 생각을 해보았습니다.

여러분은 어떠신가요? 짧게 살아도 주인공인 왕으로 사는 것이 좋은가요, 아니면 여러 가지 혜택을 누리고 영향력을 발휘하면서 길게 조연으로 사는 것이 좋은가요? 효령대군의 삶을 돌아보면서 왠지 서초구의 위상과 같다는 생각이 들었습니다. 정치의 중심인 종로구로 사는 것보다, 경제의 중심인 강남구로 사는 것보다 다양한 분야에서 상위권 대접을 받으며 편안하게 사는 삶이 더 알짜배기가 아닐까요?

방배동에 가시거든 카페 거리만 즐기지 말고, 효령대군 묘가 있는 서리풀공원에도 방문해보세요. 저의 이 글을 되새기면서 잠시 멈추었다 온다면 머리와 마음이 한층 맑아질 겁니다.

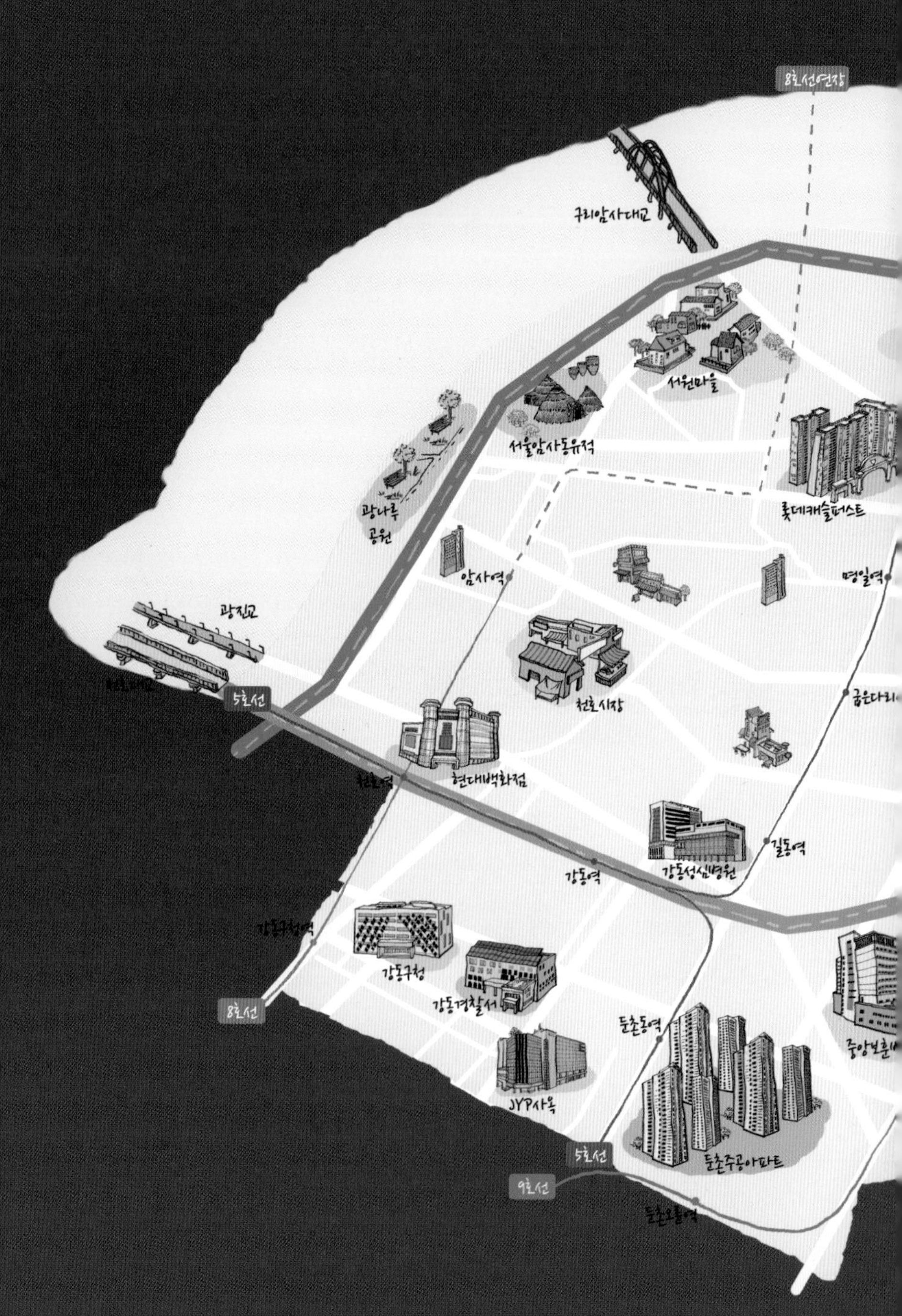

8호선연장
구리암사대교
서원마을
서울암사동유적
롯데캐슬퍼스트
광나루
공원
암사역
명일역
광진교
천호대교
5호선
천호시장
굽은다리
현대백화점
천호역
길동역
강동성심병원
강동역
강동구청역
강동구청
8호선
강동경찰서
둔촌동역
중앙보훈
JYP사옥
5호선
둔촌주공아파트
9호선
둔촌오륜역

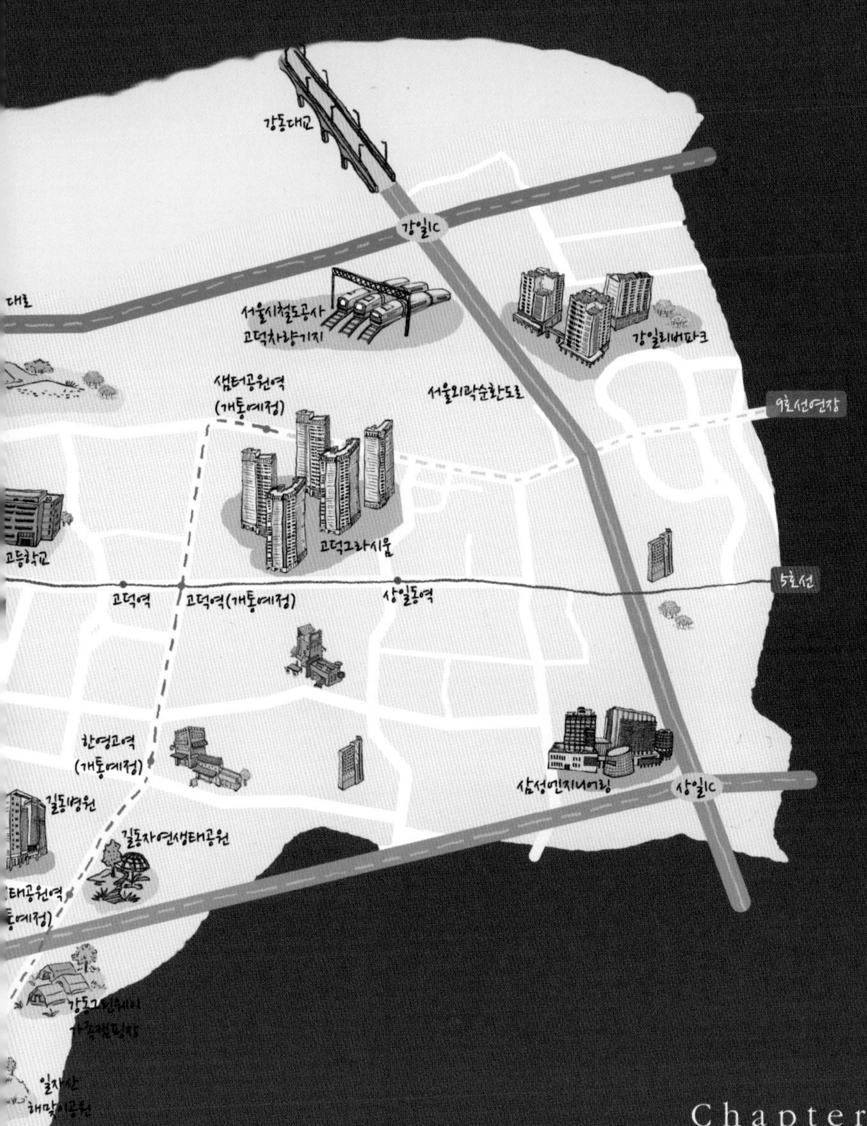

Chapter 4

자연에 가장 가까운 강남권, 강동구 이야기

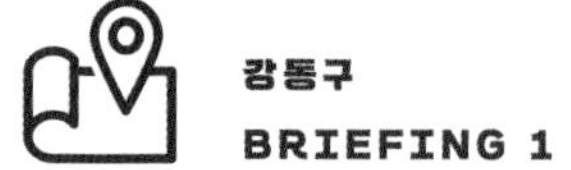

강동구
BRIEFING 1

수도권에서 가장 역사가 오래된 지역

강동구 암사동 선사 유적지에는 신석기시대 유물인 빗살무늬토기가 전

시되어 있습니다. 7,000년 전부터 이곳에서 사람이 생활하기 시작했다는 증거로, 강동구의 오랜 역사를 보여줍니다. 이 지역에는 기원전부터 마한이라는 초기 국가가 건설되었고, 기원전 18년에는 고구려에서 남하한 온조가 지금의 위례 하남성에 터를 잡고 백제를 건국하기에 이릅니다.

강동구 지역은 서기 475년, 고구려 장수왕이 백제의 개로왕을 죽이고 점령하기 전까지 무려 500년간 한 나라의 도읍지였습니다. 부동산의 역사는 사람의 역사이기도 합니다. 강동구는 예로부터 많은 사람이 오가며 삶의 터전으로 삼았던 최고의 입지였던 것이죠. 그런데 왜 지금은 강남구나 바로 인접해 있는 송파구만 한 위상을 가지지 못했을까요?

우선 강남구보다 개발 시점이 늦었다는 점을 이유로 들 수 있습니다. 1975년 강남구가 성동구에서 분리되고, 다시 1979년 강남구에서 강동구가 분리되면서 그제야 본격적인 개발이 시작되었습니다. 그리고 1988년

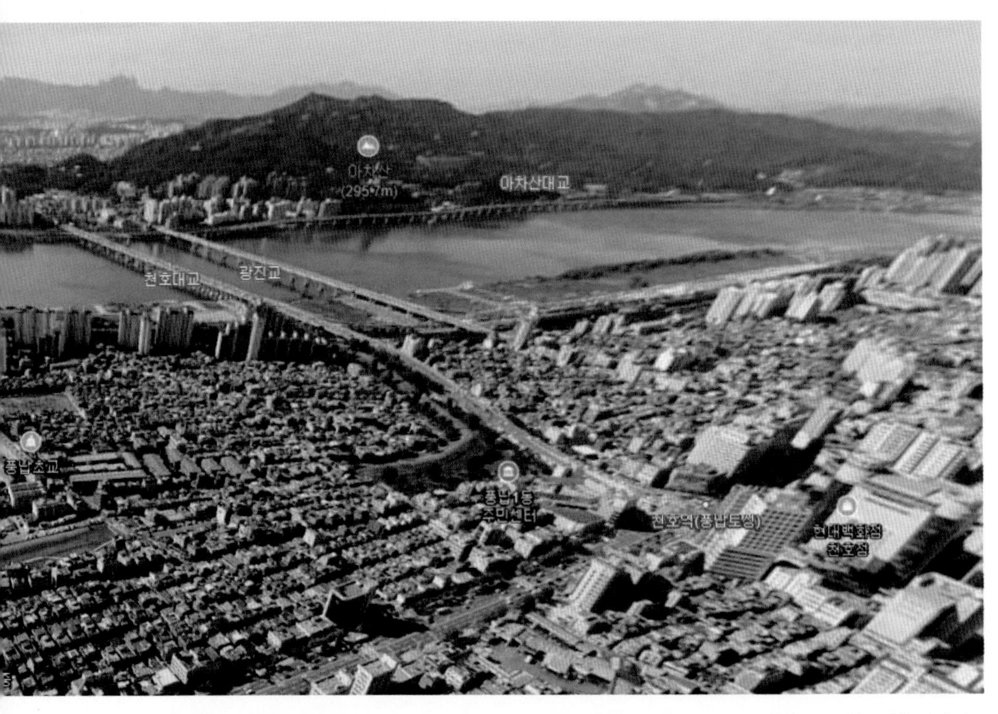

서울시 송파구 풍납동에 있는 풍납토성. 푸른 잔디가 깔린 것처럼 보이는 곳이 토성 흔적이다. 강동구 천호동과 바로 맞닿아 있는 풍납토성은 한강 이북의 고구려와 대치하던 백제의 군사 시설로 추정된다.

다시 강동구에서 송파구가 분리되었습니다.

사실 강동구가 다른 지역에 비해 개발이 늦었던 것은 역사 속에 그 해답이 있습니다. 역사 속에 묻힐 뻔했던 나라, 백제의 운명과 함께했기 때문이죠.

백제는 아주 강한 나라였습니다. 일본을 실질적으로 지배했다는 학설도 있어요. 강력한 고구려도 백제와의 전쟁에서 패했고, 왕이 전사하기도 했습니다. 백제를 두려워했던 신라는 고구려에게 자기네를 지켜달라며 조공을 바쳤지요. 이처럼 강성하며 신라를 두려움에 떨게 했던 백제가 패망한 뒤 신라는 백제의 문명을 완전히 파괴해버립니다. 위례성도, 웅진(공주)과 사비(부여) 지역도 깡그리 매몰시켜버렸죠. 백제의 뛰어난 문화와 문화재가 오늘날 거의 남아 있지 않은 안타까운 이유입니다. 백제의 중심지는 사람이 살지 않는 폐허가 되었고, 몇백 년 후에야 겨우 논이나 밭으로 활용되기 시작했을 뿐 역사 속의 도시로 잊혔습니다.

부동산의 역사는 사람의 역사라고 말씀드렸죠. 아무리 명당이라 해도 사람이 몰리지 않으면 의미가 없습니다. 때문에 화려한 과거와 최고의 입지 조건을 갖추었음에도 그동안 강동구는 거의 주목받지 못했던 것이죠.

그랬던 강동구가 지난 5년 동안 화제의 입지로 떠올랐습니다. 대단지 아파트 개발과 더불어 많은 사람이 이주해오기 시작하면서 명당 주거지로서의 기운이 다시 빛을 보기 시작한 거죠. 가히 1,000세대가 살 만큼 좋은 입지라는 의미의 천호동부터 강일동, 명일동, 고덕동, 둔촌동에 단일 지자체로서는 사상 최대 규모의 주거 시설이 공급되고 있습니다. 이로 인해 만성적 부족에 시달리는 서울 신규 아파트 수요를 꽤 많이 해결해주었습니다. 아울러 인근 지역인 하남시, 성남시, 구리시, 남양주시 등 수도권 부동산 시장에도 큰 영향을 미치고 있습니다. 강동구의 위상이 이 정도로 막강해졌습니다.

강동구는 서울의 동쪽 끝으로, 한강다리를 통해 서울시 광진구, 경기도 구리·남양주시와 연결되고, 서울시 송파구, 경기도 하남시와는 바로 맞닿아 있다.

수도권의 어떤 지역보다도 역사적 내공과 발전 잠재력이 큰 강동구 이야기를 지금부터 본격적으로 시작하겠습니다.

경기도 신도시를 품은 새로운 중심지

동네 이야기 1 강동구의 진짜 중심 주거지, 상일동

어떤 지역의 위상을 과거와 현재, 미래라는 관점으로 보았을 때 강동구의 전체적인 모습을 가장 잘 보여주는 곳이 바로 상일동입니다. 저는 이곳을 강동구 최고의 주거 지역 중 하나로 선정하고 싶습니다. 강동구에 살지 않는 분들은 의아해하시겠죠? 바로 이런 이유로 이 책이 세상에 나오게 된 것입니다.

상일동은 꽤 오랜 기간 동안 농업을 주업으로 삼은 곳이었습니다. 개발 이전의 강남구와 송파구처럼 말이죠. 저의 책 《수도권 알짜 부동산 답사기》에서도 밝혔듯이, 농업 활동이 활발했던 곳은 풍수적으로 뛰어난 지역입니다. 또 이 지역에는 옹기와 벽돌 굽는 작업장이 많았는데, 도자기나 옹기의 원재료가 되는 흙의 질이 그만큼 좋았다는 뜻입니다. 상일동은 땅의 질이 좋고 풍수적으로 좋은 기운을 담았기에 좋은 주거지가 될 기본

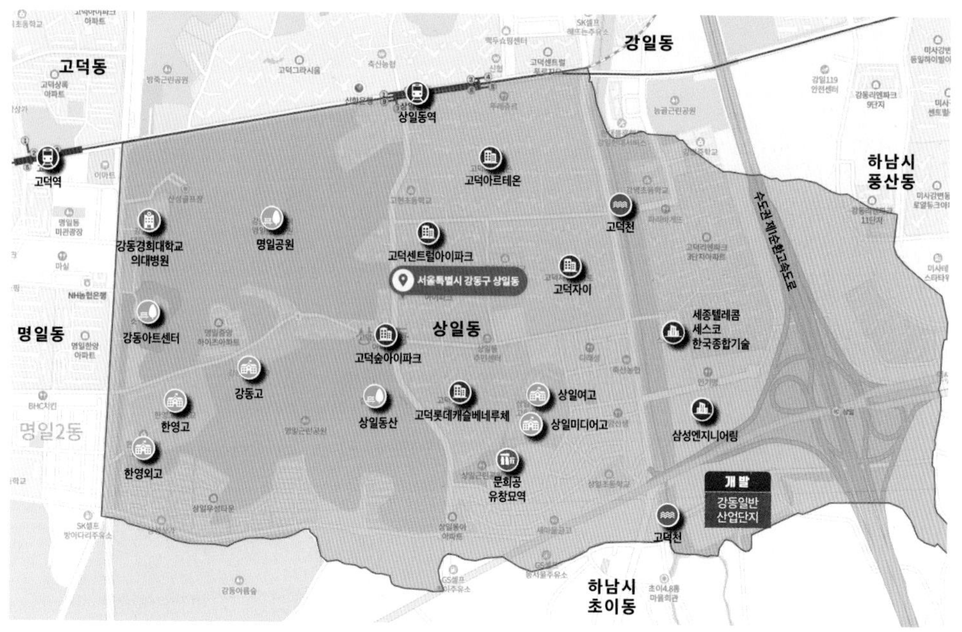

상일동 지도

자질을 타고난 곳이죠. 실제로 강동구에서 가장 좋은 공원인 명일공원과 상일동산이 상일동에 있고, 이곳을 배경으로 고덕천이 유유히 흐르고 있습니다. 이 산(공원)과 천 사이에 위치한 고덕 3·4·5·6·7단지는 전형적인 배산임수 지형에 자리 잡은 셈이죠. 고덕천은 과거에 '게내'라고 불릴 만큼 게가 많이 살았습니다. 그만큼 물이 맑았습니다. 그 좋은 물의 위쪽에 있다고 해서 붙여진 이름이 '상일동(上一洞)'입니다.

뿐만 아니라 입지를 평가할 때 최우선적으로 고려하는 교통 편리성도 좋습니다. 지하철 5호선 상일동역이 있지요. 2019년까지는 상일동역이 출발점이자 종점이었지만, 2020년 8월에 개통(1단계 : ~하남풍산역 / 2단계 : ~하남검단산역)한 하남선이 연장되면서 상일동은 더 이상 종착역이 아닌 중심지로 거듭나게 되었습니다. 하남시라는 거대한 신도시를 배후에 두게 되었으니까요. 또한 현재 하남시까지 연장을 추진하고 있는 9호선 연장이

상일동을 가로지르는 고덕천

확정되면 이 라인은 둔촌동을 거쳐 상일동을 지날 수밖에 없습니다. 그러면 서울 지하철 9개 노선 중 최고 인기 노선인 9호선이라는 최고의 교통망을 구축하게 되는 것이죠.

도로 교통망 역시 전철 교통망 못지않습니다. 43번 국도를 통해 천호동을 거쳐 강북 지역인 광진구로 바로 연결되며, 송파구로의 진입도 매우 원만합니다. 수도권제1순환고속도로(외곽순환도로) 상일 IC를 통해 수도권 1기 신도시와 그 인근 지역으로 진출하기가 편리하며, 경부고속도로와 양대 축을 이루는 중부고속도로에 진입하기에도 서울 내에서 가장 좋습니다. 그리고 2021년 개통 예정인 세종고속도로(구리~성남 구간)도 강동구 도로 교통망을 한 단계 업그레이드해줄 것입니다. 교통 편리성만으로 따지면 최고의 지역 중 한 곳이죠.

교육 환경 역시 강동구뿐 아니라 서울 전 지역을 통틀어서도 매우 좋은 조건을 갖추고 있습니다. 초등학교와 중학교는 갖추었지만 고등학교가 없는 지역이 꽤 많은데요, 상일동에는 한영외고와 한영고, 강동고 등 무려 5개의 쟁쟁한 명문 고등학교가 있습니다.

편의 시설도 뛰어납니다. 대표적으로 대형 병원인 강동경희대학교병원이 있고, 강동구의 자랑거리인 강동아트센터도 있습니다. 문화 유적지로는 조선의 개국공신인 문희공 유창 묘역과 신도비(위인의 공적을 기록한 비석)가 이곳에 있습니다.

이게 끝이 아닙니다. 결정적인 한 방이 남았습니다. 바로 삼성엔지니어링입니다. 상일동의 비상은 이 대기업 일자리를 유치한 것과 큰 관계가 있습니다. 첨단 업무단지 벨트라고도 불리는 이곳에는 삼성엔지니어링 외에도 한국종합기술, 세스코, 세종텔레콤 등 국내 유수의 기업들이 입주해 있습니다. 이런 기업들이 진출하면서 강동구는 단순히 강남권의 베드타운이 아닌, 직주근접(직장과 주거지가 가까운 것)의 탄탄한 주거지가 된 것입니다. 강남구나 서초구처럼 말이죠.

상일동의 첨단 업무단지 개발을 추진하는 동안 우리나라는 금융 위기를 겪었습니다. 당시 대부분의 수도권 부동산 시세가 하락했지만, 강동구는 거의 흔들리지 않았습니다. 그 뒷받침이 된 것이 삼성엔지니어링을 비롯한 업무 시설들이었습니다. 이들의 영향력은 앞으로 더더욱 강해질 것입니다.

아울러 서울의 네 번째 산업단지가 상일동에 조성됩니다. 상일동 404

삼성엔지니어링

번지 일대 7만 8,144㎡ 부지에 엔지니어링 복합 단지를 조성하기 위한 강동 일반 산업단지 계획이 승인·고시되었습니다. 2020년 12월부터 토지 보상 절차가 시작되었으며, 2023년 준공 예정입니다. 강동 일반 산업단지는 서울 디지털 국가 단지(G밸리), 서울 온수 일반 산업단지, 마곡 일반 산업단지에 이은 서울의 네 번째 산업단지입니다. 총사업비 1,945억 원을 들여 서울주택도시공사가 공영 개발(전면 수용) 방식으로 개발한다고 합니다. 일자리가 지속적으로 증가하게 되는 거죠.

상일동의 거의 유일한 약점은 신규 브랜드 아파트 단지가 없다는 점이었습니다. 하지만 고덕 3·4·5·6·7단지가 재건축과 입주를 완료했습니다. 가장 큰 고덕 3단지는 대림산업과 현대건설이 시공을 맡아 현재 고덕아르테온이라는 브랜드로 거듭났고, 4단지는 고덕숲아이파크로, 5단지는 고덕센트럴아이파크, 6단지는 고덕자이, 7단지는 고덕롯데캐슬베네루체로 재건축되어 입주했습니다. 쾌적한 입지에 누구나 선망하는 직장, 편리한 교통, 이상적인 교육 환경…. 이 정도면 상일동을 강동구의 중심 거주 지역이라고 할 만하지요?

고덕아르테온

동네 이야기 2

강동구 최고의 주거지, 고덕동

5호선 고덕역에서 상일동역으로 가는 길에는 느티나무가 참 많습니다. 이 길을 따라 걷다 보면 고층 건물이 눈에 들어오지 않아 하늘만 보이기 때문에 가슴이 뻥 뚫리는 기분이 들죠. 고덕동은 이처럼 푸른 하늘을 만끽할 수 있는 동네입니다. 그런데 이 하늘 가까운 동네가 다양한 변신을 하고 있습니다.

고덕동은 강동구에서 가장 먼저 택지개발 주거 단지가 생긴 곳이기도 하고, 재건축을 가장 먼저 시작한 곳이기도 합니다. 고덕주공 1단지를 재건축한 고덕아이파크가 2011년 2월에 입주했고, 고덕시영아파트를 재건축한 고덕래미안힐스테이트가 2017년 2월 입주했으며, 대우·현대·SK가 컨소시엄을 이루어 재건축한 고덕주공 2단지가 고덕그라시움이라는

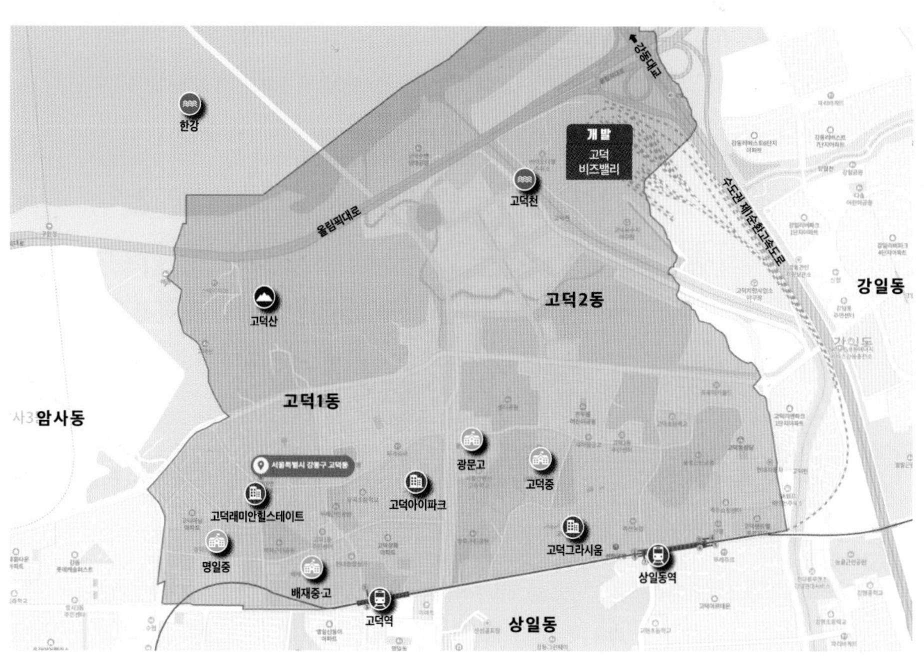

고덕동 지도. 고덕 1동과 2동으로 나뉜다.

고덕주공아파트 재건축 단지 현황 (단위: 가구)

단지명		입주 시기	입주(예정) 가구 수
1단지	고덕아이파크	2011년 12월	1,142
2단지	고덕그라시움	2019년 9월	4,932
3단지	고덕아르테온	2020년 2월	4,066
4단지	고덕숲아이파크	2018년 3월	687
5단지	고덕센트럴아이파크	2019년 12월	1,745
6단지	고덕자이	2021년 2월	1,824
7단지	고덕롯데캐슬베네루체	2020년 1월	1,859
8단지	공무원 임대 아파트	예비타당성 조사 통과	1,807
9단지	명일주공	정밀안전진단 추진	미정
고덕시영	고덕래미안힐스테이트	2017년 1월	3,658

브랜드로 거듭나고 2019년 9월 입주를 해서 현재 강동구의 대장주 역할을 하고 있습니다.

재건축이 다른 지역보다 빨리 진행되었다는 사실은 이곳에 살고 싶어 하는 수요층이 많고 개발하고 싶어 하는 건설사도 많았다는 의미입니다. 수요자와 공급자 모두 관심이 쏠렸다는 것만으로도 충분히 가치가 높다는 뜻이지요. 그만큼 고덕동은 누구나 거주지로 탐내는 지역이랍니다.

주거지로서 고덕동이 매력적인 이유는 늘 같은 모습으로 그곳을 지켜왔기 때문이라고 생각합니다. 거의 동시대에 개발된 강남구와 송파구가 잘나갈 때도 그저 묵묵히 주거지 역할을 수행했습니다. 잘난 척하지 않고 나서지도 않았지만, 강남권의 숨은 강자로 늘 그 자리에 있었어요. 강동구가 '강남 4구'로 편입되는 데 가장 큰 공헌을 했다고도 볼 수 있습니다.

고덕동에는 대한민국 근대부터 이어져온 교육 기관인 배재고등학교가 있습니다. 국사 교과서에도 나오는 배재학당(1885년 개교)이 바로 이 고등학교의 전신이죠. 물론 강남 대부분의 명문 고등학교처럼 강북에 있다가 1984년에 이주해왔습니다. 배재고등학교뿐 아니라 강동구에는 인기 있는 학교가 많습니다.

고덕동이 교육으로 특화된 주거지가 될 수 있었던 이유가 있습니다. 고려 말의 충신인 이양중이 강동구의 주산인 고덕산 고지봉 인근에서 살았는데, 그는 조선 태종과 둘도 없는 친구 사이였습니다. 태종이 한성부윤(현 서울시장)에 임명하려 했지만, 이양중은 이를 고사합니다. 고려의 충신이었기에 조선의 신하가 되기를 거부한 것이죠. 아마도 다른 이였다면 태종은 삼족을 멸했을 겁니다. 그러나 이양중의 본심을 알아본 태종은 오히려 이양종의 아들에게 벼슬을 주고, 그의 뜻이 높다 하여 '고덕(高德)'이라며 추앙했다고 합니다. 이러한 역사적 사실이 바탕이 되었기에 늘 자리를 지키며 묵묵히 공부하는 지역 분위기가 전통적으로 자리 잡은 것이죠.

고덕동은 현재의 위상만으로도 상일동과 함께 강동구 톱 3에 드는 지역이지만, 앞으로 엄청난 호재가 발생해 더욱 업그레이드될 것으로 보입니다. 바로 고덕비즈밸리와 복합 상업 시설을 건설한다는 계획입니다. 한강과 맞닿은 고덕동 북쪽은 원래 개발제한구역이었는데, 이곳에 보금자리주택을 개발하는 동시에 대규모 업무 시설과 상업 시설을 개발한다는 계획이 섰습니다. 이 개발지에는 유통·판매 시설과 호텔, 컨벤션센터, R&D센터 등 150여 개 기업이 입주하는 고덕비즈밸리가 조성될 예정입니다. 또한 글로벌 가구 기업 이케아코리아가 입점합니다. 서울의 첫 이케아 매장이 되는 것입니다.

계획대로만 개발된다면 강동구는 그동안의 베드타운 역할에서 벗어나 자체적인 수요를 갖춘 지역으로 발돋움하게 됩니다. 이미 고덕 비즈밸리는 공사를 시작했고, 쟁쟁한 기업들이 입주할 예정입니다. 둔촌동까지만 계획되어 있던 지하철 9호선이 고덕동까지로 연장을 추진한 이유가

고덕비즈밸리 조감도

여기에 있는 거죠. 9호선 4단계 구간도 곧 착공에 들어갈 예정입니다.

이로써 고덕동은 살기 좋은 동네를 넘어 산과 강을 제대로 즐길 수 있는 친환경적인 업무·상업 지역의 새로운 강자로 거듭날 것입니다. 관심을 가져야 할 이유가 충분하지 않나요?

동네 이야기 3 전형적인 주거 지역, 명일동

잠시 학창 시절에 공부한 역사 시간을 떠올려볼까요. 물가에 살던 신석기 시대의 선조들은 청동기시대에 이르러 구릉지로 주거지를 이동합니다. 신석기시대에 빗살무늬토기가 있다면, 청동기시대를 대표하는 유물로는 민무늬토기가 있습니다. 그런데 명일동의 해발 40m 전후의 야트막한 야산에서 이 민무늬토기가 다수 출토되었습니다. 이를 통해 이곳이 청동기 시대부터 사람들이 살았던 주거지였음을 알 수 있습니다. 문명이 채 발달하기 전부터 사람들이 이곳을 살기 좋은 입지로 여겼다는 사실을 말해줍니다.

명일동이라는 지명은 고려시대에서 유래합니다. 당시 출장을 떠나는 관리나 여행객들에게 숙식을 제공하는 숙박 시설이 있었는데, 이 시설의 이름이 '명일원'이었던 거죠.

명일동의 주거 시설은 대체로 깔끔합니다. 고덕 택지지구의 한 블록을 아파트 단지들과 다세대 주택들이 차지하고 있고, 아파트 단지 사이사이에는 초등학교들이 있습니다. 5호선 명일역과 고덕역을 낀 역세권에 상권이 형성되어 있는데, 외부 지역 사람들을 유인하는 대규모 상권이 아니라 지역민들이 이용할 수 있는 근린 생활 시설을 위주로 한 상업 시설로 구성된 상권입니다. 녹지 공원도 적정합니다. 북쪽에는 원터공원이, 중앙에는 샛마을공원이, 남쪽에는 길동생태공원이 있습니다.

5호선 직결화 사업의 일환으로 2025년 굽은다리역이 개통 예정이고, 9호선 4단계 구간이 연장되면 고덕역에서 9호선을 이용할 수 있습니다.

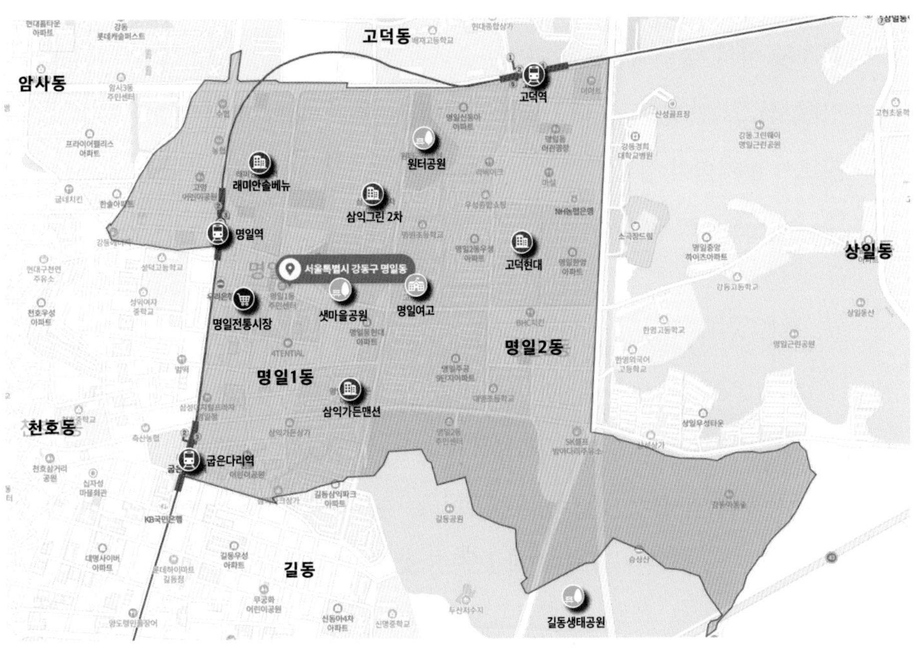

명일동 지도. 1동과 2동으로 구성되어 있다.

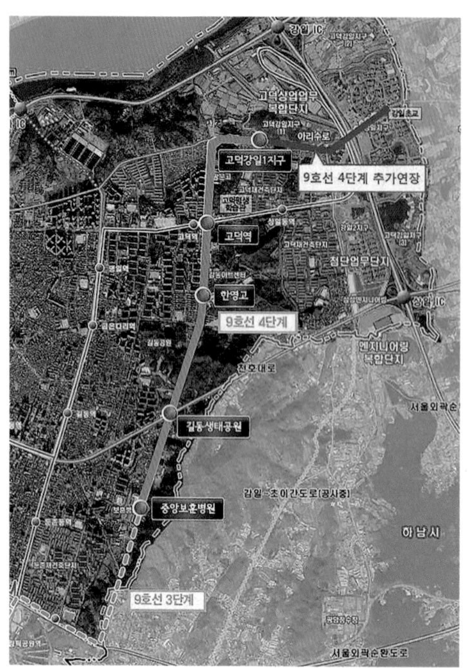

5호선 직결화 사업을 통해 둔촌동역과 길동역이 직선으로 연결되고, 9호선 4단계 연장으로 중앙보훈병원역과 고덕역까지 9호선으로 이어지게 된다. ⓒ 강동구청

현재 공사 중인 세종고속도로가 상일동과 명일동을 지납니다. 강남과 서울 교외 지역을 오가는 교통 편리성이 크게 개선되는 거죠.

명일동은 대규모 상업·업무 시설이 유입되는 고덕동이나 상일동처럼 화려하게 개발되지는 않지만, 교통·교육·상권 시설이 최적화된 주거지로서 매력이 높은 곳입니다. 이곳의 아파트들도 고덕동과 상일동처럼 재건축이 진행되고 있습니다. 삼익그린 1차 아파트를 재건축한 래미안솔베뉴가 2019년 6월 입주했고, 고덕현대, 삼익가든맨션, 삼익그린 2차가 재건축을 진행하고 있습니다. 주거지로서의 매력이 점점 좋아지고 있는 것이죠.

동네 이야기 4 | 서울에서 가장 오래된 청정 주거지, 암사동

강동구 지역에 사람이 살기 시작한 역사를 7,000년이라고 한다면, 이는 곧 암사동의 역사라고 할 수도 있습니다. 빗살무늬토기가 발견되었을 뿐 아니라 집단 거주지가 유일하게 보존된 곳이 바로 암사동입니다. 강동구에서는 유일하게 개발이 제한된 곳이기도 합니다. 강동구가 아파트 밀집 지역으로 유명하지만, 암사동에는 아파트가 많지 않습니다. 다세대 주택 블록과 개발제한구역 내에는 양지마을, 선사마을, 서원마을 등 마치 농촌에 형성된 마을 같은 형태의 주거지들이 있습니다. 고층 빌딩을 전혀 찾아볼 수 없는 도심 속의 별나라 같은 곳으로, 단독 주택들이 옹기종기 아름답게 배치되어 있습니다.

때문에 암사동은 강동구에서 하늘을 가장 시원하게 즐길 수 있는 곳입니다. 중소 도시의 읍면 같은 느낌이라고 할까요? 그래서 강서구의 개화동과 더불어 단독 주택을 좋아하는 분들에게 인기 있는 주거지 중 한 곳입니다. 조성된 지 오래되어서 일산 정발산이나 판교의 단독 주택 단지처럼 그림 같은 멋진 집들이 있는 것은 아니지만, 주변 환경만큼은 정말 아름답습니다. 게다가 서울 한가운데에 있잖아요. 신도시 입지가 아닌 오리지널 서울이라는 장점이 있죠.

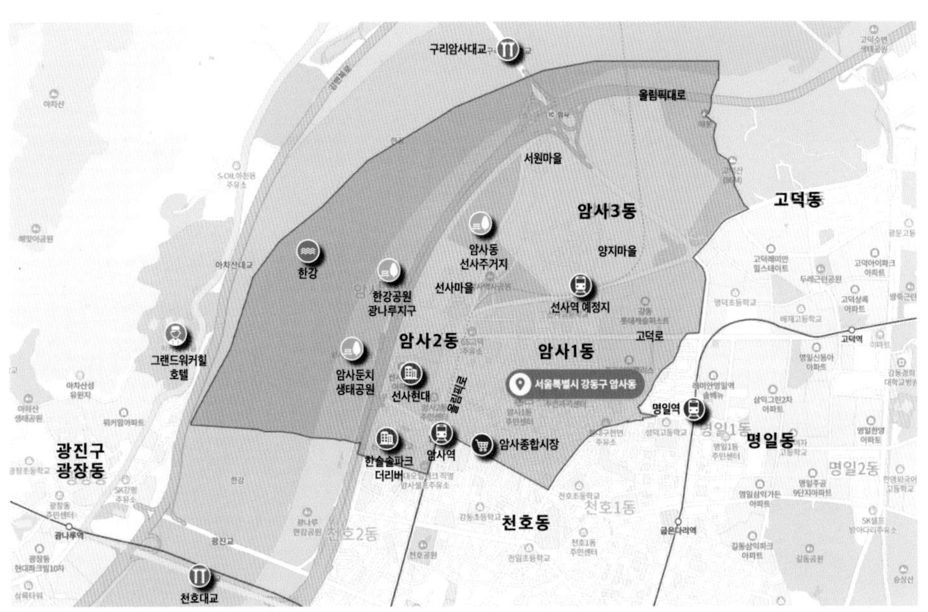

암사동 지도. 개발제한구역이 많아서 녹지가 많은 편이다.

암사동 선사주거지(위)와 암사둔치생태공원(아래)

암사역에서 올림픽로를 따라 서원마을까지 이어지는 도로를 달리면, 양쪽의 풍성한 가로수와 정면의 하늘이 어우러진 기막힌 풍광을 즐길 수 있습니다. 마치 지평선을 향해 달리는 듯한 착각이 들 정도로 시골 도로의 분위기를 느낄 수 있는, 서울에서 몇 안 되는 숨은 드라이브 코스죠.

또한 암사동은 강동구에서는 유일하게 아파트 세대 내에서 한강을 조망할 수 있는 동네입니다. 선사현대아파트나 한솔솔파크더리버에 가보세요. 북쪽의 암사둔치생태공원 너머로 한강변 최고의 호텔 그랜드 워커힐이 보이고, 남서 방향으로는 한강공원 광나루지구 너머로 천호대교와 서울의 또 다른 명당 주거지인 광진

구가 눈에 들어옵니다. 바로 앞 광나루지구 둔치를 내려다보면 수영장도 보입니다. 특히 여름에 더욱 볼 만하답니다.

암사동의 상권은 8호선 종점인 암사역 주변과 고덕동으로 이어지는 고덕로 주변에 형성되어 있습니다. 암사종합시장이 있고요, 화려하지는 않지만 있을 만한 상가는 모두 갖추고 있습니다. 퇴폐 시설이나 유흥 상가는 거의 없어요. 학원가가 있고, 여자분들이 좋아할 만한 맛집과 카페들이 꽤 많습니다.

암사역은 종점역 특유의 분위기를 풍깁니다. 송파구 문정동, 은평구 구파발, 도봉구 도봉동, 금천구 시흥동처럼 말이죠. 그러던 이곳이 변화하고 있습니다. 예전 송파구 문정동이 그랬던 것처럼 말이에요. 2015년 구리암사대교가 개통한 것에 이어 8호선 연장선인 암사역~별내역 구간이 2023년 개통을 앞두고 있기 때문에 지역 내 분위기가 확 달라지고 있습니다. 구리암사대교 덕분에 서울 강북 지역으로의 접근성이 매우 좋아졌으며, 중랑구의 용마봉을 관통하는 용마터널을 이용하면 노원구까지도

암사동에서 한강 쪽을 바라본 항공 뷰 ©네이버

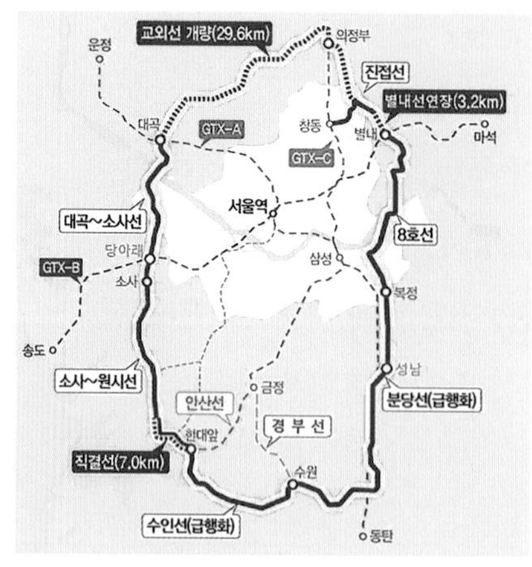

8호선 연장 노선 및 수도권 순환노선

상당히 짧은 시간에 이동할 수 있습니다.

과거의 암사동은 강동구에서 가장 정적인 동네였지만, 요즘에는 개발이 한창 진행 중인 다른 동네들처럼 활기를 띠기 시작했습니다. 남양주와 구리시, 중랑구 등과 교통망으로 연결되면서 종점이 아닌 중간 부도심으로서의 역할을 하게 되었기 때문이죠.

이처럼 이전에 없던 전철, 다리, 도로 등이 건설되면서 교통망이 변화하면 지역의 운명도 함께 바뀝니다. 이제 남양주와 구리시 등 한강 이북의 주민들도 강동구 암사동에 관심을 가질 조건이 마련되었죠. 이들 지역이 배후 수요지로서의 역할을 할 수 있게 되었다는 의미입니다.

앞서 밝힌 도로망이 활성화되고 8호선이 연장 개통하는 2023년에 이르면 암사동은 외부 지역 사람들이 많이 찾는 관광지이자 강남권의 대표 상권으로 발돋움할 것입니다. 8호선 연장으로 인해 선사역이 하나 더 추가되니, 역세권이라는 이점 역시 하나 더 추가되는 것이죠.

이와 동시에 개발제한구역으로서의 매력도 함께 상승할 것입니다. 아무리 사람이 많이 유입되어도 다른 곳처럼 무작정 개발을 할 수 없기에 때 묻지 않은 면면이 여전히 존재할 테니까요. 역설적으로 이런 점이 오히려 이곳의 입지적인 가치를 지켜줄 것입니다. 미개발지로서 과거의 순수한 모습을 유지할 수 있는, 서울에서 몇 안 되는 중심 입지이니까요.

동네 이야기 5

강동구의 대표 상권, 천호동

서울 강동구를 이야기할 때 외부 지역 사람이라면 아마도 제일 먼저 천호동을 떠올릴 겁니다. 그만큼 강동구를 대표할 뿐만 아니라 서울에서도 손꼽히는 상권이니까요. 당연히 강동구의 다른 지역에 비해 인지도가 월등히 높을 수밖에 없죠. 강동구에서는 유일하게 상업 시설이 메인 이미지로 부각된 동네이며, 땅값을 놓고 보아도 가장 비싼 공시지가를 기록하고 있습니다. 주거지가 아니라 상업지이기 때문이겠지요.

천호동은 과거에 퇴폐 업소로도 유명했습니다. 천호동 텍사스는 동대문구 청량리 588, 성북구 미아리 텍사스와 더불어 서울의 3대 사창가였죠. 그중 천호동이 접근성이 좋고 주변 연계 상업 시설이 훨씬 많아서 가장 유명했다고 합니다. 현재 이 3대 사창가 지역은 고층 주상 복합 개발이 가능한 지역으로 용도 변경되었습니다. 가장 먼저 청량리 588이 롯데캐슬SKY L65라는 65층 주상 복합으로 개발 중이고, 미아리 텍사스 역시 재개발이 진행되고 있으며, 천호동 텍사스도 천호뉴타운 사업으로 정비 사업이 진행되고 있습니다. 사창가는 풍수적으로 기운이 세기 때문에 그 기운을 고층 시설로 억누르려는, 어찌 보면 적절한 비보책(裨補策, 흉지를 길지로 바꾸는 풍수적인 방법)이라고 할 수 있습니다. 그렇게 부동산 위에 사는 사람이 달라지고 방문하는 사람이 많아지면 땅의 기운 역시 완전히 바뀝니다. 부동산은 입지가 중요하지만, 그 입지의 가치를 만드는 것은 사람이라는 사실을 다시 한번 확인하는 사례가 되겠네요.

한편 천호동(千戶洞)은 이름 자체에 풍수적인 의미가 담겨 있습니다. 가히 '千戶(천 세대)'가 살 수 있는 주거의 명당 입지를 갖추었다는 뜻이죠. 이 명당 입지의 발전은 광진교로부터 시작되었습니다. 1936년, 한강의

천호동 지도. 1동부터 3동까지 있다.

두 번째 다리로 개통된 광진교는 건너편 광나루(현재 광진구 광장동)와 천호동을 연결하면서 이 지역에 비약적인 인구 유입을 불러왔습니다. 조선시대에는 광나루의 나룻배를 통해, 광진교 개통 이후에는 광진교를 통해 한강 남북의 교류가 많이 이루어졌습니다. 천호동이 상권 중심지로 발달할 수밖에 없는 입지적 조건과 역사적인 이유가 있었던 것이죠.

그렇게 수십 년이 지나 천호동 상권은 5호선 천호역에 8호선이 겹치면서 더블 역세권을 형성합니다. 이 역세권에 현대백화점과 이마트가 입점하면서 중심 상권이 천호시장에서 천호역 주변으로 이동하고, 상권을 주도하는 업종도 교체되었습니다. 중심 상권이 이동하면서 구상권이 된 천호시장 인근은 현재 천호뉴타운으로 지정되어 체계적인 개발을 준비하고 있죠. 개발이 이루어진 미래를 상상하면서 이곳을 어떻게 활용할 것인지 궁리해보아야 할 것입니다.

지지부진하던 천호 2구역 개발사업도 착공에 들어갔습니다. 2006년 정비 구역으로 지정된 이후 14년 만입니다. 2003년 노후 주거 지역을 개선하기 위한 서울시의 뉴타운 사업으로 천호동 일대에도 개발 계획이 거론되었지만, 2007년 글로벌 금융 위기로 인한 부동산 시장 악화와 토지 배분 과정에서 불거진 주민 간의 재산권 갈등이 계속되면서 사업 추진에 난항을 겪어왔습니다. 하지만 최근 몇 년 동안 강동구 지역 부동산 가격이 상승하는 등의 호재가 이어지면서 본격적인 개발을 하게 되었습니다.

공사가 시작된 천호 2구역은 그동안 집창촌이 있고 노후 주택이 밀집했던 올림픽로76길 일대로, 2022년 6월 준공을 목표로 지하 4층, 지상 20층의 공동 주택이 들어설 예정입니다. 또한 천호 1구역과 천호 3구역도 주민 이주와 관리처분계획인가를 준비하고 있습니다. 관리처분계획은 재건축된 건축물에 대한 조합원별 분담금 등 사업의 권리 배분을 결정짓는 단계로, 사실상 착공 전 마지막 행정 절차라 할 수 있습니다. 1970년대부터 집창촌이 형성되고 천호시장 등의 노후한 재래 시설로 인해 슬럼화가

광진교. 한강 건너편 광진구와 연결하면서 천호동에 인구 유입 효과를 불러일으켰다.

천호뉴타운 2구역 개발 조감도

진행되던 천호 1구역은 이주를 완료하고 착공을 하면 2023년 말경 2만 7,510㎡ 부지에 지상 40층, 4개 동 주상 복합 아파트 999세대, 오피스텔 264호, 상업·업무 시설 등이 들어서는 주상 복합 단지로 탈바꿈합니다.

정비사업이 완료되면 천호동 일대는 지금까지 그래왔던 것처럼 강동구에서 가장 많은 이슈를 만들어낼 것입니다. 강동구를 외부에 알렸던 곳이고, 앞으로도 그런 역할을 계속할 수밖에 없는 지역이기 때문입니다.

동네 이야기 6 이제는 강동구를 뛰어넘고 싶어 하는 둔촌동

서울 도심에 자연을 만끽할 수 있는 캠핑장이 있다면 어떨까요? 각박한 서울살이에 숨통이 트이지 않을까요? 실제로 그런 동네가 있습니다. 바로 둔촌동입니다. 강동 그린웨이 가족캠핑장이 있고, 바로 옆에는 일자산 해맞이공원이 있어요. 서울 도심에 있는 캠핑장·피크닉 공간으로는 최고라고 생각합니다. 미국의 어느 캠핑장에 간 것 같은 분위기를 제공하죠.

자연친화적인 동네 둔촌동은 원래 서울의 끝이었습니다. 주민들 대부분이 농업을 주업으로 삼았죠. 지금도 농촌 마을이 일부 남아 있습니다.

둔촌동 지도. 1동과 2동 모두 동쪽으로 일자산에 면하고 있어 녹지 공간을 누릴 수 있다.

1980년대 들어 대규모의 주공아파트 단지가 들어서고 5호선이 개통하면서 주거 밀집 지역으로 변화하기에 이릅니다. 대형 병원인 중앙보훈병원이 구로구에서 이곳으로 이전해오고, 이름값 하는 아파트들이 건설되고, 일자산이 명품 공원으로 개발된 뒤 쾌적한 준강남권 주거지로 인기를 모으고 있습니다. 이전까지만 해도 이곳을 잘 아는 분들 사이에서만 '좋은 동네'로 알려졌지만, 9호선이 중앙보훈병원 앞까지 연장 개통하면서 사정이 완전히 달라졌습니다. 외부에서 유입되는 인구가 나날이 늘어나고 있습니다.

그러나 둔촌동 호재의 진짜 주인공은 9호선 연장이 아니었습니다. 둔촌동 면적의 절반을 차지하는 둔촌주공아파트 재건축 사업이지요. 이미 4,000세대가 넘게 이주했습니다. 현대건설, 현대산업개발, 대우건설, 롯데건설 등 국내 최대 건설사들의 컨소시엄이 시공하는 아파트가 재건축되고 나면 1만 2,000여 세대의 대단지가 탄생하게 됩니다. 현재까지는 강남권에서 송파구 가락동 헬리오시티(9,510세대)가 가장 큰 단지이지만, 둔촌주공아파트 재건축 사업이 완료되고 나면 4인 가구로 계산해도 5만 명의 인구가 사는 대도시급 단지로 거듭나게 되는 것이죠. 당연히 지역에 큰 변화를 불러올 수밖에 없습니다.

둔촌주공이 재건축된 뒤에는 지역 내 시설도 변화를 맞을 것입니다. 단지 내에 대형 골프장, 실내 수영장, 사우나, 도서관, 게스트하우스, 키즈카페 등 다양한 커뮤니티 시설이 들어설 예정이고, 단지 주변 상가들도 교체될 겁니다. 입주민이 바뀌면 그들의 수요대로 주변 상권도 달라지기 때문이죠.

둔촌동은 앞으로 5년 안에 이전과는 완전히 다른 위상을 누리게 될 겁니다. 아마도 '강동구'로 불리기보다는 그냥 '둔촌동' 혹은 '강남권 명품 주거지'로 불리기를 원할지도 모릅니다. 5호선과 9호선으로 둘러싸인

강동 그린웨이 가족캠핑장

둔촌주공아파트. 재건축이 완료되면 둔촌올림픽파크에비뉴포레라는 서울시 최대 규모의 단지가 탄생하게 된다.

교통 편리 아파트, 학원가가 가까운 교육 편의 아파트, 올림픽공원과 일자산을 곁에 둔 친환경 아파트 그리고 상품 경쟁력이 높은 대단지 아파트…. 앞으로 둔촌올림픽파크에비뉴포레가 갖게 될 타이틀들입니다. 분양가 책정 문제로 분양이 계속 연기되고 있지만, 이 타이틀은 바뀌지 않을 겁니다. 둔촌주공아파트는 재건축 역사상 1개 단지로는 일반 분양 물량으로도 최대를 자랑합니다. 당첨될 분들께 미리 축하드립니다!

동네 이야기 7

평평탕탕, 평지 길지여서 좋은 길동

길동은 홍수 피해를 줄 수 있는 강에서 멀리 떨어져 있고 높은 산이 없기 때문에 산사태 피해를 입지 않는 살기 좋고 길(吉)한 곳이라고 하여 이런 지명이 붙었습니다. 실제로 주거지로 더할 나위 없이 좋은 지역입니다.

길동역과 굽은다리역 사이의 상권은 강동구에서 천호동 다음으로 큰 상권을 형성하고 있으며, 강동성심병원이라는 대형 병원도 들어서 있습니다. 한 가지 특이한 사실은 대기업이 조성한 대단지보다는 지역 사업자들이 소규모로 개발한 아파트 단지들이 많다는 점입니다. 당연히 대단지에 비해 저렴하기 때문에 강남권 생활 환경을 누리면서도 경제적으로 살 수 있는 강동구 내 최적의 입지입니다. 2만 4,000평 규모의 길동생태공원이 있어서 동네의 가치를 한층 높여주기도 합니다.

현재 강동구는 길동을 제외한 거의 모든 지역이 재개발이나 재건축을 시행하고 있습니다. 일시적으로 이주를 해야 하는 주민들은 같은 생활권

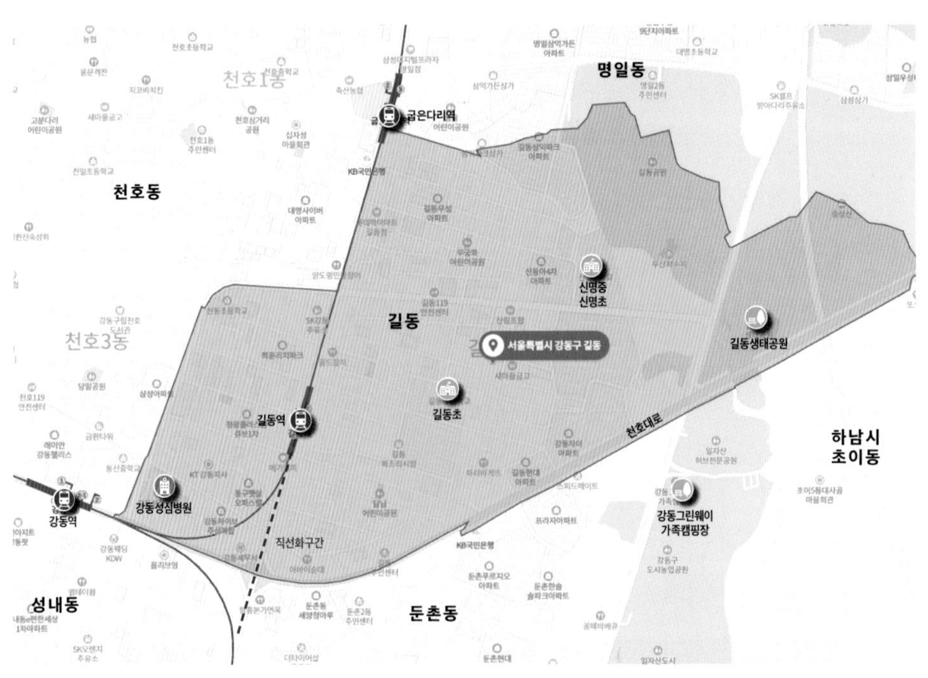

길동 지도

에 속한 근처의 동네를 선호할 것입니다. 따라서 재건축·재개발이 진행되지 않는 길동으로 이주해 올 확률이 매우 높지요.

길동생태공원

길동에서는 꼭 아파트만 고집할 필요가 없습니다. 실제로 나홀로 아파트가 대부분이고, 빌라나 다세대도 인기가 많습니다. 강동구에 살면서 준강남권 라이프를 누리고 싶은데 아파트가 비싸서 포기했던 분들에게는 참 길한 곳이 바로 이 길동이랍니다.

동네 이야기 8 마지막 미개발지, 강일동

강일동은 원래 경기도 광주에 속한 땅이었습니다. 1963년 서울로 편입되면서 상일동의 대칭 개념인 하일동으로 이름이 정해졌다가 2000년에 지금의 지명인 강일동으로 바뀌었습니다. 원래 경기도 땅이었던 만큼 강동구보다는 하남시에 더 가깝습니다. 거리상으로도 그렇고, 실제로 동네의 모양새도 그렇습니다. 지금도 농촌의 향취를 느낄 수 있는 도농 복합 지역으로, 강 건너의 남양주와 비슷하며 원래 같은 지자체였던 광주시와도 많이 닮았습니다.

잘 알려지지 않은 사실이 하나 있습니다. 1967년 서울 동대문구 흥인

강일동 지도. 동쪽으로 하남시 미사동과 면해 있고, 강동대교를 건너면 구리시가 나온다.

동과 용산구 서부이촌동의 무허가 건물이 대대적으로 철거되고 1968년 큰 화재를 입은 종로구 창신동과 숭인동 유민들이 집단적으로 강일동으로 이주해왔다는 사실입니다. 오늘날 강일동의 시작은 바로 이들로부터 비롯되었습니다.

현재 강일동은 교통 요지로서 큰 역할을 하고 있습니다. 북쪽 한강변으로 올림픽대로가 지나고, 남쪽 하남시와의 경계에는 43번 국도(천호대로)가 통과합니다. 서에서 남북으로 관통하는 수도권제1순환고속도로도 있어서 말 그대로 사통팔달 교통의 요지입니다.

그리고 강일 택지개발사업이 진행되면서 꽤 많은 아파트 단지가 들어섰습니다. 이 대규모 택지개발지구 내에는 초·중·고등학교와 청소년 수련관이 있고 어린이집이 단지 근처에 있어서 교육 인프라가 좋습니다. 주

강일 택지개발지구에 입주한 주요 아파트 단지

단지명	입주 시기	전체 입주 세대	일반	장기 전세	국민 임대
고덕리엔파크 1단지	2011년 1월	605세대	146세대	311세대	148세대
고덕리엔파크 2단지	2011년 1월	636세대	193세대	337세대	106세대
고덕리엔파크 3단지	2011년 1월	2,283세대	469세대	1,272세대	542세대
강일리버파크 1단지	2009년 3월	282세대	176세대	103세대	3세대
강일리버파크 2단지	2009년 3월	442세대	174세대	267세대	1세대
강일리버파크 3단지	2009년 3월	987세대	372세대	244세대	371세대
강일리버파크 4단지	2009년 3월	748세대	278세대	394세대	76세대
강일리버파크 5단지	2009년 7월	722세대	290세대	60세대	372세대
강일리버파크 6단지	2009년 3월	553세대	230세대	106세대	217세대
강일리버파크 7단지	2009년 6월	731세대	276세대	52세대	403세대
강일리버파크 8단지	2009년 3월	410세대	204세대	52세대	154세대
강일리버파크 9단지	2009년 4월	841세대	104세대	428세대	309세대
강일리버파크 10단지	2009년 4월	694세대	224세대	377세대	93세대

변 상권과 편의 시설도 적절하게 들어서 있어서 주거 환경이 무척 양호한 편입니다. 더 이상 농촌 마을이 아닌 것이죠.

특히 삼성엔지니어링 본사가 상일동으로 이전하면서 강일동의 가치가 동반 상승했습니다. 고덕동의 고덕 비즈밸리가 강일동 북쪽에서 개발되고 있어서 일자리도 크게 증가할 예정입니다.

강일동의 유일한 약점은 전철역이 없다는 점이었는데, 5호선 연장선이 지나가는 강일역은 2021년 3월 개통 예정입니다. 현재 9호선 연장도 적극적으로 검토되고 있어서 앞으로 교통 여건이 더욱 좋아질 것으로 보입니다.

동네 이야기 9

송파구와 강동구의 성격을 모두 가지고 있는 성내동

성내동은 과거에 성안말(성 안에 있는 마을) 또는 안말 등으로 불렸다고 합니다. 백제의 수도를 감쌌던 풍납토성 내부에 자리 잡았기 때문에 이런 이름이 붙여졌을 거라고 추정할 수 있습니다.

성내동 토질은 송파구 풍납동과 비슷해서 1945년 광복 이전까지만 해도 옹기와 벽돌을 만드는 작업장이 많았다고 합니다. 풍납토성·몽촌토성 부지로 추정되는 올림픽공원과 도로를 사이에 두고 마주 보고 있는데, 그래서인지 송파구의 성격이 강하게 나타나는 동네입니다.

성내동에는 강동구청을 비롯해서 강동구보건소, 강동구의회, 강동수도사업소, 강동소방서, 강동경찰서 등 주요 공공기관이 성내로를 중심으

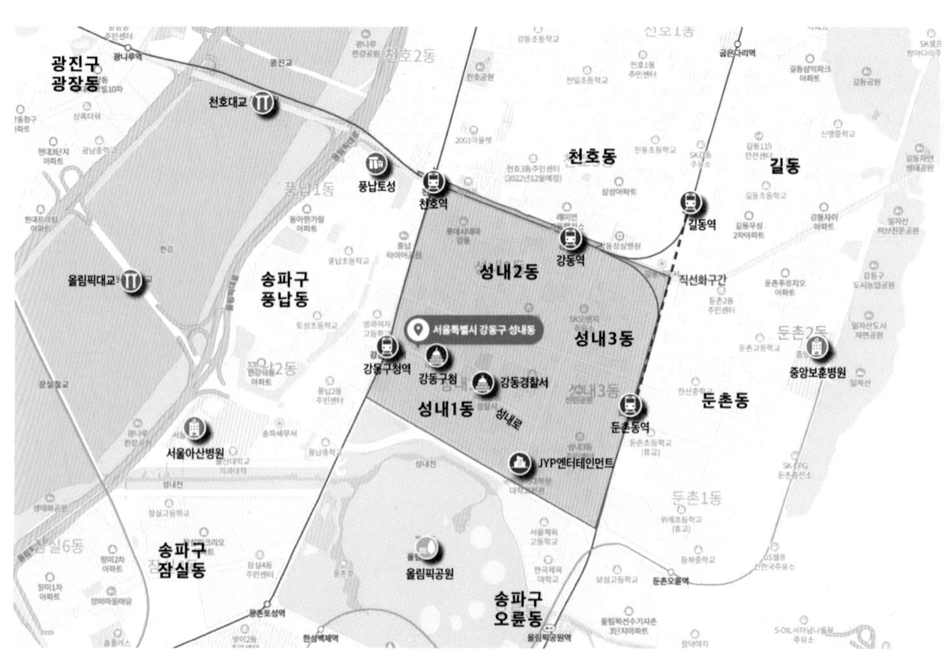

성내동 지도. 길 건너편에 올림픽공원이 있어서 송파구 성격이 강하다.

로 집중되어 있습니다.

또한 강동구 내에서 천호동과 가장 유사한 성격을 지니고 있습니다. 상업 시설과 업무 시설이 주로 들어서 있으며, 천호역과 강동역 사이에 형성된 천호 상권의 절반은 성내동 권역이기도 합니다. 최근 천호동 상권의 시세가 급등하면서 성내동 지역으로 상권이 이전·확대되는 모습을 보이고 있으며, 향후 몇 년 동안 이러한 움직임이 계속 이어질 것으로 보입니다.

상업 지역 안의 시설 중 눈여겨볼 만한 것이 하나 있습니다. 대부분의 엔터테인먼트 회사가 강남구 권역에 있는 데 비해 JYP엔터테인먼트는 올림픽공원 맞은편 성내동에 위치하고 있다는 점입니다. 청담동에 있던 이 회사는 2017년 6월에 이곳으로 이전해왔습니다.

송파구 방이동에서 바라본 올림픽공원. 공원 건너편이 성내동이다.

강동구 성내동에 있는 JYP엔트테인먼트 사옥

업무 지역으로서의 성내동은 긴 역사를 가지고 있습니다. 과거부터 한강과 광나루를 통한 수륙 교통망이 발달하여 유통업이 발달했고, 근대에 들어서는 전력을 공급하는 송파변전소가 자리 잡고 한국전쟁 이후 피난민들이 정착하면서 1970년대까지는 영등포에 버금가는 준공업지대로 활약했다고 합니다. 이후 강남권이 개발되고 인구가 증가함에 따라 강동구청, 강동경찰서 등의 공공시설이 들어서고 공장들이 외곽으로 밀려나면서 주거 지역으로 변화했습니다. 현재는 상업·업무 시설이 밀집한 지역답게 5호선과 8호선이 지나는 등 교통이 아주 편리합니다. 때문에 강동구 내에서는 땅값이 매우 높은 지역 중 한 곳이 되었습니다.

다만 상업·업무 시설의 시세가 꽤 높은 데 비해 주거 시설인 주택의 가격은 상대적으로 낮은 편입니다. 대단지 아파트가 많은 강동구의 다른 지역과 달리 성내동에는 나홀로 단지가 대부분이기 때문입니다. 다세대 주택과 빌라도 많은 편입니다. 주택으로서의 상품성이 상대적으로 낮기 때문에 저렴한 주택을 찾는 분들에게는 성내동이 하나의 대안이 될 수도 있습니다. 대한민국 최고의 공원인 올림픽공원을 앞마당처럼 이용할 수 있고 환승역을 포함한 4개의 지하철역이 있기 때문에 생활편의성이 대단히 높으니까요.

강동구는 재건축 이후 주거지와 상권의 이동·확장을 상상하세요

강동구는 원래 경기도 광주시와 하남시에 속해 있다가 광복 이후 서울이 행정 구역을 정비하면서 성동구에 포함되었고, 강남권 개발 이후에는 강남구에 편입되었다가 다시 강동구로 분리되었습니다. 그리고 송파구가 다시 강동구에서 분리되었지요. 때문에 강동구는 송파구와 많이 닮았으며, 하남시와 서울 강북의 성동구, 광진구 그리고 강남의 성격도 일부 가지고 있습니다.

강남구에서 분리된 초기에는 송파구와 위상이 비슷했지만, 송파구의 잠실 개발이 본격화된 뒤에는 조금씩 격차가 벌어지기 시작했습니다. 그러다가 롯데월드가 개장한 이후로 그 격차가 더욱 벌어졌고, 이후로 꽤 오랫동안 강동구는 송파구를 좇아가는 모양새를 보였습니다. 하지만 최근 들어 여러 업무·상업 시설이 개발되고 대규모 재건축 단지들이 등장하면서 강남권에 영향을 미치는 위상을 갖게 되었습니다.

지금까지 강동구는 강남권의 대체 주거지 역할을 해온 것이 사실입니

강동구는 아파트 단지가 많으면서 미개발지가 넓게 분포하고 있어 환경이 쾌적하다.

다. 거의 베드타운 역할을 수행했다고 볼 수 있죠. 고덕동과 둔촌동에 대규모 아파트 단지가 형성된 이유이기도 합니다.

현재 강동구의 중심 주거지는 고덕동과 둔촌동, 상일동, 명일동입니다. 이 지역의 주거 시설 대부분이 1980년대 초반에 지은 아파트여서 현재 재건축 물량이 매우 많이 몰려 있습니다. 그 규모나 위상을 따진다면 강남구를 위협할 정도입니다. 대부분 대형 시공사가 참여하고 있어서 서울 내의 타 지역과 비교해도 인기가 높은 편입니다. 신규 주거지로는 암사동과 강일동이 각광받고 있으며, 개발이 제한되어 있는 청정 지역이 많고 미개발지는 새롭게 개발되고 있어서 쾌적한 환경을 자랑합니다.

강동구 주거 지역은 대부분이 재건축되거나 신규 개발 중이기 때문에 5년 뒤에는 지금과 다른 위상을 갖게 될 것입니다. 특히 강남구와 송파구를 대체할 지역으로서의 역할이 크기 때문에 강남권 진출을 희망하는 분들의 관심이 더욱 높아질 겁니다. 지금도 주변에서 인구가 지속적으로 유입되고 있으니, 앞으로 상업·업무 시설 등의 일자리가 자리 잡고 재건축 입주가 시작되는 시점에는 인구 유입이 더욱 많아지겠죠.

배후 지역을 따져 상권을 분석하세요

강동구의 상업·업무 시설을 중심으로 이야기를 이어가겠습니다. 강동구의 상권은 전철역을 중심으로 형성되어 있는데, 크게 두 가지로 구분할 수 있습니다.

먼저 대단지를 배후로 고정적인 수요가 발생하는 상권입니다. 대표적으로 고덕역 상권과 명일동 상권을 들 수 있습니다. 이는 지하철 5호선 고덕역과 명일역을 중심으로 자리 잡은 수만 세대의 아파트 단지를 배후로 합니다. 인근에 학교가 많아서 학생을 대상으로 하는 판매 시설도 발달해 있죠. 둔촌역 일대 역시 두터운 배후 수요를 바탕으로 형성된 전형적인 근린 생활 시설 상권입니다. 이러한 상권에 대해서는 배후 단지들의 현재 상태와 향후 개발 방향(재건축 후)을 염두에 두고 미래를 그려보면 될 것 같네요. 이들 지역은 근린 생활 상권이 더욱 발달할 겁니다.

두 번째로는 접객 시설로, 유동인구를 끌어들여야 하는 광역 상권입니다. 그중 강동구 대장 상권인 천호역 상권은 과거에는 유흥가와

강동구의 유일한 백화점인 현대백화점

재래시장을 중심으로 형성되었습니다. 이후 5호선과 8호선이 개통하며 상권이 더욱 확대되었죠. 강동구 주민보다는 송파구, 광진구, 성남시, 구리시, 하남시, 남양주 등 타 지역의 유동 인구가 이용하는 비율이 높은 것이 특징입니다. 그 중심에는 강동구 유일의 백화점인 현대백화점이 있지요. 그 외에는 유흥가와 의류 판매점 등 중소 판매 시설이 대부분을 차지하며, 수요 대비 공급이 과다함에도 임대료가 지속적으로 상승하여 상권이 성내동 쪽으로 이동·확장되고 있습니다. 하지만 천호뉴타운이 마무리되면 다시 천호동 상권으로 수요가 몰릴 수 있을 겁니다. 혐오 시설은 줄어들고 선호 시설들이 그 자리를 채울 테니까요.

길동역은 길동사거리 방면으로 강동구 유일의 종합 병원인 강동성심병원과 접객 시설들이 위치하고 있습니다. 접객 시설이 많으면 다른 상업시설에도 좋은 영향을 주죠. 길동역에서 굽은다리역으로 이어지는 상권은 천호역 주변만큼이나 꾸준한 수요를 유지하고 있습니다.

2017년에 입주한 래미안강동팰리스가 만들어낸 강동역 상권도 있습니다. 지역 주민의 수준이 변하면 상권 역시 변화할 것입니다.

유동 인구를 대상으로 하는 상권은 타 지역에 강력한 접객 시설이 들어설 경우 유동 고객이 이탈할 가능성을 따져보아야 합니다. 특히 천호뉴타운이 본격적으로 추진되면서 업그레이드될 천호역 상권은 5호선과 8호선 라인에 어떤 시설들이 있는지 분석해야 합니다. 예를 들어 8호선으로 연결되는 잠실역의 롯데월드타워나 5호선 연장선으로 연결되는 하남시에 들어선 신세계 스타필드와의 경쟁 관계를 살펴보아야겠죠. 이런 시설들로 인해 반사이익을 보느냐, 유동 인구가 유출되느냐를 지속적으로 모니터링해야 합니다.

강동구는 이제 완전한 서울의 중심지입니다

2010년 이전까지만 해도 강동구는 서울의 변두리였습니다. 강남권에 인접해 있고 경기도 광주시와 하남시, 남양주로 넘어가려면 반드시 거쳐야 하는 지역이면서도 내세울 만한 시설은 지역 관공서뿐이었고 농촌 지역도 많았으니까요. 전철역도 종점이었습니다.

하지만 이제는 어느 누구도 의심하지 않는 서울의 중심지 중 한 곳이 되었고, 앞으로 이 역할은 점점 더 커질 것입니다. 주변 경기도 도시들이 발전하고 인구가 증가함에 따라 강동구를 중심으로 하는 새로운 부동산 역학 구도가 형성되고 있기 때문이죠.

강동구 북쪽의 구리시와 남양주는 이제 광역 서울 영향권에 들었습니다. 동쪽의 하남시 역시 미사강변 도시 개발, 5호선 연장과 더불어 서울로

하남시 미사강변 도시 개발 조감도. 강동구와 접해 있는 하남 등의 경기도 도시들이 성장하면서 강동구는 새로운 광역 중심지로 발돋움할 것이다.

출퇴근이 가능한 명품 신도시 반열에 올라섰고, 남쪽의 광주시도 분당과 서울 수요를 나누어 갖는 역할을 꾸준히 키워가고 있습니다. 이처럼 만만치 않은 경기도 신도시들로 에워싸이면서 강동구는 강남권의 위상을 갖게 되었습니다. 이른바 '강남 4구'가 된 것이죠. 앞으로 주변 지역의 부동산 위상이 높아질수록 강동구는 그 지정학적 위치로 인해 가치가 더욱 상승할 것입니다.

중심지가 비싸다는 사실은 부동산의 철칙입니다. 비싼 곳은 그만큼 안정적인 수요를 확보하고 있다는 의미입니다. 시세가 올라가면 재산이 많은 사람이 더 많이 살게 된다는 의미이기도 합니다. 그런 만큼 소비가 늘겠지요. 당연히 상권은 더욱 활성화될 겁니다. 이것이 강남이 갈수록 '강남화'되는 이유입니다. 선순환 효과로 인해 중심지의 위상이 더욱 견고해질 수밖에 없으니까요. 이것은 변두리에서 탈피하여 중심지가 된 강동구가 앞으로 더욱 발전할 수밖에 없는 원인이며, 강동구의 미래를 보다 긍정적으로 바라봐야 하는 이유이기도 합니다.

강동구 알짜 입지 분석 노하우

=강동구만의 지역 특성에 숨겨진 투자의 묘수

과거에 공공기관 역할을 한 곳들에 관심을 가져보세요

명일동에 원터근린공원이 있습니다. '원터'라니, 이름이 생소하죠? 과거의 관공서에 해당하는 원(院)이 있던 터라고 해서 이런 이름이 붙었습니다. 이러한 공공기관과 공공시설은 대부분 중심지에 있습니다. 사람들의 눈에 잘 띄고 접근성이 좋아야 하니까요. 이러한 입지는 주거지로도, 상업지로도 활용도가 높습니다. 게다가 높은 분들이 사용하던 시설의 입지는 대체로 좋은 자연환경을 갖추고 있습니다. 지관들이 입지를 선정할 때 가장 크게 고려하는 요소가 바로 쾌적한 환경이기 때문입니다. 따라서 과거의 공공기관 입지에 현재 무엇이 들어서 있는지 따져볼 필요가 있겠죠?

전철역 종점들을 주목하세요

순환 노선인 지하철 2호선을 제외한 모든 지하철 노선은 종점과 기점이 있습니다. 지하철 종점은 버스 종점과 마찬가지로 낙후한 동네에 자리 잡은 경우가 많습니다. 한때 3호선 종점이었던 구파발이 그랬고, 4호선 종점인 당고개가 그랬죠. 강동구의 5호선 종점인 상일동과 마천동도 분위기가 비슷했습니다. 같은 지하철의 역세권임에도 종점 부근은 부동산 시세가 많이 낮습니다.

하지만 영원히 종점으로 남으란 법은 없습니다. 전철 노선이 연장되면 종점은 중간 역이 되니까요. 이러한 위상 변화를 노리는 것이 꽤 합리적인 부동산 투자가 아닐까 싶습니다. 5호선이 강일동을 거쳐 하남시까지 연장되면서 종점이었던 상일동은 중간 역이 되었고, 또 9호선이 고덕역까지 연장되면 현재의 종점인 둔촌동 중앙보훈병원역 역시 중간 역이 됩니다. 8호선이 남양주 별내역까지 연장되면 암사역도 중간 역이 되지요.

결론은 명확합니다. 무려 3개의 전철 노선이 확장되는 강동구의 현 종점역 입지를 주목해야 한다는 사실입니다.

대규모 재건축 단지로 변모하는 곳을 주목하세요

고덕동, 상일동, 명일동, 둔촌동의 거의 모든 단지가 재건축했거나 현재 진행 중에 있습니다. 과거에 지은 아파트들은 대부분 저층이기 때문에 재건축된 이후에는 기존 세대수보다 2배 이상 늘어나게 됩니다. 부동산 시장에서 세대수와 인구가 증가한다는 것은 매우 중요한 요소입니다. 지역의 수요가 증가한다는 것은 업무·상업지구로서의 수요도 증가한다는

강동구 재개발 진행 구역 현황

시군구	읍면동	구역	단계	뉴타운명	예정 세대수	대지면적(m²)	시공사
강동구	성내동	성내 1 촉진구역	구역지정	천호성내재정비촉진지구	107	7,384	
강동구	성내동	성내 3 촉진구역	사업시행인가	천호성내재정비촉진지구	140	6,494	
강동구	성내동	천호 1 촉진구역	관리처분	천호성내재정비촉진지구	696	38,508	
강동구	천호동	천호 4 촉진구역	관리처분	천호성내재정비촉진지구	649	17,281	㈜포스코건설

강동구 재건축 진행 단지 현황

시군구	읍면동	재건축 단지명	준공 연월	사업 단계	총 세대수	예정 세대수	시공사
강동구	명일동	삼익그린 2차	1983년 12월	기본계획	2,400	-	
강동구	길동	삼익파크	1983년 12월	구역지정	1,092	-	
강동구	명일동	삼익가든맨션	1984년 1월	구역지정	768	-	
강동구	명일동	고덕현대	1986년 2월	안전진단	524	-	
강동구	길동	신동아 1차	1983년 7월	관리처분계획	444	1,299	GS건설
강동구	길동	신동아 2차	1983년 7월	관리처분계획	528	1,299	GS건설
강동구	둔촌동	둔촌주공 1단지	1980년 1월	관리처분계획	1,370	12,032	㈜대우건설, 롯데건설㈜, 현대건설㈜, HDC현대산업개발㈜
강동구	둔촌동	둔촌주공 2단지	1980년 1월	관리처분계획	900	12,032	㈜대우건설, 롯데건설㈜, 현대건설㈜, HDC현대산업개발㈜
강동구	둔촌동	둔촌주공 4단지	1980년 12월	관리처분계획	2,180	12,032	㈜대우건설, 롯데건설㈜, 현대건설㈜, HDC현대산업개발㈜
강동구	둔촌동	둔촌주공 3단지	1980년 12월	이주/철거	1,480	12,032	㈜대우건설, 롯데건설㈜, 현대건설㈜, HDC현대산업개발㈜

의미를 가지니까요. 그렇게 되면 교통망을 추가할 가능성이 커집니다. 강동구를 지속적으로 주목해야 하는 또 하나의 이유겠죠.

이케아 입점 예정지를 주목하세요

광명시에 이케아 1호점이 오픈하자마자 돌풍을 일으켰습니다. 연일 만원사례를 빚고 주차난이 심화되면서 근처 공터 부지까지 이케아 전용으로 사용할 정도였지요. 2호점은 고양시 덕양구 원흥지구에 들어섰습니다. 이 원흥지구도 이케아의 입점 확정으로 집값이 큰 폭으로 상승했습니다. 고양시 내에서 시세가 높은 입지 중 한 곳이 되었죠. 강동구 고덕동에도 이케아가 들어섭니다. 고덕 비즈밸리를 주목해야 하는 이유죠. 고덕동 주민들만의 상권이 아니라, 강동구를 중심으로 하는 강남·경기권 수요층들의 집결지가 될 수 있으니까요. 이케아 효과는 지방도 마찬가지입니다. 이케아가 진출하는 입지는 한동안 무조건 관심을 가져야 할 것 같습니다.

2020년 2월에 오픈한 이케아 동부산점. 부산시의 변두리 지역인 기장군에 위치해 있지만, 오픈 당일 수많은 인파가 몰렸다.

혈이 뻥 뚫리는 순간!

풍수에서는 공기의 흐름이 좋은 곳을 명당이라고 봅니다. 땅의 기운이 마치 용처럼 꿈틀거리며 집결하는 곳이 사람에게 좋은 영향을 준다고 여기는 거죠. 과거에는 산과 나무가 이런 역할을 한다고 보았습니다. 좋은 기운을 가장 효과적으로 전하는 방법은 신선한 공기를 공급하는 것이라고 생각했죠.

현대적 의미의 풍수에서 좋은 기운을 전달하는 것은 도로망이라고 할 수 있습니다. 도로가 없거나 막힌 곳은 답답합니다. 하지만 그런 입지에 도로가 뚫리면 숨통이 트이면서 가치도 오르게 되죠. 결국 도로망의 생성과 확장이 그 지역에 풍수적인 기운이 솟아나게 해주는 겁니다.

오늘날 풍수를 따지는 목적은 사람이 많이 모이는 곳이냐 아니냐를 판가름하기 위해서인데, 도로망을 확장하는 것은 보다 많은 사람이 자발적으로 모이게 하

는 가장 기본적인 수단입니다. 특히 막다른 골목, 끝 지점에 있는 벽을 뚫어서 벽으로 가로막혀 있던 공간과 사람이 서로 교류하는 순간 그곳은 새로운 중심지가 됩니다. 베를린 장벽을 철거한 뒤 독일이 유럽의 중심으로 발돋움한 일이 좋은 사례가 되겠죠. 서리풀터널을 개통한 뒤 방배동과 사당동이 새롭게 부각된 사례도 마찬가지고요.

이제 강동구도 그런 좋은 사례로 거론될 것입니다. 하남시, 광주시, 남양주, 구리시로 도로망이 이어지면서 강동구는 강남구도 갖지 못한 도로망 부자가 되었으니까요. 이처럼 긍정적인 풍수 혜택을 주는 도로망이 확장될 곳을 추가적으로 찾아볼 가치가 있겠죠? 강동구뿐 아니라 전국 어디든 말입니다.

베를린 장벽이 있던 곳은 이제 광장으로 변모했다. 벽이 뚫리고 새로운 소통의 수단이 생기면 그 지역은 활기를 되찾는다.

빠숑의 부동산 칼럼 2

부동산은 발전 가능성이 중요합니다

우리나라 TV에서는 오디션 프로그램이 강세입니다. 오디션 프로그램의 원조라 할 수 있는 〈슈퍼스타 K〉가 있었고, 〈K팝 스타〉, 〈프로듀서 101〉, 〈고등 래퍼〉 그리고 가장 오랜 장수 프로그램 〈쇼미더머니〉가 그렇습니다. 부동산 책에서 웬 오디션 프로그램 이야기냐고요? 오디션 프로그램과 부동산 사이에 중요한 공통점이 있기 때문입니다.

최근 몇 년 동안의 부동산 시장을 살펴보면서 오디션 프로그램 장면이 생각났습니다. 노래를 꽤 잘하는 20대 후반의 지원자는 탈락하고, 노래가 다소 서툰 10대 지원자가 합격하는 경우를 종종 볼 수 있어요. 20대 후반 지원자를 탈락시킨 심사위원의 말을 빌리자면 이렇습니다. 그 연령대에 그 정도 실력이라면 더 이상 발전하기 어렵다, 가수로 성공하기 위해서는 차별화된 대중적 상품성이 있어야 하는데 그런 경쟁력이 보이지 않는다. 반면에 10대 지원자는 어설픈 구석이 있지만 지금부터 어떻게 개발하느냐에 따라 가수로 성공할 자질이 엿보인다…. 이러한 판정을 두고 많은 시청자가 어린 지원자에게만 어드밴티지를 주는 편파적인 평가라며 부정적인 비판을 하기도 했습니다. 하지만 그 장면에서 저도 모르게 무릎을 탁 치며 감탄했습니다.

'저 심사위원은 제대로 평가할 줄 아는구나. 부동산 투자를 해도 잘하겠는데!'

놀라운 반전은 그 심사위원이 실제로 부동산 투자에 일가견이 있는 사람이었다는 점입니다. 누구를 말하는지 아시겠죠?

그렇습니다. 오디션 지원자를 평가하는 기준은 부동산 시장에도 그대로 적용됩니다. 부동산의 가치를 평가할 때도 향후의 발전 가능성이 가장 중요하니까요.

음반 시장에서 인기를 누리는 가수가 있듯, 부동산 시장에도 인기 지역이 있습니다. 인기 지역은 사람들의 관심이 쏠릴 만한 요인이 있기 마련입니다. 결국 사람을 많이 모이게 할 수 있는 요인이 많은 지역인지 아닌지가 부동산 가치를 판단하는 가장 좋은 기준이 됩니다.

부동산의 인기는 가격으로 반영됩니다. 사람이 많이 모이는 입지의 상업 시설은 매우 비싸죠. 살고 싶어 하는 사람이 많은 거주 지역의 부동산 역시 가격이 비쌀 수밖에 없습니다.

상품 가치가 높은 입지는 공중파 메인 프로그램에 출연하는 A급 스타와 비교할 수 있습니다. 부동산 입지로 대비해보면, 서울 강남권, 용산구, 여의도동, 목동 정도가 되겠죠. 발전 가능성이 있는 지역은 B급 스타입니다. 여기저기에서 자주 거론되고 인기도 있는 편이지만 취향에 따라 호불호가 갈리는 경우가 많습니다. 그래서 A급 스타보다는 늘 한 단계 아래로 평가되죠. 부동산 시장에 대입하면 서울 내 주요 개발 지역과 수도권 주요 도시들이 여기에 해당합니다.

위에서 A급 스타 지역으로 언급한 곳 외에도 사실 서울의 모든 지역을 A급 스타 후보 지역으로 분류할 수는 있습니다. 하지만 후보 지역으로 자질은 있으나 향후 발전 가능성이 낮다면 오디션에서 탈락할 수밖에 없습니다.

따라서 이러한 발전 가능성 유무를 판단할 기준이 필요합니다. 서울 같은 기존

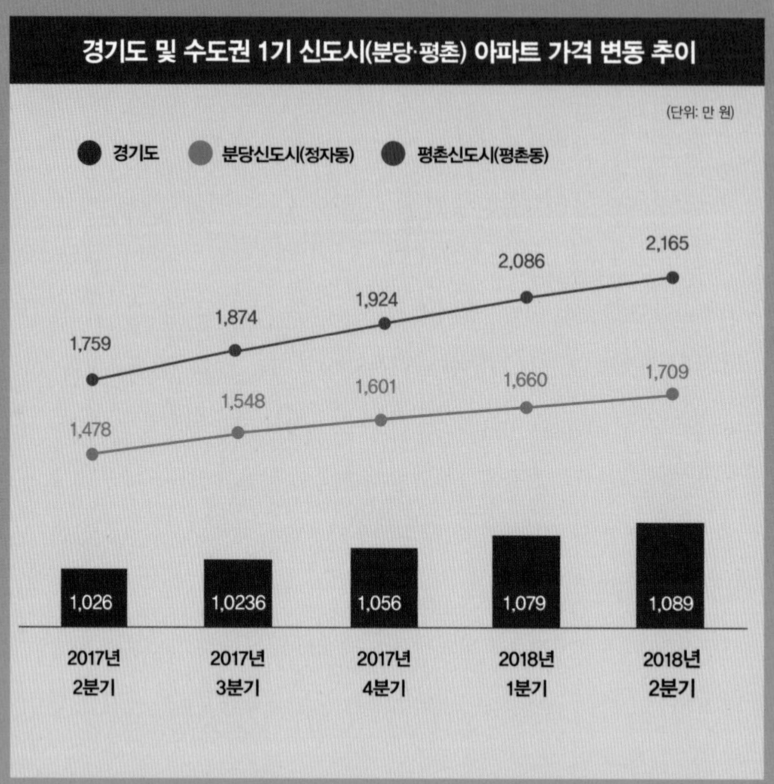

출처: KB국민은행 부동산시세

도심은 재건축·재개발 추진 가능성으로 평가할 수 있습니다. 단, 대단히 명확한 발전 가능성을 갖고 개발하고 있는 신도시라고 해도 모두가 인기 스타 지역이 되는 것은 아닙니다.

과거의 연예계에서는 가수의 절대 숫자가 많지 않아서 웬만큼 외모가 좋고 적당한 실력만 갖추어도 인기 가수가 될 수 있었습니다. 하지만 현재는 상품으로서 차별화된 가치가 없으면, 그리고 전폭적으로 지원해줄 대형 기획사의 힘이 뒷받침되지 않으면 가수로서 성공하기가 거의 불가능합니다. 신도시 중에서도 성공적으로 정착했다고 평가받는 분당, 일산, 평촌 등 1기 신도시와 판교, 광교, 동탄 정

지난 20년간 1기 신도시 평당 가격 순위 변화

(단위 : 만 원)

순위	지역	2000년
1	분당	641
2	평촌	504
3	일산	461
4	산본	454
5	중동	394

순위	지역	2020년	상승률
1	분당	2,840	343.1%
2	평촌	1,962	289.3%
3	중동	1,352	243.1%
4	산본	1,277	181.3%
5	일산	1,211	162.7%

1기 신도시 인근 지역의 인구 증가율(2017년 기준)

1기 신도시	인근 지역	인근 지역 인구 변화
분당 신도시	경기 하남시	10.1% 증가
분당 신도시	경기 광주시	5.6% 증가
분당 신도시, 판교 신도시	경기 성남시 분당구	7.2% 감소
평촌 신도시	경기 안양시 동안구	3.6% 감소

출처: 통계청

도의 2기 신도시가 발전 가능성만으로 성공한 부동산 지역이라고 할 수 있습니다. 정리하면, 부동산은 2가지 측면으로 입지를 선별해야 한다는 것입니다.

첫 번째는 이미 상품적 가치가 있는 지역을 찾는 것입니다. 두 번째는 현재 가치보다 발전 가능성이 큰 지역을 선별하는 것입니다.

상품 가치가 있는지 여부는 재건축·재개발 가능성이 얼마나 큰지로 판단할 수 있습니다. 발전 가능성이 큰 지역을 선별하는 것은 이미 A군 수준까지 발전한 분당의 성장 과정을 살펴보는 것이 좋을 것입니다. 현재 개발 중인 신도시라고 할지라도 모두 동시다발적으로 활성화되는 것이 아니라 경쟁력이 있는 입지만 우선적으로 부각될 것이라는 의미입니다. 1기 신도시들의 부동산이 모두 같은 시세를 보이는 것은 아니라는 사실과 2기 신도시부터는 더욱 확실하게 그 스펙트럼의 차이가 있다는 점을 상기해야 합니다.

재건축 조건이 갈수록 까다로워지고 있습니다. 또한 대규모 택지개발지구 내에서의 경쟁도 심화되고 있습니다. 2기 신도시가 아직 활성화되지 않은 상태에서 3기 신도시가 먼저 치고 나가는 현상도 보이고 있습니다. 이러한 정책과 현상을 바탕으로 향후의 부동산 판세를 전망해보았습니다.

지난 몇 년간 보였던 수도권 부동산 상승세는 입지의 중요성을 다시 한번 생각할 수 있는 계기를 마련해주었고, 또한 '버블 세븐(강남·서초·송파·목동·분당·용인·평촌 등 2006년 부동산 가격이 급등한 7개 지역)'이라고 폄하했던 지역이 입지적 강점으로 인해 '버블'이 아니었음을 확인할 수 있었습니다. 앞서 밝힌 정부의 강력한 규제 정책 속에서도 이 지역들이 보여준 상승세는 향후 부동산 시장의 향방을 가늠하게 하는 확실한 시금석이 되어주었습니다.

서울에서는 재건축이 추진되고 있는 강남권을 중심으로 목동권도 서서히 움직일 것입니다. 3기 신도시 개발이 먼저 추진되는 현재의 상황에서는 결국 기존 신도시 중에서 입지가 좋은 곳만 살아남게 될 것입니다. 특히 1기 신도시 중에는 재건축·리모델링 가능성이 큰 단지들이, 2기 신도시 중에서는 일자리와 교통망이 확실한 지역들만 주목받을 것이라는 의미입니다. 3기 신도시가 들어선다 하더라도 기존 1·2기 신도시의 역할이 위협받지 않을 만큼 이미 좋은 입지와 상품성을 확보한 지역만이 살아남을 테니까요. 이러한 부동산 향후 판세를 꼭 염두에 두고 관심 지역의 현재 위상과 발전 가능성 여부를 따져보아야 할 것입니다.

다시 한번 강조하지만, 2000년대 중반처럼 대부분의 부동산이 동시다발적으로 오르는 현상은 나타나지 않을 것입니다. 입지가 좋은 지역만 선별적으로 선택받을 것이고, 입지가 좋지 않은 곳은 현재의 모습을 가까스로 유지하거나 오히려 도태될 수 있습니다. 1기 신도시 가운데 일산 신도시의 입지 조건이 애매한 구축 아파트들이 지난 10년 동안 보였던 모습처럼 말입니다.

결국 부동산 가치 평가의 절대적인 기준은 첫째도 입지, 둘째도 입지여야 합니다. 그러고 나서 상품 경쟁력을 그다음 순위로 고려하셨으면 합니다.

월드컵대교
성산대교
선유도공원
양화대교
9호선
영등포역
서부간선도로
당산역
안양천
코스트코
당산센트럴
영등포구청
5호선
양평역
영등포구청역
서울남부고용노동부
문래현대힐스테이트
문래역
영등포홈플러스
도림천
2호선
1호선
도림유수지체육시설
대림역
7호선
대림중앙시장

Chapter 5

원조 강남,
영등포구 이야기

해방 직후 유일했던 서울의 강남권, 영등포구

영등포구 지역은 일제 강점기 때부터 서울의 일부였습니다. 한강 이남 지역이었음에도 많은 사람이 삶의 터전을 이루었습니다. 1899년 한반도 최초의 철도인 노량진~제물포 노선이 운행한 것도 이런 이유 때문이었습니다. 한강 수운(水運)과 도로망, 국내 유일의 철도망까지 갖춘 영등포구는 마치 지금의 강남처럼 수많은 사람과 물자가 오가는 교역과 교통의 요충지였습니다.

교통망뿐 아니라 업무 지역으로도 최고였습니다. 지금 수도권 경인 공업지대의 모태가 된 것이 바로 영등포구입니다. 이곳에서 시작한 공업 시설들이 수도권 주요 지역으로 이전한 것이죠. 물론 아직도 일부 공장 시설이 영등포구에 남아 있지만, 대부분의 시설은 인천과 부천, 광명, 수원, 안산, 시흥, 화성 등의 지방으로 옮겨갔습니다. 영등포구 주변인 구로구와 금천구에는 여전히 공장 시설들이 많은데, 이들 지역이 원래 행정 구역상 영등포구에 포함되었다는 사실을 생각하면 이러한 상황을 이해하는 데 도움이 될 것입니다.

1973년 무렵의 서울 행정 구역

편리한 교통망을 바탕으로 일자리가 많아지자, 전국에서 많은 사람이 영등포구로 모여들었습니다. 사람이 모이는 곳에는 상업 시설이 번성하기 마련입니다. 영등포구가 '강남'이던 시절 이곳은 최대의 상업 지역이었습니다. 영등포역, 영등포시장, 영등포 로터리는 여전히 사람이 몰리는 도심이지만, 예전에는 위상이 더욱 높았습니다. 서울 강북의 명동을 제외하면 대한민국 최고·최대의 상권이라 해도 과언이 아니었으니까요.

현재 대한민국 최고의 입지인 강남구는 1990년대까지만 해도 영동이라고 불렸습니다. 영동대교, 영동시장 등의 이름이 여기서 유래한 것입니다. 지금 엄청난 위상을 자랑하는 강남도 과거에는 그저 '영'등포의 '동'쪽에 지나지 않았던 것입니다.

이렇게 잘나가던 영등포구가 지금은 과거의 유명세를 뒤로한 채 조금은 빛이 바랬습니다. 왜 이렇게 되었을까요? 과거의 위상을 되찾을 수는 없을까요? 앞으로는 어떻게 될까요? 영등포구가 그동안 지나온 길을 되짚어보면서 함께 미래를 생각해봅시다.

관악산에서 바라본 영등포구 전경

추억의 장소가 많은 영등포, 그와 함께 춤을!

1980년대에 서울에서 청소년기를 보낸 분들은 영등포시장 교차로에 있었던 아트박스나 모닝글로리 매장을 기억하실 겁니다. 강서구, 양천구, 관악구, 구로구, 금천구 등 서울 남서권에 살았던 대부분의 청소년들은 이곳의 아트박스나 모닝글로리까지 와서 팬시 용품을 구매했습니다. 동네 문방구보다 상품이 훨씬 다양하고 저렴했으니까요. 아, 이 사거리 인근에 그 유명한 김안과도 있었네요.

또 같은 시기에 청년기를 보낸 분들은 영등포 로터리와 영등포시장 교차로 사이에 있는 나이트클럽을 방문하기도 했을 겁니다. 원투쓰리, ABC, 카네기 등 기본 안주와 맥주 3병이 1만 9,000원에 여성 손님은 무료였고, 3,000원짜리 음료권만 구입해도 입장이 가능했던 그 시절 나이트클럽의 메카가 바로 영등포시장 주변에 있었죠. 영등포시장 교차로와 영등포 로터리, 영등포역을 잇는 삼각형 부지 안에는 먹자골목도 형성되어 있었고, 음악다방들도 성업했습니다.

경원극장, 연흥극장의 라이벌 시대도 기억하시겠죠? 드라마로도 만들어졌던 소설《올인》의 주인공 집이 바로 경원극장이었습니다. 연흥극장이 더 오랫동안 운영했고 인기도 많았습니다. 극장 간판의 그림 솜씨도 연흥극장이 조금 더 나았던 것 같고요. 이곳에서 홍콩 배우 성룡의 영화나 〈인디아나 존스〉를 관람한 분들이 꽤 많을 거예요. 또 삼총사 극장이었던 화양·대지·명화극장도 떠오르네요. 그중 명화극장이 영등포 로터리에 있었습니다. 홍콩 영화는 무조건 거기에서 보았던 기억이 나네요. 아쉽게도 지금은 이 5개 극장 모두 사라졌습니다.

우리 부모님 세대에게도 영등포역과 영등포시장은 추억의 무대입니다. 영등포시장은 지금도 활발하게 운영되고 있고, 영등포역에서는 지방으로 향하는 다양한 노선을 이용할 수 있습니다. 영등포역 주변에는 식당과 술집이 즐비하지요.

어린 시절 호기심을 자아냈던 영등포 사창가도 타임스퀘어 뒤편에 아직 남아 있습니다. 이제 곧 재개발이

김안과 병원(위)과 지금은 사라진 경원극장(아래)

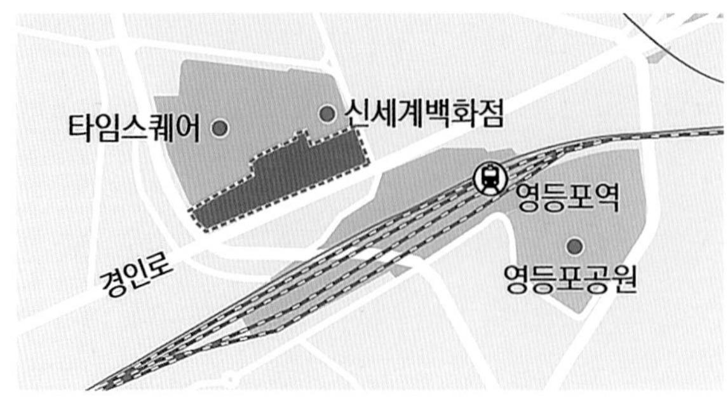

영등포 도심 역세권 재개발 구역 (출처:서울시)

되겠지만 말이죠. 이 영등포역세권의 노후 취약 지역(성매매 업소 집결지 일대)을 정비하기 위한 '영등포 도심 역세권 도시 정비형 재개발 정비 계획(안)'이 2020년 11월 발표되었습니다. 총 993세대의 공동 주택(임대 주택 132세대)과 오피스텔 477실을 포함하는 주거 및 업무·판매 시설을 주된 용도로 하는 최고 높이 150m, 기준 용적률 460%, 허용 용적률 700% 규모의 고층 건물로 개발될 예정입니다.

서울에 거주하는 30대 이상의 연령층이라면 대부분 영등포와 관련한 추억 하나씩은 있을 겁니다. 그만큼 많은 사람이 자주 찾던 곳이었습니다. 지금도 타임스퀘어나 여의동 쪽으로는 젊은 사람들이 많이 방문하고 있죠.

영등포에는 상업 시설만 있는 게 아니었어요!

많은 분이 영등포에 얽힌 추억을 떠올릴 때 영등포시장과 역 주변의 상업 시설만을 이야기합니다. 하지만 영등포구에는 상업 시설만 있는 것이 아니고, 또 영등포동만 있는 것도 아닙니다. 그런데 이처럼 빛바랜 사진처럼 낡은 이미지 때문에 영등포를 오래되고 변화가 없는 곳, 그다지 거주하고 싶지 않은 곳으로 여기는 분들이 많습니다. 현재 영등포구의 위상이 이러한 선입관에서 비롯되었다 해도 과언이 아니죠.

지금부터 영등포구에 속한 8개 동네에 대해서 이야기하겠습니다. 앞서 거론한 영등포에 대한 이미지는 영등포동에 국한될 뿐입니다. 이외에도 7개의 동네가 더 남아 있습니다. 이들의 이야기를 읽어보시면 영등포구가 얼마나 다양한 곳인지 새롭게 느끼게 될 것이고, 영등포구를 어떻게 바라보아야 하는지에 대한 여러분만의 인사이트가 생길 겁니다.

과거의 위상과 영화를 회복하려는 전직 챔피언

동네 이야기 1 | 영등포 하면 제일 먼저 생각나는 곳, 영등포동

영등포동은 영등포역과 영등포시장 주변 지역입니다. 상업 시설을 중점적으로 이야기할 수밖에 없지요. 영등포구를 생각할 때 떠오르는 이미지의 80% 이상을 차지합니다. 영등포가 친근하게 느껴지는 것도 영등포동 덕분이고, 영등포를 칙칙하게 여기는 것 역시 이곳의 이미지 때문입니다.

서울시와 영등포구에서도 영등포동이 지닌 한계를 잘 알고 있습니다. 영등포뉴타운을 지정하여 여러 가지 면에서 현대화하려는 노력을 기울이고 있지만, 상업 밀집 지역은 이해관계가 워낙 복잡하기 때문에 정비사업이나 재생사업을 추진하기 어렵습니다. 영등포동은 영등포동을 비롯하여 영등포본동, 영등포동 1~8가 등으로 구성되어 각 구역마다 현재의 모습이 다양할뿐더러 희망사항도 가지각색입니다. 때문에 영등포동 각 구역의 주민들과 지자체의 의견 조율이 한동안 난항을 겪을 것으로 보입니다.

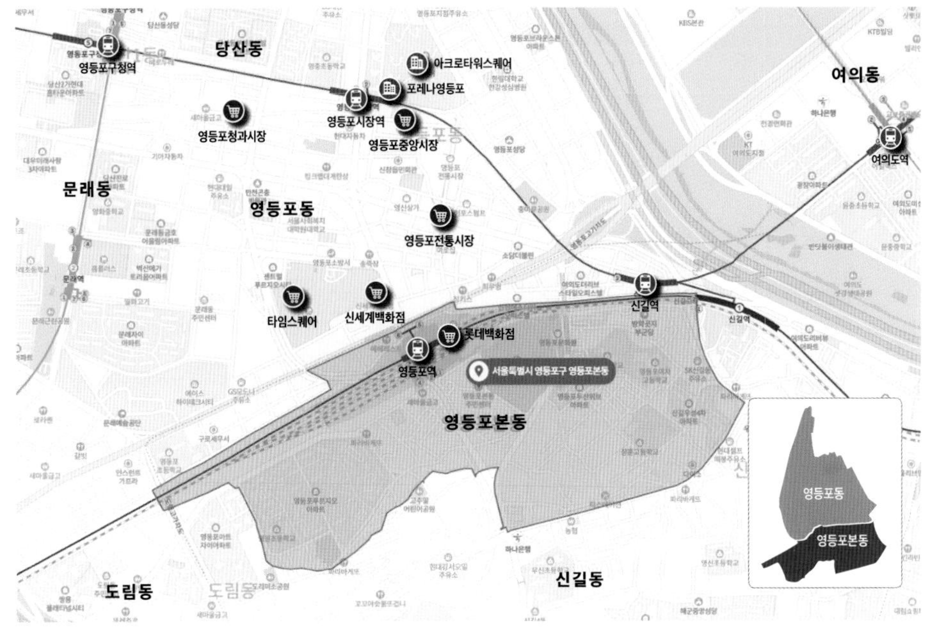

영등포본동 지도. 행정 구역상 영등포동은 영등포본동을 비롯하여 북쪽의 영등포동 1가부터 8가까지 광범위하게 펼쳐져 있다.

그중 영등포뉴타운에서 가장 먼저 재개발사업을 진행한 곳이 1-4구역을 재개발한 아크로타워스퀘어입니다(2017년 8월 입주). 두 번째로 개발된 구역이 2020년 10월 입주한 1-3구역의 포레나영등포입니다. 1-13구역도 사업시행인가를 받아 현재 재개발 진행 중입니다. 영등포뉴타운이 어느 정도 마무리되면 이 근방도 본격적인 변화가 시작되지 않을까 기대합니다.

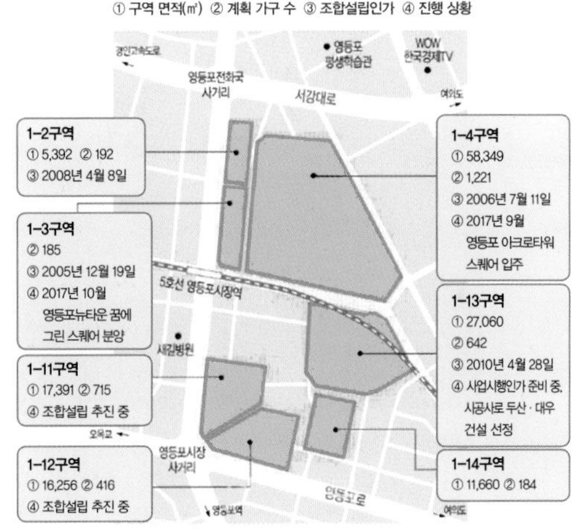

영등포뉴타운 구역별 진행 상황

영등포동의 핵심 시설은 롯데백화점과 타임스퀘어입니다. 영등포 역사 내에

영등포동 타임스퀘어 내부 모습

롯데백화점이 개발되면서 영등포역을 찾는 사람들이 더욱 많아졌고, 구 경방필백화점 부지를 최첨단 복합 시설로 개발한 타임스퀘어는 미디어 문화 세대의 아이콘이 되었습니다.

영등포동의 주요 관심사는 이 양대 상업 시설과 주변 상업 시설이 얼마나 조화롭게 공생하느냐 하는 문제입니다. 특히 영등포역 역사 리뉴얼과 주변 지역 정비사업이 지역에 어떤 영향을 줄지 지켜보아야 합니다. 앞으로 계속 진행될 영등포뉴타운 사업도 지속적으로 관심을 갖고 지켜볼 필요가 있습니다. 상업 시설 위주의 지역에 대규모로 공급되는 주거 시설이어서 어떤 시너지를 낼지가 관점 포인트입니다. 앞으로 개발 방향을 설정하는 데 지침이 될 시설들이기 때문이죠.

동네 이야기 2

영등포구 최고의 주거지이자 교통 요지, 당산동

영등포구 상권의 중심은 영등포동이고, 주거 지역의 중심은 당산동이었습니다. 당산동 부군당 인근에는 500년 된 은행나무가 있습니다. 당산동이라는 이름에서도 알 수 있듯, 당산(堂山)인 이 은행나무가 그동안 당산동을 지켜왔다는 토속 신앙이 서린 지역입니다.

당산동은 1동과 2동으로 나뉩니다. 당산 1동은 지하철 2·5호선 영등포구청역을 중심으로 한 지역이고, 당산 2동은 지하철 2·9호선 당산역을 중심으로 형성된 지역입니다. 이 2개 역 주변으로 관공서와 업무 시설, 많은 아파트 단지가 들어서 있습니다.

당산동은 일제 강점기 때부터 이 지역의 번화가였습니다. 지금도 법정동명으로 당산동 1가부터 당산동 6가까지의 지명을 씁니다. 과거에 업무

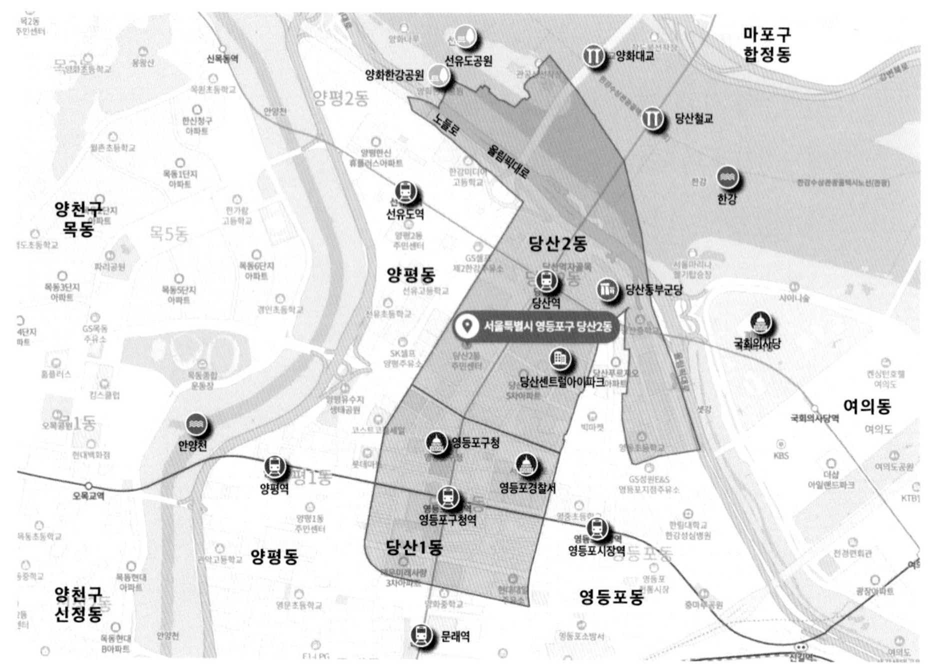

당산동 지도. 당산동은 1동과 2동으로 나뉜다. 1동에는 당산동 1가부터 3가까지, 2동에는 4가부터 6가까지 속한다.

시설과 상업 시설이 발달했다는 의미죠. 아주 큰 방적 공장이 있었고, 기계 공장, 맥주 공장, 정유 공장도 있었습니다. 일자리 많은 곳에는 상업 시설도 함께 발전합니다. 그래서 영등포동에 버금가는 번화가가 된 것이죠. 지금은 업무 시설보다 공공기관과 주거 시설이 밀집해 있습니다. 영등포구청과 영등포경찰서, 영등포세무서가 있고, 오피스 건물도 꽤 많습니다.

당산동을 대표하는 부동산은 아파트 단지들입니다. 출퇴근 교통망이 아주 편리해서 강남권과 강북권 직장인 모두가 선호하는 주거지입니다. 인기 노선인 지하철 2·5·9호선을 모두 이용할 수 있기 때문이죠. 게다가 웬만한 브랜드 아파트는 다 들어와 있습니다. 브랜드 아파트가 많은 지역은 주거지로 인기가 높다고 봐도 무방합니다. 상아현대아파트를 재건축하여 2020년 5월 입주한 당산센트럴아이파크의 경우 전용 84㎡(34평

한강변을 낀 최적의 입지와 편리한 교통망을 갖춘 당산동은 브랜드 아파트 단지가 속속 들어서면서 업무 지역뿐 아니라 주거지로서의 가치가 점점 높아지고 있다.

형) 기준으로 호가가 19억 원, 전세 시세가 10억 원으로 이미 전세가가 분양가를 초과한 상태입니다. 당산동이 지금 어떤 위상을 지니고 있는지 알 수 있겠죠?

당산철교 아래에는 양화 둔치가 있어서 한강 접근성도 매우 좋습니다. 올림픽대로와 노들로에 진입하기에도 용이합니다.

업무·교통·주거·자연환경까지 모두 갖춘 지역이기 때문에 영등포구에서는 여의동 다음으로 높은 시세를 유지하고 있습니다. 게다가 당산동은 현재 진행형인 동네입니다. 공장 시설들이 계속 바깥으로 이전하고 있으며, 그 부지에는 최신 오피스 건물과 주거 시설들이 속속 들어서고 있습니다. 따라서 주거지로서 당산동의 미래 가치는 계속 높아질 것으로 보입니다.

지금도 당산동에서는 부군당과 500년 된 은행나무에 제사를 지낸다고 합니다. 우리의 전통 문화를 보호하겠다는 마음이 모인 행동이겠지요.

당산동의 당산 역할을 하고 있는 수령 500년의 은행나무 ©한국문화원연합회

동네의 발전을 바라는 이 같은 마음과 바람이 쌓여 당산동이 평화롭게 발전해가는 건 아닐까요? 가족과 지역이 잘되길 바라는 마음이 모인 곳이기에 선순환 효과가 나타나는 것이겠죠.

동네 이야기 3 영등포구의 알짜배기 베드타운, 도림동

도림동 지역은 땅에 습기가 많아서 피, 콩, 수수, 메밀 등 흔히 말하는 억새풀 종류의 밭농사를 많이 지었다고 합니다. 도림(道林)이라는 지명 자체가 길에서 보았을 때 숲을 이룬 것처럼 억새풀이 둘러싸고 있는 모습에서 유래했습니다.

과거에 도림동은 업무 시설이 많은 문래동의 베드타운 역할을 했습니다. 지금도 상업이나 업무보다는 주거 수요가 많은 곳입니다. 아파트, 단독 주택, 다가구, 다세대, 원룸, 오피스텔, 주상 복합 등 거의 모든 형태의 주거 시설이 들어서 있습니다. 사실 과거에는 아파트 형태의 주거 시설이

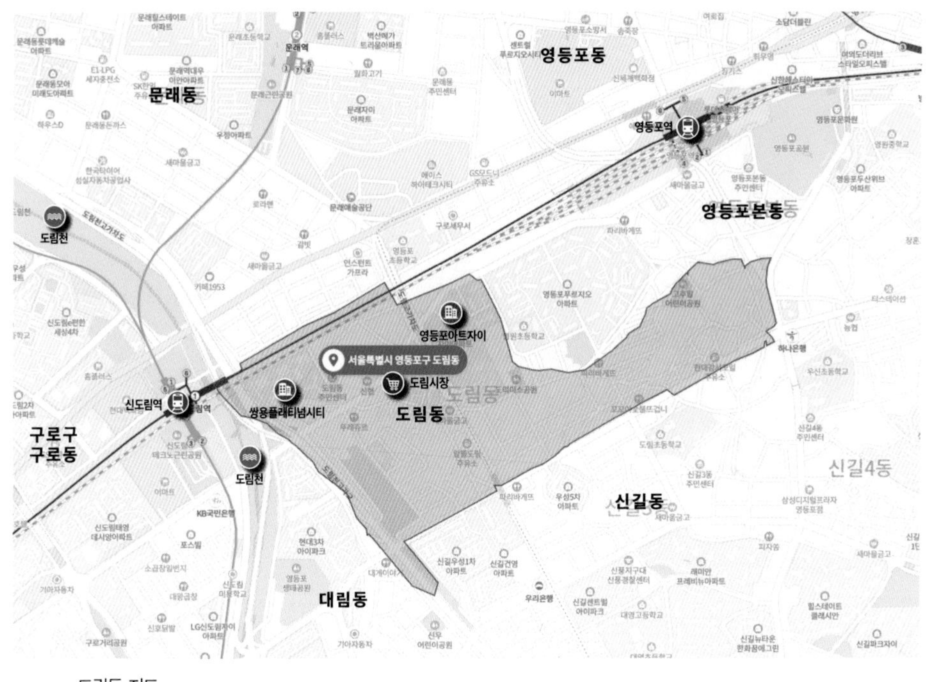

도림동 지도

전무했지만, 2014년 영등포아트자이가 입주하면서 도림동의 주거 문화를 바꾸었습니다.

교통 시설로는 지하철 1호선과 기차를 이용할 수 있는 영등포역과 1·2호선 이용이 가능한 신도림역이 있습니다. 자연환경으로는 도림천이 있고요, 생활편의 시설로는 신도림 상권과 영등포역 상권을 이용할 수 있습니다.

충분한 기반 시설을 갖춘 곳은 아니지만, 주변 동네의 근린 생활 시설을 이용하기에 별다른 어려움이 없어서 도림동 주민들은 크게 불편함을 느끼지 않습니다. 아울러 영등포역세권 주변 정비사업 및 재생사업의 효과는 그대로 도림동에도 전달될 것입니다. 조금 더 나은 주거 환경을 갖추게 될 것이란 의미인 거죠.

도림천

동네 이야기 4

영등포구의 팔색조, 문래동

고려 말 문익점 선생이 목화씨를 한반도에 들여온 이후 목화는 우리 경제의 중요한 자원이 되었습니다. 목화에서 씨를 제거하고 무명을 분리하는 기계가 물레입니다. 물레는 오랜 기간 우리 민가에 친숙한 물건으로 자리 잡았고, 물레라는 단어 역시 친근하게 다가옵니다.

문래동의 '문래'는 물레의 한자음 표현입니다. 일제 강점기에는 이 지역을 사옥정(絲屋町)이라고 불렀는데, 사옥(絲屋)은 실을 뽑는 건물이라는 뜻이고 정(町)은 일본식 행정 구역의 단위입니다. 그만큼 이 동네에 방적 공장, 즉 실을 만드는 공장이 많았다는 의미입니다. 광복 이후 일본식 용어를 한국식으로 대부분 교체하게 되는데, 이때 물레라는 기계에서 아이디어를 얻어 문래동이라고 이름 지은 것입니다.

지금은 모두 다른 곳으로 이전했지만, 과거 문래동은 방적 공장 밀집

문래동 지도. 문래동은 문래동 1가부터 6가까지로 구성된다.

지로 유명했습니다. 패션 아이템을 가장 많이 판매하는 GS홈쇼핑 본사가 이곳에 있는 것이 우연은 아닌 셈이죠. 지금도 문래동에는 GS홈쇼핑을 비롯해 업무 시설이 많이 들어서 있습니다. 남쪽 도림천변에 있는 공장들과 아파트형 공장들은 업무지구로서의 위엄을 보여주죠. 북쪽 양남 사거리 중고차 매매 시장 주변에도 많은 업무 시설이 밀집해 있습니다.

업무 시설 위주였던 문래동이 복합적인 성격을 띤 지역으로 변신한 것은 2호선 문래역에 입점한 홈플러스의 영향이 큽니다. 영등포구 주민뿐 아니라 인근 강서구와 양천구, 구로구 주민들까지 이곳으로 쇼핑을 오기 시작했으니까요. 그즈음 문래자이가 입주하고, 문래힐스테이트까지 입주합니다. 역세권에 생활편의 시설까지 갖춘 브랜드 아파트 단지가 권역에 형성된 것이죠. 신규 아파트가 들어설 부지들이 추가되고 있기 때문에

문래동 창작촌 골목. 예술적인 분위기를 풍길 뿐 아니라 많은 맛집이 들어서 방문객을 유인하고 있다.

문래동은 앞으로 거주지로 인기가 높아질 것이라 예상됩니다.

하지만 최근 문래동이 언론에 회자되는 이유는 주거 시설이나 상업·업무 시설 때문이 아닙니다. 창작촌, 예술촌으로도 불리는 문화 예술 거리 때문입니다. 성동구 성수동과 마찬가지로 과거에 철공소가 몰려 있던 거리에 예술가들이 입주하기 시작하면서 예술적 성격을 띤 상가로 하나 둘 변화해가고 있는 것이죠. 홍대 거리, 용산 경리단길, 강남 가로수길과는 차별화된 이색적인 매력을 띤 개성 있는 상권이 형성되었습니다. 창작촌 주변으로 맛집들도 속속 들어섰는데요, 서울의 다른 상권보다 임대료가 훨씬 저렴하기 때문에 많은 창업자에게 기회의 땅이 되었습니다.

최근에 제2세종문화회관 개발 계획이 발표되면서 문래동은 다시 한 번 언론의 주목을 받았습니다. 현재 도심권과 남동권에 집중된 공연장 인프라의 불균형을 해소하는 동시에 기존 세종문화회관(총 4,400여 석 규모)의 공연 수요를 분산하기 위해 문래동에 제2세종문화회관을 짓기로 계획한 것입니다. 문래동에 건립되는 제2세종문화회관은 지하 2층, 지상 5층(연면적 2만 7,930㎡)에 2,000석 규모의 대형 공연장과 300석 규모의 소공연장으로 구성될 예정입니다. 이 대상지는 주변 아파트를 개발하면서 기부 채납 받은 공공 공지(영등포구 문래동 3가 55-6)인데요. 20년 가까이 불모지로 남아 있던 공간을 남서권의 새로운 문화 중심지로 개발하며, 2025년까지 총 1,626억 원을 투입한다고 합니다.

문래동이 영등포의 다른 동네들과 차별화되는 큰 장점 중 하나가 자연 하천을 2개나 끼고 있다는 점입니다. 남쪽으로는 도림천을, 서쪽으로는 안양천을 접하고 있죠. 두 하천 모두 깔끔하게 정비된 둔치가 있습니다. 특히 안양천변은 자전거 타기, 조깅, 축구 등 거의 모든 스포츠 활동을 할 수 있을 정도로 규모가 큽니다. 이런 이유로 안양천변에 아파트 단지들이 밀집해 있지요.

구영등포와 신영등포의 분위기가 매력적으로 결합된 문래동은 업무·상업·주거·자연환경을 모두 갖춘 지역입니다. 앞으로 더 많은 사람이 찾아올 수밖에 없겠지요. 많은 사람이 찾게 되면 추가적인 수요가 증가합니다. 한동안 계속 뜨거운 관심을 받을 문래동. 마치 팔색조처럼 여러 가지 모습을 띤 매력적인 동네입니다.

제2세종문화회관 개발 계획도
ⓒ 서울특별시

동네 이야기 5	양평동, 공장 부지들의 변화를 주목하라!

양평(楊坪)은 양화진 옆의 평평한 땅이라는 의미입니다. 보통 평평한 땅에는 농사를 짓지만, 양평동은 영등포구에서 공업지대로 가장 유명한 곳입니다. 한강과 안양천을 끼고 있어서 홍수 피해가 많아 농사를 짓기에는 부적합했던 것이죠. 그래서 일제 강점기부터 경공업 중심의 공단지대로 활용되었습니다.

양평동은 5호선 양평역을 중심으로 하는 양평 1동과 9호선 선유도역을 중심으로 하는 양평 2동으로 나눌 수 있습니다. 양평 1동의 주거 시설로는 나홀로 아파트 몇 채와 주거용 오피스텔 몇 동이 있을 뿐 대부분 업

양평동 지도. 양평동은 1동과 2동, 양화동으로 구성되어 있다. 1동에는 양평동 1가부터 3가가 속하고, 2동에는 4가부터 6가가 속한다.

코스트코 양평점이 입점하면서 양평 1동은 유동 인구가 수십 배로 증가했다. © 코스트코 코리아

무 시설입니다. 물론 다세대와 단독 주택도 많지만, 그 역시 경공업을 위주로 하는 작은 업무 시설의 연장선에 놓인 건물이라고 보면 됩니다. 철공소가 아직 많이 남아 있고, 소규모 공장과 정비소도 대단히 많습니다. '양평동'이라고 하면 주로 양평 1동을 생각하는데, 저 역시 차를 타고 지나가기만 했을 뿐 그곳에서 딱히 한 일은 없습니다. 지금은 서울남부고용노동지청으로 변경된 과거의 목화예식장이 거의 유일한 접객 시설이었습니다.

하지만 양평 1동에 코스트코가 한국 최초로 입점하면서 유동 인구가 수십 배 증가했습니다. 지금은 서울과 수도권 몇 곳에 코스트코 지점이 생기면서 예전만큼 사람들이 모여들지는 않지만, 지금도 양평 코스트코는 한참 기다려야 주차 공간이 날 정도로 인기가 많습니다. 지역 내에 대형 쇼핑 시설, 특히 코스트코처럼 흡인력 있는 집객 시설이 들어선다는 사실은 분명 지역 경제에 큰 도움을 주는 이슈라 할 수 있습니다. 지역 인지도가 높아지고 주변에 다른 시설이 추가로 들어설 여지가 크기 때문이죠. 현재 롯데마트까지 추가로 들어서면서 지역 명소로 역할을 하고 있습니다. 특히 1층 푸드코트는 지역 내 최고의 식당 공간입니다.

양평 1동에 비해서 양평 2동은 화려한 편입니다. 우선 교통망이 아주 좋습니다. 올림픽대로와 서부간선도로, 경인고속도로의 시작점이며 양화대교를 끼고 있습니다. 아파트 단지는 주로 도로변에 자리 잡고 있고, 양평 1동, 당산동보다 교육 시설이 많습니다.

양평 2동에도 업무 시설이 많지만, 양평 1동처럼 중소 규모가 아니라 대형 공장과 오피스 건물, 오피스텔 등으로 정비된 모습을 보입니다. 특히 롯데타운이라고 할 수 있을 정도로 롯데그룹과 관련한 시설이 많습니다. 롯데제과, 롯데칠성이 있고요, 롯데홈쇼핑도 있습니다. 프로야구가 출범할 당시, 해당 기업의 주요 공장에서는 어린이 회원 가입 신청을 받기도 했는데, 롯데자이언츠와 해태타이거즈의 어린이 회원 신청을 받은 곳이 이 양평 2동에 위치한 롯데제과와 해태제과였습니다. 해태제과는 이제 다른 곳으로 이전했지만요.

양평 2동은 한강 둔치를 가장 쾌적하게 즐길 수 있는 곳입니다. 데이

양평동에서 바라본 선유도공원

트 장소로 인기가 많은 선유도공원이 이곳의 둔치와 양화대교를 통해 걸어서 접근할 수 있습니다. 자연환경이 매우 좋지요. 편리한 교통망과 한강을 즐기고 싶은 분들로서는 탐이 날 수밖에 없는 지역입니다. 스마트폰 게임 포켓몬고를 좋아하는 분들에게는 지역마다 핫플레이스가 있는데, 선유도공원도 희귀 아이템이 나오는 곳으로 꽤 유명합니다.

양평 2동은 추가적인 개발을 앞두고 있습니다. 여전히 공장 부지가 많기 때문에 이 부지들을 어떻게 활용할 것인가가 앞으로 양평 2동을 바라보는 관점이 되겠죠. 개발 주체들이 이 좋은 땅을 그저 공장이나 다세대 빌라로 활용하지는 않을 테니까요. 마포구 상암동과 영등포구 양평동을 잇는 월드컵대교가 2021년에 준공되면, 양평동의 위상은 한 단계 더 상승할 것으로 예상됩니다. 양평 2동의 모양새처럼 권총을 '탕!' 쏘게 되는 그 시점을 기대해봅니다.

아울러 주거지로서의 가치도 계속 커지고 있습니다. 현재 양평동에는 5개의 재개발과 1개의 재건축이 활발하게 진행되고 있으니까요. 이 정비 사업들이 마무리되면 당산동과 함께 한강변 명품 주거지로 각광을 받지 않을까 예상해봅니다.

동네 이야기 6 뉴타운이 될 수밖에 없는 운명, 신길동

신길동에는 밤지대고개가 있습니다. 일제 강점기 때 이 지역에 살던 오만한 일본인의 상여가 움직이지 않자 그 지역 모든 일본인이 머리를 땅에 처박고 사과한 뒤에야 움직였다는 전설이 전해지는 곳이지요. 그만큼 민족적 자존심이 강한 지역이 바로 신길동입니다.

신길동은 영등포구에서 가장 많은 동으로 쪼개진 동네입니다. 1동부터 7동까지 있거든요(2동은 없음). 그만큼 많은 변화를 맞았고, 주민의 수가 지속적으로 증가했음을 의미합니다. 오래전에 형성된 주거 지역이기 때문에 많이 낙후되어 있기도 했습니다. 뉴타운으로 지정되어 종합적인 개발을 하기 전까지는 말이죠.

신길동에 뉴타운이 지정될 수밖에 없었던 이유는 이름에서도 알 수 있습니다. 신길(新吉)이라는 말뜻이 새롭게 좋은 일이 생긴다는 의미이니까요. 새로운 동네(뉴타운)로 개발되는 경사를 맞았으니 이름의 뜻대로 맞아떨어진 셈이죠. 그래서 신길동은 지금 영등포구에서 가장 핫한 지역이 되었습니다.

과거의 신길동을 기억하는 분들에게 이곳은 낙후된 동네의 대명사였

신길동 지도. 신길 1동과 3동부터 7동까지 6개 동과 영등포본동 일부를 포함한다.

습니다. 여의도에 가까운 북쪽 지역에만 전철역이 있었어요. 1·5호선 더블 역세권인 신길역과 1호선 대방역이죠. 신길동 지역은 골목이 좁고 전철망이 부족해서 접근성이 매우 떨어졌습니다. 대규모 개발은 기대할 수 없었죠. 다세대, 다가구, 빌라 등만 공급되었고, 동네 구멍가게 수준의 상가가 많았습니다. 부동산 시세가 아주 낮아서 그나마 싸다는 점이 이 지역의 최대 장점이었습니다.

하지만 7호선이 신길동 중앙을 관통하면서 운명이 달라지기 시작했습니다. 신풍역과 보라매역이 생기면서 그 일대가 완전히 정비된 거죠. 특히 신길뉴타운 중심부인 신풍역 동쪽에 들어선 래미안에스티움이 성공을 거두면서 신길동도 대형 부동산 개발이 가능하다는 좋은 사례를 만들었습니다. 2017년에 입주한 래미안에스티움 이후로 신길뉴타운 개발에 탄력이 붙었지요. 래미안에스티움은 2015년에 입주한 래미안프레비뉴와 더불어 신길뉴타운의 초기 방향성을 잘 잡아준 단지입니다. 이후에 분양한 단지들 모두 완판 행진을 이었지요. 그 결과, 지금은 영등포구에서 고가의 아파트가 가장 많은 지역이 되었습니다. 말 그대로 입주민들의 신분과 계층에 큰 변화가 생긴 거지요. 참고로 가장 최근 입주한 힐스테이트클래시안(2020년 10월)의

래미안에스티움(위)와 래미안영등포프레비뉴(아래)

신길동은 아파트 단지와 일반 주택 단지가 뒤섞여 있다. 한 지역에 노후화된 주택이 많다는 사실은 그만큼 개발 가능성이 크다는 사실을 말한다.

전용 85㎡는 호가로 16억 원을 넘어섰습니다.

신길동은 1호선 대방역과 7호선 보라매역 사이의 여의대방로를 경계선으로 하여 동작구 대방동, 신대방동과 마주 보고 있습니다. 거의 모든 조건이 유사한데도 길 하나 차이로 평당 200만 원 정도 신대방동의 시세가 높았습니다. 신길동이 영등포구에 속해 있다는 이유 때문이었을까요? 아니면 다른 이유가 있었을까요?

신길동은 당시(2015년 이전) 객관적인 지표에서 두 가지 요소가 신대방동보다 낮게 평가되었습니다. 하나는 교육 환경, 다른 하나는 환경 쾌적성이었습니다. 타고난 환경을 바꾸는 일이 어려운데도 뉴타운 사업을 통해 이 부족한 점들을 완전히 극복했다는 점에서 낙후 지역을 개선하는 방법은 뉴타운이어야 한다는 사실을 확신시켜준 좋은 사례가 되는 것이죠. 교육 환경은 그 지역에 어떤 사람들이 사는지에 달려 있습니다. 새로운 주거 시설이 들어서면 새로운 교육 환경을 요구하는 층이 많아지기 마련입니다. 그런 요구가 반복되고 누적되면 교육 환경이 점차적으로 좋아집니다.

신길뉴타운은 사업을 진행하면서 녹지 공간을 충분히 확보했습니다. 이전에 있던 혐오 시설들이 사라진 것은 기본이죠. 이렇게 신길뉴타운 사업은 영등포구와 신길동의 입지 조건과 질을 완전히 바꾸어버렸습니다.

신길동은 뉴타운 사업을 해야 하는 지역이었고, 드디어 이름값을 하게 되었습니다. 신길뉴타운에는 새로운 전철망이 2개 더 생깁니다. 2022년 2월 개통 예정인 경전철 신림선과 2024년 개통 예정인 신안산선입니다. 아마도 이 2개 노선이 개통하면 신길뉴타운은 신인 스타가 아니라, 5개 노선이 지나는 교통 편리 지역으로 영등포구의 빅스타가 되지 않을까 예상해봅니다.

동네 이야기 7

양날의 칼을 쥐고 있는 대림동

대림동은 교통 편리성만 놓고 본다면 시세가 가장 높아야 하는 지역입니다. 서울 지하철 9개 노선 가운데 프리미엄이 높다고 하는 2·3·7·9호선 노선 중 무려 2개 노선이 더블 역세권(2·7호선)으로 지나기 때문입니다. 그런데도 현재 영등포구에서 부동산 시세가 매우 낮은 지역 중 한 곳입니다. 두 가지 이유가 있습니다. 첫 번째 이유는 역세권인데도 고층 빌딩이나 대형 상가, 오피스 건물이 들어서지 않은 지역 상권이 분포해 있고, 이 상권 내에 다세대 빌라 위주의 주거 시설이 있다는 점입니다. 두 번째 이유는 조선족 등 중국인이 밀집한 지역이라는 점입니다.

대림동이라는 이름만 들으면 꽤 크고 비싼 지역일 것으로 생각되는데,

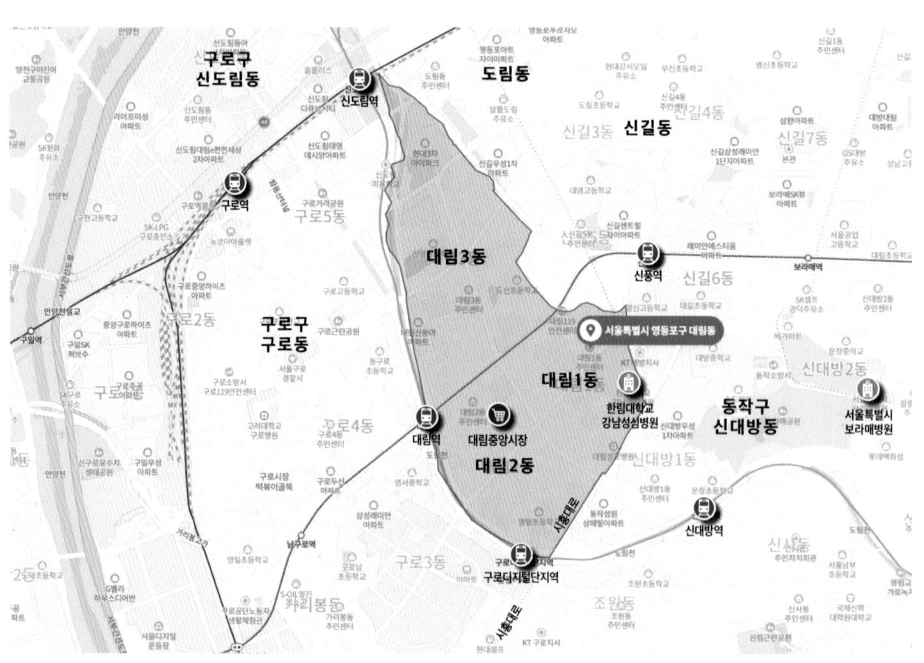

대림동 지도. 대림 1동부터 3동까지 있다.

왜 이 지역의 위상이 낮을까요? 지명의 어원을 따져보면 그럴 수도 있겠다는 생각이 듭니다. 동작구 신대방동의 '대'와 구로구 신도림동의 '림'을 조합해서 만든 지명이거든요. 영등포구에서 동작구와 구로구가 분리되는 과정에서 뒤늦게 영등포구에 잔류하기로 결정된 사연이 이 이름에 숨겨져 있습니다. 신도림동이나 신대방동처럼 새롭게 각광받을 만한데도 영등포구의 낙후된 이미지에서 벗어나기 힘든 것이죠.

하지만 대림동에서 일어나고 있는 점진적인 변화를 살펴보면 현재의 낮은 위상이 그대로 이어질 것 같지는 않습니다. 2·7호선 대림역 더블 역세권이 있고, 1·2호선 더블 역세권인 신도림역, 2호선 구로디지털단지역을 이용할 수 있습니다. 서울 남서부 지역의 중심 도로인 시흥대로의 시작 지점이기도 합니다. 여의도로 이동하기에도 편리하고 금천구, 안양으로 이동하기에도 좋습니다. 도림천을 끼고 있으며, 대형 병원인 강남성심병원이 있습니다. 영등포구뿐만 아니라 신도림동과 신대방동의 기반 시설을 모두

구로디지털단지역 주변 풍경

대림역 주변의 중국인 밀집 지역. 중국인과 조선족 거주민이 많다는 사실이 부동산 시세에 악영향을 미치고 있지만, 이곳을 어떻게 리뉴얼하느냐에 따라 대림동의 이점으로 작용할 수도 있다.

이용할 수 있습니다.

시세가 낮다는 사실은 그만큼 접근하기 쉽다는 의미이기도 합니다. 싼 게 비지떡이라는 말도 있지만, 대림동은 주변 지역의 여러 가지 혜택을 누릴 수 있는 이점이 많은 곳입니다.

다만 대림역 주변은 다소 복잡한 양상에 얽혀 있습니다. 더블 역세권이어서 매우 핫한 곳이어야 하는데, 대규모로 형성된 중국인 집단 거주 지역이기 때문에 한국 도시의 중심지처럼 발전하지는 못했습니다. 대림역 주변과 대림중앙시장은 차이나타운을 연상케 할 정도로 중국인이 많고 중국 상가도 많습니다. 이곳이 번듯한 차이나타운으로 정착한다면 서울 내의 새롭고 이색적인 상권으로 재탄생하겠지만, 중국인이 많은 지역을 호재로만 볼 것인지에 대해서는 조금 더 지켜봐야 할 것 같습니다. 특히 주거 시설에 대한 프리미엄은 상권이 발달한 지역일수록 낮아지는 효과가 있기 때문입니다. 사람 사이의 이해관계란 그만큼 복잡한 것이니까요.

동네 이야기 8 | 대한민국 최고의 정치·금융 도시, 여의동

여의도는 행정 구역상 영등포구에 속하지만, 절대 영등포구 권역이 아니라는 점을 염두에 두고 이야기를 들어주시면 좋겠습니다. 영등포에는 과거에도 없었고 앞으로도 없을, 차원이 다른 명품 신도시이기 때문입니다. 제주도가 한국 땅이지만 육지와는 전혀 다른 모습을 보이는 것과 같습니다.

실제로 여의도는 섬입니다. 하중도(河中島, 하천에 있는 섬)죠. 마포 포구 근처에서는 여의도 외에도 율도(지금의 밤섬)라는 섬이 있습니다. 과거에는 밤섬이 더 인기가 많았죠. 겸재 정선이 동양 최고의 경치라 하여 여러 편의 작품을 남겼다고 전해집니다. 그랬던 밤섬은 무인도로 전락(?)했고, 여의도는 대한민국 정치·금융의 메카로 발돋움했습니다. 최근에는 정치·금융뿐만 아니라 명품 주거지와 핫한 상권, 또 계절마다 찾게 되는 관광지로 큰 역할을 하고 있습니다. 여의도는 이제 그 자체로 브랜드가 되었습니다. 영등포구의 한 행정 구역이 아니라, 영등포구 전체 위상을 뛰어넘는 차별화된 존재가 된 것이죠.

여의도의 어원을 보면 그 시작이 얼마나 초라했는지 알 수 있습니다. 홍수가 나면 항상 물에 잠겨서 사람들이 그나마 물에 잠기지 않은 곳을

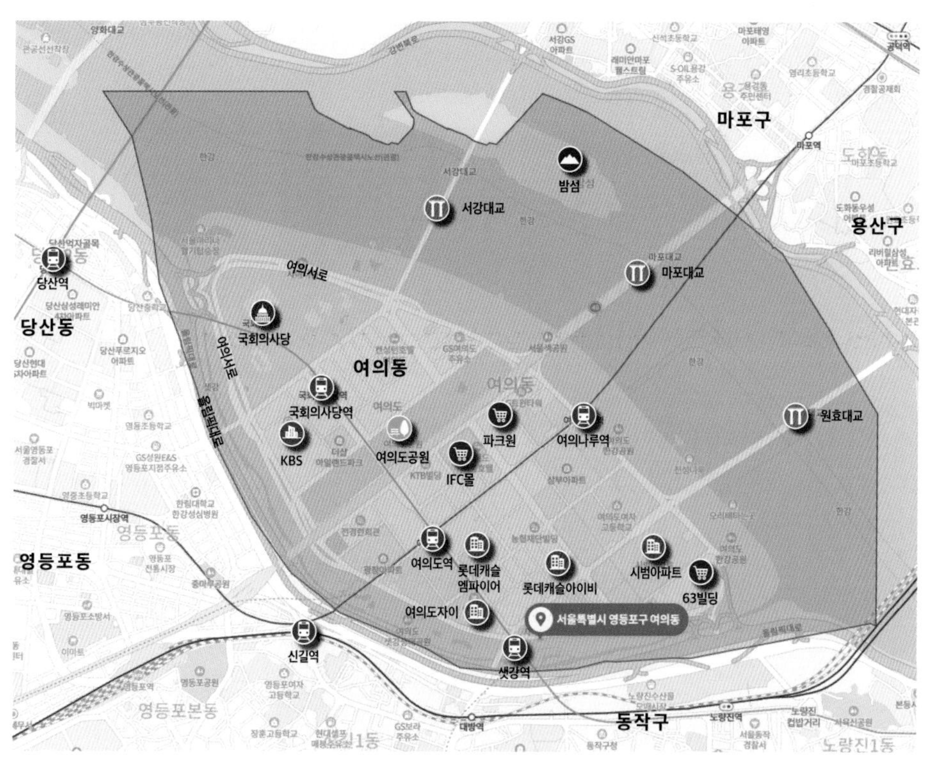

여의동 지도. 서울에서는 유일하게 섬으로 이루어진 행정 구역이다. 여의도동, 여의동, 2가지 법정동명으로 불린다.

가리키며 '너의 섬', '나의 섬'이라고 찍었다고 해요. '너의 섬'을 한자로 옮긴 표현이 바로 여의도(汝矣島)입니다. 이처럼 어디에 써먹기에 불안정했기 때문에 현재의 국회의사당 부지인 양말산 주변의 목장 외에는 특별히 쓰임새가 없었습니다. 일제 강점기 때 일본군이 군사 목적으로 비행장을 건설하기 전까지는 거의 방치된 곳이나 다름없었습니다. 일본이 여의도에 만든 비행장은 김포공항이 만들어지기 전에 공항으로 이용되었고, 1970년 초반까지는 공군 기지로 활용되기도 했습니다.

이 볼품없는 땅 여의도를 본격적으로 개발한 것은 1970년대 초였습

처음 비행장으로 쓸 목적으로 조성한 여의도광장(위)과 지금의 여의도(아래). 아래 사진의 오른편에 있는 녹지 공간이 여의도광장을 새롭게 꾸민 여의도공원이다.

니다. 강북의 수요를 분산하려는 목적으로 강남구를 개발한 것처럼, 여의도에도 대규모 주거 단지를 개발했습니다. 이때 지어진 아파트가 1971년 입주한 여의도시범아파트입니다. 대규모 주거 시설을 건설하면서 여의도가 물에 잠기지 않도록 제방을 쌓았습니다. 이를 위해 1968년 밤섬을 폭파합니다. 여기서 얻은 돌을 여의도의 제방을 쌓는 데 사용했지요.

12층으로 지어진 여의도시범아파트는 당시로서는 최고층 아파트였습니다. 처음으로 엘리베이터가 설치되었고, 세대마다 냉·온수 급수 시설과 난방 시설이 제공되었습니다. 상가와 유치원, 초·중·고등학교를 단지 가까이 배치했고요. 지금의 택지개발 방식이 적용된 것이죠.

여의도시범아파트 입주를 시작으로 국회의사당, 방송국 3사, 금융 시설 등이 여의도에 들어섰습니다. 대기업 본사들이 입주했고, 여러 상업 시설도 들어섰습니다. 지금은 건물만 남은 채 다른 용도로 활용되고 있지만, 여의도백화점도 문을 열었어요. 세계 최다 신자 수를 자랑하는 순복음교회도 여의도에 있습니다.

여의도는 산과 바다만 없을 뿐 모든 것을 다 갖춘 곳이라고 할 수 있습니다. 직사각형으로 구획된 지구에 계획적으로 차곡차곡 건물을 만들었기에 대단히 고급스럽고 완성도가 높습니다. 서울에서 단독 주택이나 다세대 주택 같은 소형 주거 시설이 전혀 없는 유일한 지역일 것입니다. 그만큼 계획적으로 만들어진 도시이지요.

5호선 전철 2개 역과 9호선 3개 역이 있습니다. 여의도역은 더블 역세권(5·9호선)이고, 3개의 한강 다리가 연결되어 있습니다. 1970년 개통한 마포대교(당시 서울교), 1981년 개통한 원효대교, 1997년 개통한 서강대교가 있습니다. 섬에 육지와 연결되는 다리가 놓이면 그 섬은 사실상 섬이 아니라 육지에 편입됩니다. 1970년부터 여의도는 이미 육지화되어 있었던

국회의사당 야경

셈이죠. 그래서 섬이었음에도 개발 속도가 빨랐고, 많은 사람이 쉽게 접근할 수 있었던 것입니다.

여의도 5·16광장은 박정희 전 대통령의 구상대로 군사 공항으로 활용하기 위해 광장 형태를 유지하다가 조순 전 서울시장이 취임한 뒤 1998년 여의도공원으로 탈바꿈했습니다. 녹지 공간이 턱없이 부족했던 여의동에 산소를 공급하는 역할을 하게 된 것이지요.

여의도공원 북서쪽은 국회의사당과 KBS를 중심으로 하는 업무지구입니다. 봄이 되면 국회의사당 뒷길인 여의서로(구 윤중로)에 수많은 벚꽃 관광객이 몰립니다. 여의도공원 남동쪽에서 중앙 부분은 금융기관을 중심으로 하는 업무지구로 상향 개발될 예정입니다. 여의도에서 가장 사람이 많이 몰리는 IFC 건물은 여의도 오피스 수준을 몇 단계 끌어올렸습니다. 여기에 더해서 얼마 전 준공된 파크원이 유동 인구를 급속도로 증가시키고 있죠.

이 업무지구 양쪽 지역은 명품 주거 단지로 재건축될 예정입니다. 1970~1980년에 지어진 공작·목화·시범·삼부·광장아파트 등이 재건축을 앞두고 있습니다. 미주아파트와 백조아파트는 이미 롯데캐슬아이비와 롯데캐슬엠파이이어로 재건축되었고, 한성아파트를 재건축한 여의도자이는 신규 아파트 중 가장 높은 시세를 형성하고 있습니다.

누가 뭐라 해도 여의도의 랜드마크인 63빌딩은 남산타워, 롯데월드타워와 더불어 서울의 상징적인 존재로 볼거리를 제공합니다. 또 10월 첫째 주에 열리는 세계불꽃축제로 인해 여의도는 명품 관광지로 발돋움했죠. 여의도에 대해 이야기하자면, 책 한 권으로도 부족합니다. 그만큼 많은 이야기와 부동산 관련 이슈가 넘치는 곳이니까요.

그럼 이제 여의도를 살펴볼 때 주목해야 할 3가지 이슈를 알려드리겠습니다.

첫 번째는 주거 시설에 관한 이야기입니다. 강남구 압구정지구를 제외하면 용산구의 동부이촌동과 영등포구의 여의동을 최고의 주거 지역으로 평가합니다. 과연 이 지역들의 재건축이 언제부터 본격화될지, 재건축 이후의 위상이 어떻게 달라질지 궁금하지 않으신가요? 아마도 최고층 주거 시설 밀집 지역으로 거듭날 것입니다.

두 번째는 업무 시설에 대한 부분입니다. IFC가 준공된 뒤로 여의도의 랜드마크라는 명성을 63빌딩으로부터 물려받았다는 의견이 꽤 많았습니다. 하지만 이 왕관을 둘러싼 전쟁에 파크원이 도전장을 내밀었습니다. 고층 빌딩의 전쟁터가 될 여의도에서 과연 어느 건물이 '랜드마크'라는 위상을 차지할지 궁금합니다. 63빌딩, IFC, 파크원 중 누가 그 주인공이 될지, 지켜보는 소비자 입장에서는 참으로 재미있는 구경입니다.

세 번째 이슈는 교통망 확충입니다. 5호선, 9호선만 있던 여의도에 3개의 노선이 추가됩니다. 2022년 신림선이 개통합니다. 그 출발 지점이 현재의 9호선 샛강역입니다. 더블 역세권이 되는 것이지요. 2024년에는 신안산선이 개통합니다. 5·9호선 여의도역이 출발 지점입니다. 언제 개통할지 모르지만, 여기에 GTX-B 노선이 가세합니다. 쿼트러플 역세권이 되는 것이죠. 여의도는 앞으로 교통의 중심지로도 큰 역할을 하게 될 것

입니다. 지역의 역할이 하나 더 추가되는 것이지요.

"내 땅이 어디 있지?", "에이, 너나 가져라!"라고 했던 그 하찮은 섬, 여의도가 이렇게 값지고 소중한 재산이 될 거라고는 우리 부모님 이전 세대의 어느 누구도 예상하지 못했을 겁니다. 부동산 가치는 결국 사람이 만든다는 것을 확실히 알려주는 곳이 바로 여의도입니다.

대한민국 랜드마크 건물의 효시라고 할 수 있는 여의도 63빌딩

과거 화려한 위상을 주변에 다 나누어주었던 영등포

영등포구는 '원조 강남'이라고 말씀드렸습니다. 동작구와 서초구가 떨어져 나갈 때 강남권 주거지로서의 위상을 두 구에게 나누어주었습니다. 구로구와 금천구가 분리되어 나갈 때는 첨단 업무지구로서의 위상을 넘겨주었고요, 강서구, 양천구, 관악구에게는 베드타운 역할을 나누어주었죠. 그렇게 다 나누어주고 남은 것이 지금의 영등포구입니다.

위치로 보았을 때는 서울 남부의 중심입니다. 때문에 그나마 현재의 위상이라도 누릴 수 있는 것이죠. 부동산 관점에서 입지 조건은 매우 훌륭합니다. 많은 사람들이 오랫동안 활용해왔기에 낡은 이미지가 있지만, 앞으로도 많은 사람이 이용할 수밖에 없는 입지이기 때문에 조금만 리뉴얼을 해도 영등포구의 위상은 빠르게 올라갈 것입니다. 현재 동작구보다 낮은 평가를 받고 있지만, 이것은 동작구가 영등포구보다 상대적으로 젊은 부동산이기 때문입니다. 입지적인 큰 관점에서 본다면, 그 어떤 면을 비교해보아도 영등포구가 유리한 조건을 가지고 있다는 것이죠.

새롭게 하라, 그리하면 높아질 것이니!

서울 25개 구 중에서 영등포구에만 없는 것이 딱 하나 있습니다. 바로 산입니다. 한반도 지형 자체가 평지가 거의 없기 때문에 한국형 부동산은 산과 매우 밀접한 관계가 있습니다. 특히 한국인들은 산을 좋아하기도 하지요. 다만 놀러가는 것을 좋아하지, 산에 집을 짓고 사는 것은 그리 좋아하지 않습니다.

부동산 가치 측면에서 보면, 평지와 고바위 지형 중 당연히 평지를 선호합니다. 부동산 개발 활동에 있어 산이 없다는 것은 매우 유리한 조건입니다. 영등포구의 입지가 기대되는 것은 평지라는 요인도 포함되어 있습니다. 여의도 역시 대부분 평지였기 때문에 지금의 멋진 모습을 보여줄 수 있었던 것이죠.

영등포시장 사거리

영등포구 재개발 구역 현황

시군구	읍면동	구역	단계	건립 예정 세대수	대지면적 (m²)	시공사
영등포구	문래동 1가	문래동 1-4가	구역지정	–	279,472	
영등포구	영등포동 2가	영등포 1-15구역	구역지정	–	1,785	
영등포구	영등포동 2가	영등포 1-17구역	구역지정	–	1,759	
영등포구	영등포동 2가	영등포 1-19구역	구역지정	–	1,945	
영등포구	영등포동 2가	영등포 1-20구역	구역지정	–	9,621	
영등포구	영등포동 2가	영등포 1-21구역	구역지정	–	11,264	
영등포구	영등포동 2가	영등포 1-22구역	구역지정	–	4,615	
영등포구	영등포동 2가	영등포 1-23구역	구역지정	–	11,010	
영등포구	영등포동 2가	영등포 1-24구역	구역지정	–	5,265	
영등포구	영등포동 2가	영등포 1-25구역	구역지정	–	3,451	
영등포구	영등포동 5가	영등포 1-5구역	구역지정	–	2,805	
영등포구	영등포동 5가	영등포 1-6구역	구역지정	–	2,272	
영등포구	영등포동 5가	영등포 1-7구역	구역지정	–	3,597	
영등포구	영등포동 5가	영등포 1-8구역	구역지정	–	3,147	
영등포구	영등포동 5가	영등포 1-9구역	구역지정	–	2,185	
영등포구	영등포동 5가	영등포 1-10구역	구역지정	–	4,021	
영등포구	영등포동 5가	영등포 1-12구역	구역지정	–	14,903	
영등포구	영등포동 5가	영등포 1-14구역	구역지정	–	4,307	
영등포구	영등포동 5가	영등포 1-16구역	구역지정	–	5,395	
영등포구	영등포동 5가	영등포 1-18구역	구역지정	–	4,905	
영등포구	신길동	영진시장	기본계획	104	2,754	
영등포구	신길동	신길 제2구역(190일대)	추진위	1,772	116,896	
영등포구	양평동 1가	양평 제10구역	추진위	–	10,000	
영등포구	양평동 2가	양평 제14구역	추진위	308	11,082	
영등포구	영등포동 5가	영등포 1-11구역	추진위	715	17,392	
영등포구	신길동	신길 1 촉진구역	조합설립인가	985	62,696	
영등포구	영등포동 7가	영등포 1-2구역	조합설립인가	201	5,392	동부건설㈜
영등포구	양평동 1가	양남시장 정비사업	사업시행인가	90	1,957	
영등포구	양평동 2가	양평 제13구역	사업시행인가	360	27,435	삼성물산㈜
영등포구	영등포동 2가	영등포 1-26구역	사업시행인가	156	3,356	동부건설㈜
영등포구	영등포동 5가	영등포 1-13구역	사업시행인가	659	27,049	㈜대우건설, 두산건설㈜
영등포구	양평동 1가	양평 제12구역	관리처분	707	37,562	GS건설㈜

영등포구 재건축 단지 현황

시군구	읍면동	재건축 단지명	준공연월	사업단계	총 세대수	예정 세대수	시공사
영등포구	신길동	신미	1981년 6월	안전진단	130	266	
영등포구	양평동 1가	신동아	1982년 4월	추진위	495	684	
영등포구	여의도동	광장	1978년 5월	추진위	744	-	
영등포구	여의도동	미성	1978년 5월	추진위	577	-	
영등포구	여의도동	수정	1976년 9월	추진위	329	-	
영등포구	여의도동	시범	1971년 1월	추진위	1,584	1,993	
영등포구	당산동 4가	유원 1차	1983년 12월	조합설립인가	360	434	
영등포구	당산동 5가	유원 2차	1984년 9월	조합설립인가	410	708	
영등포구	문래동 2가	남성	1983년 12월	조합설립인가	390	505	
영등포구	문래동 5가	진주	1984년 9월	조합설립인가	160	324	
영등포구	신길동	남서울	1974년 12월	조합설립인가	518	874	㈜대우건설
영등포구	신길동	삼성	1984년 5월	조합설립인가	384	657	

다만 오래되었습니다. 이미지도, 시설도 낡았죠. 오래된 것은 새것으로 바꾸기만 하면 무조건 다시 살아납니다. 아주 쉽죠. 따라서 영등포구에서는 새로운 시설이 들어오는 곳, 기존의 낡은 것들을 새롭게 바꾸는 것들에 관심을 가지고 보면 됩니다.

아무리 발전한다 해도 영등포구가 강남구에 앞설 수는 없겠지만, 강남구를 제외하면 다른 지역들과는 충분히 경쟁할 만한 이유가 바로 여기에 있습니다. 영등포구의 재도약을 벅찬 마음으로 지켜보시죠.

=부동산 이슈는 결국 사람이 만들어내는 것

지명이 '~가'인 곳은 업무 시설이 많다는 의미입니다

대한민국 최고의 상권 종로 3가, 종로 3가에 버금가는 상권 을지로 1가, 영화의 중심지 충무로 1가, 서울의 중심 세종로 1가 등등 동네 이름에 '~가'가 붙은 곳은 상가 등의 업무 시설이 많다는 사실을 말합니다. 영등포구에는 유독 '가(街)'가 붙은 지명이 많습니다. 문래동 1~6가, 당산동 1~6가, 양평동 1~6가, 영등포동 1~8가가 있지요. 이 책에서는 단순히 동 이름만 거론했는데, 법정동명을 보면 '~가'가 붙은 동네가 많습니다. 그만큼 도로 주변으로 여러 가지 시설이 발달한 지역이라는 의미입니다.

이처럼 도로 주변에 시설이 발달한 곳은 상권이나 오피스 밀집 지역일 확률이 높습니다. 만약 이런 지역의 시세가 생각보다 낮다면, 그만큼 낙후된 시설이 많을 확률이 높기 때문에 상가 투자에 관심이 많은 분들로서는 저렴하게 구입해서 리뉴얼이 가능하다면 좋은 투자 대상이 될 수 있

영등포역 앞을 지나는 경인로 주변에 늘어선 업무 시설들. 2015년에 촬영한 사진이다.

는 것이죠. 반대로 조용한 주거 지역을 찾는 분들은 이런 곳에서 떨어진 지역을 선택해야 하는 하나의 기준이 되기도 합니다.

과거에 사람을 많이 모이게 했던 자리는 다른 시설로 개발하기가 용이합니다

부동산을 개발할 때 최악의 상황은 수요가 없는 부동산을 개발하는 것입니다. 수요가 없는 부동산을 판단하는 가장 중요한 요소가 그 지역에 대한 인지도 혹은 방문 빈도입니다. 아무리 멋진 시설을 개발한다고 해도 사람들이 잘 모르거나 접근이 불편한 곳에 위치한다면 그 개발은 실패할 확률이 높습니다. 따라서 조금은 인상과 이미지가 좋지 않더라도 인지도가 있고 접근성이 좋은 곳을 개발하는 것이 좋습니다.

문래동의 철공소 골목은 일반인들에게 혐오스러운 곳이었을지도 모릅니다. 그런데 철공소가 이전하고 창작촌으로 변신한 뒤에 방문객이 늘어난 것은 그 지역이 이미 널리 알려져 있고 접근성이 좋기 때문이죠. 이 방향대로만 간다면, 과거의 칙칙하고 부담스러운 이미지는 젊고 참신한 이미지로 바뀔 것이고, 더욱 많은 사람이 찾는 곳이 될 겁니다.

코스트코와 이마트 트레이더스의 싸움, 소비자는 즐거울 뿐이고!

재래시장과 공장뿐이던 문래동에 새로운 바람을 불어넣어준 것은 홈플러스였습니다. 찾는 사람이 별로 없는 양평동 공장 지역에 기하급수적으로 유동 인구가 증가한 데에는 코스트코라는 유통 시설의 역할이 컸습니다. 코스트코 매장은 전국 어디서든 인기가 높습니다. 그래서 코스트코가 있는 지역은 대부분 관심 지역이 되지요.

롯데쇼핑에서 이 코스트코에 대응하기 위해 빅마켓을 만들었습니다. 하지만 경쟁력이 약했죠. 급조한 티가 너무 났거든요. 최근 이마트에서 트레이더스라는 창고형 유통 시설을 론칭했습니다. 코스트코가 지닌 약점을 보완한 전략적 상품입니다. 얼마 전 일산에 오픈한 이마트 트레이더

여의도가 오늘날처럼 명품 주거지와 업무 지역으로 거듭난 것은 육지와 연결된 다리가 건설되면서부터였다. 다리가 신설되는 섬 지역은 가치가 높아지기 때문에 이러한 지역은 눈여겨볼 만하다.

스는 고양시, 파주시뿐만 아니라 용산구, 서초구에서도 찾아온다고 합니다. 광역 상권 시설이 된 거죠. 코스트코와 이마트의 싸움이 즐거운 건 제가 소비자이기 때문이겠죠. 많이 만들어주세요. 줄 안 서고 이용할 수 있도록요.

섬 개발의 성공 여부는 다리 건설과 깊은 관계가 있다!

섬은 접근성이 떨어지기 때문에 개발하기 어렵습니다. 자연환경이 뛰어남에도 대부분의 섬이 후진적인 부동산 시설에서 벗어나지 못하는 이유입니다. 반면에 과거의 모습을 즐길 수 있고 난개발 후유증이 없다는 장점은 있습니다. 다만 편리성 측면에서 보면, 현지 주민이나 방문객 모두 불편함을 느낄 수밖에 없습니다. 섬 지역의 부동산 시세가 저렴한 이유겠죠.

섬 지역의 개발 가능성 여부는 다리 건설과 밀접한 관계가 있습니다. 영종도가 개발된 이유도, 강화도가 더욱 발전한 이유도, 완도나 진도가 과거보다 시세가 올라간 이유도, 거제도의 부동산 시세가 부산만큼이나 급등한 이유도 모두 다리와 관련 있습니다. 마포대교가 아니었다면 여의도는 현재의 위상을 갖지 못했을 것입니다. 선유도가 지역 명소가 된 것도 다리로 육지와 연결되었기 때문이죠.

다리가 놓일 전국의 섬 지역들을 눈여겨봐야 하는 이유가 충분하죠? 구글에서 다리 건설에 관한 정보를 찾아서 정리해보세요. 도림동과 신도림동 사이의 도림천 위로 걸어서 건널 수 있는 다리를 신축하네요. 도림동 인근도 살펴보아야겠죠. 아울러 영종도와 청라지구를 잇는 제3연육교도 곧 착공한다고 합니다.

과거의 명당에서 지역의 미래를 보다

풍수적으로 따졌을 때, 영등포구에서 가장 눈여겨봐야 할 곳은 신길동 서울대방초등학교 부지입니다. 이곳은 조선 후기 중흥을 이끌었던 숙종의 아들 연령군의 묘가 있었던 곳입니다. 연령군은 효심이 깊고 형제간의 우애도 깊어서 숙종이 매우 아꼈다고 합니다. 당연히 묘 자리도 대단히 신경 써서 선정했지요. 이 부지에서 왕이 하사한 칼이 발견되기도 했습니다. 일제 강점기 때 영등포를 공업부지로 개

대방초등학교 담에 '숙종왕자연령군명묘비지'라고 새겨놓아 이곳에 연령군의 묘가 있었음을 밝히고 있다.

발하면서 연령군의 묘는 1940년 충남 예산으로 옮겨갔습니다.

무덤으로 좋은 입지는 주거지로도 좋습니다. 풍수에서 가장 중요하게 보는 것이 바람과 물의 흐름입니다. 칼바람이 불거나 습하면 좋은 입지가 아니죠. 대방초등학교 부지는 따뜻하고 아늑한 느낌을 줍니다. 과거에는 낙후된 단독·다세대 주택들로 둘러싸여 있어서 이렇다 할 풍수적 장점을 드러내지 못했지만, 주변이 뉴타운으로 재개발되면서 입지의 장점이 새롭게 부각되고 있습니다.

신길 5구역을 재개발하여 2020년 4월 입주한 보라매SK뷰가 현재 신길뉴타운에서는 넘버 1~2를 다투고 있습니다. 이 단지는 대방초등학교 덕분에 초품아(초등학교를 품은 아파트)가 되었습니다. 단지 내에 초등학교를 끼고 있으니, 교육 환경이 좋은 단지로 출발할 수 있었죠. 7호선 보라매역이 있어 교통도 편리합니다. 2022년부터는 경전철 신림역이 개통되어 더블 역세권이 될 예정이고요. 아울러 주변에 적정한 규모의 상권이 갖추어지고 있으니 풍수 명당이라 해도 과언이 아닐 듯합니다. 결국 명당이라고 하는 것은 이처럼 주거하기 좋은 조건들을 동시에 구현할 수 있는 입지인 것입니다.

보라매SK뷰 조감도. 단지가 안고 있는 학교 부지에 서울대방초등학교가 위치하고 있다.

북한산
우이신설선
정릉
북한산보국문역
북악터널
정릉터널
삼청각
내부순환로
북악산
정릉역
한신한진아파트
혜화문
한성대입구역
4호선
보문사
6호선

Chapter 6

서울 부동산의 축소판! 고금이 공존하는 성북구 이야기

성북구
동네 한 바퀴

성북구에 어떤 동네가 있는지 정확히 알고 계신 분은 많지 않을 겁니다. 성북구에 사는 분조차 집 근처가 아니면 헷갈려 합니다. 동이 워낙 많고 이웃 구와의 경계가 모호할 뿐만 아니라 군데군데에 산이 많아서 전체적인 형태를 가늠하기 쉽지 않기 때문입니다. 하지만 꼼꼼하게 들여다보면

서울성곽길에서 바라본 서울 전경

서울의 여느 지역과는 다른 성북구만의 매력을 느낄 수 있습니다. 과거를 향한 노스탤지어와 현재의 역동성 그리고 미래의 희망이 공존하고 있거든요. 성북구 편을 다 읽고 나면, '아하, 성북구는 이렇게 봐야 제대로 볼 수 있구나. 정말 매력이 넘치는 곳이구나!'라는 생각이 드실 겁니다.

예고편으로 살짝 보여드리면, 성북구에서 가장 유명한 동네인 성북동은 모두가 인정하는 부촌(富村)입니다. 그 위쪽으로 고금(古今)의 건축물이 어우러진 정릉동이 있고, 정릉동 옆에는 요즘 뜨겁게 주목받는 길음동이 있습니다. 길음동 아래쪽에는 젊은 세대가 많은 삼선동과 동선동이 있고, 또 그 아래에는 성북구의 최남단 보문동이 있습니다. 다시 보문동 위로는 고려대학교가 위치한 안암동이 있고요, 그 오른쪽 위로는 '성북구의 섬' 종암동이 있습니다. 종암동 위로는 요즘 부동산 관련 뉴스에서 자주 거론되는 지역인 월곡동과 장위동이 있습니다.

성북구의 각 지역이 지닌 특색이 느껴지나요? '그들만의 리그'라고 할 수 있는 부자 동네와 한때는 달동네 취급을 받다가 명품 뉴타운으로 거듭난 동네, 학생들이 몰리는 대학 도시, 여기에 퇴폐 업소가 성행하던 지역까지 있고, 곧 친환경 명품 도시로 변화할 동네도 있습니다.

서울이 가진 오랜 역사와 현재의 모습을 엿볼 수 있는 지역, 성북구. 지금부터 이곳을 통해 서울이 어떻게 발전해왔는지, 또 어떤 미래를 보여줄 것인지 함께 살펴보도록 하겠습니다.

운치가 있는 성북동길의 오래된 가게들

과거를 간직한 땅, 미래를 품은 도시

동네 이야기 1

성북동, 대한민국 최고의 부촌

성북동은 누구나 인정하는 대한민국 최고의 부촌입니다. 강남구와는 달리 전통적인 부자들이 사는 동네죠. 정재계의 유명 인사들이 밀집해 있고 대사관 사저가 가장 많은 곳입니다. LG그룹 창업주인 고 구인회 회장의 사택이 여기 있었고, 롯데그룹, GS그룹, 현대백화점, 두산그룹, 효성그룹, 코오롱그룹 등의 재벌가가 지금도 성북동에 거주하고 있으며, 대사관과 대사관 사저가 총 25개소 정도 있습니다. 중심 도로의 이름 자체가 대사관로예요. 아울러 이름난 예술 기관과 고급 카페·레스토랑이 많고, 한국 최고의 사립 미술관인 간송미술관 역시 성북동에 위치하고 있습니다. 1990년대까지는 최고급 요정인 대원각이었다가 법정 스님이 시주를 받아 사찰로 변신한 길상사도 이곳에 있습니다.

근래에 들어서는 기업인이 된 연예인들도 성북동 대형 주택으로 입주

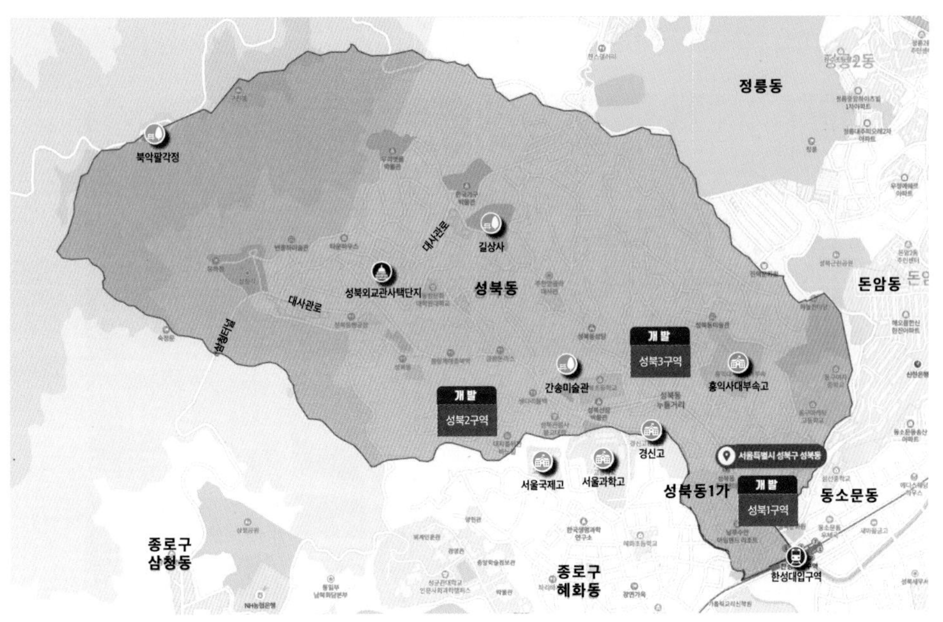

성북동 지도. 한성대입구역 북동쪽 지역인 성북동 1가도 포함된다.

하고 있습니다. 대표적인 예로 키이스트 배용준 대표를 들 수 있죠. 2010년에 배용준 씨가 성북동 240평 규모의 주택을 대출 없이 매입하여 화제가 되기도 했습니다. 부인인 박수진 씨와 결혼하면서 웨딩 사진을 이 집에서 촬영할 정도로 규모가 크고 뷰가 아름다운 곳입니다. 정보석 씨, 신현준 씨 등의 연예인들도 거주하고 있는 것으로 알려져 있습니다. 그만큼 사회적으로 이름난 저명인사들이 많이 사는 동네입니다.

사실 과거에 성북동은 사람이 거의 살지 않는 곳이었습니다. 종로구 평창동처럼 평지가 아닌 산에 위치해 있기 때문이었죠. 게다가 청와대 뒤편에 있기 때문에 보안 문제상 접근성이 떨어졌습니다. 하지만 1968년에 북안산길과 삼청터널이 개통하면서 고급 주거 지역으로 개발하기 시작했고, 일반인들과 차별화되기를 원하는 재벌들이 하나둘 입주하면서 거대한 성벽이 만들어졌습니다. 성북동은 이때부터 최상위 부자들만의

성북동의 저택들

'할리우드'가 되었습니다. 서민들에게는 접근 불가한 지역이 되었죠. 저도 가끔 기분을 전환하기 위해 그쪽으로 드라이브를 갑니다. 그때마다 우리나라에도 이런 동네가 있구나, 드라마에서나 보던 저택이라는 것이 이런 거구나, 외벽 높이가 정말 높구나 하는 생각이 듭니다.

강북 지역의 전통적인 부촌으로 성북동과 함께 거론되는 동네가 평창동입니다. 하지만 풍수적으로는 성북동이 평창동보다 입지가 좋습니다. 평창동은 남향으로 북악산만 보이지만, 성북동은 남향으로 서울을 내려다봅니다. 이곳에서 서울을 보고 있노라면 구름 위에서 지상을 내려다보는 듯한 기분이 듭니다. 경제·정치·사회 분야의 지도자로서 상류층의 위상을 느끼기에 이보다 좋은 입지는 없을 것입니다. 조선시대로 치면 궁궐이라고 할 수 있는 청와대보다 높은 곳에서 세상을 내려다보기 때문에 가히 왕의 위상을 느낄 수 있습니다. 세상 돌아가는 모습을 한눈에 보면서도 세상의 혼잡한 일들과 동떨어져 있으니 휴식을 취하기에도 좋습니다. 평창동, 구기동, 한남동, 장충동에도 둘째가라면 서러워할 명문가들이 자리 잡고 있지만, 성북동을 최고 위상의 입지로 인정할 수밖에 없는 이유가 여기에 있습니다.

그렇다고 해서 성북동에 부호들만 사는 것은 아닙니다. 북악산 고지대에만 고급 주택이 밀집해 있지, 한성대역과 성신여대역이 있는 아래쪽으로 내려오면 서민 주택이 대부분을 차지합니다. 동네가 오래된 탓에 겉으로 보기에는 상대적으로 낙후되어 보이지만, 대중교통과 생활편의 시설, 교육 환경 면에서는 좋은 조건을 갖춘 주거지입니다. 재벌 집들만 올려다보느라 이곳이 가진 입지적 장점을 놓치고 있는 건 아닌지 생각해봐야 합니다. 여러 가지 기반 시설을 다 갖추고 환경이 쾌적하면서도 비교적 시세가 높지 않은 지역을 찾는 분들에게 성북동을 강력히 추천합니다.

최근에는 잠시 주춤했던 재개발 사업이 다시 추진되면서 성북동은 정비사업 입지로도 부각되고 있습니다. 이미 2004년부터 4개 지역이 주거 환경을 개선하기 위한 재개발사업을 본격적으로 추진했습니다. 현재 사업

성북동 전경

구역명	사업 내용(단계)	비고
성북 1구역	아파트 2,044가구(추진위)	공공 재개발 검토
성북 2구역	테라스하우스 283가구, 가구별 정비 병행(조합 설립)	신월곡 1구역과 결합 개발
성북 3구역	2017년 정비구역 해제	5월 14일 대법원 판결 확정
성북 4구역	2015년 정비구역 해제	관리형 주거환경 개선 사업 추진

성북동 일대 재개발사업 추진 현황

속도가 가장 빠른 곳은 2구역인데요, 성북동 재개발 구역에서 유일하게 조합 체제로 운영되고 있습니다.

성북 2구역은 현재 같은 성북구 관할인 신월곡 1구역과 결합해서 개발을 추진한다고 합니다. 성북 2구역의 용적률을 낮추어 신월곡 1구역으로 이관하는 대신 신월곡 1구역은 재개발 수익을 성북 2구역과 공유하는 방식이 제안되었는데요, 자연경관지구 등으로 묶여 고도 제한을 적용받는 성북 2구역으로서는 재개발 재원을 확보하는 게 유리하다고 판단한 것이죠. 이렇게 결합 개발로 얻은 재원을 종잣돈으로 해서 지역에 고급 주택 283가구를 지을 계획이라고 합니다.

성북 1구역도 최근 사업에 속도를 내기 시작했습니다. 사실 2004년 재개발 조합 추진위원회 인가를 받았던 성북 1구역은 15년 전 정비 구역으로 지정된 뒤 조합을 설립하지 못하고 있습니다. 그래서 최근 성북 1구역 추진위원회는 공공 재개발에 관심을 두고 있다고 합니다. 국토교통부는 2020년부터 추진하는 공공 재개발 방식을 선택하는 정비사업장에 용적률, 용도 지역 종(種) 등을 상향해서 사업성을 높여주겠다고 발표했습니다. 공기업을 공공 사업자로 참여시키고 조합원 물량을 제외한 나머지 가구의 절반을 공적 임대 아파트로 조성하는 조건입니다.

이렇게 성북 1·2구역은 각자 활로를 찾고 있지만, 3·4구역은 현재 재개발이 멈춘 상태입니다. 사업이 본격화하기도 전에 재개발 정책이 까다로워지면서 주민들 간에 의견이 모이지 않고 있기 때문입니다. 특히 성북 4구역은 주민들 간의 의견이 양분되면서 2015년에 재개발 구역에서 해제되었습니다.

동네 이야기 2 애절한 사연이 있어 더욱 정감 가는 정릉동

조선의 기틀을 세운 이가 정도전이라면, 왕권의 기틀을 다진 이는 태종 이방원입니다. 태종은 왕의 친인척 관계에 부정적인 인식을 갖고 있었습니다. 그에 따라 본인의 처남들을 제거하기도 하고 세종의 사돈댁을 완전히 억누르기도 했죠.

가장 극적인 사례가 자신의 어머니(계모)였던 신덕왕후 강씨와의 관계입니다. 신덕왕후는 태조의 두 번째 부인으로, 첫 번째 부인의 소생인 태종과는 필연적인 경쟁 관계에 있었습니다. 결국 아버지 태조가 죽은 뒤 원래 중구 정동에 있던 강씨의 묘를 강제로 이장하게 되는데, 그곳이 바로 정릉동입니다. 이장한 뒤 남아 있던 신덕왕후 능의 각종 석물들을 훼손했고, 일부는 청계천 다리를 만드는 데 활용하기도 했습니다. 현재 청계천의 광통교에 가면 이때의 석물이 있기도 합니다. 원한이 얼마나 컸으면 한때 어머니로 모셨던 사람에 대해서 이런 행동을 했을까요? 신덕왕후 입장에서는 원망스럽고 안타까운 일이 아닐 수 없습니다.

이런 사연을 가진 정릉동은 다소 정적이고 여성적인 분위기의 동네입니다. 물론 동네의 절반 이상이 그린벨트 지역이어서 더 조용하고 자연친

정릉동 지도. 1동부터 4동까지로 구성되어 있다.

화적일 수도 있습니다. 어쨌든 이런저런 이유로 요즘 가장 뜨겁다는 길음동과 불과 길 하나를 사이에 두고 완전히 다른 부동산 경기를 보입니다.

하지만 정릉동은 분명 장점이 많습니다. 길음동에 비해 자연환경이 매우 쾌적하고 내부순환로와 북악터널을 이용하기에도 용이합니다. 북악터널을 지나면 바로 평창동과 연결되며 북악스카이웨이(북악산로)를 통해 성북동에 닿을 수 있죠. 부자들의 기운을 받을 수 있으니 이 또한 좋지 않을까요?

초·중·고등학교와 중소 규모의 편의 시설들이 있어서 주택가의 생활 여건은 나름 양호합니다. 국민대학교도 가깝죠. 다만 전철이 없어서 4호선 길음역이나 성신여대역까지 이동해야 하는 번거로움이 있습니다. 하지만 2017년 개통한 우이 신설 경전철선이 북한산보국문역과 정릉역을 지납니다. 성북동과 길음동 중간에서 어느 쪽에도 어울리지 못하는 동네

국민대학교 방향으로 바라본 정릉동 전경

였지만, 전철역이 들어오면서 양 지역과 차별화된 장점들을 발산하는 등 정릉동에도 새로운 바람이 불기 시작했습니다. 그래서 최근 정릉동이 매스컴에 자주 오릅니다.

동네 이야기 3 현재 성북구에서 가장 인기 좋은 길음동

길음동은 과거 미아리로 불렸습니다. 현재 강북구(당시 도봉구)에 있는 미아동과 같은 동네였던 거죠. 1975년 성북구가 도봉구에서 분리되면서 미아동의 일부가 길음동이 된 겁니다. 그 흔적을 보여주는 지명이 '미아리 텍사스'인데요, 길음동과 종암동 사이에 아직도 집창촌이 남아 있습니다. 왜 미아동도 아닌 지역에 이런 이름을 가진 곳이 있을까 궁금했던 분들은 궁금증이 풀리셨나요?

계곡이 길고 물소리가 맑아서 길음(吉音)이라는 지명이 생겨난 만큼, 길음동은 북한산 줄기에 있습니다. 과거에 산이었던 시절에는 채석장이

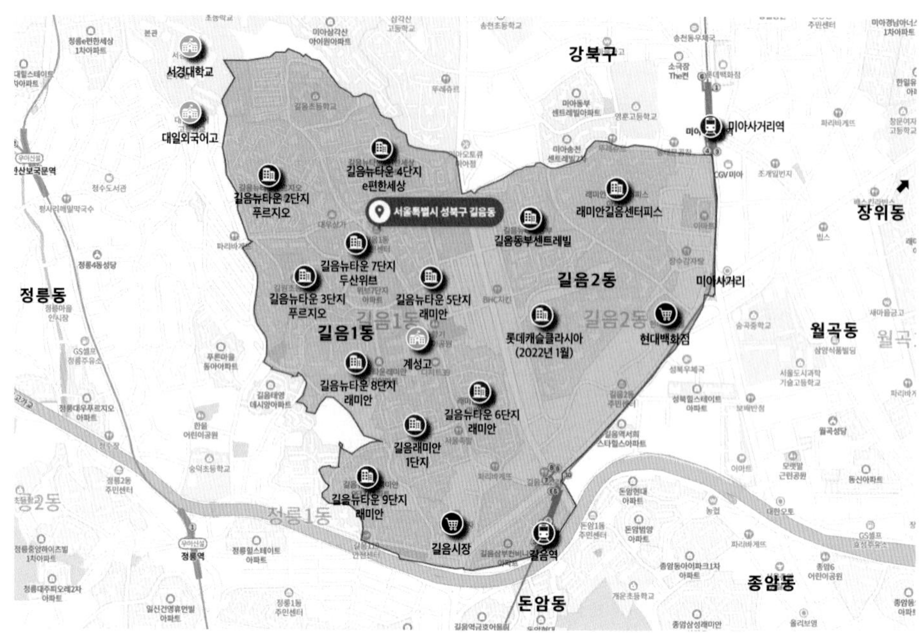

길음동 지도. 1동과 2동으로 나뉜다.

있고 공동묘지도 있었죠. 연세가 좀 있는 분들은 미아리 공동묘지를 기억하실 거예요. 미아리 공동묘지는 1958년 이후 망우리와 고양시 벽제로 옮겨갔습니다. 그 자리에 집을 잃은 서울 지역 철거민을 비롯한 서민들이 집단적으로 거주하기 시작했는데, 그렇게 형성된 주거 지역이 길음동입니다. 서울에 형성된 초기 달동네 중 하나였던 거죠. 이후로 거주하는 사람이 늘어나면서 상권이 발달하게 되었고, 전철이 개통하면서 교통의 요지가 되었습니다. 이런 과정을 거치면서 길음동에는 과거부터 지속적으로 인구가 유입되었습니다. 땅값이 저렴하고 서울 도심에 가까워서 일자리를 잡기에도 좋으며 도심의 생활편의 시설을 이용하기에 편리하기 때문이죠.

이런 곳은 결국에는 개발이 됩니다. 실제로 1기(시범) 뉴타운 지역으로 선정되어 은평뉴타운, 왕십리뉴타운과 함께 개발되었죠. 은평뉴타운은 신도시 개발에 가까웠고, 왕십리뉴타운은 상업 지역 위주의 도심 정비사업에 가까웠기 때문에 낙후된 주거 지역을 개발하는 뉴타운 사업의 최초 취지에 맞는 지역은 길음뉴타운밖에 없다고 보면 됩니다.

길음뉴타운에는 여러 브랜드 아파트가 있는데, 특히 래미안이 가장 많습니다. 뉴타운 1단지부터 9단지에서 래미안 단지가 5개입니다. 이 래미안 단지들은 시기별로 건설되어서 래미안 상품의 변화와 발전을 확인할 수 있다는 점에서도 의미가 있습니다. 길음뉴타운의 한 가지 특징이라면 2단지보다 1단지가, 7단지보다 6단지가, 9단지보다 8단지가 조금 더 구형임에도 비싸다는 점입니다.

왜 그럴까요? 바로 입지 프리미엄이 적용되었기 때문입니다. 길음뉴타운 1·6·8단지가 역세권에 근접하며 생활편의 시설이 몰려 있습니다. 아파트를 선택할 때 무조건 '새것'만 선호해서는 안 된다는 사실을 확인할 수 있는 부분입니다. 동부센트레빌, 푸르지오, e편한세상 등 1군 브랜드 아파트들이 들어와 있는데, 워낙 인기가 높은 입지이기 때문에 여유 부지만 있으면 어떤 시공사라도 들어오고 싶어 합니다.

4호선 길음역 개통과 길음뉴타운 개발을 통해 산전벽해를 이룬 이곳은 미아삼거리 고가도로가 철거되고

길음시장 주변 모습

미아사거리로 변화하면서 교통 환경이 더욱 좋아지게 되었습니다. 역세권 위주로 상권이 발전하면서 성북구에서 가장 인기 있는 주거 지역이 되었고, 이제는 성북구뿐 아니라 인근 지역이나 4호선 라인의 타 지역에서도 크게 주목하고 있습니다. 특히 30대 전후 젊은 세대의 실거주지로 관심이 높습니다. 이들의 수요는 전세 비율로 알 수 있는데요, 길음동은 전세가율(매매가 대비 전세가 비율)이 매우 높게 형성되어 있습니다. 전세가 상승은 매매가 상승을 유도하기도 하죠. 그래서 전세난이 발생할 때마다 길음동 아파트 시세 역시 많이 올라가는 모습을 보입니다.

인근 지역보다 저렴하고 괜찮아서 사람들이 몰린 지역이 발전하게 되면 가격이 오르기 시작하고, 가격에 부담을 느끼기 시작한 원주민들은 다시 그 인근 지역으로 이주하게 되는데, 길음동 부근에서는 월곡동과 장위동이 이주 지역에 해당합니다. 이처럼 가격이 지역으로 분화하기 시작하

길음뉴타운

면 상대적으로 비싼 지역이 중심이 되고 고정적인 수요층을 갖게 되는데요. 이런 식으로 저렴한 주거지에서 비싼 주거지로 변화하고 있는 길음동은 서울 주택 시장의 변화 단계를 확인할 수 있는 좋은 사례입니다.

명동에 있던 계성여고가 2016년 길음동 래미안 8단지 옆으로 이전하여 남녀공학으로 개교했습니다. 명문 학교인 만큼 이 때문에 이곳으로 이주하려는 분이 꽤 많아졌습니다. 이렇게 학교가 그 지역의 학군을 새롭게 만들기도 합니다. 입주민에 따라 학군이 변화하기도 하죠. 길음뉴타운 내 학교들은 이미 이전과는 다른 수준으로 거듭났습니다. 학군이라는 호재까지 더해진 거죠.

2019년 2월에는 래미안길음센터피스가 입주했습니다. 현재 전용 84㎡ 기준으로 15억 원 전후로 시세가 형성되어 있습니다. 그리고 2022년 1월 입주를 목표로 롯데캐슬클라시아가 공사 진행 중입니다. 따라서 과거에 비해 가격이 올랐어도 한동안은 계속 인기가 많을 수밖에 없습니다. 상대적으로 비싼 곳이 아니기 때문이죠.

길음동은 지역을 바꾸는 가장 중요한 요소가 사람이라는 부동산의 핵심 원리를 제대로 보여주는 곳입니다.

동네 이야기 4 | 신선들이 놀았던 성북천 설화의 동네, 삼선동

동대문에서 서울 성곽을 따라 북쪽으로 오르면 예상 밖의 풍경을 만나게 됩니다. 분명히 낡은 다세대 주택들만 보이는데 왠지 모르게 즐겁고 상쾌함을 느끼게 되죠. 서울 성곽 동쪽으로 쭉 펼쳐진 동네, 바로 삼선동입니다.

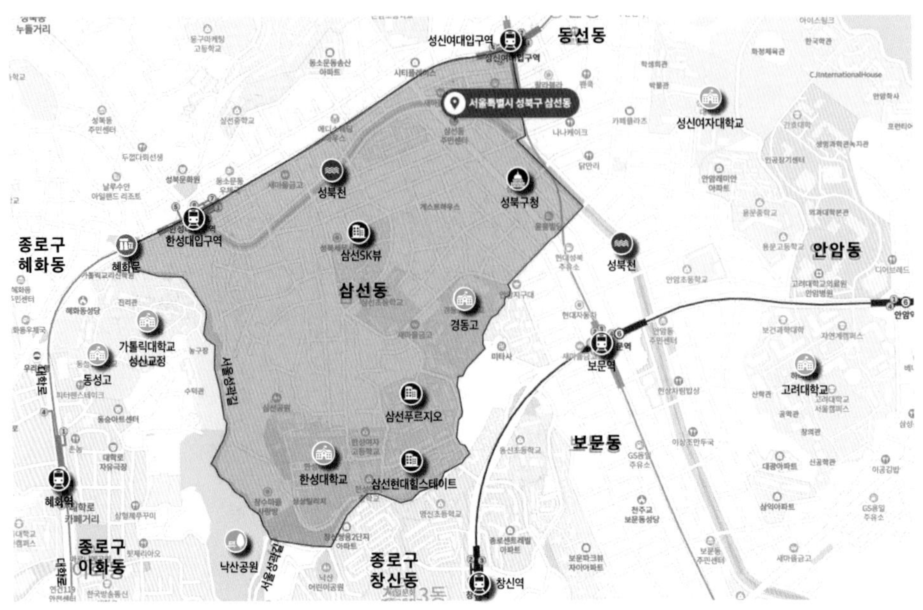

삼선동 지도. 세부적으로는 삼선동 1가부터 5가까지 나뉘고 동소문 2가, 3가를 포함한다.

서울 성곽이 개방된 뒤로 서쪽의 낙산공원을 통과하고 낙산 성곽길을 따라 갈 수 있는 대학로와 동대문에 대한 관심이 커졌지만, 삼선동 쪽에는 큰 관심을 갖지 않았을 겁니다. 앞으로는 성곽길에 오르면 꼭 삼선동에 가보시기 바랍니다. 왠지 모르게 살고 싶어지는 곳입니다. 사람 냄새가 난다는 느낌을 받을 거예요. 풍수적인 기운도 좋은 곳입니다.

옛날 이 동네에 살던 옥녀라는 소녀와 하늘에서 내려온 신선 3명이 함께 어울려 놀았다고 해서 '삼선동'이라는 이름이 붙었습니다. 삼선동을 지키는 한성대학교와 새로 입주한 아파트들과 실금처럼 놓여 있는 낡은 계단들이 어우러져 정겨운 풍경을 이룹니다.

2000년대까지만 해도 삼선동은 서울 변두리의 언덕에 형성된 낡은 서민 동네였습니다. 드라마나 영화에서 가난한 등장인물이 성곽길을 따라 걷는 장면이 나오면 대부분 이 동네에서 촬영했다고 보면 됩니다. 그랬던 동네가 단 하나의 풍수적 비보책으로 분위기가 싹 바뀌게 됩니다.

바로 성북천 복원입니다. 2002년 시작된 공사가 무려 8년 동안이나 계속되었고, 2010년 완공된 이래로 많은 사람이 찾는 명소가 되었습니다.

제가 여러 번 강조했죠. 풍수적 명당은 사람을 불러 모으는 자리라고. 성북천 복원은 삼선동을 과거 신선이 찾아오던 곳으로 다시 복원시켰습니다. 복원된 청계천이 사람을 불러 모은 것처럼 말이죠.

다세대 주택 일색이던 삼선동에도 변화가 찾아왔습니다. 현재 한성대학교 주변으로 재개발이 진행되었거나 진행 중입니다. 삼선 1구역을 재개발한 삼선푸르지오와 2구역을 재개발한 삼선현대힐스테이트가 삼선동의 랜드마크 아파트입니다. 삼선 4구역은 해제되었지만, 삼선 3구역은 공공 재개발을 신청했고, 삼선 5구역은 관리처분 단계까지 진행되었습니다. 앞으로 계속 정비가 되면서 좋은 시설들이 들어올 것입니다. 성곽길 주변으로 예쁜 상가들도 생기기 시작했고요. 서울에 또 하나의 걷고 싶은 거리가 생기게 된 셈이죠. 상가에 관심이 있는 분들이 방문한다면 좋은 영감을 떠올릴 수 있을 겁니다.

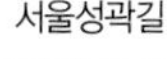
서울성곽길

삼선동을 감싸고 흐르는 성북천. 동대문구 용두동에서 청계천과 합류한다.

동네 이야기 5 성신여대 상권 하나로 늘 활기찬 동선동

동선동은 동소문과 삼선동에서 한 글자씩 따서 지은 지명입니다. 동소문은 대학로 북쪽에 있으며, 혜화문이라고도 합니다. 서울 성곽길을 돌다 보면 만날 수 있는 곳으로, 성북천을 남쪽에 두고 있습니다. 삼선동과 마주하고 있죠.

사실 동선동을 아는 분들은 많지 않을 겁니다. 성신여대 입구라고 해야 "아, 거기!"라며 반가워하시죠. 서울에서도 손꼽히는 성신여대 입구 상권은 인근 대학로 상권과 닮은 듯 다른 모습을 보여줍니다. 대학로는 문화적인 면이 강한 반면에 이곳은 문자 그대로 '먹고 즐기는' 상권이니까요. 꽤 오래전에 형성되었음에도 큰 변화 없이 거의 같은 모습으로 꾸준한 사랑을 받는 몇 안 되는 알짜배기 상권입니다.

이 지역의 상권은 분명 대학 상권에서 출발했을 겁니다. 남동쪽 안암동에 고려대학교라는 더 큰 학교가 있지만, 고려대 상권은 폐쇄적인 입지의 한계로 인해 성신여대 상권만큼의 위상을 가지고 있지 못합니다. 성신여대 상권은 동서 방향으로 한성대역과 길음역에서 많은 사람이 지나다니고요, 남북 방향의 정릉동과 보문동에서도 많은 유동 인구가 유입됩니다. 특히 우이 신설 경전철선이 개통되어 성선여대입구역은 더블 역세권이 되었습니다. 이후 상권이 더욱 확장되었죠.

동선동에는 상업 시설만 있을 것 같지만 성신여대입구역 북쪽으로 정릉동 가까운 지역에는 주거 시설이 꽤 많습니다. 좋은 아파트들도 있고요. 이곳에서 주거 시설을 찾는 분들은 이 지역을 살펴보시면 됩니다.

성신여대 입구 일대에 왜 먹고 즐기는 상권이 형성되었는지 교통망과 연결해서 설명해드렸습니다. 여기에 지극히 개인적이며 객관적이지 않은

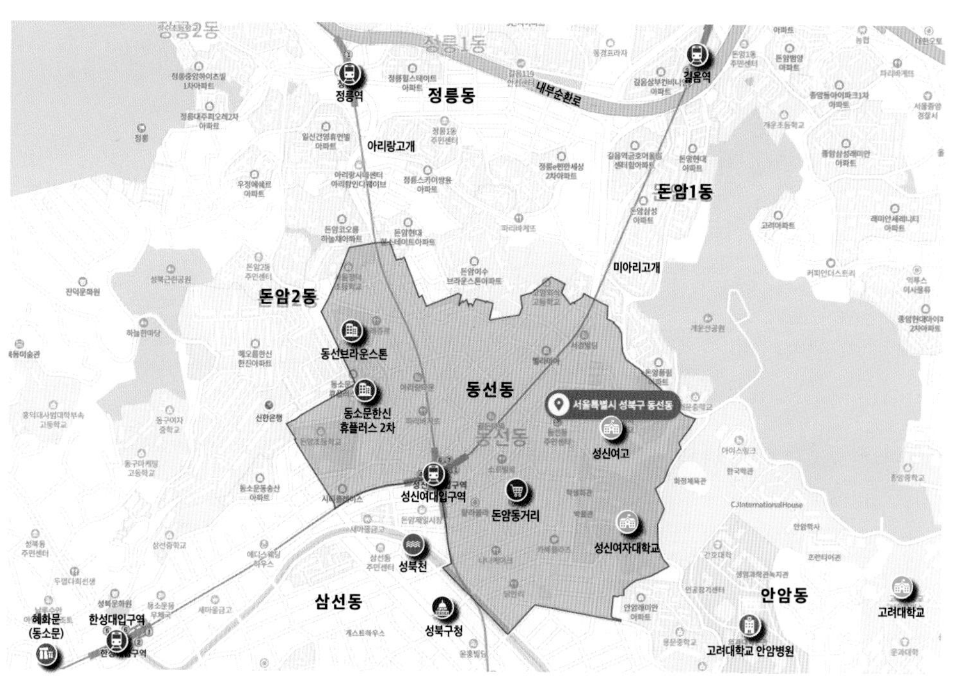

동선동 지도. 동선동 1가부터 7가까지 구성되어 있다.

성신여자대학교(위, ⓒ 성신여자대학교)와 성신여대입구역 상권(아래)

뇌피셜을 하나 보태고 싶은데요. 길음 방향으로 가면 그 유명한 미아리고개, 정릉 방향에는 미아리고개만큼이나 유명한 아리랑고개가 있습니다. 두 고개 모두 슬프고 안타까운 사연이 서린 곳이죠. 당시 박복하게 살았던 우리 선조들이 너희 후손들은 많이 먹고 즐겁게 살라며 아리랑고개와 미아리고개가 만나는 곳에 흥겨운 장터를 만들어준 것은 아닐까요? 내 마음대로의 상상해봅니다.

그동안 동선동에는 새 아파트가 공급되지 않았습니다. 동선 2구역 재개발이 관리처분까지 진행된 상태입니다. 이 동선동에도 모처럼 뉴스거리가 생겨서 참 좋네요.

동네 이야기 6

성북구 V자 지형의 완성, 보문동

보문동은 이 지역에 보문사가 있기 때문에 생긴 지명입니다. 보(普)는 몸에 덕을 갖춘 상태를 의미하고, 문(門)은 쓰임이 나타나는 곳을 의미한다고 합니다. 곧 보문은 보살이 덕(德)을 갖춘 상태에서 기회와 시기에 따라 그 쓰임을 보인다는 의미입니다. 불교에서는 중요한 개념이지요. 불교 유적이 많은 도시인 경주에도 보문동이 있고, 보문 단지가 있습니다. 이곳 보문동도 불교적인 역할을 하고 있는 것이죠.

원래 보문동은 동대문구 신설동의 일부였습니다. 1975년 이 지역이 성북구로 편입되면서 보문동이 등장하게 되었습니다. 만약 이 보문동이 그대로 동대문구에 속해 있었더라면 성북구는 W 모양이었을 겁니다. 보문동이 남쪽 가운데 입지를 채움으로써 성북구는 V자 모양으로 재탄생하게 된 것이죠. 보문이라는 이름의 의미와 입지로서의 쓰임새가 오묘하게 결합된 것 같지 않은가요?

보문동 중앙에 6호선 보문역이 있습니다. 이 역을 중심으로 도로망이

보문동 지도. 1가부터 7가까지 구성되어 있다.

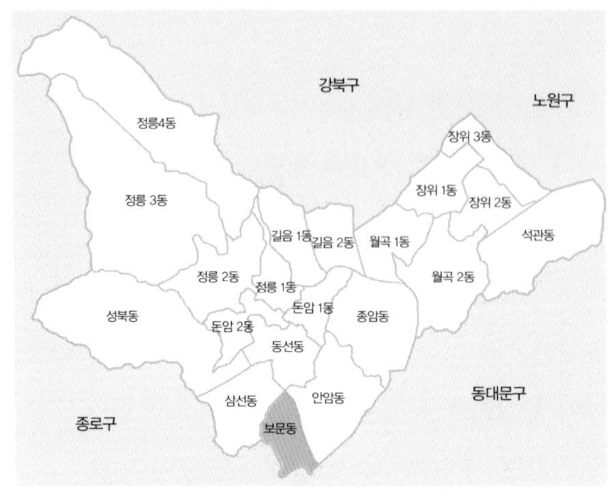

V자 모양의 성북구에서 보문동은 가장 아래에 위치하여 꼭짓점을 이룬다.

교차하는데, 6호선 라인 동서 방향으로는 고려대로(인촌로)가 고려대와 한성대를 연결하고 있고, 남북 도로 방향으로는 보문로가 성신여대와 대광 초·중·고등학교를 연결하고 있습니다. 결국 보문동은 학교로 에워싸여 있는 지역이라 할 수 있습니다. 왠지 이곳에 살면 공부를 잘할 것 같은 느낌이 드네요.

교통도 편리합니다. 보문역 외에 버스 노선이 많습니다. 보문로에 우이 신설 경전철이 개통하면서 보문역은 더블 역세권이 되었습니다. 이 보문로는 신설동 상권과 성신여대 상권을 연결하는 상업 시설 밀집 지역으로도 유명합니다.

보문시장도 있고, 보문사도 있습니다. 부동산 입지 평가 요소인 교통·교육·상업·환경 요인을 다 갖춘 지역인 거죠. 면적은 작지만 알찹니다. 그래서 주거 시설이 밀집해 있는데, 심지어 e편한세상, 아이파크, 자이 등의 1군 브랜드 아파트들입니다. 보문 5구역 재개발도 사업시행인가 이후 다음 단계를 준비하고 있습니다.

신규 역이 개통하고 신규 아파트가 입주하면서 더 많은 사람이 유입되었습니다. 사람이 몰리면 그만큼 부동산 가치가 올라갑니다. 그렇게 되면 이 지역에 사는 분들은 성북구의 지형처럼 더욱 자신 있게 V자를 보여주겠지요.

보문동의 지명 유래가 된 보문사

동네 이야기 7

성북구의 나비, 돈암동

성북구 지형은 나비를 닮았습니다. 돈암동은 V 모양인 성북구 한가운데에 위치해 있고, 모양도 성북구에서 보문동을 뺀 형태와 거의 유사합니다. 마치 나비가 날개를 펼치고 있는 모습입니다. 편안하고 아름다운 느낌을 주는 동네이지요.

돈암동 지도를 유심히 보면 마치 동 경계가 주요 아파트 단지들로만 연결된 것처럼 보입니다. 나비의 머리 위치에는 돈암브라운스톤 단지가 있고, 왼쪽 날개는 해오름한신한진아파트 대단지가, 오른쪽 날개는 돈암동 랜드마크인 길음역금호어울림센터힐부터 돈암삼성, 돈암현대, 돈암동부센트레빌, 돈암범양아파트까지 많은 아파트가 밀집해 있습니다. 그만큼 많은 사람이 살고 있지요.

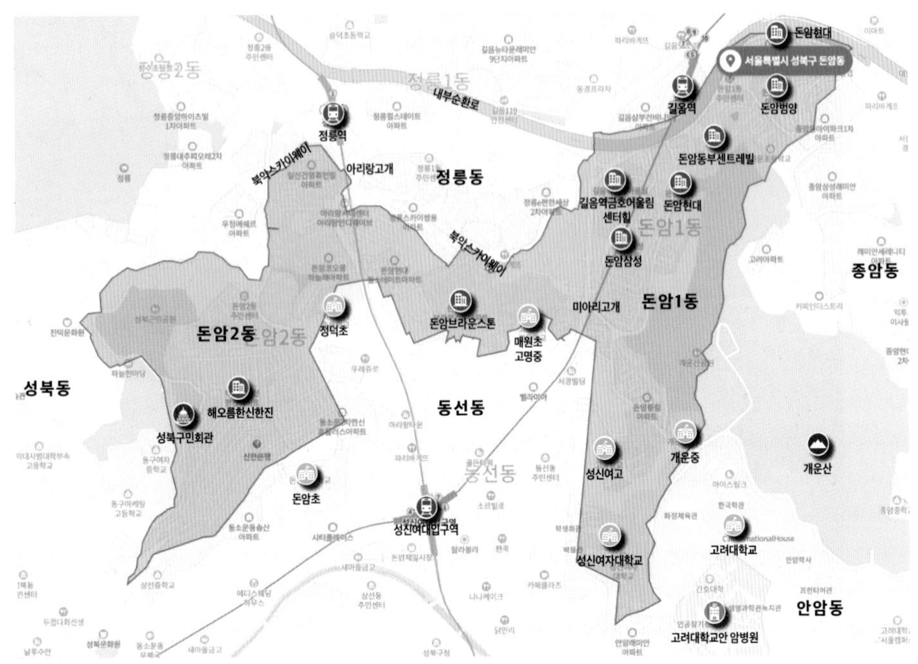

돈암동 지도. 1동과 2동으로 나뉜다.

돈암동은 아리랑고개와 미아리고개로도 유명합니다. 아리랑고개는 정릉으로 넘어가는 고개로, 1926년 나운규 선생이 〈아리랑〉이라는 영화를 이곳에서 촬영하면서 생긴 별명 같은 지명입니다. 왕후 자격을 박탈당한 신덕왕후의 서러움이 서린 정릉으로 가는 고개이고, 일제 강점기의 나라 잃은 슬픔을 표현했던 고개여서 그런지 이곳을 지날 때마다 조금은 숙연해지기도 합니다. 물론 지금은 이 아리랑고개 좌우로 대단히 많은 아파트 단지가 개발되어 있습니다. 북악스카이웨이(북악산로)와 연계된 자동차 도로와 산책로가 있어서 드라이브나 등산을 즐기는 분들에게는 아주 좋은 주거지가 되는 곳이죠. 이 아리랑고개 라인에 우이 신설 경전철역이 생기고 더 많은 사람이 찾고 있습니다.

미아리고개는 4호선 전철 라인에 있습니다. 병자호란 때 청나라 군대가 쳐들어온 경로이며, 한국전쟁 때 남한의 유명 인사들이 쇠사슬에 묶여 북으로 끌려간 길이기도 합니다. 1950년 새벽 한국전쟁이 발발해 소련군 탱크를 앞세운 인민군이 6월 28일 이 고개를 넘어 서울로 들어왔다고 합니다. 같은 해 9월 15일 인천 상륙 작전이 성공해 9월 28일 서울이 수복될 때까지 3개월간 인민위원회에 의해 남한의 많은 사회 지도층 인사와 예술인, 학자, 법조인, 교육자 등 1,500여 명이 강제로 북한으로 끌려가게 됐을 때 가족들은 미아리고개를 넘지 못하고 눈물의 이별을 해야만 했습니다. 고개 꼭대기에는 한국 대중 가요사의 보물 반야월 선생의 노래비 '단장의 미아리고개'가 서 있습니다. 피란 중에 굶어 죽은 5살 딸아이를 길가에 묻은 뒤 딸의 시신을 찾지 못했다는 노랫말처럼 민족의 애환이 담긴 곳입니다.

한편 미아리고개는 의정부로 가는 길목에 있는 마지막 고개라는 의미로 되너미고개로 불리기도 하고, 고개 넘기가 너무 힘든 탓에 중간에 밥을 한 번 더 먹어야 넘을 수 있다고 하여 '되넘이고개'라고도 하며, 병자호란 때 되놈(중국인을 낮잡아 부르는 말)이 넘어왔던 고개라 해서 '되넘이'라고 불리기도

아리랑고개(위)와 미아리고개(아래)

했다고 합니다. 이유야 어찌되었던 이 되너미를 한자어로 옮긴 것이 바로 돈암입니다.

일제 강점기에는 미아리고개 주변으로 공동묘지가 조성되기도 했습니다. 미아리 공동묘지에 묻히면 다시 돌아올 수 없기에 미아리고개에 대한 여러 사연이 생기기도 했죠. 이렇게 사연이 많은 곳에는 보통 점집이 많이 생깁니다. 미아리고개 주변으로 100여 개의 점집이 몰려 있었던 것이 우연은 아니었던 것이죠. 하지만 이 지역도 점점 개발되어 새로운 주거 시설과 상업 시설이 들어오게 되면서 현재는 10여 곳만이 남게 되었습니다. 이 점집들도 서서히 역사 속으로 사라지게 되겠지요.

돈암동에는 아파트가 정말 많습니다. 성북구 중앙이 아파트 단지로 꽉 차 있다는 것은 결국 성북구가 아파트 밀집 지역으로서의 역할을 할 것이라는 선언적인 의미입니다. 앞으로도 성북구는 주거 지역으로서의 역할이 더욱 더 커질 수밖에 없는 입지입니다. 교통망이 더 좋아지고 새 주거 시설이 많아질수록 사람들의 꾸준한 관심을 받게 되겠지요.

미아리고개 주변의 점집들. 지금은 지역이 정비되면서 많은 점집이 다른 곳으로 옮겨갔다.

동네 이야기 8

고려대학교의 안암동

고려대학교 남동쪽에는 1972년에 입주한 대광아파트가 있습니다. 원래 이 단지 중앙에는 20여 명이 동시에 앉을 수 있을 만큼 큰 바위가 있었다고 합니다. 그 바위를 '앉일바위'라고 불렀다 전하는데, 이를 한자어로 옮긴 것이 '안암(安岩)'입니다. 보통 반석 위에 집을 지으면 안전하다고 하지요. 그처럼 넓은 반석 위에 만들어진 동네에 있는 학교이기 때문에 고려대학교가 명문이 되지 않았을까 생각합니다.

고려대학교의 건물 배치를 보면 기가 막힙니다. 다리 부분에 해당하는 남쪽에는 이공대가 있고요, 심장 부분이라고 할 수 있는 중앙에는 의대가 있습니다. 머리에 해당하는 북동쪽에는 경영대와 문과대가 위치해 있습니다. 머리카락이라고 할 수 있는 위치에는 개운산이 있습니다. 산의 나

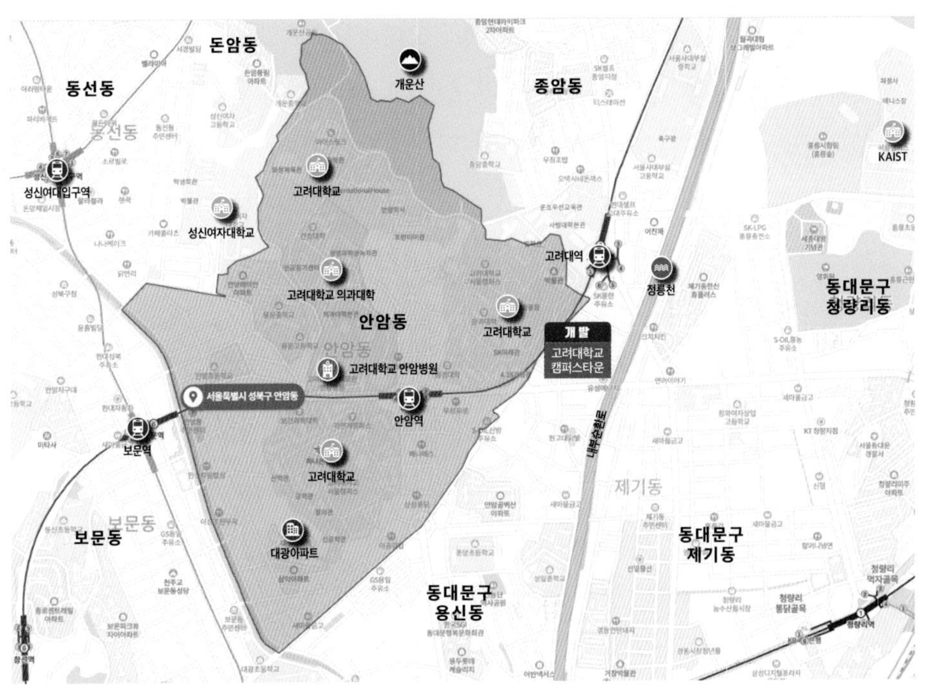

안암동 지도. 안암동 1~5가로 나뉜다.

고려대학교

무들이 머리카락 역할을 하는 것이죠. 아마도 풍수적으로 이런 것들을 고려하지 않았을까 하는 빠숑만의 뇌피셜을 밝혀봅니다.

한 지역에 큰 대학교가 있으면 그 지역의 부동산들은 대학교와 연관되어 구성됩니다. 대학생의 자취나 하숙을 위한 주거 시설이 많아지고, 졸업생들도 결혼하기 전까지는 그 지역에 사는 경우가 많습니다. 생활권이 계속 이어지는 것이죠. 그래서 아파트 같은 큰 단위의 공동 주택은 적은 편입니다. 상권 역시 주로 대학생들이 이용할 수 있게끔 형성됩니다. 교통도 자가용을 이용하는 환경보다는 버스나 전철 등의 대중교통이 발달하게 되죠. 이곳 고려대학교도 그렇지만 라이벌 관계에 있는 연세대학교 주변도 거의 유사합니다. 고려대와 가까운 성균관대학교, 경희대학교 주변도 마찬가지입니다.

때문에 대학교 인근 지역은 꽤 오랜 기간 거의 변화가 없습니다. 그럼에도 젊은 생기가 넘치기 때문에 지역 분위기는 늘 활기찹니다. 정말로 대학가 근처에 사는 주민들 중에는 동안이 많습니다. 이런 것도 풍수적으로 활용할 수 있겠지요.

고 박원순 서울시장이 고려대학교 주변을 캠퍼스타운 지구 단위 계획 구역으로 지정하여 이에 맞게 도시 재생을 하겠다고 발표했고 지속적으로 추진 중입니다. 청년 창업자들을 위한 소규모 업무 시설에 인센티브를 부여하는 등 지구 단위 계획을 통해 대학과 주변 지역의 연계성을 강화한다

캠퍼스타운이 조성될 지역

는 취지였습니다. 주변의 한국과학기술원(KIST), 홍릉벤처밸리 등과 연결하는 클러스터도 기대됩니다. 대학 본연의 탐구와 연구를 통한 일자리를 만드는 일이므로 지역 경쟁력도 높아질 겁니다. 일자리가 생긴다는 것은 당연히 고려대학교와 안암동 주민 입장에서는 매우 바람직한 일입니다.

안암동은 마치 빗살무늬토기처럼 생겼습니다. 빗살무늬토기가 석기시대의 위대한 발명품이었듯이 안암동이 새로운 활기와 일자리를 담는 그릇이 되기를 기대합니다.

동네 이야기 9 성북구의 섬, 종암동

아마도 이 책을 읽고 있는 거의 모든 분이 모르겠지만, 고려대학교 북쪽에 선경종암아파트가 있습니다. 1996년 재건축된 아파트인데, 그 전신이

1958년에 준공된 종암아파트입니다. 대한민국 최초로 수세식 화장실이 도입된 근대식 아파트였습니다. 그만큼 아파트가 빨리 지어진 지역이었지만, 후속적인 개발이 거의 없었습니다. 지금도 여전히 조용하고 한적한 동네일 뿐이죠.

종암동은 마치 섬 같은 곳입니다. 북쪽과 동쪽으로는 내부순환로와 정릉천으로 주변 지역과 단절되어 있고, 남쪽과 서쪽으로는 고려대학교와 개운산으로 막혀 있어서 타 지역과의 연계성이 낮습니다. 과거에는 버스 이외의 교통편이 없었기 때문에 인기 있는 주거 지역이 아니었습니다.

하지만 지하철 6호선이 개통하고 내부순환로 IC가 생기면서 숨통이 트이기 시작했습니다. 이후 사람들이 많이 유입되면서 고려대학교의 학구적인 분위기와 개운산·정릉천의 자연환경을 갖춘 좋은 주거지로 주목

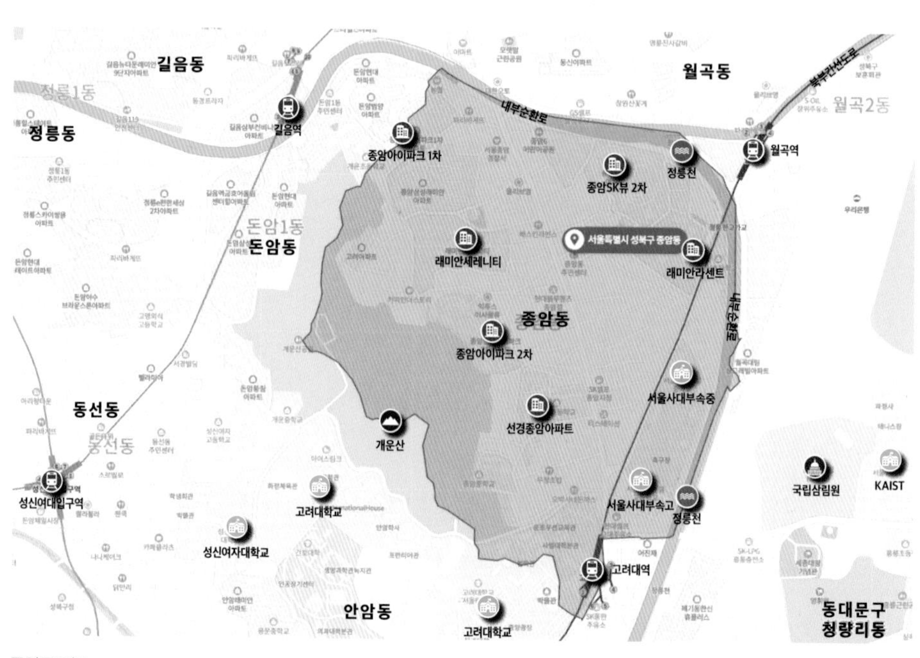

종암동 지도

받았습니다. 이에 따라 래미안라센트, 래미안세레니티, 아이파크, SK뷰 등의 브랜드 아파트들이 들어오면서 길음동, 월곡동과 함께 성북구의 신흥 인기 주거지로 관심을 받게 된 것이죠.

종암동은 개운산에 종 모양의 큰 바위가 있었기 때문에 생긴 지명입니다. 이곳은 1960년대까지도 채석장으로 활용되었는데, 채석된 석재들은 주로 서울의 고급 주택에 사용되었고 국립중앙박물관을 건축할 때도 많이 사용되었다고 합니다. 개운산 밑으로는 저층 빌라들이 많으며, 환경이 조용하고 쾌적해서 은근히 주거 지역으로 인기가 많습니다.

종암동은 신라시대 이후 고려·조선시대에도 계속 권력의 중심에 있었던 경주 김씨의 집성촌이기도 합니다. 어쩐지 이 근처만 가면 좀 끌린다 했습니다. 대학 다닐 때 강남역·신촌·홍대·종로·이태원에 있는 나이트클럽보다도 종암동에 있던 당시의 줄리아나 나이트클럽(2017년까지 홀리데이인성북 호텔이었다가 지금은 동덕여대 제2기숙사로 바뀜)에서 꽤 좋은(?) 일들이 많았거든요. 저는 김 가이고, 본가가 바로 경주랍니다.

동네 이야기 10

아파트 단지 밀집 지역, 월곡동

보통 월곡 1동을 상월곡동, 월곡 2동을 하월곡동이라고 부릅니다. 하월곡동 남동쪽에 천장산이 있는데, 이 산이 반달 모양이라서 '월곡(月谷)'이라는 지명이 붙었습니다.

월곡동은 길음뉴타운을 언급할 때 같이 회자되는 지역입니다. 길음동보다는 덜하지만, 래미안, 두산위브, 푸르지오 등의 브랜드 아파트가 입주하는 등 개발이 많이 진행되었습니다.

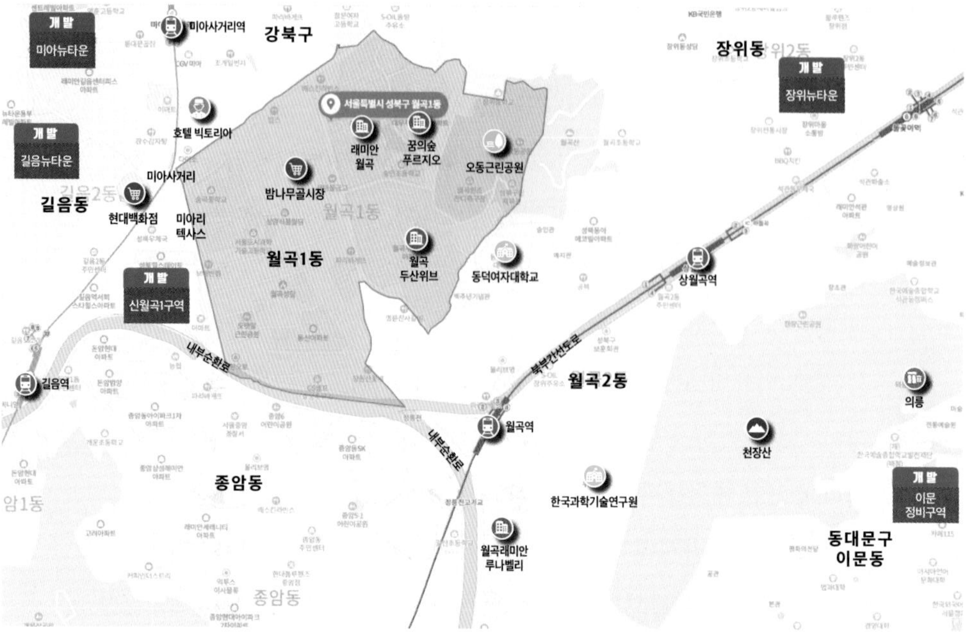

월곡 1동 지도. 월곡동은 1동과 2동으로 구성된다. 월곡 2동은 대부분이 녹지 공간이어서 월곡 1동만 표시하고 월곡 2동은 주요 건물과 지명만 표시했다.

좋은 주거 단지를 갖추었을 뿐 아니라 동덕여대가 있고 대전의 대덕 연구 단지만큼이나 유명한 한국과학기술연구원이 바로 이곳에 있습니다. 천장산과 어우러져 멋진 풍광을 보여주죠. 동덕여대가 기대고 있는 오동근린공원도 많은 시민이 찾습니다. 이렇게 자연환경과 교육기관이 함께 있는 곳은 입지적으로 품격이 달라 보이지요.

한국과학기술연구원

또 월곡동은 강북구 미아동과 미아사거리를 함께 쓰고 있는데요, 이곳은 예로부터 주막이 많았습니다. 서울의 관문이었던 동대문에서 출발하여 원산으로 오가는 이들이 점심 식사를 해결하는 곳이었기에 주막 거리가 형성되었지요. 그 전통이 지금까지 이어져 미아사거리는 먹자 상권으로 유명합니다. 이렇게 조선시대 상권이 그대로 명맥을 유지하는 것을 보면 참 신기하고 재미있습니다. 종로구의 종로 거리, 중구의 명동과 다동 역시 예전 모습이 많이 남아 있습니다. 이런 걸 보면 풍수적으로 그 입지에 걸맞은 업종이 정해져 있다는 생각이 듭니다.

미아사거리에 위치한 빅토리아 호텔

미아사거리의 빅토리아 호텔 지하에 있는 나이트클럽은 한 시대를 풍미했던 강북의 대표 나이트클럽이었습니다. 매일 신문에 광고가 나올 정도였죠. 강남에 신사동 리버사이드가 있다면, 강북에는 단연 미아사거리의 빅토리아였습니다. 방문할 때마다 부킹을 잘해주던 전담 웨이터 '최진실'은 지금 무얼 하고 있을지 궁금하네요.

월곡동은 부동산의 입지 조건을 모두 갖춘 곳입니다. 교통·교육·상업·자연환경까지 모두 말이죠. 다만 택지개발 지역이 아니었기 때문에 반듯반듯하게 구성되어 있지는 않습니다. 하지만 현재 주변이 모두 정비 지역으로 지정되었습니다. 북쪽으로 미아뉴타운, 동쪽으로 장위뉴타운, 남쪽으로는 이문 정비 지역, 서쪽은 길음뉴타운입니다. 이들 지역과 함께 정비될 수밖에 없는 입지인 것이죠. 이 월곡동의 좋은 조건을 어떻게 살리는지가 이 지역의 미래를 가늠하는 관전 포인트라 할 수 있습니다.

서울의 대표적인 사창가였던 하월곡동의 미아리 텍사스가 청량리 588에 이어 곧 정비사업에 들어갑니다. 신월곡 1구역 재개발사업으로, 그동안 이 지역의 아킬레스건이었던 문제가 완전히 해소되는 것이죠. 아마도 이 사업이 마무리될 때쯤이면 월곡동뿐 아니라 길음동, 종암동, 정릉동 등 성북구 거의 모든 지역의 프리미엄이 상승할 것입니다. 청량리 588이 정비되었을 때 동대문구 전체의 위상이 올라간 것처럼 말이죠.

동네 이야기 11 | 성북구의 과거와 미래를 볼 수 있는 장위동

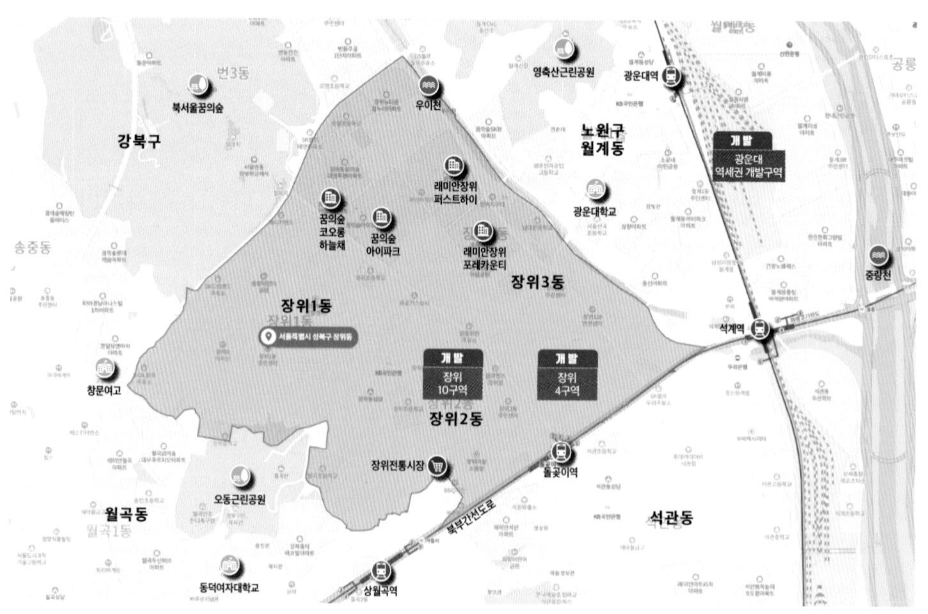

장위동 지도. 1동부터 3동까지 구성되어 있다.

성북구 이야기는 장위동으로 마무리하려고 합니다. 장위동은 성북구를 통해 전달하고자 하는 의미를 가장 잘 함축하고 있는 동네이거든요.

과거 성북구는 성북동을 제외하면 특별히 사람들이 선호하는 지역이 없었습니다. 그저 유명한 대학교들이 자리 잡고 있는 동네 정도로만 인식되었죠. 하지만 길음뉴타운 개발로 언론에 자주 등장하면서 관심 밖에 있던 성북구 동네들이 하나둘 부각되기 시작했습니다.

이미 개발된 서울 도심 지역은 여간해서는 주목받기가 쉽지 않습니다. 도시재생사업이 아니면 새로운 변화를 맞이하기 어렵기 때문이죠. 이는 길음뉴타운이 각광받는 이유이기도 합니다. 이런 사례를 바탕으로 성북구 내에서 향후 주목받을 곳을 예측해볼 수 있는데요, 그 지역이 바로 장위뉴타운입니다.

장위뉴타운은 3차 뉴타운으로 지정되었습니다. 이미 15년이나 지난 일이죠. 하지만 2017년이 되어서야 첫 입주를 하게 되었습니다. 장위 2구역을 재개발한 꿈의숲코오롱하늘채가 첫 스타트를 끊었죠. 이후 2019년 6월 장위 1구역을 재개발한 래미안장위포레카운티가, 2019년 9월에 5구역을 재개발한

구역	면적(㎡)	사업 진행 현황	가구 수	단지명(건설사)
1	80,513	입주 예정(2019년 6월)	939	래미안포레카운티(삼성물산)
2	15,104	입주 완료(2017년 11월)	513	꿈의숲코오롱하늘채(코오롱글로벌)
3	66,011	조합설립 추진위원회	1,078	-
4	153,501	관리처분인가	2,840	장위 4구역 자이(GS건설)
5	89,879	입주 예정(2019년 8월)	1,562	래미안장위퍼스트하이(삼성물산)
6	105,164	사업시행인가	1,637	장위 6구역 푸르지오(대우건설)
7	87,151	입주 예정(2020년 12월)	1,711	꿈의숲아이파크(HDC현대건설)
10	94,245	관리처분인가	1,968	장위 10구역 푸르지오(대우건설)
11	159,451	가로주택정비사업 추진 예정	-	-
14	144,201	조합설립인가	2,400	- (SK건설·HDC현대건설)

장위뉴타운 재개발사업 현황

래미안장위퍼스트하이

래미안장위퍼스트하이가, 2020년 12월에 7구역을 재개발한 꿈의숲아이파크가 입주했습니다. 그리고 현재 장위 4구역은 자이, 장위 10구역은 푸르지오로 분양을 앞두고 있습니다.

장위뉴타운은 뉴타운 지역 가운데 면적이 가장 넓다는 점에서 주목할 필요가 있습니다. 길음뉴타운이 그랬던 것처럼 동의 거의 전체 면적이 뉴타운으로 지정되었죠. 그래서 길음뉴타운만큼이나 기대가 됩니다. 더군다나 길음동은 주거지로는 적합하지 않은 산악지대였지만, 장위동은 평

북서울꿈의숲.
장위동은 넓은 녹지 공간을 낀
평지여서 인기 주거지로 각광받을 것이다.

지가 대부분입니다. 입지 조건이 더 좋다는 의미죠.

평지를 바탕으로 한 넓고 반듯한 도로 여건에 강북 최고 인기 공원인 북서울꿈의숲을 비롯하여 영축산(월계)근린공원, 우이천, 천장산, 오동근린공원 등 입지적으로 훌륭한 자연환경에 둘러싸여 있습니다. 앞으로 부동산 시장에서는 쾌적한 자연환경이 점점 중요하게 대두될 것입니다. 그런 점에서 매우 뛰어난 입지인 거죠. 게다가 대규모 개발 계획이 진행되고 있는 광운대역세권과 석계역이 가깝고, 지하철 1·4·6호선을 이용할 수 있습니다. 또한 북동권 경전철이 착공 예정이고, GTX-C 노선도 지날 예정입니다.

물론 워낙 넓은 지역에 많은 사람이 살고 있는 만큼 여러 가지 이해관계가 얽히고설켜 재개발 추진이 쉽지는 않았습니다. 하지만 기존 4개 단지가 성공적으로 분양하고 시세가 급등하는 등 미래 가치에 대한 확신이 높아지고 있기 때문에 장위뉴타운에서 해제되었던 구역들도 다시 사업을 추진하려는 움직임을 보이고 있을 정도입니다.

장위동은 여전히 성북구의 과거 모습을 품고 있지만, 장밋빛 미래를 보여줄 확실한 잠재력을 가지고 있기에 지속적인 관심을 가져야 할 필요가 있는 곳입니다.

서울의 향후 20년을 주도할 뉴타운과 정비사업의 중심!

강서구 마곡지구를 개발하면서 더 이상 서울에는 신규로 택지개발을 할 공간이 없어졌습니다. 결국 신규 주택을 공급하거나 새로운 상권을 만들기 위해서는 기존 도심을 정비하는 수밖에 없는 것이죠. 서울의 낙후한 지역들이 재개발사업을 통해 다시 활성화되기를 기다리고 있습니다. 따라서 향후 20년은 뉴타운과 정비사업이 부동산 개발의 중심 이슈가 될 것입니다.

강북 지역에서는 아무래도 많이 낙후한 성북구에서 가장 많은 뉴타운 사업이 진행되고 있습니다. 가장 먼저 시작한 길음동은 이미 마무리 단계에 접어들었고, 정릉동, 삼선동, 보문동, 월곡동, 장위동 등이 바통을 이어받아 열심히 달리고 있습니다. 특히 동 전체가 재개발 지역으로 지정된 장위동이 가장 많이 변화할 지역으로 주목을 받고 있습니다. 장위동뿐 아니라 성북구는 향후 20년 동안 언론의 지속적인 관심을 받을 것이고, 회자되면 회자될수록 미래 가치는 점점 높아질 것입니다.

돈암동 재개발지구. 성북구는 오래된 동네가 많은 만큼 뉴타운·재개발사업을 통해 도시를 정비하는 사업이 이어질 전망이다.

현재의 성북구는 새것과 헌것이 혼재되어 있어 사람들이 크게 선호하는 지역은 아닙니다. 하지만 길음뉴타운이 최고 인기 뉴타운 중 한 곳으로 거듭난 것처럼 개발이 본격화되고 정비 단계가 중반을 넘어서면 아직까지는 크게 관심을 받지 못하는 지역마저도 선호 지역으로 업그레이드될 것입니다.

성북구는 지금보다 더 주목받을 겁니다

성북구는 이름에서도 알 수 있듯이 조선시대까지는 서울 바깥, 그러니까 서울 성곽의 북쪽(城北)에 있는 땅이었을 뿐입니다. 하지만 지금은 절대 변두리일 수 없습니다. 서울에서 손꼽히는 부자 동네가 있고, 서울 도심으로 출퇴근하기에 좋은 지역으로도 알아줍니다. 게다가 주변에 이전과는 비교도 되지 않을 명품 뉴타운 도심들이 형성되었고, 이러한 추세는 더욱 확대될 예정이기 때문에 이제 완벽한 서울의 중심이 되었습니다. 입지적으로 중앙에 위치하면 사람이 모이고 유동 인구가 많아지죠. 이 두 가지 조건만 갖추면 그 입지에 대한 수요는 절대 줄어들지 않습니다. 이러한 상황이 그대로 프리미엄으로 반영되는 것이고요.

성북동에서 장위동까지 성북구의 모든 동은 저마다의 매력을 뽐내며 점점 더 세련되게 다듬어질 것입니다. 언론을 통해 성북구 관련 부동산 기사를 접할 때마다 종로구 대학로에서 삼선동을 지나 돈암동 미아리고개를 넘어 종암동 미아사거리를 거쳐 장위동 앞 북서울꿈의숲까지 이어지는 루트가 얼마나 멋지게 변화할지 상상해보세요.

잘 정비된 성북천 주변. 자연환경이 강점인 성북구는 자연친화적인 명품 주거지로 변화하고 있다.

공공재개발 후보지

자치구	구역명	자치구	구역명
종로	신문로 2-12, 숭인 1, 숭인동 1-169, 창신 2동	용산	후암 1, 한남 1, 서계동, 원효로 1가, 청파동 1가
중구	세운 5-4, 세운 3-10, 세운 3-8	중랑	중화 1, 면목 7
성동	장안평 중고차매매센터, 금호 23, 하왕십리	성북	성북 1, 장위 8, 장위 9, 장위 11, 장위 12, 성북 4, 성북 5, 삼선 3
동대문	신설 1, 답십리 17, 전농 9, 용두 3, 용두 1-6	노원	상계 3
강북	강북 2, 강북 5, 번동 148	은평	녹번 2-1, 불광동 346, 갈현동 12-248, 수색동 289, 불광동 329-1, 수색동 309-8, 증산동 205-33
서대문	홍은 1, 충정로 1, 연희동 721-6, 홍제동 360, 홍제동 321-3	양천	신월 7동-1, 신월 7동-2
영등포	양평 13, 양평 14, 신길 1, 신길밤동산, 신길 16, 당산동 6가, 대림 3동, 신길 6, 도림동 26-21	구로	가리봉 134
동작	흑석 2, 본동	강동	고덕 1, 고덕 2-1, 고덕 2-2, 천호 A1-1
관악	봉천 13	마포	아현동 699, 망원 1, 대흥 5
송파	거여새마을, 마천 2		

코흘리개 꼬마 사내아이가 멋진 훈남 사업가로 변신하는 그런 모습을 기대해보자고요!

성북구
알짜 입지
분석 노하우

=도심 변화와 환경 쾌적성을 주목하라

고가도로 철거 지역을 주목하세요

1960년대부터 1970년대까지 서울에는 수많은 고가도로가 건설되었습니다. 대표적으로 청계고가도로가 있죠. 반면 최근에는 대부분의 고가도로를 철거하거나 철거할 계획을 세우고 있습니다. 떡전·청계·아현·약수·서대문 고가도로가 이미 철거되었고, 구로·도림·삼각지·노들 고가차도는 철거를 검토 중입니다.

고가도로를 철거하면 가시권이 좋아지고 단절되었던 지역이 연결되며 상권이 활성화됩니다. 미아삼거리도 고가도로를 철거하고 미아사거리가 되면서 지역 상권이 훨씬 더 좋아졌습니다. 이런 이유로 경제 타당성 검토를 거친 서울의 주요 고가도로들이 철거를 앞두고 있습니다. 따라서 고가도로 철거 예정 지역들은 반드시 꼼꼼하게 살펴볼 필요가 있답니다.

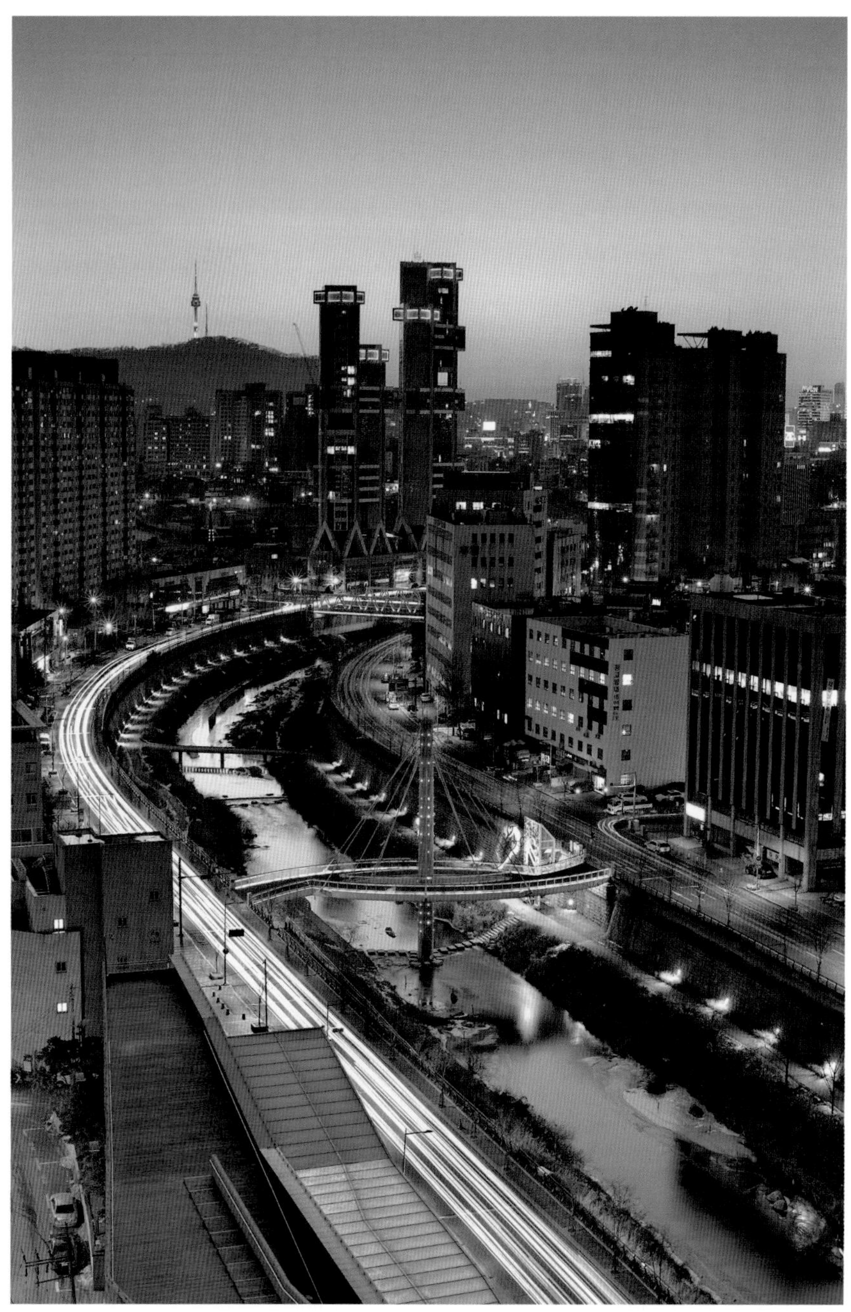

청계천을 덮고 있던 청계고가도로를 철거함으로써 주변 지역은 완전히 새로운 공간으로 거듭났다.

과거 뉴타운·주거환경 정비 구역으로 지정된 지역을 꼭 주목하세요

앞서 장위동 이야기를 하면서 뉴타운 후보지에 대해 다루었습니다. 비록 15년 이상 추진되지 못하고 있지만, 최초에 지정할 당시에는 당연히 뉴타운으로 개발되어야만 하는 타당한 이유가 있었을 것입니다. 그 이유는 지금도 유효할 가능성이 매우 큽니다. 물론 모든 곳이 추진되지는 않겠지만 개발에 대한 평가가 좋을수록, 더 정확히 말해서 시세가 개발 비용을 부담하고도 충분히 수익이 날 정도로 상승한다면, 분명 몇몇 지역은 사업이 다시 추진될 것입니다. 특히 성북구에 이런 곳이 아주 많습니다. 정릉동, 월곡동, 장위동은 항상 개발 후보지라는 점을 기억하세요.

성북구 재개발 진행 단계

시군구	읍면동	구역	단계	건립 예정 세대수	대지면적 (m^2)	시공사
성북구	성북동	성북 제1구역	추진위	–	127,899	
성북구	장위동	장위 3구역	추진위	1,708	66,011	삼성물산㈜
성북구	길음동	신길음 1구역	조합설립인가	136	8,390	
성북구	돈암동	돈암 제6구역	조합설립인가	1,041	47,050	
성북구	동소문동 2가	동소문 제2구역	조합설립인가	494	20,657	롯데건설㈜
성북구	성북동	성북 제2구역	조합설립인가	410	74,754	
성북구	안암동 3가	안암 제2구역	조합설립인가	176	11,197	진흥기업㈜
성북구	장위동	장위 14구역	조합설립인가	2,294	144,201	HDC현대산업개발㈜, SK건설㈜
성북구	정릉동	정릉골주택재개발사업	조합설립인가	1,417	203,965	
성북구	하월곡동	신월곡 1구역	조합설립인가	2,244	55,112	㈜한화건설, 롯데건설㈜
성북구	길음동	신길음구역	사업시행인가	494	28,178	
성북구	보문동 1가	보문 제5구역	사업시행인가	186	10,799	HDC현대산업개발㈜
성북구	장위동	장위 6구역	사업시행인가	1,637	105,164	㈜대우건설
성북구	동선동 4가	동선 제2구역	관리처분	334	15,637	㈜제일종합건설
성북구	삼선동 2가	삼선 제5구역	관리처분	1,199	63,884	㈜대우건설
성북구	장위동	장위 4구역	이주/철거	2,840	153,501	GS건설㈜
성북구	장위동	장위 10구역	이주/철거	1,826	94,245	㈜대우건설

성북구 재건축 진행 단계

시군구	읍면동	재건축 단지명	준공연월	사업단계	총 세대수	건립예정 세대수	시공사
성북구	안암동 3가	대광	1972년 11월	조합설립인가	346	443	이수건설(주)

왕릉 주변 입지를 주목하세요

서울 한가운데에 있는 왕릉 중 가장 유명한 것이 삼성동의 선정릉입니다. 이곳에 조성된 공원 공간은 강남구의 허파 같은 역할을 하죠. 내곡동의 헌인릉 주변도 개발 계획이 서서히 가시화되고 있습니다. 삼송 신도시와 별내 신도시도 각각 서오릉과 동구릉 덕에 주변 환경이 쾌적합니다.

성북구에는 정릉동의 정릉과 석관동 천장산의 의릉이 있습니다. 의릉은 숙종과 장희빈 사이에서 태어난 경종의 무덤입니다. 이러한 왕릉은 세계 문화유산으로 지정되어 유네스코에서 보호하기 때문에 계속 그 상태를 유지할 수밖에 없습니다. 앞으로는 주거지를 선택함에 있어 환경 쾌적성이 점점 강조될 것이기에 주변 지역에 양질의 공기와 시각적 청명함을 선사하는 왕릉은 부동산 관점에서 과거보다 그 역할이 더욱 중요해질 것입니다.

조선의 20대 왕 경종의 무덤인 의릉

죽은 이의 집이 산 사람을 이롭게 한다

앞에서 미아리 공동묘지에 대해서 이야기했습니다. 성북구의 발전상을 설명하면서 왜 부정적인 이미지를 가진 과거를 들추었는지 궁금하시죠? 길음동의 변화를 통해 애환이 서린 역사를 둘러보는 동시에 향후의 개발 방향성을 발견할 수 있기 때문입니다. 공동묘지에 편견을 갖지 않았으면 하는 바람을 담아 이야기를 이어가겠습니다.

과거 서울에는 무려 19곳이 넘는 공동묘지가 있었습니다. 모두 국가에서 관리했고, 대표적인 지역으로는 용산구 이태원, 중구 만리동, 서대문구 연희동, 심지어 영등포구 여의도에도 있었습니다. 자, 어떠신가요? 현재 거주하는 분들조차 대부분 이러한 사실을 모르고 있겠지만, 그에 관계없이 지금은 모두 매우 인기가 높은 동네들이죠.

제가 풍수 이야기를 통해 계속 언급하고 있듯이 묘 자리는 대부분 명당입니다. 음택풍수(陰宅風水)라 할 수 있는 묘 자리와 양택풍수(陽宅風水)라 할 수 있는 주택 입지는 완전히 다르다고 생각할 수 있겠지만, 공기의 흐름과 물의 흐름이 좋은 입지라는 측면에서는 그 원리가 같습니다. 명당을 묘 자리로 쓰느냐, 집으로 쓰느냐 하는 선택의 문제일 뿐이죠.

조선시대까지 국가에서 관리했던 묘 자리는 국가공무원, 즉 과거시험을 통해 급제한 지관이 선별한 입지입니다. 아무 곳에나 묘 자리를 쓰는 것이 아니라는 뜻입니다. 검증을 받은, 믿어도 되는 입지라는 의미도 되죠. 물론 그중에서도 왕릉 자리가 가장 좋은 입지가 되겠지요.

최근 뜨고 있는 지역인 고양시 삼송 신도시는 서오릉과 서삼릉 사이에 있고, 별내 신도시는 동구릉을 옆에 두고 있습니다. 동작구 역시 많은 주목을 받고 있죠? 국립서울현충원 역시 당연히 명당입니다. 덕분에 그 주변의 환경이 쾌적한 것이지요. 묘지는 피해야 할 곳이 아니라 오히려 선택해야 할 충분한 이유가 있다는 이야기를 꼭 하고 싶었습니다.

국립서울현충원

COLUMN

빠숑의 부동산 칼럼 3

묻지 마 투자는 절대 안 됩니다

서울 부동산 시장은 지난 5년 동안 무섭게 몰아치며 우상향 그래프를 그렸고, 웬만한 아파트들은 구축, 신축을 가리지 않고 시세가 상승했습니다. 이러한 상승 시기에 문재인 정부가 들어섰고 전무후무하다 할 정도의 강력한 규제 정책을 연이어 내놓고 있습니다. 그래서인지 그나마 묻지 마 투자가 많이 사라진 듯합니다. 특히 갭 투자는 그 빈도가 눈에 띄게 낮아졌습니다. 때문에 신규 아파트 분양에 관심이 쏠렸고, 가점이 낮은 세대나 이미 주택이 있는 세대는 초기 재개발·재건축에 투자를 하기도 합니다. 그마저도 가격대가 만만치 않게 되자 오피스텔, 도시형 생활 주택, 다세대, 빌라 투자로까지 확대되었습니다. 이런 곳에 투자하는 이유는 투입되는 가격이 상대적으로 낮기 때문입니다.

최근 몇몇 모임에 참석했습니다. 참석하는 모임마다 지금과 같은 시장에서는 어떤 투자를 해야 하느냐고 질문하는 분들이 있었습니다. 심지어 부동산 관련 모임이 아닌 곳에서도 그런 질문을 받았습니다. 같은 질문을 되풀이해서 듣다 보니 저도 관심이 생기더군요. 요즘 투자자들의 가장 큰 고민거리가 무엇인지, 어떤 형태의 투자를 선호하는지, 무엇을 놓치고 있는지 말입니다. 그래서 그분들께 역으로 질문을 드렸습니다. '어떤 투자를 하고 싶은지' 말이죠.

가장 많이 돌아온 답변이 '투자 금액이 적은 물건'이었습니다. 이른바 갭 투자 물건이죠. 과거에 갭 투자를 몇 번 해본 분들은 좀 더 고차원적인 이야기를 했습니다. 이런저런 강의를 들으면서 갭 투자가 가능한 지역에 가봤지만 불과 일주일 사이에 3,000만 원이 올라 있었다며, 이미 오른 곳 말고 오를 수 있는 곳을 소개해주기를 바랐습니다. 예전에는 몇몇 사람만 쉬쉬 하며 투자하던 방식이 대중화된 것을 보며 정보가 빠르게 확산된다는 사실을 체감할 수 있었습니다.

결론부터 말씀드리자면, 이제 그런 방식의 투자로는 수익을 거둘 가능성이 매우 작습니다. 어떤 지역의 아파트에 대한 정보를 소수의 사람만이 독점하던 시대는 이미 지났습니다. 지금은 거의 실시간으로 똑같은 정보를 다수의 사람이 공유하게 되었습니다.

여전히 제게 갭 투자에 대해 묻는 분들이 계십니다. 적은 투자금으로 집을 살 수 있다는 결과에만 집중한다면 갭 투자는 좋은 방법이 될 수 있습니다. 그런데 갭 투자 방식과 대상 지역에 대해서 묻는 분은 많았지만, 정작 어떤 물건을 갭 투자 대상으로 삼아야 하는지에 대해서 질문하는 분은 단 한 분도 없었습니다.

갭 투자를 하려는 분들에게 몇 가지 질문을 해보고는 충격을 받을 수밖에 없었습니다. 일단 가장 중요한 요소인 입지에 대한 이해도가 너무 떨어집니다. 과거에 가격이 올랐다는 사실 하나만 보고 선택하는 경우도 있었고, 심지어는 지금까지 한 번도 오르지 않았다는 점에 꽂혀서 매수하는 어설픈 투자자도 보았습니다.

상품도, 수요도 중요하지만 입지를 가장 먼저 고려해야 합니다. 이 책을 읽고 계신 분들 중에는 지방 비규제 지역의 갭 투자 물건을 매입하지 못해서 조급해하는 분들도 계실 겁니다. 최근 급등한 지방의 주요 지역들 대부분은 지금 기준으로 봐도 좋고, 향후 기준으로 보아도 멋진 입지입니다. 실거주로도, 투자로도 좋은 지역이지요. 그런데 지방의 모든 아파트, 모든 동이 동일한 수준으로 좋은 물건일까요? 지방에 있는 아파트면 덮어놓고 아무 단지에나 투자해도 괜찮을까요?

왜 특정 동네가, 특정 아파트가 먼저 오르는지 생각해봐야 합니다. 같은 지역에 있음에도 별로 오르지 않은 동네는 왜 그런 것인지도 고민해봐야 합니다. 단순히 '같은 지자체 내 다른 동네랑 다른 아파트가 올랐으니까 결국엔 여기도 똑같이 오를 거야'라고 생각하면 안 된다는 겁니다. 같은 지자체 내에서도 입지와 아파트의 등급이 존재합니다. 따라서 해당 지자체의 장점과 단점을 먼저 정리한 뒤에 장점이 많은 입지와 단점이 많은 입지를 구분해야 합니다. 그게 먼저입니다. 그래야 왜 어느 지역에는 투자금이 더 들어가는지 이해하게 됩니다. 투자금이 적게 들어가는 투자가 만능은 아닙니다. 투자금이 더 들더라도 좋은 입지를 사는 것이 바람직합니다. 왜 싼지, 왜 쌌는지 한 번쯤은 따져보고 고민해봐야 합니다.

왜 입지를 먼저 고려해야 하는지 두 지역을 사례로 설명해보겠습니다.

첫 번째는 강서구입니다. 강서구에는 경제력이 높은 계층과 낮은 계층이 공존하고 있습니다. 생활편의 시설에 대한 기대 수준이 높고, 최근 들어 교통 요인이 매우 좋아졌으며, 전통적으로 학군이 매우 중요한 지역입니다. 이러한 네 가지 조건들(경제 수준, 교육 환경, 생활편의 시설, 자연환경)을 고려하면서 한 번 더 고민하고 매수 여부를 결정하기 바랍니다.

두 번째 지역은 고양시 일산 신도시입니다. 최근 많이 뜨고 있는 동네죠. 이 지역에 관심을 둔 분들은 어떤 입지 조건을 보고 계신가요? 일산에서도 덜 오른 지역을 선택하려고 하시나요? 일산을 분석할 때도 강서구와 동일한 조건을 적용하면 됩니다. 덜 오른 동네는 왜 덜 올랐는지 그 이유를 꼭 따져봐야 합니다. 일산의 지역적 특성도 이해해야 하고요.

일산은 학군이 매우 중요한 지역입니다. 이 지역의 학군은 이분화되어 있는데요. 일산동을 중심으로 하는 학군과 마두동을 중심으로 하는 학군입니다. 일산동은 후곡마을 주변으로, 일산에서 학원가가 가장 많은 동네입니다. 이른바 '오마학군'이라고도 불리는, 외지인들에게도 유명한 학원가 학군입니다. 마두동은 원래 일산의 중심으로, 비평준화 시절에 분당 서현고등학교와 함께 양대 산맥을 이루었던 백석고등학교가 있는 동네입니다. 지금도 마두동 주변으로 학원가가 형성되어 있으며, 학교도 좋습니다.

혹시 일산에 투자를 고려하면서 학원가를 생각해보셨는지 묻고 싶습니다. 제게 일산 투자에 대해 질문하셨던 분들 중에 학원가를 모르는 분들이 꽤 계셨거든요. 웬만한 서울 지역보다 훨씬 학업 성취도가 높고 경제적으로도 부유한 지역임에도 말입니다.

저는 여러분이 조금 더 신중하게 부동산에 접근하시기를 바랍니다. 입지의 장점과 단점을 따져보고 면밀히 비교한 뒤에 결정하셨으면 좋겠습니다. 부동산은 현재 시세를 사는 것이 아니라 미래의 시세를 반영할 입지를 사는 것이기 때문입니다. 좋은 입지를 사면 시세는 저절로 따라옵니다. 그러고 나서 상품을 알고, 그 입지의 그 상품을 선택할 수요층이 얼마나 있는지 공부하게 되면 완벽한 부동산 투자자가 되는 것입니다.

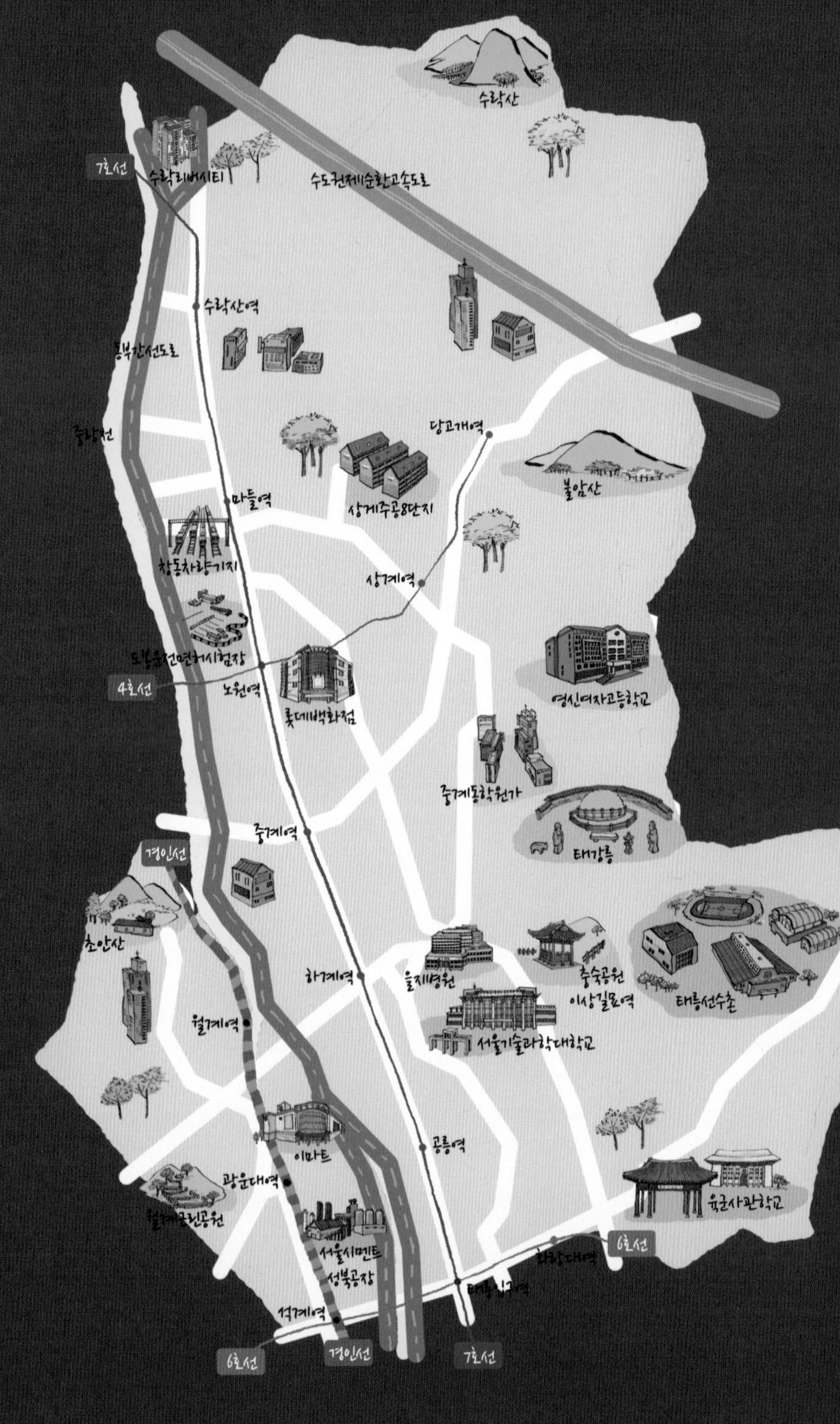
수락산
7호선
수락리버시티
수도권제1순환고속도로
수락산역
동부간선도로
중랑천
당고개역
불암산
마들역
상계주공8단지
창동차량기지
상계역
도봉운전면허시험장
4호선
노원역
롯데백화점
영신여자고등학교
중계동학원가
태강릉
중계역
경인선
초안산
하계역
을지병원
충숙공원
이상길묘역
태릉선수촌
서울기술과학대학교
월계역
이마트
공릉역
광운대역
월계근린공원
서울시멘트
성북공장
육군사관학교
6호선
화랑대역
태릉입구역
석계역
6호선
경인선
7호선

Chapter 7

대한민국 최고의 인구 밀도를 보이는 노원구 이야기

대한민국에서 거주 면적당 인구 밀도가 가장 높은 곳

서울에서 인구가 가장 많은 곳은 송파구입니다. 2020년 10월 현재 66만 8,920명입니다. 그다음으로는 58만 2,586명인 강서구이고, 강남구(54만 127명), 노원구(52만 4,515명) 순입니다. 하지만 거주 면적당 인구수만을 고려하면 노원구가 압도적일 겁니다. 인구수가 많은 서울의 상위 4개 구 가운데 다른 지역이 대부분 평지인 것과 달리 노원구는 절반 정도가 산과 하천이기 때문입니다. 그래서 실제 사람이 살 수 있는 대지 면적만으로 인구 밀도를 따지면 노원구가 압도적으로 높다고 볼 수 있습니다.

어떤 지역에 사람이 많이 산다는 사실은 여러 가지 의미가 있습니다. 장점일 수도 있고 단점일 수도 있습니다. 이를 동시에 이해하고 활용하는 것이 부동산 입지 분석의 올바른 태도입니다. 인구가 많으면 사람들이 필요로 하는 사항이 그만큼 많아지기 때문에 여러 가지 경제 활동이 활발해집니다. 가장 기본적으로 의식주에 대한 수요가 많이 발생합니다. 이 수요를 공급하는 것만으로도 그 지역의 경제는 원활하게 돌아갈 수 있습니다. 수요가 꾸준히 발생하기 때문에 공급자들은 지속적으로 공급할 수 있고, 이로 인해 경제의 규모가 커지면 소비자들은 다양한 경제생활을 할 수 있습니다. 인구가 많은 지역은 대부분 시장경제가 발달해 있죠. 대표적으로 중국을 들 수 있고, 대한민국에서는 서울을, 서울에서는 노원구를 사례로 들 수 있습니다.

서울 25개 구의 인구수

순위	행정구	인구수
1	송파구	668,920
2	강서구	582,586
3	강남구	540,127
4	노원구	524,515
5	관악구	497,082
6	은평구	481,165
7	강동구	458,495
8	양천구	455,649
9	성북구	438,973
10	서초구	425,558
11	구로구	405,481
12	중랑구	395,572
13	동장구	392,674
14	영등포구	376,924
15	마포구	372,905
16	광진구	347,615
17	동대문구	343,819
18	도봉구	326,617
19	서대문구	312,781
20	강북구	309,245
21	성동구	294,895
22	금천구	232,173
23	용산구	230,044
24	종로구	149,703
25	중구	125,641

인구가 많은 지역은 수요·공급 문제를 연구하기에 매우 좋은 샘플입니다. 지역에서 발생하는 수요에 대응할 만큼 지속적인 공급 능력을 갖추고 있다면 살기 좋은 지역이 됩니다. 선순환 효과가 발생하기 때문에 타 지역에서 인구가 유입되면서 인구가 계속 늘어납니다. 인구가 이탈하는 지역은 경제 탄력성이 낮아지고 인구가 유입되는 지역은 경제력이 높아지는 부익부 빈익빈 현상이 생기게 됩니다. 이것이 강남권과 비강남권으로 나뉘는 이유이기도 합니다.

하지만 인구가 많은 것이 반드시 능사는 아닙니다. 무한정 늘어나는 수요를 공급이 따라갈 수 없는 상황에 이를 수 있습니다. 수요는 많은데 추가적인 공급이 제한된다면 수요자들은 다른 대안을 선택할 확률이 높습니다. 공급에 여유가 있는 타 지역으로 옮겨가겠죠. 따라서 지속적인 공급이 가능한 지역인지 아닌지를 판단하는 것이 매우 중요합니다.

노원구는 부동산이라는 상품을 추가적으로 공급할 수 있는 지역일까요? 이 판단이 향후 노원구를 이해하는 가장 중요한 열쇠가 됩니다. 결국 신규 주택과 상업·교육 시설 등의 지속적인 공급이 가능한가, 확장 가능성이 얼마나 있는가에 따라 노원구의 인구는 더 늘어날 수도, 줄어들 수도 있다는 이야기입니다.

노원구의 역사는 그리 오래되지 않았습니다

노원구는 사람이 많이 살던 곳은 아니었습니다. 노원(蘆原)이라는 지명은 갈대류 식물이 많이 자라던 벌판이라는 의미를 갖고 있습니다. 1963년까지는 경기도 양주군에 속해 있었고, 노원구 서측의 중랑천 주변 평지에서는 말을 키우기도 했습니다. 말이 뛰노는 평야라고 해서 '마들평야'라고 부르기도 했으며, 이 마들평야를 중심으로 농업 활동을 하던 전형적인 농촌이었습니다. 마들역이라는 역명에서 이 흔적을 찾을 수 있습니다.

한적한 지역이었던 노원구에 변화가 생긴 것은 1970년을 전후해서부터였습니다. 서울 도심 재개발사업으로 중구 등 서울 도심에 살던 철거민들이 강북권(현 성북·강북·노원구)으로 집단 이주하게 됩니다. 준비 없이 급작스럽게 추진한 일이다 보니 당연히 체계화된 주택이나 기반 시설이 전무한 상황이었습니다. 이주민들의 경제력이 낮았기 때문에 새롭게 땅을 개간하거나 주택을 지을 여유도 없었지요. 이들은 노원구 지역 내에서 저렴한 노동력을 활용하려고 들어온 소규모 공장이나 비닐하우스 농업을 하는 사업장에서 종사하게 됩니다. 이것이 1980년까지의 모습입니다.

1970년대는 강남 개발의 시대입니다. 서울 강북의 인구를 강남으로 분산하려는 획기적인 시도가 어느 정도는 성공을 거둡니다. 그러나 전국 각지에서 사람이 몰려들면서 서울 인구가 기하급수적으로 늘어나게 됩

1989년 중계주공 3단지 아파트 건설 기공식

니다. 강남 개발만으로는 서울 도심에 대한 거주 수요를 충족시킬 수 없는 상황에 이르게 된 것이죠. 강남 이외에 추가적으로 인구를 분산할 대안이 절실해졌습니다.

따라서 1980년대 들어 강남구 이외의 지역에서도 대규모 택지개발사업을 추진하게 됩니다. 기존 도심을 개발하는 데에는 한계가 있었기 때문에 농업을 중심으로 하던 지역들이 주요 대상이 되었죠. 이때 노원구(당시 도봉구) 상계동 주변과 양천구(당시 강서구) 목동 주변, 그리고 서울과 바로 맞닿아 있는 과천시를 개발하게 됩니다. 단순히 아파트 단지만 공급하는 것이 아니라 교통망, 생활편의 시설, 교육 시설 등 기반 시설을 함께 제공하는 계획을 세우고 그대로 이루어냈습니다. 강남 개발을 벤치마킹한 것이죠. 기존의 서울 도심 개발은 단순히 주택만 공급하는 방식을 취했던 반면, 강남 개발 이후부터는 기반 시설을 함께 공급하여 주민들이 성공적으로 정착할 수 있는 확률을 높였습니다. 이는 지역 사회가 안정적으로 정착하는 데에 효과적인 역할을 했습니다.

이렇게 만들어진 계획도시가 지금의 상계동·중계동 아파트 단지들입니다. 무려 10만 세대가 단기간에 공급되었습니다. 큰 도시 하나가 새롭게 생긴 셈이죠. 당시 강북에는 체계적인 기반 시설을 갖춘 지역이 거의 없었습니다. 서울에서도 강남권 정도가 유일했으니까요.

새롭게 정비된 택지개발 지역은 주변 인구를 기하급수적으로 빨아들이게 됩니다. 원래 같은 식구였던 도봉구, 강북구는 물론 성북구, 동대문구, 심지어 강남권에서도 이주해왔습니다. 대한민국 최대의 인구 밀집 도시가 탄생한 것이죠. 최근 뉴타운 사업이 활성화되면서 성북구와 동대문구에 대규모 단지가 들어서고 있지만, 여전히 강북권에서는 노원구가 가장 많은 인구를 수용하고 있습니다.

이렇게 상계주공아파트가 공급되기 시작한 1980년대 중후반 이후에야 노원구는 부각되기 시작했습니다. 지역의 역사와 내공이 그리 깊은 지역이 아니라는 이야기입니다. 그렇기 때문에 주변에 경쟁력 강한 지역이 생길 경우 노원구가 어떻게 반응하는지 그 이해관계를 그때그때 따져봐야 합니다. 현재의 위상이 유지될지, 아니면 과거 영등포구가 그랬던 것처럼 수요의 일부를 나누어주게 될지 말이죠.

아파트 단지다운 환경이 갖추어진 아파트의 천국

상계동 상계주공아파트 단지는 16개나 됩니다. 창동 3개 단지까지 포함하면 19개 단지가 되죠. 이후로 중계주공아파트 10개 단지가 추가로 입주하고, 그 뒤를 이어서 청구·건영 등의 민간 아파트들도 입주했습니다. 하계동에는 벽산·건영·극동·현대 등의 민간 아파트들이 들어섰습니다. 그래도

상계동 전경

입지나 물량에 있어서는 상계주공아파트가 메인입니다.

상계주공아파트는 중랑천 동쪽의 마들평야에 개발했습니다. 중계주공아파트는 상계주공아파트 동쪽에 위치한 당현천과 불암산 사이에 개발했죠. 이 두 지역의 대단지들이 위치한 곳이 현재 노원구 주거 시설의 중심입니다. 향후 재건축이 진행된 뒤에도 이 구도는 크게 바뀌지 않을 겁니다.

지금 대부분의 신도시 개발은 평지에서 이루어집니다. 대규모 아파트 단지는 평지에 들어서는 것이 가장 좋기 때문입니다. 하지만 기존 도심에 있는 아파트들은 구릉지에 개발한 경우도 많았습니다. 상계주공이 주목받았던 이유 중 하나는 평지에 들어선 강북 최초의 대규모 택지개발이었기 때문입니다. 당시에는 평지에 개발되었다는 이유만으로도 최상의 아파트 상품 조건을 갖추었던 거죠. 뿐만 아니라 지금 기준으로도 엄청난 규모인 4만 세대가 공급되었는데, 기존의 아파트 건설 공법과 달리 다양한 모습으로 동을 배치했습니다. 복층형, 타워형, Y자형, U자형, L자형 등 주동의 모양 자체가 이전과는 많이 달랐고, 당시로서는 초고층인 25층 아파트가 공급되었습니다.

정부는 한꺼번에 많은 물량을 공급하면서 미분양을 우려했지만, 상계주공아파트는 청약 단계에서부터 인기가 많았습니다. 결국 많은 사람의 관심이 폭발하면서 추가적인 건설이 필요해졌고, 중계주공아파트를 공급하게 된 것입니다. 이처럼 연이은 대규모 공급과 다양한 주거 상품을 개발하는 등의 실험은 서울 아파트 상품을 한 단계 상향시킨 계기가 되었습니다. 이렇게 노원구는 서울 강북권역의 대표적인 주거 지역으로 정착하게 되었습니다.

서울 북동권의 선두 주자로 발돋움하다

동네 이야기 1

공공 개발 이슈 때마다 늘 언급되는 공릉동

"태릉 골프장 부지를 활용해 서울의 부족한 주택 수요를 보완하겠습니다!"

이제 태릉에 골프장이 있다는 사실은 대부분의 국민이 알고 있습니다. 서울 주택 공급에 대한 평가가 나올 때마다 정부는 정기적으로 태릉 골프장 부지에 공공 주택을 공급하겠다고 발표해왔기 때문입니다. 그러다가 시장이 조금 안정되면 다시 태릉 골프장 개발 이슈는 슬그머니 자취를 감춥니다. 그렇게 잊혔다가 주택 부족 이슈가 터지면 또다시 그 부지를 개발하겠다는 발표가 나옵니다. 가장 최근의 발표는 2020년 8월에 있었습니다. 서울 및 인근의 공공 입지에 빠른 시간 내에 주택을 공급하겠다는 정책을 발표하면서 후보지 중 하나로 태릉 골프장이 포함된 것이죠. 이제는 적어도 서울시민이라면 누구나 태릉에 선수촌뿐 아니라 육군사관학교가 있고 골프장도 있다는 사실을 알게 되었을 겁니다.

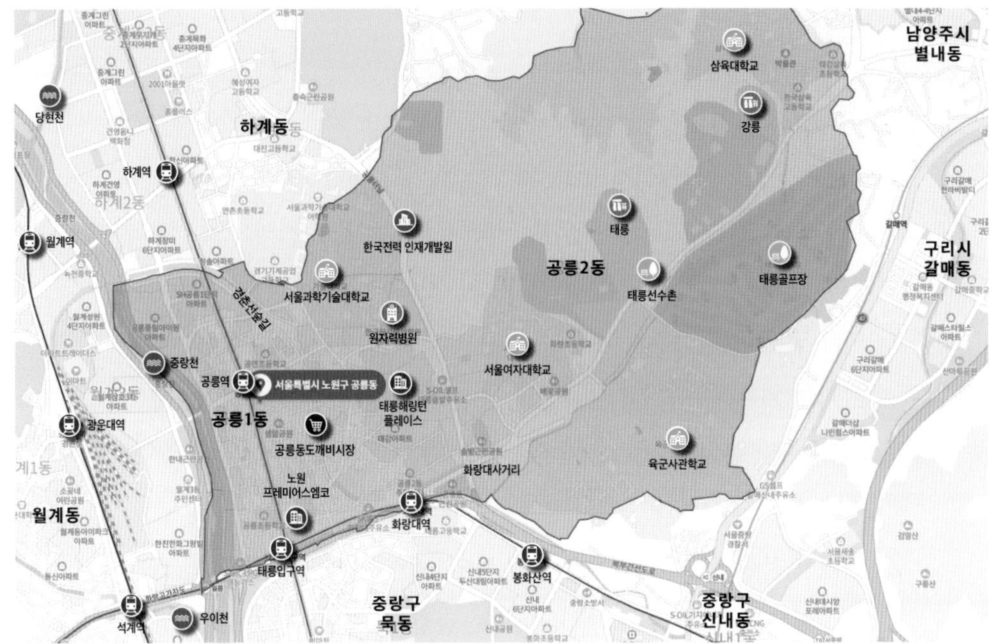

공릉동 지도. 1동과 2동으로 이루어져 있다.

지역의 부동산 가치는 그 지역의 인지도와 비례한다고 했습니다. 인지도가 높을수록 시세도 높다는 의미입니다. 지역 부동산의 시세가 높아지면 정부 입장에서는 취득세, 보유세, 양도소득세 등 부동산 관련 세금을 더 많이 걷을 수 있게 되죠.

사실 공릉동은 주택 공급과 개발에 관한 이슈를 다루는 뉴스를 통해 알려지기 전까지는 인지도가 매우 낮았고, 노원구를 제외한 다른 지역에는 거의 알려지지 않은 곳이었습니다. 심지어 같은 노원구의 상계동이나 중계동에 사는 분들도 잘 모른다고 할 정도였습니다.

하지만 이제 공릉동은 여러 매체를 통해 지명이 알려지고 인지도가 높아지면서 당당히 노원구의 주연급 지역이 되었습니다. 사실 공릉동이 주연급이 될 이유는 이전에도 충분했습니다. 예전부터 여러 가지 좋은 시설을 갖추고 있었지만, 그 시설들이 공릉동에 있다는 사실이 이제야 알려지게 된 것뿐이죠. 고등 교육기관이 무려 4개나 있습니다. 서울과학기술대학교가 있고, 서울여자대학교가 있으며, 삼육대학교가 있고, 그 유명한 육군사관학교도 있습니다. 너무 익숙해서 많은 분이 지명으로 착각하는 태릉도 있습니다. 정확히 말씀드리면, 태릉은 중종의 세 번째 왕비였던 '여인천하' 문정왕후의 무덤입니다. 그 옆에 문정왕후의 아들인 명종과 그의 비가 묻혀 있는 강릉이 있습니다. 이를 묶어 문화재 지명으로는 태강릉이라고 합니다.

공릉동은 공릉 1동과 공릉 2동으로 나누어 설명할 수 있습니다. 두 동은 폐쇄된 철길을 공원으로 바꾼 경춘선숲길을 경계로 구분됩니다.

공릉 1동은 전형적인 주거 지역으로, 중랑천과 지하철 7호선 일대입니다. 북쪽에 아파트가 밀집해 있고요, 남쪽으로는 재래시장, 상가 거리가 형성되어 있으며, 다세대와 빌라 등의 주거 형태가 밀집해 있습니다. 면

태릉선수촌

적은 공릉 2동의 5분의 1이지만 인구수는 비슷하기 때문에 인구 밀도가 훨씬 높습니다.

공릉 2동은 2개 지역으로 나누어서 생각해볼 수 있는데요, 원자력병원과 화랑대사거리 주변으로 아파트가 밀집한 지역과 그 동쪽으로 앞서 언급한 4개의 교육 시설과 한국전력 인재개발원, 태릉 컨트리클럽이 있는 지역입니다. 태릉 골프장은 서울 시내에 존재하는 유일한 골프장입니다. 그리고 태릉선수촌이 있습니다. 유네스코 세계 문화유산인 태강릉도 있죠.

공릉동에서 가장 비싼 아파트는 2016년 2월 입주한 노원프레미어스엠코입니다. 시세는 평당 2,500만 원 전후로, 6·7호선 더블 역세권인 태릉입구역의 초역세권에 위치하고 있습니다. 하지만 2021년 9월 태릉해링턴플레이스가 입주하게 되면 아마도 랜드마크 아파트가 바뀌지 않을까 생각됩니다. 노원프레미어스엠코는 상업 지역의 주상 복합 형태이고, 태릉해링턴플레이스는 주거 지역인 아파트 밀집 지역의 신규 아파트이기 때문이죠.

공릉동에는 외부에 알려진 것보다 훨씬 다양한 부동산 시설이 있고 살기

노원프레미어스엠코(위)와 태릉해링턴플레이스 조감도(아래)

경춘선 철길을 공원으로 조성한 경춘선숲길이 공릉동 한가운데를 남북으로 가로지르고 있다.

도 참 좋은 곳입니다. 몇 년 전까지는 강남 접근성과 대중교통이 불편하다는 단점이 있었지만, 지하철 7호선이 개통한 이후로 강남권과의 접근성이 개선되었습니다. 게다가 인접한 노원구 월계동과 중랑구 묵동이 한창 개발 중이어서 그 혜택을 볼 수 있는 지역이기도 합니다.

폐철도였던 구 경춘선이 철길 공원화 공사를 거쳐 경춘선숲길로 거듭났습니다. 지역 명소가 될 만한 관광 아이템이 생기면서 타 지역 사람들을 유인할 요소가 추가되었죠. 날씨 좋은 날 공릉동 경춘선숲길에 놀러가 보시길 바랍니다. 돌아오는 길에는 공릉동 도깨비시장에 가서 맛난 것도 사드시고요.

동네 이야기 2

서울 최초의 택지개발지구 상계동

노원구는 모든 동이 중랑천과 맞닿아 있는 중랑천의 도시입니다. 과거에는 이 하천을 한천이라고도 불렀습니다. 중랑천이 당현천과 만나고 다시 우이천과 만나는 지점인 중랑구 묵동과 노원구 공릉동 중간 지점부터를 오리지널 중랑천이라고 보면 됩니다. 노원구의 대표 지역인 상계동, 중계동, 하계동은 각각 중랑천의 윗부분, 중간 부분, 아랫부분이라는 뜻입니다. 중랑천(한천)을 떼어놓고는 노원구를 설명할 수 없다는 의미이지요.

중랑천의 가장 윗부분에 위치한 상계동은 노원구의 맏형 같은 지역입니다. 상계주공아파트가 입주하면서 노원구의 역사가 새롭게 시작된 것이나 다름없으니까요. 16개 주공아파트 단지에 성공적으로 입주가 이루어지면서 노원구는 강북권 최고의 주거 지역으로 등극했습니다. 이 단지들은 지금도 부동산 시장이 노원구를 주목하는 가장 큰 역할을 하고 있습니다.

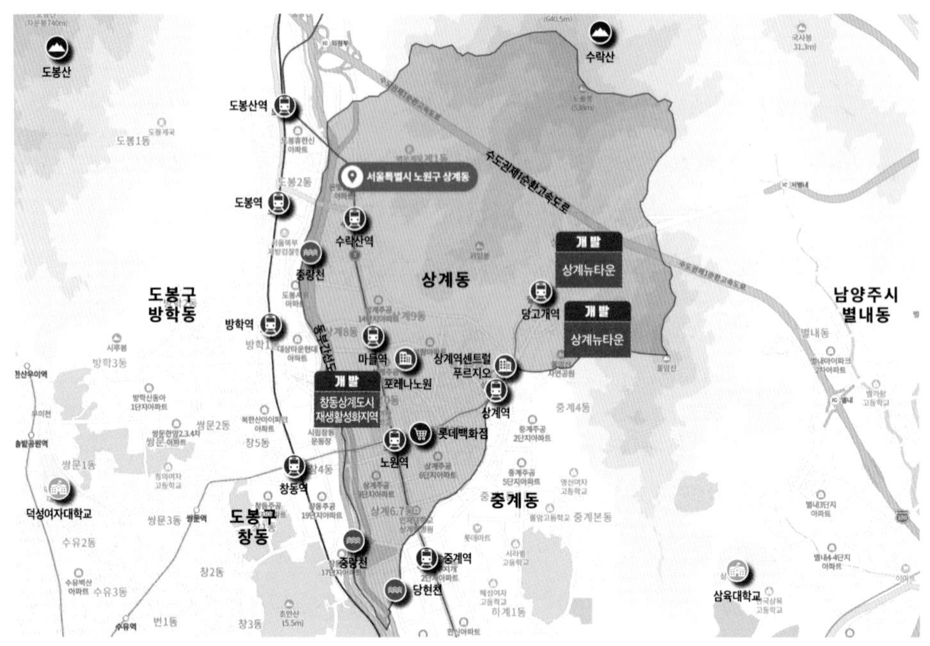

상계동 지도. 상계동은 1동부터 10동까지 10개의 동으로 구성되어 있다.

재건축 연한이 준공 30년으로 단축되면서 상계주공아파트는 강남권, 양천구 목동과 더불어 핵심 재건축 가능 지역으로 주목받기 시작했습니다. 16개 단지 가운데 8단지가 가장 먼저 스타트를 끊었습니다. 5층 저층 단지여서 사업성이 가장 좋고 조립식 구조로 지었기에 내구성이 떨어져 재건축을 할 수밖에 없는 상황이었기 때문입니다. 이 상계주공 8단지 재건축 청약이 어떤 반향을 일으키는지의 여부가 다른 단지의 재건축에 결정적인 영향을 미칠 것이라고 2016년에 펴낸 《부자의 지도》에서 말씀드린 바 있습니다.

결국 이 단지는 2018년 8월 포레나노원이라는 브랜드로 분양했고, 최고 경쟁률 279.8 대 1, 평균 경쟁률 97.95 대 1이라는 놀라운 인기몰이를 하면서 청약이 완판되었습니다. 포레나노원 청약 이후로 노원구에는 총 5개의 신규 아파트가 분양되었는데, 모두 청약에 성공했습니다. 그만큼 신

가장 최근에 분양한 노원구 아파트 재건축 진행 현황

시군구	읍면동	단지명	분양 연월	입주 연월	총 세대수	일반 공급	총 청약자수	전체 경쟁률(%)
노원구	상계동	포레나노원	2018년 8월	2020년 12월	1,062	60	5,877	97.75
노원구	상계동	상계역센트럴푸르지오	2017년 7월	2020년 1월	810	368	2,632	7.15
노원구	상계동	노원롯데캐슬시그니처	2020년 7월	2023년 6월	1,163	432	25,484	58.99
노원구	공릉동	화랑대디오베이션	2019년 7월	2021년 4월	62	37	303	8.19
노원구	월계동	월계센트럴아이파크	2017년 7월	2019년 9월	859	541	2,049	3.79
노원구	공릉동	태릉해링턴플레이스	2019년 2월	2021년 9월	1,308	327	4,048	13.38

규 아파트를 향한 수요가 노원구에 축적되어 있었던 것입니다.

강남권은 시세가 워낙 높고 소유주들의 재산 수준 또한 높아서 추가 분담금에 대한 부담이 상대적으로 낮습니다. 목동도 재산 수준이 높고 용적률이 양호해서 재건축 추진 가능성이 상계동보다 큽니다. 반면 상계주공아파트는 중고층이 많고 소형 평형이 많아서 재건축을 해도 일반 분양분이 많이 나오지 않기 때문에 사업성이 낮습니다. 추가 분담금이 필요한 재건축 방식에 부담을 느끼는 소유주들이 많아서 강남이나 목동보다는 선호도가 낮은 것이 사실입니다. 따라서 상계주공 재건축은 상계동 부동산 시세가 꾸준히 오른다는 전제 조건이 선행되어야 합니다. 또 그 인상분이 추가 분담금을 초과해야 한다는 전제 조건도 필요합니다. 그래야 재건축을 추진하는 주체들이 자발적으로 움직일 테니까요. 그런 의미에서 최근 노원구 상계동 부동산 시장의 분위기라면 추진 가능성이 큽니다. 다만 정부 규제로 인해 정비사업의 사업성에 문제가 제기되면 재건축과 재개발 진행이 어려워질 수도 있습니다.

하지만 결국 상계동의 재건축·재개발 문제는 대부분 시간이 해결해 줄 것으로 보입니다. 재건축·재개발 후 부가가치가 생길 여건이 충분하기

포레나노원

때문입니다. 사람들이 많이 살던 곳은 입지 조건이 좋습니다. 강남구 재건축 사례에서 충분히 검증되었듯이 입지 조건이 양호한 곳에 새 아파트가 생기면 기대보다 높은 부가가치가 형성됩니다. 그렇기 때문에 입지 여건이 그다지 좋지 않았던 상계뉴타운 개발도 성공적으로 진행되고 있는 것이죠.

상계뉴타운 4구역을 재개발하여 2020년 1월 입주한 상계역센트럴푸르지오는 초반에 인기가 높지 않아 깔끔하게 완판되지는 않았지만, 5억 원대에 분양되었던 전용 84㎡의 현재 시세가 10억 원 전후를 형성하고 있습니다. 말 그대로 2배가 오른 것이죠. 그만큼 현재 노원구의 신규 분양 시장은 분위기가 매우 좋습니다.

상계동은 상권도 훌륭합니다. 노원역에 롯데백화점이 입점한 이후로 서울 북동권 지역을 대표하는 상권의 중심지가 되었습니다. 노원역 주변은 서울 안에서도 10대 상권에 드는 지역입니다. 단순히 노원구 주민만 이용하는 곳이 아니죠. 도봉구, 강북구, 중랑구는 물론 의정부, 양주에서도 찾는 사람이 많습니다. 2015년 8월에 착공한 4호선 연장선은 현재 상계뉴타운이 있는 당고개역이 종점인데, 2021년 남양주 진접(진접광릉숲역)까지 연장되면 남양주 전 지역에 영향을 주는 상권으로 확대될 것입니다.

그만큼 노원구는 서울 북동부 지역에서는 단연 돋보이는 곳입니다. 분당이나 일산 신도시를 개발할 때와 마찬가지로 도로 시설을 먼저 정비하고 타 지역과의 접근성을 개선하기 위해 지하철 노선을 신설했습니다. 상계동에 신설된 4호선의 경우, 3호선보다 먼저 개통했을 정도니까요. 현재는 지하철 7호선 노선이 추가되어 더블 역세권 지역이 되었습니다. 이제 곧 착공할 동북선 경전철까지 추가되면 교통이 더욱 편리해지겠지요. 아울러 노원구는 단지 사이사이에 상가와 공공기관, 교육 시설까지 갖춘, 말 그대로 기반 시설이 제대로 공급된 택지개발지구입니다.

그러나 전반적인 위상은 중계동보다 낮습니다. 학원가와 학교 선호도 등의 프리미엄을 누리면서도 중계동에 비해 주거 시설의 연차가 오래되었기 때문입니다. 소형 위주의 단지라서 추가적인 세대 유입이 어렵기도 하고요. 이러한 사정은 결국 상계동에 터닝포인트가 필요한 시점이 왔다는 신호입니다. 기댈 곳은 주공 재건축과 상계뉴타운 재개발 같은 정비사업입니다. 상계주공아파트의 재건축이 본격화된다면, 그리고 상계뉴타운의 추가 재개발이 진행된다면 중계동과 다시 자웅을 겨룰 만한 경쟁력을 갖추게 되는 것이죠.

노원역 일대의 상권(위)과 노원 문화의 거리(아래)

특히 4호선 종점인 당고개역이 있는 상계뉴타운은 반드시 눈여겨봐야 할 입지입니다. 상계뉴타운 지역은 서울에서 가장 낙후된 동네라는 평가를 받고 있습니다. 욕실이 없는 집도 있고, 심지어 마을 공용 화장실을 사용해야 하는 집도 있습니다. 최저 수준의 주거 생활을 하는 동네 중 한 곳이죠.

이 지역이 뉴타운으로 지정되었던 초기에는 시세가 급등하고 외지 사람들이 북적일 정도로 활기찬 모습을 보였습니다. 하지만 금융 위기 이후 경기가 주춤하면서 해제 수순을 밟는 듯하다가 4구역이 분양하고 시세가 오르고 나서야 다시 부각되었습니다. 결국 상계뉴타운이 어떤 길로 가느냐 하는 향방을 결정해야 하는 시기에 이르렀습니다. 어떤 모습으로 언제부터 본격적으로 재개발이 진행될지 계속 지켜봐야 할 것 같습니다. 현재 시장과 정부의 이해관계가 서로 달라 한 방향으로 추진하기 어려운 것이 현실입니다. 상계뉴타운을 비롯한 서울의 주요 정비사업이 지금 딱 그 상태에 머물러 있다고 보면 됩니다.

시간이 문제겠지만, 상계뉴타운 지역에는 지속적으로 인구가 유입될 것으로 예상됩니다. 지금은 상계동의 끝, 노원구의 끝, 서울의 끝일 뿐이지만, 4호선이 연장되는 순간에는 부도심이 됩니다. 뉴타운이 진행되든 그렇지 못하든 이전보다는 많은 사람이 오가게 될 것이고, 따라서 활성화될 수밖에 없을 것입니다.

당고개역 앞 상계뉴타운 지역

상계동에는 주공 재건축, 뉴타운 외에 주목할 만한 또 다른 개발 예정지가 있습니다. 2015년 2월 서울시는 창동 차량기지와 도봉 운전면허시험장을 이전함으로써 마련되는 38만m^2 용지에 대규모 복합시설을 개발하는 '창동·상계 신경제 중심지' 프로젝트를 발표했습니다. 이 부지와 맞닿아 있는 상계동 지역에는 호재가 되는 일이지요. 물론 2020년 12월 현재에도 구체적으로 추진되고 있지는 않지만, 분명한 사실은 조금씩 계획이 모습을 갖추어 가고 있다는 점입니다. 머지않은 시기에 본격적인 개발이 시작될 것으로 보입니다. 그 시작은 GTX-C 노선 착공이 아닐까 생각합니다.

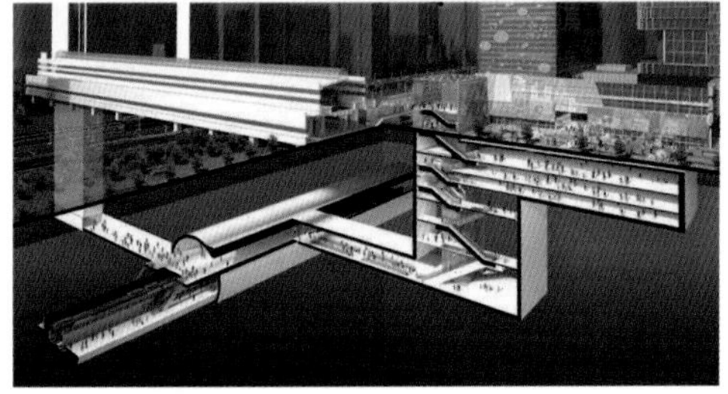

창동·상계 도시 재생 활성화 지역 부지(위)와 개발 계획도(아래)

상계동은 노원구의 과거이자 미래입니다. 상계동은 주민들의 희망과 의지대로 변화할 것입니다. 그 변화에 따라 상계동의 위상도 달라지겠죠. 이는 곧 노원구의 위상이 달라진다는 것을 뜻합니다. 노원구에서 가장 많은 사람이 살고 있는 만큼 상계동의 변화는 상계동의 미래만을 책임지지 않기 때문입니다. 수락산을 오르며, 상계동의 과거와 현재 그리고 미래를 정리해보았습니다.

동네 이야기 3

달빛처럼 아름다워질 월계동

월계동은 중랑천을 경계로 노원구의 다른 동네와 떨어져 있습니다. 차라리 강북구나 성북구의 일부라고 여기는 것이 월계동을 이해하는 데 조금 더 도움이 될 것입니다. 동쪽으로는 중랑천, 서쪽으로는 우이천, 북쪽으로는 초안산으로 둘러싸여 있는데, 그 지형이 반달 모양이라고 해서 월계동이라는 이름이 붙었습니다.

월계동에는 큰 공원이 2개나 있습니다. 북쪽의 초안산 근린공원과 중앙에 위치한 영축산근린공원입니다. 이 천연 자연 공원들에 생태 하천인 우이천, 중랑천이 감싸고 있어서 자연환경이 쾌적합니다. 그러나 성북구와 도봉구를 거쳐 노원구에 편입된 이후로 한 번도 쾌적한 곳으로 평가받지 못했습니다. 이는 광운대역(구 성북역)에 있는 2개의 대형 시멘트 공장과 무연탄 물류 창고 때문입니다. 과거 성북역은 강원도에서 수송된 무연탄과 시멘트 재료를 보관하는 장소로 이용되었는데, 이 때문에 천혜의 자연환경을 지녔음에도 친환경과는 거리가 먼 곳으로 인식되었던 것입니다.

광운대역 일대의 풍경. 시멘트 공장 시설이 보인다. 하지만 이 시설은 곧 이전하고 이 일대는 완전히 새롭게 탈바꿈된다.

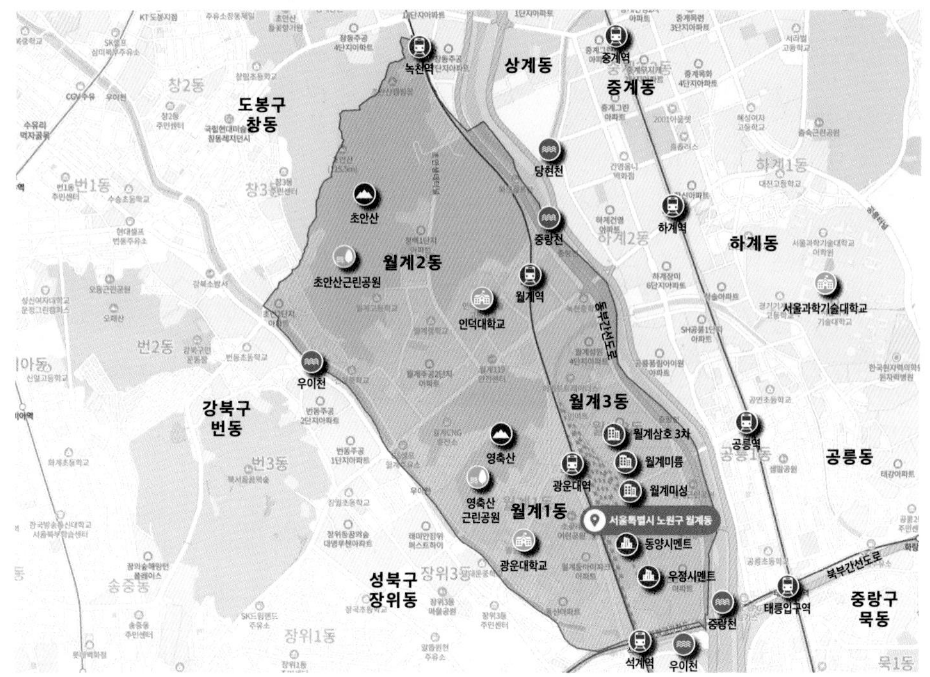

월계동 지도. 1동부터 3동으로 이루어져 있다.

결국 월계동의 선호도를 올리기 위해서는 문제가 되는 사항들을 제거하면 됩니다. 그렇게 되면 거의 완벽에 가까운 입지입니다. 먼저 교육 환경이 참 좋습니다. 광운대학교, 인덕대학교가 있어 전체적으로 교육적인 분위기가 강하고, 초·중·고등학교 평가도 좋습니다. 대부분 아파트 단지로 구성되어 있어서 상권도 깔끔하게 잘 정돈되어 있습니다. 교통도 편리합니다. 1호선 녹천역, 월계역, 광운대역, 석계역이 남북으로 지납니다. 특히 광운대역은 경의중앙선, 석계역은 6호선과 더블 역세권입니다. 월계동은 기반 시설이 아주 잘 갖추어져 있기 때문에 결정적인 기피 시설이 있음에도 부동산 시세가 그다지 낮지 않습니다. 부정적 요인들을 상쇄하고도 남을 정도로 매력적인 곳이라는 의미입니다.

앞서 기피 시설만 제거되면 월계동이 완벽한 입지라고 말씀드렸죠?

광운대역 개발 조감도. 광운대역사는 각종 업무 시설과 상업 시설, 주거 시설이 들어서는 첨단 복합 공간으로 재탄생한다.

드디어 월계동의 숙원 사업이었던 시멘트 공장과 물류 창고 부지 개발이 추진됩니다. 월계동의 향후 발전 방향과 변화는 광운대역세권 개발에 달려 있다고 해도 과언이 아닙니다. 이 개발 호재는 노원구 전체의 위상을 바꾸는 데에도 결정적인 역할을 할 것입니다. 광운대역사는 지하철 역사에 그치지 않고 호텔, 문화 관광 등의 업무 시설과 상업 시설, 최신 주거 시설이 들어서는 획기적인 공간으로 거듭날 계획입니다. 전형적인 베드타운인 노원구 입장에서는 두 손 들어 반길 만한 일입니다. 최근 월계미륭·미성·삼포 3차 아파트의 시세가 크게 오르고 있는 이유도 재건축 호재와 더불어 개발 호재가 있기 때문입니다.

하지만 여느 개발사업처럼 이 역시 어려움을 겪고 있습니다. 서울 도심 지역이라 땅값만 해도 엄청납니다. 경제력이 뒷받침되지 않으면 제대로 추진하기 어려운 사업인 거죠. 대한민국 전체에 영향을 줄 만큼의 국가적인 사업은 아니지만, 규모가 엄청나기 때문에 지자체 위주의 개발로는 한계가 있어서 민간 기업이 참여해야 합니다. 만약 민간 기업이 주도적으로 개발하지 않으면 서울시와 코레일이 공동으로 사업을 추진해야 하는데, 역시 자금이 문제입니다. 결국 사업성이 높다는 확신이 있어야만

월계동 서쪽을 흐르는 우이천(좌)과 북쪽의 초안산근린공원(우)

금융권에서 자금을 지원할 것이고 민간 기업도 참여할 것입니다. 사업 타당성 검토가 매우 중요한 개발사업인 거죠.

이 광운대역 역세권 개발에 추진 동력이 생긴다면, 월계동은 지금과는 완전히 다른 위상을 갖게 될 것입니다. 지금까지는 노원구에서 위상이 가장 낮았지만, 선두로 치고 나갈 획기적인 전환점이 될 사업입니다. 이 사업은 노원구만의 사업이 아닙니다. 노원구, 도봉구, 강북구 전체의 위상을 바꿀 만한 사업입니다. 개발사업이 제대로 이루어지기만 한다면, 그 중심에 서 있는 월계동은 이름에 걸맞게 강물에 비친 달빛처럼 아름다운 존재로 거듭날 것입니다.

동네 이야기 4

서울 강북 학원가의 메카, 중계동

노원구를 대표하는 동네가 상계동인지, 중계동인지를 놓고 의견이 분분합니다. 현 시점에서 명확한 순위를 정해보도록 하겠습니다.

현재의 인지도 측면에서는 상계동이 더 높을지 모르지만, 이외의 여러

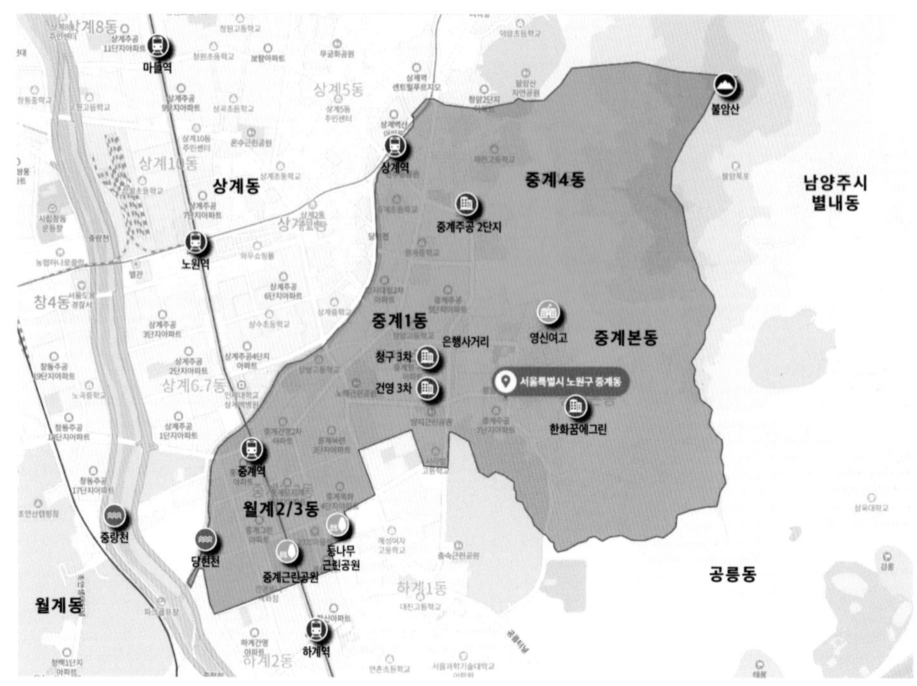

중계동 지도. 중계본동과 1~4동까지 5개 동이 있다.

가지 측면을 고려해보면 단연 중계동이 앞선다고 할 수 있습니다. 입지의 가치는 시세와 비례합니다. 노원구에서는 중계동과 하계동이 가장 비싼 지역이지요.

특히 중계동은 서울 강북 지역 전체를 대표하는 교육 특구입니다. 한강 이남에 대치동과 목동이 있다면, 한강 이북에는 중계동이 있습니다. 교육 특구의 위상을 누리기 위해서는 학교에 대한 로열티도 높아야 하지만, 무엇보다 대형 학원가가 발달해야 합니다. 그 지역 학원가의 위상은 그 학원가가 과연 어느 지역까지 수용하느냐에 달려 있습니다. 방학 시즌에 대치동 학원가에 지방의 학생과 학부모가 몰리는 것처럼 말이죠. 중계동 학원가는 노원구는 물론 도봉구, 강북구, 성북구, 중랑구를 아우릅니다. 심지어 의정부, 양주, 남양주에서도 중계동 학원가를 찾아옵니다. 이 정도 위상이라면 서울을 대표하는 교육 특구로 평가받을 만하죠. 따라서 상계동이 노원구의 만형이기는 하지만, 현재 노원구라는 집안을 대표하는 지역은 중계동입니다. 상계동은 노원구를 대표하지만, 중계동은 강북권 전체를 대표하니까요.

노원구에서 시세가 가장 높은 일반 아파트는 중계동의 청구 3차 아파트입니다. 학원가의 메카라고 할 수 있는 중계동 은행사거리에 위치한 아파트로, 1996년 입주했고 현재 시세는 평당 3,500만 원 전후입니다. 1995년 입주한 건영 3차 아파트도 청구 3차와 같은 시세를 형성하고 있습니다. 특이한 점은 중계동에서 가장 비싼 아파트들이 지은 지 25년 넘은 구축이라는 사실입니다. 이것은 상계동처럼 재건축에 의한 사후 가치가 반영된 투자 위주의 아파트가 아니고 신규 아파트도 아닌, 말 그대로 입지 그 자체의 가치만으로 시세가 형성되어 있다는 사실을 말해줍니다.

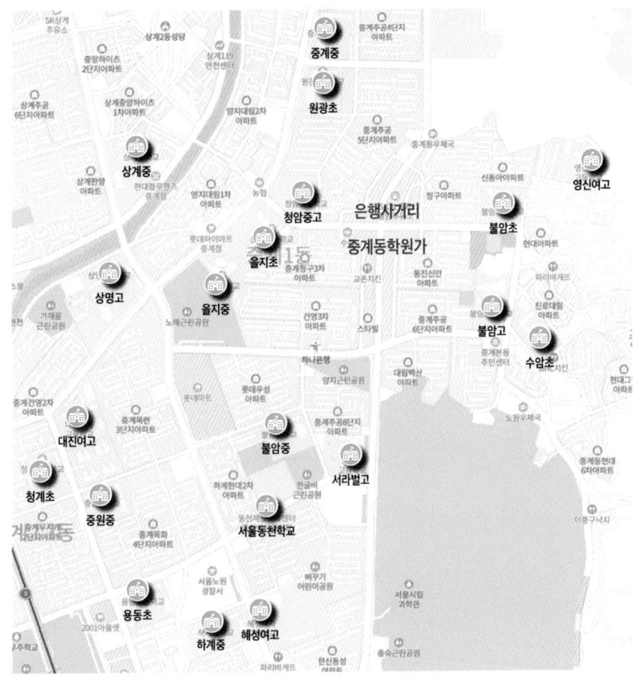

은행사거리와 중계동 학원가 주변에 있는 초·중·고등학교

영신여자고등학교(좌)와 보호수로 지정된 은행나무(우)

대단하죠? 이것이 중계동의 위상이자 현실입니다.

중계동은 불암산 권역을 제외하면 거의 모든 지역이 아파트와 입주민들을 위한 상가로만 구성된 전형적인 주거 지역입니다. 특정 주거 지역이 주변보다 시세가 높다면 이유는 두 가지입니다. 교통, 생활편의 시설 등의 기반 시설이 뛰어나거나 교육 환경, 특히 학원가가 월등히 좋은 경우입니다. 중계동은 두 번째 이유가 부각된 지역입니다. 그렇기 때문에 아파트가 낙후되어도 최고의 시세를 유지하는 것입니다.

중계동의 핵심 지역은 은행사거리입니다. 이 사거리에 중계동 학원가를 이루는 학원들이 밀집해 있습니다. 재미있는 사실은 이 학원가를 중심에 두고 중계동 학교들이 둘러싸고 있다는 점입니다. 마치 처음부터 학원가를 중심에 놓고 주변에 학교들을 배치한 것처럼 보일 정도입니다. 중계동 학원가는 입지에서부터 위엄을 보여주는 셈이죠.

중계동은 풍수적으로도 기운이 아주 좋습니다. 서울에서 풍수적으로 다섯 손가락 안에 든다는 불암산의 정기를 제대로 받고 있는 곳이거든요. 풍수적으로 핵심 입지는 불암산의 기운이 응축되는 곳이라 평가받는 영신여자고등학교 부지입니다. 과거에 이곳에는 납대울이라는 마을이 있었는데요, 조정에 바치는 조공을 모아두는 곳이었습니다. 조선 선조 때 영의정을 지낸 오음 윤두수가 살았던 마을이기도 하죠. 조공을 모아두는 곳은 당연히 입지가 좋을 뿐 아니라 영의정이 태어난 땅이어서 그 기운이 더욱 좋다고 할 수 있습니다. 이처럼 좋은 기운이 지금의 중계동을 만든 것이 아닌가 하는 생각이 듭니다. 또 영의정은 정치만 잘해서 오를 수 있는 자리가 아닙니다. 학문의 성취가 높아야 합니다. 그래서 중계동이 공부를 잘하는 것이 아닐까 하는 생각도 듭니다.

살기 좋은 곳인지의 여부는 오래된 나무가 있는지를 통해서도 확인할 수 있습니다. 은행사거리라는 이름은 주변에 은행(사거리 코너마다 KB·신한·우리·기업은행이 있다)이 많아서이기도 하지만, 은행나무가 있어서 붙은 것이기도 합니다. 실제로 중계동의 수호신이라는 수령 800년의 은행나무가 중계 한화꿈에그린 단지 앞에 있습니다. 이 은행나무를 '구릉대감'이라고 부른다고 하네요. 중계 주공아파트 2단지에는 약 700년 된 은행나무도 있습니다. 수령이 수백 년 되지 않은 나무는 명함도 못 내밀 정도죠.

7호선 중계역이 지나고, 중계역 남쪽에는 중계근린공원과 등나무근린공원이 있습니다. 교통, 생활편의 시설, 교육 환경, 자연환경까지 중계동은 거의 모든 부동산 입지 조건을 갖추고 있습니다. 서울에서 세 손가락 안에 드는 명문 학원가의 명성이 이동하거나 분산되지 않는 한 중계동은 계속 높은 위상을 유지할 것입니다. 2025년에는 왕십리역과 상계역을 잇는 동북선 경전철 은행사거리역이 개통할 예정입니다. 그렇게 되면 이곳을 찾는 학생과 학부모의 수요가 더욱 늘어나게 되겠지요.

동북선 경전철 노선도

동네 이야기 5

노원구를 지키는 중랑천 삼총사의 막내, 하계동

하계동은 노원구에서 가장 정돈된 느낌을 주는 동네입니다. 전형적인 배산임수 지형으로 북동쪽에는 충숙공원이 위치한 낮은 산지가, 남서쪽으로는 중랑천이 있습니다. 그 중간은 아늑한 평야 지형으로, 지금은 아파트 단지가 빼곡하지만 과거에는 개울이 많아 농사 짓기 딱 좋은 농경지였다고 합니다. 1967년 이후로 서울 도심이 택지로 개발되면서 이곳으로 철거민들이 이주하기 시작했고, 서서히 서울의 변두리 지역으로 정착하게 됩니다.

하계동은 중계동의 확장 공간으로 이해하면 거의 정확합니다. 중계동 학원가의 완성은 하계동에서 시작된다고 할 정도로 두 동네는 유사한 교육 환경을 지니고 있습니다. 요즘은 중학교 학군을 많이 따지는데요, 하계중학교와 불암중학교는 노원구를 대표하는 인기 중학교입니다. 이를 방증하듯 이들 학교에 가까이 있는 하계 1차 청구아파트와 하계현대아파

하계 2동 전경

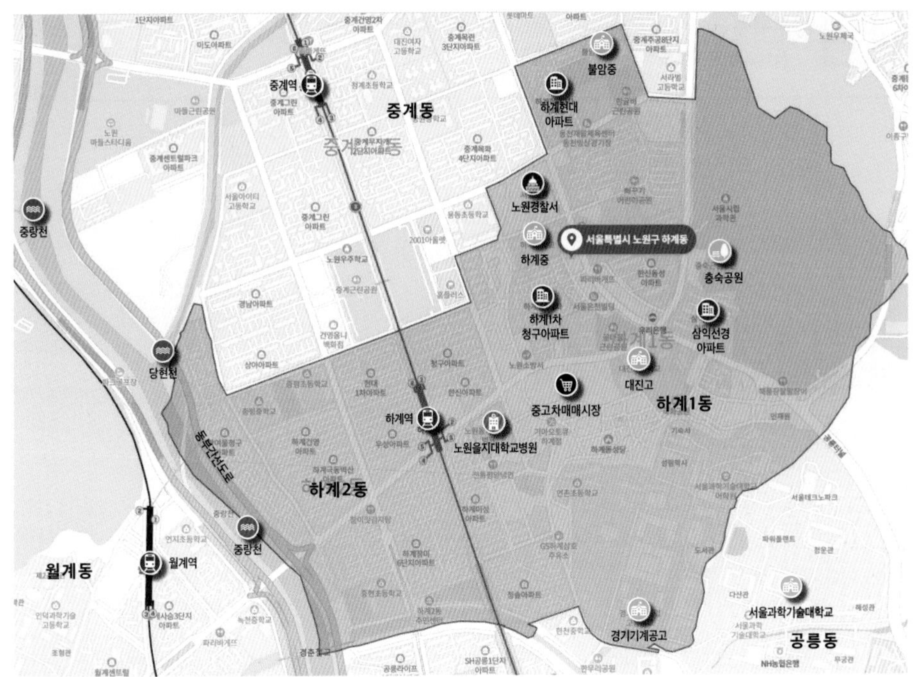

하계동 지도. 1동과 2동으로 나뉜다.

트가 하계동에서는 시세가 높은 편입니다. 지역 내 명문 학교인 대진고등학교 근처 삼익선경아파트의 시세도 상대적으로 높은 편이고요.

하계동은 1동과 2동으로 나뉩니다. 하계 2동은 중랑천 옆으로 아파트 밀집 지역이고, 하계 2동은 공원과 학교가 아주 많습니다. 노원 을지대학교병원과 중고차 매매 시장도 하계 1동에 있습니다. 주거와 상업 시설, 자연환경이 아주 적정한 수준으로 구성되어 있는 곳이죠. 이처럼 쾌적한 입지 조건이 중계동과 거의 같은 시세를 유지하게 해주는 이유입니다.

하계동은 중계동과 같은 움직임을 보입니다. 사실상 같은 지역으로 봐도 무방할 정도죠. 중계동이 마음에 든다면, 하계동도 같은 관심 범위에 놓고 함께 검토해보는 게 좋습니다. 특히 새로운 역세권이 형성되거나 재건축 대상이 될 만한 아파트들에 더욱 관심을 기울여야겠지요.

노원구를 지키는 독수리 오형제

노원구는 5개 동으로 구성되어 있습니다. 첫째 상계동, 둘째 중계동, 셋째 하계동, 넷째 공릉동, 다섯째 월계동이죠. 각 동의 과거와 현재, 미래에 대해서는 앞서 설명드렸습니다. 역할에 대해서도 정리해드렸죠. 상계동은 든든한 맏이 역할을 하고 있고, 중심은 중계동과 하계동이 잡고 있으며, 공릉동은 노원구의 내공을 단단하게 다지고, 막내 월계동은 발전 가능성이 가장 큰 곳입니다. 이렇게 짜임새 있는 모습을 갖추고 있기에 노도강(노원·도봉·강북구)에서 가장 늦게 출발했지만 가장 높은 위상을 가지고 있는 것입니다. 그래서 저는 이렇게 주장하고 싶습니다. 이제 '노도강'이라는 말은 쓰지 말자고요. 노원구는 노원구만의 색깔을 확실히 구축했습니다. 서울 북동권 8개 구에서 굳이 묶는다면 중랑구를 포함시켜서 '중도강'이라고 하는 것이 더 적절할 것 같습니다.

어느 구가 잘나간다는 말은 구내의 모든 지역이 잘나가서 어느 한 지역도 빠지지 않는다는 의미입니다. 노원구의 5개 동 역시 빠지는 지역이 없습니다. 어느 한 지역이 떨어진다면 시세 차이가 크게 날 텐데, 실제로 5개 동의 시세는 큰 차이가 나지 않습니다. 시세 차이가 크지 않다는 것은 지역 내 편차가 없다는 의미도 됩니다. 상향평준화이거나 하향평준화 둘 중 하나겠죠. 사실상 노원구는 노도강의 상위권이라는 위상을 차지한 뒤로 정체에 빠져 있습니다. 과거에는 상향평준화로 볼 수 있었지만, 서울 전체에서 보면 아직은 하위권에 속합니다. 큰 변화가 일어나지 않는다면 하향평준화가 일어날 수도 있는 상황입니다. 때문에 변화가 더욱 절실해지고 있습니다. 물론 모든 지역이 동시에 발전할 수는 없겠죠. 몇 개 지역이라도 분위기를 끌어가야만 합니다.

노원구의 가장 큰 장점은 인구가 많다는 것입니다. 인구가 많다는 것은 무언가를 이룰 수 있는 강력한 동력입니다. 추진 세력을 만들어서 될 만한 사업을 우선적으로 추진해야 합니다. 이러한 개발 방향에서 가장 좋은 방법은 첫째가 이끌고 막내가 새로운 무엇인가를 계속 만들어내는 것입니다. 중간에서는 현재의 위상을 유지하면 됩니다. 그렇게 된다면, 독수리 오형제로서 충분히 시너지를 낼 수 있습니다.

상계동과 월계동을 통해 노원구의 미래를 예측해보세요

노원구 5개 동에서 앞으로 10년간 가장 큰 변화를 일으킬 2개 동을 꼽으라면 상계동과 월계동을 들 수 있습니다.

현재 상계동의 주거 상품은 더 이상 경쟁력이 없습니다. 낡고 작기 때문입니다. 물론 교통이 편리하고 상권이 활성화되었다는 장점이 크지만, 의식주의 기본이 되는 주택의 질이 새로운 소비자들의 요구를 충족시킬 수 없는 상황입니다. 따라서 주변 지역, 즉 상계동의 기반 시설을 이용할 수 있는 지역에 신규 주택이 생겨나면 생겨날수록 그쪽 지역으로 이주하는 세대가 늘어날 수밖에 없습니다. 상계동에서 살고 싶어 하는 사람이 계속 줄어들게 되는 것이죠.

하지만 상계동에도 드디어 기회가 찾아왔습니다. 바로 재건축사업입니다. 상계동의 모든 단지가 재건축 가능 시점에 이르렀습니다. 상계 주공 8단지(포레나노원)가 가장 먼저 포문을 열었고, 그 외의 상계주공아파트 단지들도 준비 중입니다. 그리고 상계뉴타운에서도 4구역(상계역센트럴푸르지오)이 스타트를 끊었습니다. 부동산 경기에 크게 영향을 주는 악재만 발

하늘에서 내려다본 노원구 시가지

생하지 않는다면, 비록 시간은 걸리더라도 대부분 재건축·재개발을 할 것입니다. 상계동 재건축·재개발사업이 완성되고 새로운 주거 시설에 입주를 시작할 즈음이면, 지역의 위상이 크게 높아질 겁니다. 더 이상 낡고 작은 주택만 있는 주거지가 아니라, 서울에서 가장 쾌적한 주거지가 될 테니까요. 그러면 중계동과 하계동도 상계동의 뒤를 따를 것입니다. 그래서 상계동의 역할이 중요합니다. 이 모든 구상이 실현되면 입주민의 계층도 바뀌게 됩니다. 아현뉴타운과 신길뉴타운, 길음뉴타운이 그랬던 것처럼 말이죠.

주거 이외의 새로운 시도는 월계동이 담당할 것입니다. 그 핵심이 광운대역 역세권 개발입니다. 노원구를 한 단계 상향시킬 중요한 열쇠를 쥐고 있는 것이죠. 여기에 GTX-C와 동북선 경전철 사업이 힘을 더하겠죠. 이런 개발 계획이 완성되면 이제 노원구는 잠을 자기 위해 돌아가는 곳이 아니라 즐기기 위해, 일하기 위해 살아가는 공간이 될 것입니다. 노원구의 새로운 미래가 월계동에서 시작될 것입니다.

=전통의 힘이 미래의 힘으로 이어지는 곳

도깨비시장은 이렇게 생각하세요

도깨비시장은 일명 만물시장이라고 하며, 일반 상품은 물론 진귀한 물건들도 거래하는 독특한 성격을 지니고 있습니다. 미군 부대에서 나온 물건이나 밀수품을 몰래 팔던 상인들이 단속이 뜨면 도깨비처럼 금세 사라진다고 해서 이런 이름이 붙었다는 설이 있습니다. 도봉구 방학동과 노원구 공릉동에 도깨비시장이 있습니다. 지방에도 중소 도시에는 대부분 '도깨비'라는 이름을 가졌거나 유사한 성격을 가진 시장이 있습니다. 이런 시장이 발생하게 된 사연이 있겠지만, 지금은 지역의 재래시장을 일컫는 것으로 보는 것이 타당할 것 같습니다.

도깨비라는 이름이 주는 독특한 분위기 때문에 대부분의 도깨비시장은 지역 내 명물이 되었습니다. 현지인들은 보통 마트에서 경험할 수 없는 재래시장만의 독특한 쇼핑을 즐길 수 있어서 좋아하고요, 외지인들은 관광하는 기분으로 방문하여 즐깁니다.

공릉동 도깨비시장 ⓒ 서울특별시 상인연합회

재래시장은 낡았다는 인상을 줍니다. 그런데 이런 곳을 현대화하는 것이 반드시 바람직한 일일까요? 재래시장을 마트처럼 꾸민다고 해서 마트에 갈 사람이 시장에 가지는 않습니다. 재래시장은 분명 그곳만의 독특한 매력이 있습니다. 이 매력을 살리는 것이 재래시장을 위해서도, 시장의 상가를 위해서도, 또 시장을 찾는 소비자를 위해서도 가장 효과적인 방안인 것이죠.

재래시장만의 매력을 살리는 가장 좋은 방법으로 확실한 맛집 몇 개가 포진하는 것입니다. 일부러 돈 들여서 맛집을 유치하라는 뜻이 아닙니다. 기존의 식당 가운데 현지인들에게 정평이 나 있는 곳을 적극적으로 알리는 것입니다. 사람들 사이에 맛집으로 자리를 잡으면 굳이 광고비를 쓰지 않아도 인터넷에 지속적으로 노출됩니다. 그러면 시장과 지역이 자연스럽게 알려지는 것이죠. 맛집이 있으면 그 집만 잘되는 것이 아니라, 주변 상권까지도 혜택을 누립니다.

지하철 개통 시기를 눈여겨봅시다

지하철 개통과 맞물려 특정 지역이 활성화되는 경우가 많습니다. 노원구

서울 지하철 노선 개통 시기

개통 시기	노선 및 구간
1974년 8월 15일	1호선 서울역 앞–청량리 구간 개통
1980년 10월 31일	2호선 개통
1985년 4월 20일	4호선 개통
1985년 7월 12일	3호선 개통
1995년	5호선 개통
1996년	7호선, 8호선 개통
2000년	6호선 개통
2009년	9호선 개통

의 시작은 상계동 주공아파트 개발이었죠. 1985년, 상계 택지개발지구를 활성화하기 위해 4호선 노선이 들어옵니다. 당시는 상계동 쪽으로만 지하철 노선이 신설되었기 때문에 당연히 노원구의 대장은 상계동이었습니다. 이후 1996년 7호선이 개통하면서 중계동, 하계동에도 전철이 지나게 되었고, 비로소 노원구의 주도권이 상계동에서 중·하계동으로 넘어오게 됩니다.

현재 당고개역을 종점으로 하는 4호선은 2022년까지 남양주 진접까지 연장될 것입니다. 중계동 학원가에는 동북선 경전철이 들어올 것이고요. 이렇게 새로운 노선들이 확장되면 또 다른 지역 변화가 생깁니다. 지하철 개통 시기를 눈여겨봐야 하는 이유입니다.

지금 상계동이 핫한 이유!

최근 노원구 부동산 이슈의 80%는 상계동이 점유하고 있습니다. 대부분 재건축 이야기지요. 특히 7호선 마들역 주변이 가장 핫한 단지들입니다. 주공 8단지를 시작으로 거의 모든 주공아파트 단지들이 재건축 이슈의 대상이 되고 있습니다. 지역 내 추진 세력과 부동산 시장의 분위기, 타 지역의 관심이 모여야 진행되겠지만, 상계동은 현재 부동산 뉴스의 주요 타깃으로 주목받고 있습니다.

과거 이 지역은 온숫골이라 불렸습니다. 온천수가 나왔던 곳이라는 의미입니다. 현재의 주공아파트 14단지 주변에서 온천수가 나왔다고 하네

노원구 재건축 진행 단지

시군구	읍면동	재건축 단지명	준공연월	사업단계	총 세대수	건립 예정 세대수
노원구	공릉동	대명	1989년 2월	기본계획	120	166
노원구	월계동	동신	1983년 5월	조합설립인가	864	1,071

노원구 재개발 진행 단지

시군구	읍면동	구역	단계	건립 예정 세대수	대지면적(m²)	시공사
노원구	상계동	상계 1구역	조합설립인가	1,250	87,978.00	
노원구	상계동	상계 2구역	조합설립인가	2,200	100,842.00	삼성물산㈜, GS건설㈜
노원구	상계동	상계 5구역	조합설립인가	1,463	109,969.90	두산건설㈜, 코오롱건설㈜, 현대건설㈜
노원구	중계동	중계본동	조합설립인가	2,891	188,899.80	

요. 이곳이 지금의 마들역 주변이고, 가장 먼저 재건축이 추진된 8단지도 가까이 있습니다.

온천이 나오는 따뜻한 곳이기 때문에 부동산 이슈의 중심이 되었다는 이야기를 하려는 것이 아닙니다. 과거에는 사람이 살아가기에 가장 힘든 계절이 겨울이었습니다. 의식주 모두에 문제가 생기기 때문이죠. 솜이 들어간 따뜻한 옷이 부족하거나 집이 없고 땔감이 모자란 사람들, 겨울을 지낼 양식을 비축하지 못한 사람들에게 겨울은 큰 시련을 안겨주었습니다. 하지만 온천 주변에 사는 사람들은 어느 정도 이 어려움을 극복할 수 있었습니다. 일단 얼어 죽는 일은 없었을 테니까요. 온수동(현재의 상계 9동)에 사람이 모였던 이유가 있었던 것이죠.

앞으로도 마들역 주변은 계속 사람들이 모여들 겁니다. 역세권에 학교들도 좋아서 재건축이 가장 먼저 추진될 만한 힘이 있는 곳이죠. 이 지역에 있는 상계주공아파트들은 물론 중계동, 공릉동, 월계동의 구축 아파트들도 관심 있게 지켜보세요.

조선 최고 여성 세도가의 기운이 서린 곳

드라마 〈여인천하〉(2001~2002)와 〈대장금〉(2003~2004)에는 공통점이 있습니다. 시간적 배경이 되는 시기가 같다는 점입니다. 둘 다 조선 전기 중종 때를 다루고 있고 중종의 세 번째 왕비인 문정왕후가 등장합니다. 문정왕후는 조선 전체를 통틀어 가장 힘이 강했던 왕비입니다. '여인천하'라는 제목에서 알 수 있듯이 당시

공릉동에 위치한 태릉, 중종의 부인인 문정왕후의 묘다.

조선 조정을 쥐락펴락할 정도였죠. 자신의 아들(명종)이 왕위에 오르자 수렴청정을 하기도 했습니다.

명종이 즉위하고 20년, 즉 실질적인 최고 권력자로 조선을 20년간 통치한 문정왕후는 중종 옆에 묻히기 위해 중종의 능을 고양시에서 현재의 선정릉(삼성동)으로 이장합니다. 하지만 문정왕후의 소원은 이루어지지 않았습니다. 이장한 중종의 능 주변이 상습 침수 지역이고 풍수적으로 좋지 않다는 지관의 의견에 따라 문정왕후의 능은 지금의 서울 공릉동에 조성합니다. 이곳이 바로 태릉입니다.

태릉에 가보면 대단히 웅장하고 엄청난 기운이 느껴집니다. 능을 보면서도 문정왕후가 생전에 대단한 권세를 누렸음을 짐작할 수 있을 정도입니다.

태릉 주변에는 여러 가지 시설이 있습니다. 서울여자대학교, 태릉선수촌, 육군사관학교 등입니다. 이 기관들의 공통점이 무엇일까요? 모두 여성의 능력이 돋보인다는 점입니다. 서울여대는 논외로 하고요. 태릉에서 훈련하는 국가대표 가운데 유독 여자 선수들의 기록이 좋다는 점 그리고 여성의 입교가 가능해진 이래로 육군사관학교 전체 수석은 항상 여성 생도가 차지한다는 사실이 혹시 문정왕후의 영향은 아닐까요?

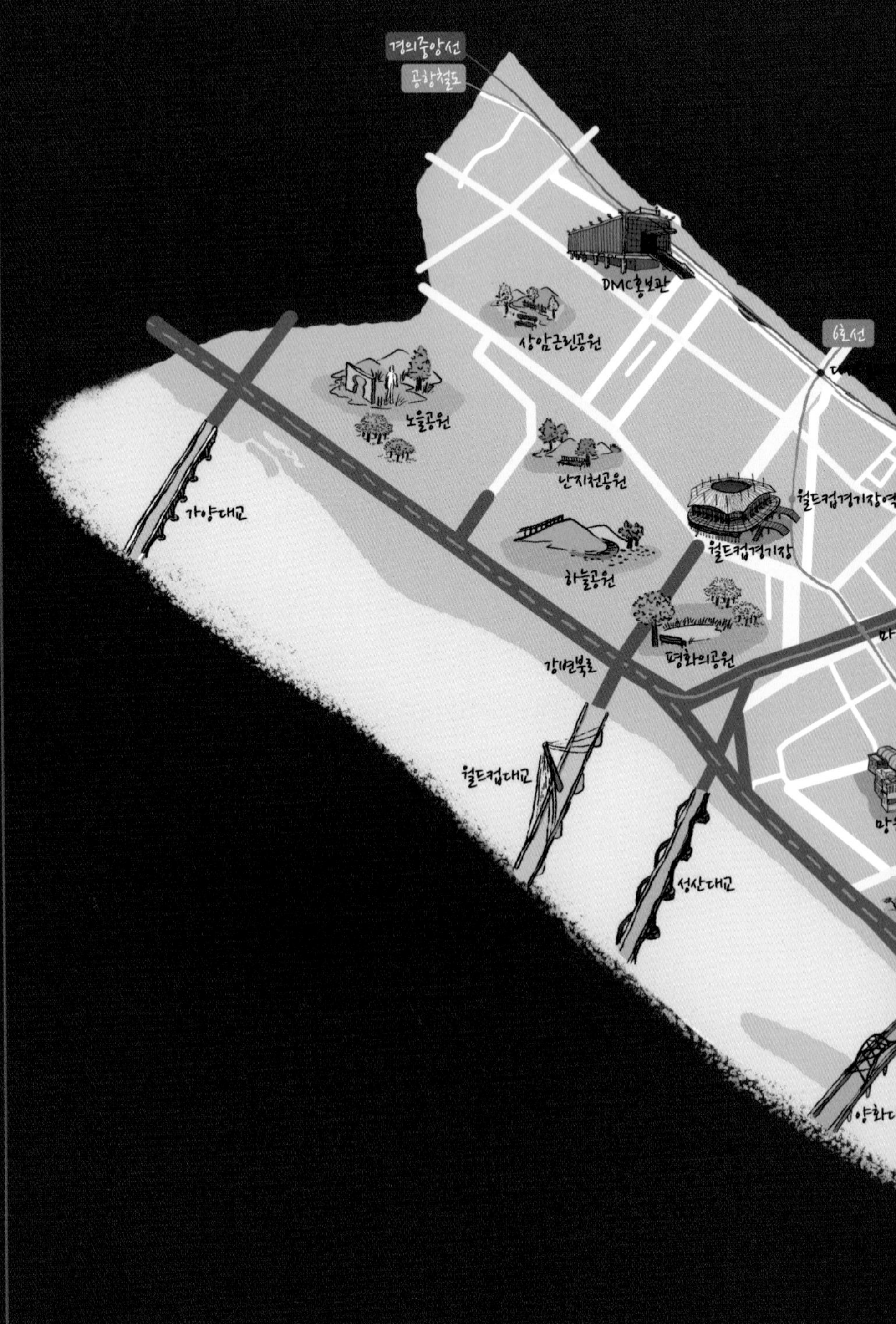

경의중앙선
공항철도
DMC홍보관
6호선
상암근린공원
노을공원
난지천공원
월드컵경기장역
월드컵경기장
가양대교
하늘공원
평화의공원
강변북로
월드컵대교
성산대교

Chapter 8

젊음과 한강의 도시 마포구 이야기

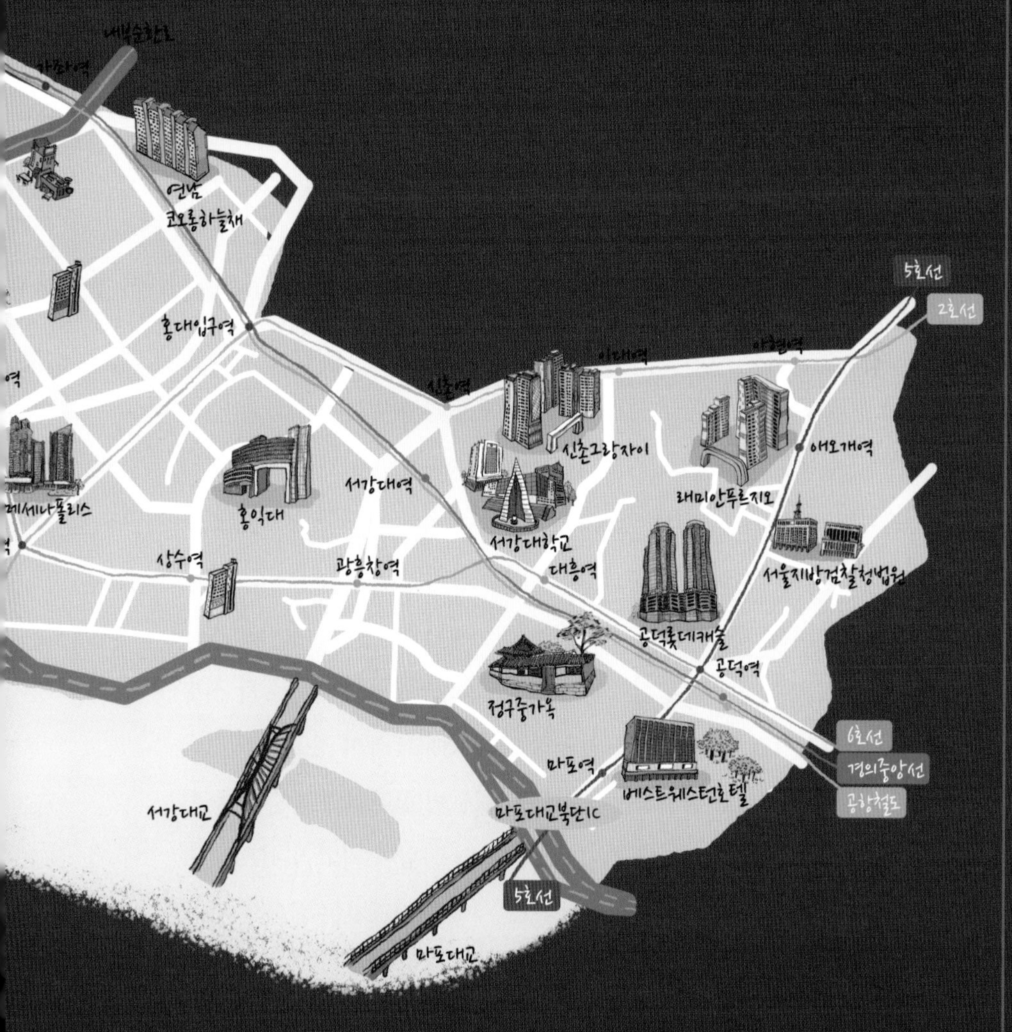

한강의 도시!

서울 25개 구 가운데 서울의 젖줄인 한강과 가장 넓게 접하고 있는 구는 어디일까요? 네, 마포구입니다. 하지만 마포구는 한강에 대한 이미지보다는 대학교와 젊음의 도시라는 이미지가 강합니다. 공덕로터리 주변의 빼곡한 업무 시설들과 아현뉴타운의 아파트 단지들도 떠오릅니다. 다양한 모습이 혼재되어 있는 만큼 특정 키워드만으로는 설명하기 어려운 지역입니다. 그럼에도 한 가지 키워드만 꼽으라고 한다면, 저는 '한강'을 선택하겠습니다. 마포구는 과거부터 한강과 매우 밀접한 관계를 맺고 있었고 앞으로도 한강과 관련하여 많은 변화를 맞을 지역이기 때문입니다.

'마포(麻浦)'라는 지명은 '한강을 이용하는 배의 포구'라는 의미를 지니고 있습니다. 조선시대부터 전국에서 한양으로 올라온 각종 곡식과 지방 특산물의 집결지였고, 서강대교 인근의 광흥창에는 곡식 창고가 있었습니다. 물류를 중심으로 경제활동을 하는 사람들이 몰려들었고, 그들을 위한 일거리와 먹거리가 풍부했습니다. 과거부터 사람이 차고 넘쳤으니 그만큼 활기차고 흥이 넘치는 지역이었겠죠. 서울을 대표하는 젊음의 거리,

홍대 문화가 이곳에서 발전한 것이 결코 우연이 아닌 것입니다.

서울 서부 지역 교통의 집결지

교통 시설은 크게 버스, 전철 등의 대중교통망과 자가용을 이용하는 도로망으로 나눌 수 있습니다. 마포구의 대중교통에 대해서는 공덕역을 통해 설명이 가능합니다. 공덕역은 지하철 5·6호선과 경의중앙선, 공항철도가 지나는 무려 쿼트러플 역세권이죠. 마포구의 대표 상권인 홍대입구역도 2호선, 경의중앙선, 공항철도가 지나는 트리플 역세권입니다. 현재 마포구가 누리고 있는 위상의 80%는 이처럼 편리한 전철망에서 비롯되었다고 해도 과언이 아닙니다.

도로망도 매우 훌륭합니다. 강변북로를 통해 자유로로 연결되는 광역도로망을 갖추었고, 동시에 내부순환로의 시작점이기도 합니다. 종로·중·서대문·영등포구로 접근하기에도 좋고 가양대교, 성산대교, 양화대교,

1900년의 마포나루 모습 © 마포구청

양화철교, 서강대교, 마포대교까지 총 6개의 다리가 걸쳐 있어서 이 길을 통해 강남권으로 이동하기에도 용이합니다. 2021년에 개통할 월드컵대교까지 더해지면 교통 시설에서만큼은 서울의 어떤 구도 마포구의 아성을 넘보기 어려워질 겁니다. 광역 교통망의 중심에는 서울역과 용산역이 있지만, 시내 교통망으로 따지면 마포구만큼 사통팔달한 곳도 없습니다.

과거에는 한강을 이용한 물자 수송과 교통의 핵심지였으며, 오늘날에는 전철망을 중심으로 도로망까지 활용도가 높은 종합 교통망의 중심지, 마포구. 지속적으로 관심을 가져야 하는 가장 큰 이유입니다.

마포대교. 마포구 마포동, 도화동과 영등포구 여의동을 연결한다.

오래된 미래,
다시 기지개를 켜다

동네 이야기 1

마포구의 전형을 보여주는 공덕동

공덕동은 상당한 내공이 느껴지는 곳입니다. 산전수전 다 겪은 동네이기도 하죠. 국가 정책을 통해 단박에 주연급 반열에 오른 종로구, 강남구와는 달리 바닥부터 차곡차곡 발전하고 변화해왔기에 다른 지역에서는 느끼기 힘든 기운이 느껴집니다.

과거 공덕동은 밭농사 지역이었습니다. 재래식 농법에서는 밭농사를 할 때 거름으로 주로 분뇨를 사용했는데요. 조선시대까지는 한양 도성에서 나오는 분뇨를 활용했고, 일제 강점기 때는 아예 공덕동에 분뇨 처리장을 만들기도 했습니다. 분뇨가 흘러가는 전용 하수관이 있는 길을 사람들은 '똥통길'이라고 불렀습니다. 분뇨 하수관이라면 당연히 혐오 시설인데, 아이러니하게도 이 똥통길이 생긴 뒤로 공덕동의 본격적인 도약이 시작됩니다. 온통 똥냄새 풍기는 밭뿐이던 공덕동에 그나마 근대 시설이 들

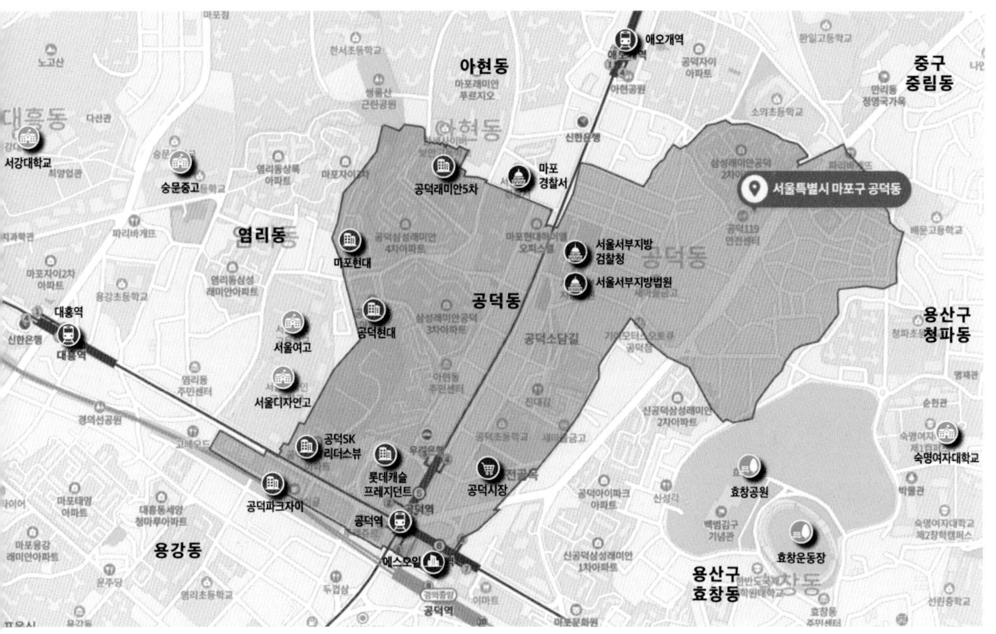

공덕동 지도

어선 셈이었으니까요. 화투 좀 쳐본 분들은 아시겠지만, 대부분 '똥' 패를 좋아합니다. 똥을 금빛으로 표현하는 것도 같은 맥락이겠죠. 공덕동의 똥통길 역시 지금은 금맥이 되어 마포구에서 가장 많은 사람이 모여 살고 일하는 지역이 되었습니다.

공덕동은 많은 사람이 주거지로 선호하는 동시에 서울 서부의 핵심 업무 시설이 밀집해 있습니다. 이처럼 주거 지역과 업무 지역 양쪽을 만족시키는 지역은 강남을 제외하고는 찾기 힘듭니다. 공덕동에 복합 건물, 즉 주거와 업무를 동시에 해결할 수 있는 오피스텔이 많다는 사실은 결코 우연이 아닌 것이죠. 애오개역에서 공덕역까지 이어지는 대로변에서 이러한 오피스텔을 확인할 수 있습니다.

대규모 주거 시설로는 공덕래미안아파트가 있습니다. 래미안 이전에 현대아파트가 있었지만, 래미안이 들어서면서 공덕동은 주거지로 본격적

공덕동로터리 야경

인 주목을 받기 시작했습니다. 현재 공덕래미안은 5차까지 입주해 있는데, 2011년 8월에 입주한 공덕래미안 5차가 평당 5,000만 원 전후로 공덕동에서는 가장 높은 시세를 보입니다. 아울러 공덕역 앞의 40층짜리 주상 복합인 롯데캐슬프레지던트는 마포구에서 가장 완성도 높은 주거지로 평가되고 있습니다.

앞서 말씀드린 대로 공덕동에는 업무 시설도 아주 많습니다. 서울서부지방검찰청과 법원, 마포경찰서 등의 공공기관이 있고, 효성그룹 본사와 에스오일, 서울신용보증재단 마포지점 등 굵직한 민간 기업도 많습니다. 이외에 빽빽한 고층 오피스 건물과 오피스텔에 다양한 중소기업들과 지점들이 상주하고 있습니다.

직장인이 많은 덕에 상권도 좋습니다. 고층 오피스 건물과 주상 복합의 저층부에는 크고 작은 상가들이 밀집해 있으며, 족발과 튀김 골목으로 유명한 공덕시장도 지역의 명물입니다. 미식가라면 한 번쯤 가보았을 돼지갈비의 명가 '마포 최대포'도 이곳에 있습니다.

이처럼 주거·업무·상업 시설 어느 것 하나 빠지지 않고 매우 다양한 부동산들이 있지만, 공덕동을 설명하는 데 있어서 '쿼트러플 공덕역'만큼 중요한 것은 없습니다. 서울을 대표하는 교통 집결지인 서울역, 용산역,

공덕래미안 5차(좌)와 롯데캐슬프레지던트(우)

2년전 분양가 적용된 단 1가구
계약취소분에 청약자 4만7천명(종합)

공덕 SK리더스뷰…'5억원 시세차익' 소문에 세대주 제한에도 인기
SK뷰 청약 홈페이지 한때 서버 다운…마감 시간 연장하기도

2019년 공덕SK리더스뷰 계약 취소분 1세대가 나왔을 때 무려 4만 6,931명이 신청했다는 소식을 전하는 기사

왕십리역, 삼성역과 거의 동급입니다. 전국 부동산 관심층의 주목을 받을 수밖에 없는 지역이죠. 전철망을 통해 수많은 사람이 찾는 곳이며, 유동 인구의 힘이 엄청납니다. 이는 지역 경제 활성화에 큰 힘이 됩니다.

공덕동은 이제 지명 자체에 프리미엄이 형성되었습니다. 2015년 4월에 입주한 아현동의 자이아파트가 '아현'자이가 아니라 '공덕'자이를 선택한 것도 공덕동이 아현동보다 위상이 높기 때문입니다. '큰 언덕'이라는 지명의 의미 그대로 이제 마포구를 넘어 서울을 내려다볼 만큼 높은 위상을 지니고 있습니다. 또한 주변 지역이 발전할수록 그 위상이 더욱 올라갈 입지입니다.

공덕동에도 자이가 있습니다. 2015년 8월에 입주한 공덕파크자이로, 현재 공덕동 시세를 주도하고 있습니다. 아마도 2020년 8월 입주한 공덕SK리더스뷰와 자웅을 겨루지 않을까 생각됩니다. 참고로 공덕SK리더스뷰는 2019년에 계약 취소분이 1세대 나왔는데, 인터넷 청약에 무려 4만 6,931명이 신청하는 놀라운 기록을 남겼습니다. 그만큼 공덕동 신규 아파트의 수요가 많다는 것을 단번에 증명한 것이죠.

동네 이야기 2	굴레(방다리)를 벗어난 아현동

굴레(방다리)를 벗어난 아현동

1968년 개통한 아현고가도로는 서울역 권역과 이화여대 권역을 연결하며 이들 지역 간의 이동을 원활하게 했습니다. 아현고가도로는 이렇듯 주변 지역에는 긍정적인 영향을 미쳤지만 정작 고가도로가 위치한 지역은 그렇지 못했습니다. 일명 '굴레방다리'로 불리던 아현고가도로 밑은 상대적으로 소외된 지역이었죠. 아현고가도로를 경계로 서대문구의 북아현동과 마포구의 아현동으로 구분했는데, 그나마 북아현동 방향에는 가구 전문점들이 들어서 있어서 사람들이 많이 찾았지만, 아현동 방향으로는 재래시장과 소규모 상가들만 있어서 상대적으로 낙후한 지역이었습니다.

2014년 3월 아현고가도로가 철거되며 드디어 아현동에도 큰 변화가 시작되었습니다. 아현뉴타운 사업이 진행되고 주거 환경이 정비되면서

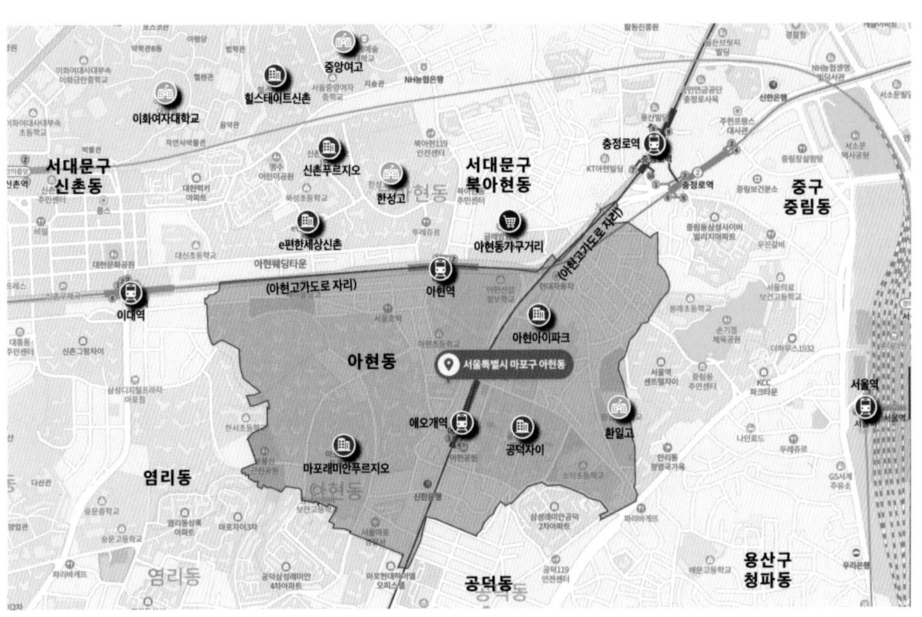

아현동 지도

아현고가도로를 철거하기 전 모습(위)과 철거 후 아현역 주변 모습(아래)

새로운 주거지로 각광받기 시작한 것이죠. 가시성(可視性)은 부동산에 큰 영향을 미칩니다. 시야가 트이면 부동산의 매력이 높아지기 마련입니다. 이런 관점에서 아현고가도로를 철거해서 가시성을 높인 것은 매우 효과적인 정책이었습니다.

더불어 상권이 살아나기 시작했고, 눈에 잘 띄지 않던 주거 시설들도 주목받기 시작했습니다. 아현 3구역을 재개발한 마포래미안푸르지오는 아현동의 변화를 보여주는 좋은 사례입니다. 2014년 9월 입주한 3,885세대 대단지로서 분양 초기에는 대규모 미분양 사태가 발생했지만 고가도로 철거가 완료되면서 무서운 속도로 미분양이 소진되며 프리미엄이 붙었습니다. 현재 시세는 전용 84㎡ 기준으로 매매가가 18억 원 전후, 전세가가 11억 원 전후입니다. 참고로 분양가는 6억 원대였습니다.

공덕자이, 아현아이파크 등의 1군 브랜드 단지로 에워싸인 5호선 애오개역 인근은 더 이상 과거의 썰렁한 모습을 찾아볼 수 없습니다.

한편 지역 상권은 주민들이 필요로 하는 업종으로 채워지기 마련입니다. 5호선 애오개역과 2호선 아현역 주변은 대단지 아파트 입주와 더불어 점차 새로운 상권으로 변화했습니다. 서대문구 북아현뉴타운(e편한세상 신촌, 신촌푸르지오, 힐스테이트신촌 등)이 입주하게 되면서 주변 지역은 더욱 깔끔해지고 있습니다. 그만큼 신규 아파트 입주민들의 영향력은 실로 대단합니다. 새로 유입된 입주민이 뉴타운 단지 주변의 상권을 어떻게 변화시킬지 한번 지켜보자고요.

동네 이야기 3 | 마포구의 꽃, 도화동

도화동에 서울마포초등학교가 있습니다. 이 학교 주변으로 삼성아파트와 우성아파트가 있는데, 이 지역이 과거에는 복숭아밭이었습니다. 복숭아밭 주변을 보통 복사골이라고 하는데요, 전국의 '복사골'이라 불리는 동네는 과거에 복숭아밭이 있던 지역이라고 보면 되겠습니다.

1925년 용산구에 큰 홍수 피해가 발생하면서 당시 많은 용산구 주민이 도화동으로 집단 이주했습니다. 피난민들이 살았던 만큼 도로가 정비되지 않았고 무허가 주택들이 난립했던 이곳은 1985년 서울시의 불량 지구 재개발사업을 통해 완전히 탈바꿈하게 됩니다. 사실 현재까지도 이곳의 아파트 단지들은 마포구에서 상대적으로 가장 낮은 시세를 보입니다.

반면에 공덕동로터리에서 마포대교까지 이어지는 마포대로 주변은 이제 서울에서 가장 번화한 오피스타운 지역 중 한 곳이 되었습니다. 먹자골목이 형성되었고, 공덕역과 효창공원역 사이의 새창고개는 새로운 명소로 주목받고 있습니다. 과거 경의선 노선이 지하화되면서 그 부지에 형성된 공원에 많은 사람의 발길이 이어지고 있는 것입니다. 또한 5호선

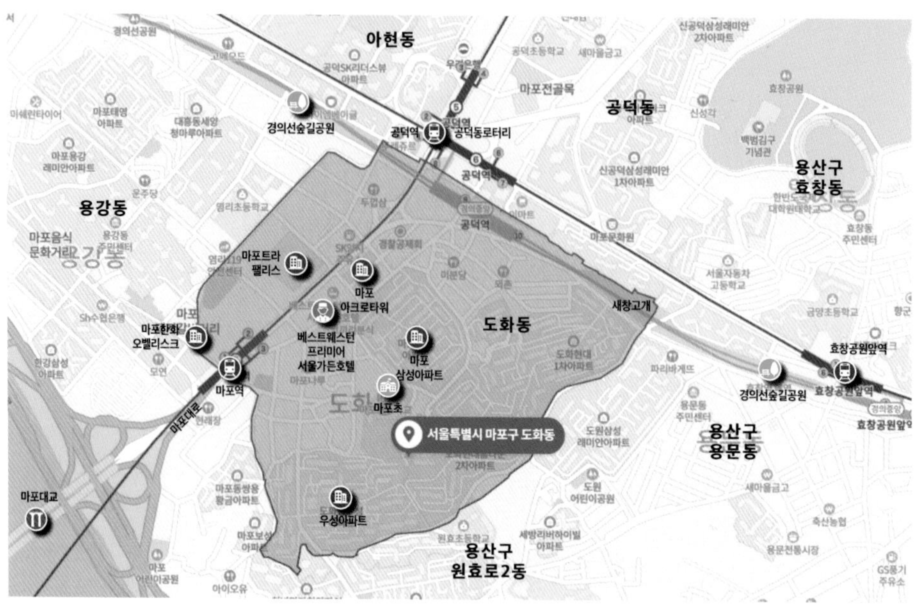

도화동 지도

마포역 주변으로 마포한화오벨리스크, 마포트라팰리스, 마포아크로타워 등의 명품 오피스텔과 베스트웨스턴 프리미어서울가든 호텔(구 홀리데이인 서울) 등의 업무·상업 시설이 많습니다.

1961년 10월 16일 마포구 도화동에 역사적인 사건이 일어났습니다. 대한민국 최초의 단지형 아파트인 마포아파트가 입주한 것입니다. 이 자리에는 한국 역사상 첫 재건축 아파트인 마포삼성아파트(삼성건설, 14개 동, 941가구)가 1994년 7월에

마포대로변의 건물들. 왼쪽의 살색 건물이 베스트웨스턴 호텔이고, 그 맞은편이 트라팰리스다.

베스트웨스턴 프리미어서울가든 호텔 맞은편 골목에 있는 코끼리즉석떡볶이와 원조마포떡볶이. 나란히 붙어 있다.

준공되어 현재까지도 있습니다.

이 마포삼성아파트 옆 골목에 꼭 가보시기 바랍니다. 도화동은 화려함과 아늑함을 모두 갖춘 곳입니다. 번화한 곳에는 활기가 넘치고, 예스러움이 남아 있는 곳에서는 삶의 향기가 물씬 풍깁니다. 특히 먹자골목에는 맛집이 정말 많습니다. 그중에서 코끼리즉석떡볶이와 원조마포떡볶이는 꼭 가보시길 바랍니다.

동네 이야기 4

주물럭의 원조, 마포 종점 용강동

용강동의 '용강(龍江)'은 한강변을 한 마리의 용으로 보았을 때 그 위치가 용의 머리에 해당한다는 풍수적인 의미를 지니고 있습니다. 용강동에 토정로라는 도로가 있는데, 《토정비결》을 지은 토정 이지함이 정자를 짓고 살았던 것에서 유래한 도로명입니다. 이곳은 현재 마포 음식문화거리로 지정되어 있으며, 특히 마포 주물럭갈비가 유명합니다. 과거 1899년부터 1968년까지 서울 주요 지역을 운행하던 전차의 종점이 용강동에 있었는데요. 동대문이나 종로 일대에서 일하고 퇴근하던 근로자들이 이곳에

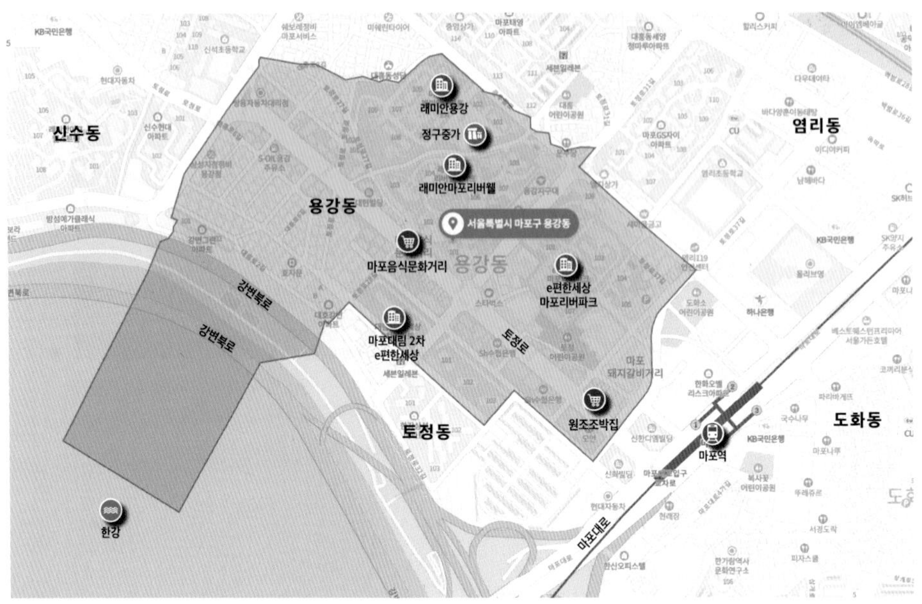

용강동 지도

들러 술안주로 많이 먹었던 음식이 바로 돼지 주물럭이었습니다. 원로 가수 은방울 자매의 노래 〈마포 종점〉의 배경이 되는 곳이며, 서민의 애환을 담고 있는 지역입니다.

용강동에는 의미 있는 유적지가 있습니다. 1920년경에 지어진 정구중가(鄭求中家)라는 한옥입니다. 과거 이 지역 유지가 자신의 외동딸에게 선물한 주택으로, 당시 한국에서 집을 가장 잘 짓는다는 명장에게 부탁하여 완성했다고 합니다. 대지 241평, 건평 17평의 ㅁ자 구조로 안

서울 시내를 운행하던 전차. 종점이 용강동에 있었다. ⓒ 서울특별시

채, 별채, 창고가 구분되어 있습니다. 재료로 사용한 목재는 압록강 유역의 홍송과 백송으로, 뗏목으로 옮겨온 뒤 한강에 2년을 두었다가 1년을 건조시켰다고 전해지는데요, 집을 지을 때는 못을 전혀 사용하지 않았다고 합니다. 예술성이 높고 개성이 강한 건축물입니다. 딸을 향한 아버지의 사랑이 듬뿍 담겨 있기 때문이겠죠.

제게 용강동은 왠지 정구중가를 접할 때와 유사한 감흥을 느끼게 합니다. 그리 크지 않고 많은 사람의 관심을 받는 동네는 아니지만, 정성 가득한 주거 시설과 상업 시설들로 꽉 채워진 느낌이 들거든요. 대한민국에서 아파트를 가장 잘 만든다는 래미안과 e편한세상이 서로 경쟁하듯 멋진 아파트들을 지어냈고, 음식점들도 규모가 그리 크지 않아도 내공이 꽉 차 있는 곳들이 많습니다. 게다가 서울시민들의 로망인 한강을 끼고 있어서 더 여유롭고 쾌적해 보입니다. 실제로 용강동은 풍수적으로 좋은 기운이 가득합니다. 마포 종점에서 주물럭갈비를 즐기면서 이 좋은 기운을 흠뻑 담아 가시면 좋겠습니다. 아, 갑자기 조박집 돼지갈비와 식혜가 당기네요.

마포구 용강동의 정구중가.
1920년대에 지은 가옥이다.

동네 이야기 5

마포구의 우물, 대흥동

대흥동은 2호선 이대역에서 6호선 서강대역(대흥역) 일대를 아우르고 있습니다. 지도를 보고 있노라면 마치 용이 서서 걸어가는 것처럼 보입니다. 노고산의 기운을 받고 있는 명당 입지로, 가장 유명한 시설은 서강대학교를 꼽을 수 있습니다. 100년 역사의 숭문중·고등학교도 빼놓을 수 없지요.

대흥동은 2개 지역으로 나누어 살펴볼 필요가 있습니다. 이대역에서 숭문고등학교까지 이어지는 북쪽 지역은 주거·상업 시설이 노고산 기슭에 들어서 있어서 상대적으로 낙후되어 있었습니다. 하지만 2020년 2월에 신촌그랑자이가 입주하면서 주변이 많이 정비되었습니다. 서강대학교

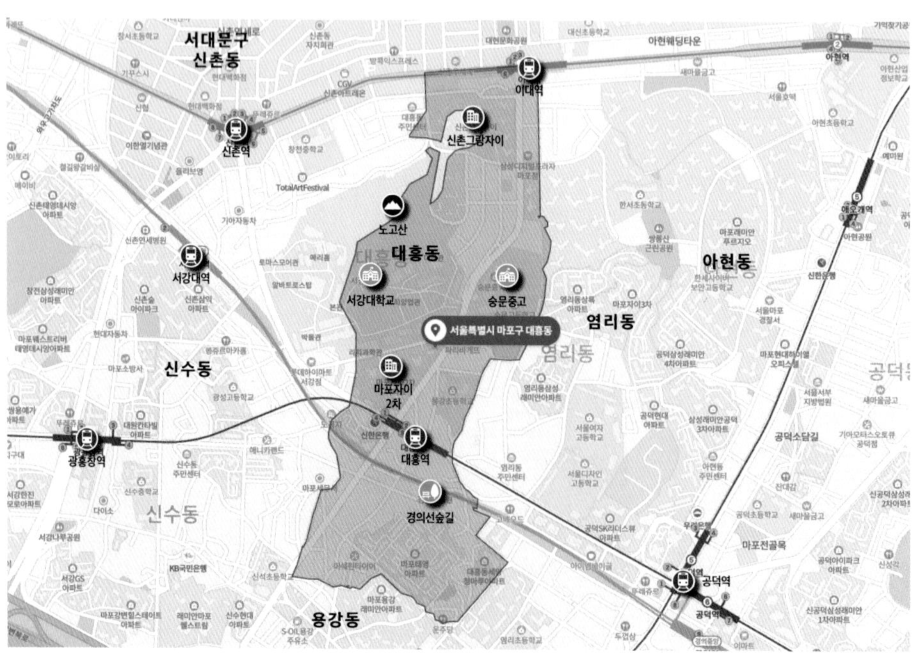

대흥동 지도

대흥동 항공 뷰. 노고산 기슭에 자리 잡은 서강대학교가 보인다.

에서 대흥역에 이르는 남쪽 지역은 6호선 역세권에 상권이 깔끔하게 형성되어 있고, 마포자이 2차 등의 좋은 아파트 단지들이 자리 잡고 있습니다. 신촌그랑자이와 마포자이 2차는 마포구의 랜드마크 단지 중 하나로 평가받고 있습니다.

대흥동이 처음 언론에 등장하기 시작한 것은 이 지역에 기차역이 생긴 이후입니다. 현재의 6호선 대흥역이 아니라, 지금은 사라진 일제 강점기 시절의 기차역을 두고 하는 말입니다. 합정동에 있는 한반도 최초의 화력발전소인 당인리발전소와 용산역을 잇는 용산선 철도길 사이에 위치한 대흥동에 당인리선 동막역이 생겼고, 이 역에서 기차를 이용하는 사람들로 인해 조금씩 발전하기 시작했습니다. 이름 그대로 크게 흥성하게 된 것이죠. 동막역은 현재의 6호선 대흥역 부근에 있었다고 합니다.

동막역은 1972년까지 운영했는데, 하루 15번 기차가 지나다닐 정도로 활용도가 높은 역세권 번화가였습니다. 이후 다른 운송 수단이 생겨나면서 기차의 이용도가 크게 낮아졌고, 결국 기차역이 폐쇄되어 기찻길까지 걷어내게 된 것이죠. 이후로 대흥동은 사람들의 관심으로부터 서서히 멀어졌습니다. 교통망의 중요성을 다시 한번 생각하게 만드는 사례죠.

동막역에서 마지막 열차가 운행되는 모습을 담은 사진

한편 동막역을 오가는 증기기관차들이 과열되는 것을 방지하기 위해 역에 우물을 파서 그 물로 열을 식혔다고 하는데요, 이로 인해 대흥동 일대는 '새우물거리'로 불리기도 했다고 전합니다.

6호선 대흥역이 생기고서야 비로소 대흥동은 다시금 활기를 띠기 시작했습니다. 구 경의선 기찻길이 지상 공원으로 바뀌면서 쾌적한 주거 환경이 조성되었고, 상권도 조금씩 늘어나고 있습니다. 앞으로도 대흥역 주변은 지속적으로 변화할 것입니다. 마포구의 시원한 우물 같은 존재가 되기를 기대해봅니다.

동네 이야기 6

흥선대원군이 선택한 명당, 염리동

염리동에는 과거에 마포 포구로 운반할 소금을 보관하던 대형 소금 창고가 있었습니다. 이 소금을 판매하는 소금 장수들이 많이 거주하면서 이 일대를 '염리(鹽里)'라 불렀다고 합니다. 한때 염리동을 대표하던 시설은 국민건강보험공단이었습니다. 국민건강보험은 국민에게 꼭 필요한 제도죠. 지금은 본사가 강원도 원주로 이주했지만, 소금과 같은 역할을 하는 국민건강보험공단을 처음 이곳에 배치했던 데에는 염리동이 간직한 역

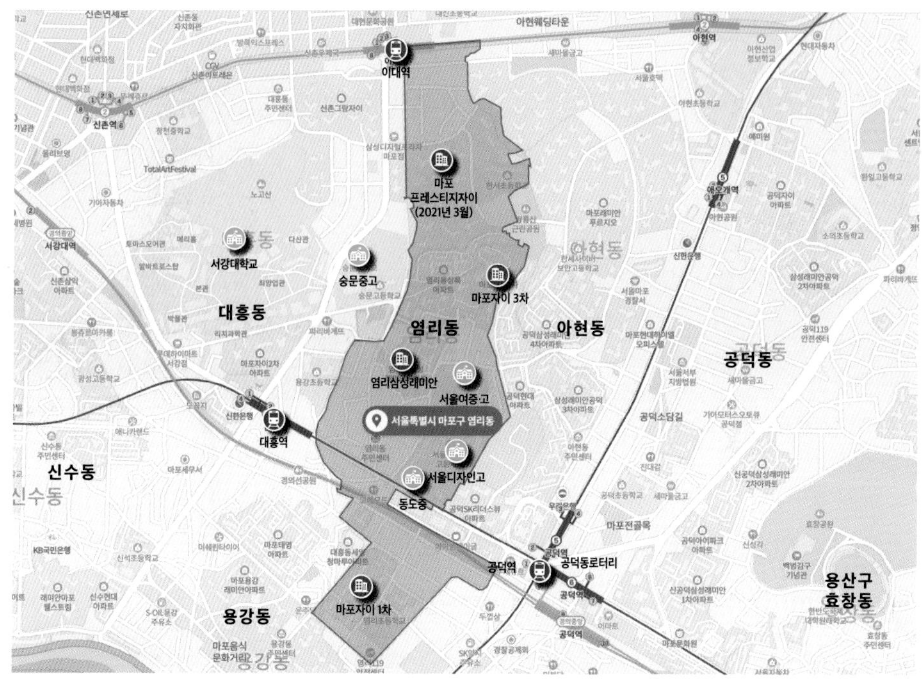

염리동 지도

사적 사실과 무관하지 않았으리라 생각해봅니다.

염리동도 대흥동과 마찬가지로 2개 지역으로 나누어볼 수 있습니다. 지형 자체가 북쪽은 언덕이고 남쪽의 공덕로터리 주변은 평지입니다. 낙후된 주거 시설이 많은 북쪽 지역은 뉴타운으로 지정되어 대규모 개발을

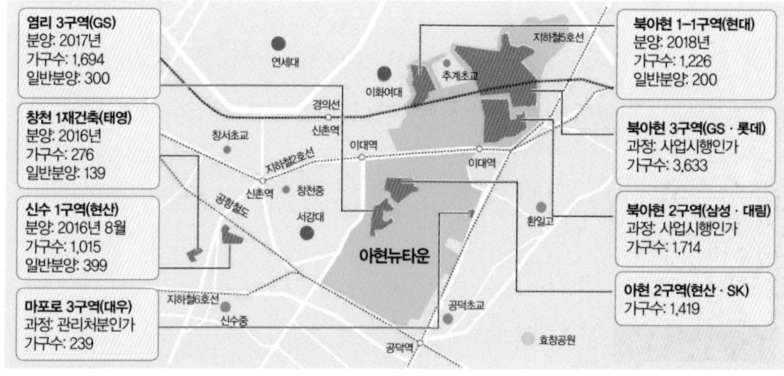

아현뉴타운 재개발 계획도

동도중학교(좌)와 서울디자인고등학교(우)

하고 있습니다. 남쪽 공덕로터리 주변은 업무 밀집 지역인 동시에 많은 사람이 살고 있는, 정비가 잘된 지역입니다.

지금은 터만 남아 있는 흥선대원군의 별장 아소정(我笑亭)이 이곳 염리동에 있었습니다. 대원군은 풍수지리를 따져 입지를 선정하기로 유명했는데요, 때문에 흥선대원군과 관련한 시설들의 입지는 풍수적으로 눈여겨볼 필요가 있습니다. 아소정은 1898년 흥선대원군이 죽은 뒤 그의 무덤으로 쓰였을 정도로 명당이었습니다. 이후 1908년에 파주로, 1966년에 남양주 화도읍으로 이장하게 되었고, 아소정이 있던 부지에는 현재 동도중학교와 서울디자인고등학교가 자리하고 있습니다. 럭비와 야구를 할 수 있을 만큼 큰 운동장을 갖춘 이 학교들은 서울 도심의 학교 중에서도 환경이 쾌적하기로 이름나 있습니다. 이 학교 부지를 두고 많은 이해관계자들이 다투었다고 하니, 그만큼 탐나는 입지라는 뜻이겠지요.

동네 이야기 7

새로운 인기 주거 지역, 신수동

신수동 1번지가 서강대학교라는 사실을 아시나요? 신수동은 그야말로 서강대의, 서강대에 의한, 서강대를 위한 동네였습니다. 학생들과 교직원들이 이용하는 상가와 하숙집, 자취집 등이 이 지역을 대표하는 주요 부동산이었으니까요. 그만큼 폐쇄적인 곳이기도 했지요. 그도 그럴 것이 이 지역은 버스나 도보가 아니면 접근하기 어려웠습니다.

하지만 이곳에 지하철이 들어오면서 분위기가 달라졌습니다. 현재 신수동은 경의중앙선 서강대역, 6호선 대흥·광흥창역으로 에워싸여 있는 역세권 주거지입니다. 과거 서강대학교 중심에서 주거지 중심으로 새롭게 변화한 것이지요.

신수동은 신수철리(新水鐵里)라는 과거의 지명에서 따온 이름입니다.

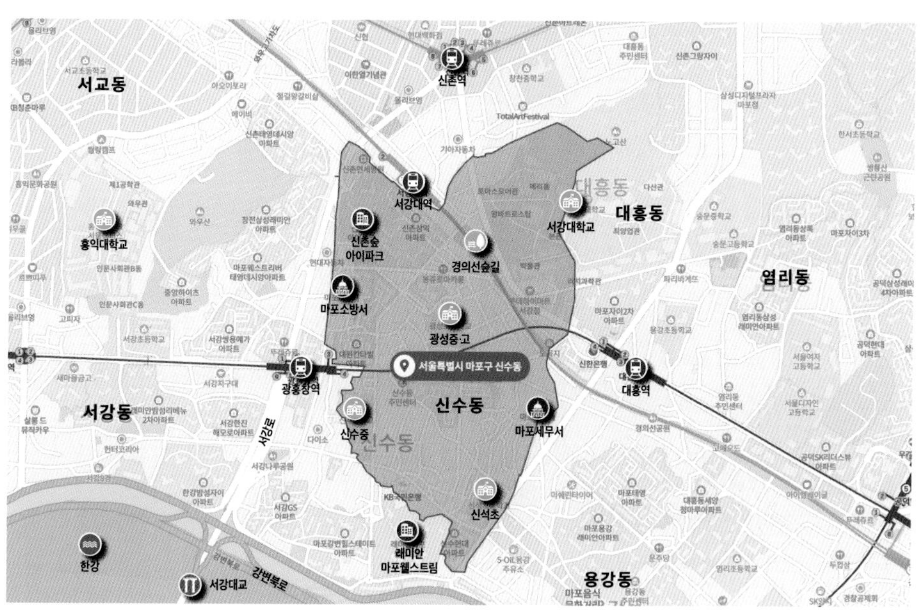

신수동 지도

신수철은 '새로 만든 무쇠'라는 뜻입니다. 과거에 무쇠 솥이나 농기구를 만드는 대장간이 많아서 붙여진 지명이지요. 지금은 역세권 지역이 되었지만, 혼잡하거나 요란하지 않습니다. 공부 많이 시키기로 유명한 서강대학교와 오랜 역사와 전통을 자랑하는 광성중·고등학교가 있어서 좋은 교육 환경을 갖추고 있습니다.

이 조용하고 아늑한 주거지는 래미안마포웰스트림이 입주하면서 언론의 주목을 받기 시작했습니다. 신수동에서는 참으로 오랜만에 이루어진 분양이었던 만큼 입주 이전부터 전세 물량을 확보하기 위한 보이지 않는 전쟁이 벌어질 정도였습니다. 덕분에 주변 단지에도 후광 효과가 나타나기 시작했습니다. 래미안에서 매매나 전세를 구하지 못한 사람들이 주변 단지까지 관심을 갖게 된 것입니다.

마포구는 전반적으로 학교 인접성이 그리 좋지 않습니다. 그러나 래미안마포웰스트림은 초등학교를 접하고 있고 남쪽으로 한강 조망을 제대로 확보하고 있어서 인기 있는 주거 공간이 되었습니다. 교육 환경과 한강 조망을 동시에 고려하는 분들에게 가장 좋은 입지가 될 지역이 신수동입니다. 경의중앙선 초역세권에 2019년 8월 입주한 신촌숲아이파크도 지역 내 인기 아파트입니다.

광성고등학교(위)와 광성중학교(아래, 홈페이지에서 캡처)

래미안마포웰스트림(좌)과 신촌숲아이파크(우)

동네 이야기 8

대한민국 상권의 메카, 서교동

서교동은 2호선 홍대입구역과 합정역 사이에 위치하고 있습니다. 대한민국 상권 중 가장 핫한 곳으로 상전벽해를 느낄 수 있는 지역입니다. 1950년대 이전에는 다른 마포구의 동네들과 마찬가지로 채소밭이었던 곳입니다. 점차 사람들이 유입하면서 주거지가 필요해졌고, 체계적인 개발이

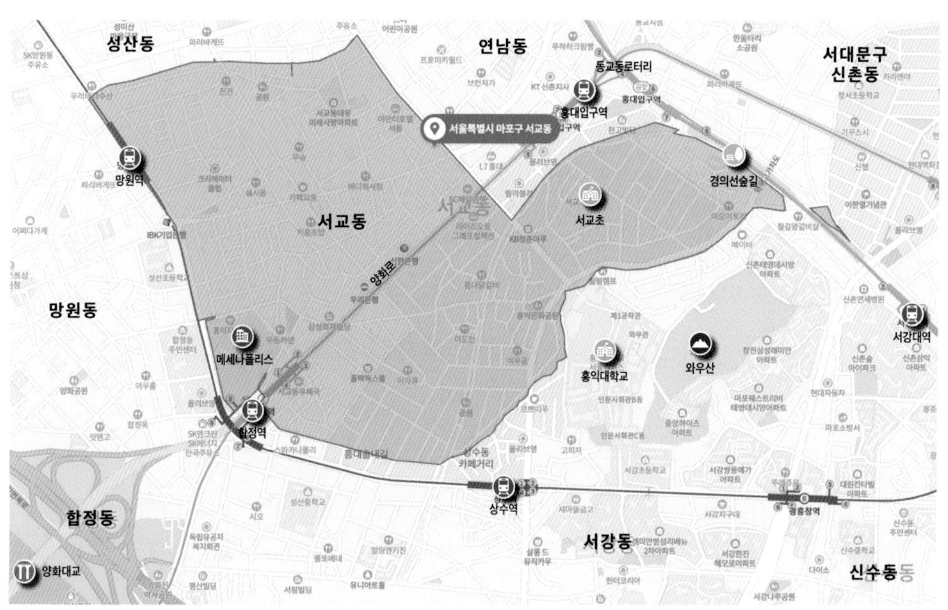

서교동 지도

홍익대학교 정문(위)과 홍대 앞 거리(아래)

요구되면서 1957년에 택지 정리사업이 시작되었습니다. 이 정비사업으로 인해 서교동에 상권이 형성되었고, 주거뿐 아니라 상업지구로도 많은 수요를 흡수하게 되었습니다.

과거 동교동로터리에서 양화대교까지 이어지는 양화로에는 예식장이 많았습니다. 많은 업체가 강남으로 이전하기는 했지만 지금도 예식장을 꽤 찾아볼 수 있고, 예식장이 떠난 자리에는 금융기관과 각종 상업 시설이 들어섰습니다. 서교초등학교 주변은 '홍대 앞'이라는 보통명사로 통용될 정도로 핫한 상가 거리가 되었고, 수많은 사람이 몰려들면서 강남역 상권 수준의 임대료를 보이고 있습니다. 코로나 때문에 어렵다 어렵다 해도 홍대 상권은 여전히 활황 중입니다.

상가 임대료가 오르면 상권이 확장되기 시작합니다. 찾아오는 사람이 늘어나기 때문이기도 하지만, 상인들이 더 저렴한 곳을 찾아 주변으로 이전하기 때문이기도 합니다. 현재 서교동 상권은 주변 지역으로 계속 확장하고 있습니다. 최근 들어 많은 상가가 생겨나고 있는 연남동, 합정동, 망원동, 상수동 등이 서교동 홍대 상권이 확장된 결과물이라고 보면 됩니다.

서교동에서 가장 비싼 아파트는 합정역 앞 39층짜리 주상 복합 메세나폴리스입니다. 평당 3,500만 원 정도의 시세가 형성되어 있습니다. 한

메세나폴리스 단지 내부(좌)와 서교동의 주거지 거리(우). 서교동은 아파트보다는 일반 주택이 압도적으로 많다.

강 조망이 가능할 뿐 아니라 홍대 상권을 360도로 전망할 수 있는 아주 좋은 아파트입니다. 그러나 메세나폴리스를 제외하면 서교동에는 이렇다 할 주거 시설이 없습니다. 다세대와 다가구 주택이 많죠. 주거 시설보다는 상업 시설의 수익률이 높기 때문에 상권이 발달하면서 주거 시설은 취약해질 수밖에 없습니다. 이런 사실을 감안하더라도 아파트가 너무 없기는 하죠. 왜 그런 것일까요?

1970년까지 홍익대학교 뒤편 와우산에 와우아파트가 있었습니다. 착공 6개월 만에 준공한 시민 아파트였는데, 1개 동이 붕괴하면서 33명이 사망하는 사고가 발생했습니다. 그 이후 메세나폴리스를 제외하고는 대단지 아파트가 공급되지 않았는데요. 혹시 이 지역에는 아파트를 짓지 말라는 일종의 금기 의식이 형성된 것은 아닐까 상상해보았습니다.

서교동은 소형 주거 시설의 임대가 아주 잘 나가는 지역입니다. 옥탑방도 인기가 많지요. 다세대 사업에 관심이 많다면 눈여겨보아야 할 지역입니다. 또 이 지역은 다세대 빌라도 상가로 전용하는 경우가 많습니다. 이처럼 소형 부동산 개발이 다양하게 시도되고 있는 곳입니다.

동네 이야기 9 마포구 상권의 미래가 될 합정동

양화대교는 한강에 건설된 두 번째 다리입니다. 한강 최초의 다리는 1900년에 개통한 한강철교이지만, 사람이 걸어서 건널 수 있는 최초의 다리는 1937년에 개통한 한강대교였고, 이후 1965년에 한국의 기술력으로 건설한 최초의 다리인 양화대교가 두 번째로 개통했습니다. 당시에는 제2한강교라고 불렸습니다.

양화대교를 끼고 있는 합정동은 마포구의 입구 구실을 해왔습니다. 마포 나루터가 있었고, 양화대교가 들어선 뒤에는 한강 이남과 연결되는 통로 역할을 수행했으며, 지금도 여전히 마포구로 들어서는 남쪽 사람들이 반드시 거쳐야 하는 관문이 되고 있습니다.

합정동은 양화대교 외에도 널리 알려진 곳이 참 많은데, 그중 하나가

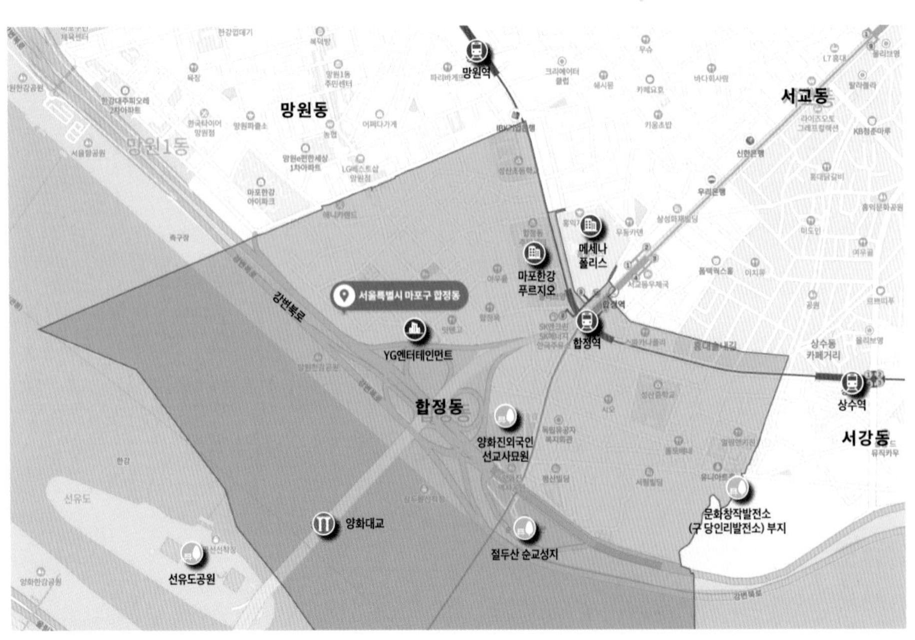

합정동 지도

양화대교는 선유도를 경유하기 때문에 많은 시민이 산책로로 즐긴다.

기독교 신자들이 많이 찾는 절두산 순교성지입니다. 천주교 박해를 증명하는 대표적인 성지입니다. 이곳은 원래 누에고치 모양이어서 잠두봉이라고 불렸는데, 천주교 신자들이 많이 처형된 뒤로는 절두산(截頭山)이라고 바꾸어 부르게 되었습니다. 1895년 고종 황제가 순교자들을 위한 묘역으로 이 땅을 제공했고, 현재 약 500기의 무덤이 조성되어 있습니다.

합정(合井)이라는 이름에도 사연이 있습니다. 주로 사형장으로 활용되던 이곳에 망나니들이 피 묻은 칼을 씻던 우물이 있었기 때문에 생긴 이름이거든요. 이 우물 바닥에는 조개가 많이 살아서 조개우물이라고 불렀습니다(처음에는 대합조개 합(蛤)을 쓰다가 나중에 합할 합(合)으로 한자가 바뀌었다).

이곳에서 가장 비싼 아파트는 2015년 4월 입주한 마포한강푸르지오입니다. 서교동 메세나폴리스와 더불어 고급 주거 타운을 형성하고 있습니다. 2·6호선 더블 역세권인 합정역 주변에는 이런 고가의 주상 복합이 있고, 한강변 쪽으로는 다세대 빌라가 밀집해 있습니다. 편리한 교통망과 생활편의 시설을 이용하고 싶은 사람에게는 아주 좋은 지역이죠. 다만 교육 환경이 그리 좋지 않다는 점을 함께 고려해야 합니다.

앞으로 합정동은 문화예술을 중심에 둔 상권 지역으로 더욱 활성화될

합정역로터리

전망입니다. YG엔터테인먼트의 기존 사옥과 확장된 사옥이 이곳에 있고, 각종 공연을 위한 문화 시설도 많이 밀집해 있습니다. 홍대 상권이 지속적으로 확장하게 되면 이곳 합정동까지 연계될 것이고, 한강변에 위치하고 있어 오히려 홍대보다 더 유명한 지역이 될 수도 있습니다. 이 같은 미래 가치를 따질 때 합정동의 가장 큰 호재는 당인리발전소의 지하화 사업입니다.

당인리발전소는 우리나라 최초의 화력발전소로, 1930년 마포구 당인동에 건설되었습니다. 이어서 1936년에 2호기, 1956년에 3호기가 준공되며 수도권의 꽤 많은 지역에 전력을 공급했습니다. 최초에 석탄화력발전소였던 당인리발전소는 1969년 사용 연료를 중유로 바꾸면서 이름도 '서울화력발전소'로 바꾸었습니다. 이후 중요 발전 설비인 4·5호기가 건립되며 서울 지역 전력 공급의 75%를 담당했습니다.

천주교의 성지인 절두산 순교성지. 주변에 외국인 선교사 묘역도 조성되어 있다.

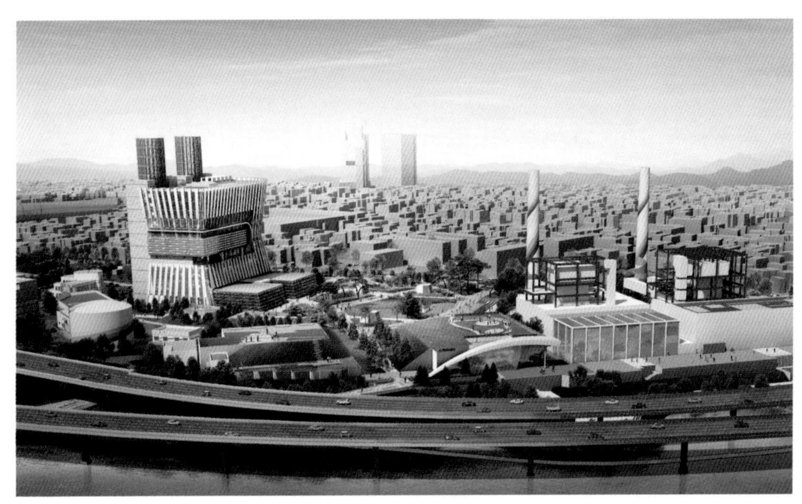

당인리발전소를 문화 공간으로 탈바꿈시킬 당인리 문화창작발전소 개발 계획도

그러던 중 1987년 정부의 에너지 절약 계획에 따라 당인리발전소는 열병합발전식으로 개조되었습니다. 또한 1993년 서울시의 환경오염 방지 대책으로 인해 LNG(액화천연가스)를 이용하게 되었습니다.

2000년대 들어 당인리발전소는 시설의 노후화와 도심 미관 문제로 자주 도마에 올랐습니다. 정부는 2007년 지하 발전소 추진 계획을 확정했고, 2013년 6월부터 지하 1·2호기 공사에 착수했습니다. 땅 속에 발전소를 짓는 것은 세계 최초라고 하네요. 당인리발전소를 지하로 옮기기 위해 건설자들은 축구장 3개가 넘는 면적을 35m까지 파 내려갔습니다. 그 뒤 40만Kw급 LNG 복합발전기 2기가 설치되었고, 2019년 11월부터 지하 LNG발전소가 운전을 시작했습니다.

현재 1~3호기 발전소는 철거되었고, 남아 있는 4·5호기는 수명이 다한 상태입니다. 당인리발전소는 이 4·5호기 발전소 건물을 문화체육관광부에 무상으로 임대하여 문화 공간, 즉 당인리 문화창작발전소로 변화시켰습니다. 마포구 내 주변 시설들과 시너지를 내게 되면 새로운 문화예술 상권이 탄생하게 되어 또 다른 형태로 마포구에 활력을 불어넣을 것입니다.

동네 이야기 10

먼 경치도 잘 볼 수 있는 곳이 될 망원동

망원동은 효령대군의 별장인 망원정에서 유래한 지명입니다. 먼 경치를 볼 수 있는 좋은 입지라는 뜻이죠. 그 의미만 보면 대단히 고급스러운 동네로 생각되지만, 실상은 그렇지 않았습니다. 마포구에서 가장 낙후되고 시세도 낮은 지역입니다. 그럴 만한 것이, 망원동에는 특별한 시설이 없습니다. 사람들을 유인할 만한 주거 환경도, 화려한 상업 시설도 없습니다. 재미있는 사실은 망원정도 원래는 망원동이 아니라 합정동에 있었다는 점입니다.

하지만 망원동도 이제 서서히 두각을 드러내기 시작했습니다. 홍대 상권이 망원동까지 확장되고 있는 것이죠. 게다가 망원동에 인접한 주변 동

망원동 지도. 1동과 2동으로 나뉜다.

네 주거 시설의 가격이 폭등하자 상대적으로 저렴한 망원동으로 사람들의 눈길이 쏠리기 시작한 것입니다.

망원정 ⓒ 문화재청

망원동은 대부분 평지입니다. 주거 지역이나 상업 지역으로 아주 좋은 환경을 갖추고 있는 셈이죠. 게다가 한강변을 접하고 있는 점이 큰 매력입니다. 한강시민공원이 있고 야구장, 수영장도 있습니다. 유수지 체육 시설에는 축구장과 농구장, 테니스장도 있죠. 망원동에 대한 관심이 더욱 높아지면 한강변에 있는 이 시설들이 새롭게 부각될 것입니다. 서교동의 홍대 상권이 확장되는 것과 맞물려 문화·체육 복합 공간으로 상권이 확장될 것으로 기대됩니다.

물론 지역적인 한계도 확실합니다. 먼저 교육 시설이 너무 적습니다. 초등학교가 딱 두 곳뿐이고 중·고등학교는 아예 없습니다. 또한 대형 마트나 은행, 병원 등의 편의 시설도 거의 없기 때문에 대형 상권이 형성되지

망원 유수지 체육 시설

망원지구 한강공원(좌)과 망원동월드컵시장(우)

않았습니다. 멀리서 살펴보았을 때 이렇다 할 시설이 없다는 것이 망원동의 현재 위상을 보여줍니다.

결국 망원동의 미래는 현재 갖추고 있는 시설들을 얼마나 새롭게 부각시키느냐에 달려 있는 듯합니다. 교육 환경이 꼭 필요하지 않은 세대들로서는 저렴한 비용에 한강변 생활을 누릴 수 있는 몇 안 되는 지역입니다. 망원동 한강 수영장에 가보셨나요? 한여름의 활기를 만끽할 수 있습니다. 살고 싶다는 생각도 들 거고요. 그리고 망원동월드컵시장은 이미 핫플레이스가 되었습니다. 망원동월드컵시장은 대형 상권 없이 재래시장만으로도 외부인들을 유인할 수 있다는 훌륭한 모범 사례입니다.

동네 이야기 11 | 홍대 부흥의 화룡점정, 연남동

연남동은 1975년 서대문구에서 마포구로 편입되었습니다. 연희동의 남쪽이라는 뜻이죠. 한편 연희동은 연희궁에서 지명이 유래했는데요, 궁궐이 있는 만큼 고급스러운 이미지가 강합니다. 지금도 연희동과 연남동에는 고급 주택이 꽤 많습니다.

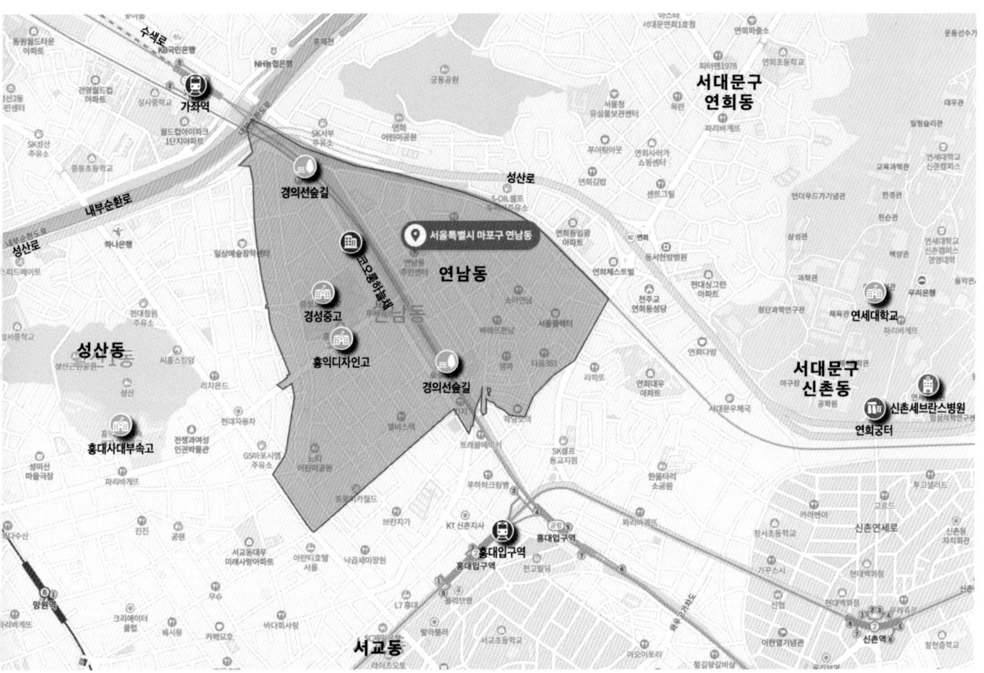

연남동 지도

연남동은 수색로를 확장하면서 연희동에서 분리된 뒤 자연스럽게 마포구에 편입되었습니다. 서대문구 연희동과 뿌리가 같기 때문에 마포구로 편입된 뒤로도 이웃 동네인 서교동과는 다른 색깔을 지니고 있었습니다. 주로 주거 지역인 이곳은 신촌에서 파주로 이어지는 경의선이 지나는 곳이어서 철길 주변 특유의 쓸쓸한 분위기를 자아내기도 했습니다. 때문에 항상 떠들썩하고 화려한 홍대 상권을 바로 옆에 두고도 다소 외지다는 느낌을 주었고, 사람이 거의 유입되지 않아서 시세도 낮았습니다. 주변 지역보다 시세가 낮은 틈으로 중국 교포가 대거 유입되었습니다. 지금 연남동에 중국 교포나 중국인이 많은 데에는 이런 이유가 있을 것입니다.

조용하고 쓸쓸하기조차 하던 동네가 최근 홍대 상권 권역에서 가장 핫한 곳으로 거듭났습니다.

연남동의 이색적인 상가

경의중앙선이 땅속으로 들어가고 기존의 철길이 공원으로 변했으며, 서울역에서 김포공항, 인천공항으로 이어지는 공항철도가 들어온 것이 가장 큰 계기였습니다. 지금 연남동은 홍대와는 또 다른, 환경이 더욱 쾌적하고 다양한 볼거리와 먹거리를 가진 상권을 형성하고 있습니다. 게다가 주거 지역이 깔끔해서 젊은 직장인들에게 큰 인기를 누리고 있습니다. 대표적인 아파트로는 코오롱하늘채가 있는데요, 연남로를 따라서 6개 동이 차례로 줄지어 있는 아주 특이한 배치를 보입니다. 앞뒤 조망이 매우 좋아서 최근 인기를 더해가는 중이죠.

특히 공원으로 변한 경의선부지는 지역 주민뿐 아니라 타 지역에서 많이 찾는 산책 코스가 되었습니다. 찾아오는 사람이 지속적으로 늘어나고 있으니, 연남동이 더욱 좋아지는 건 시간문제라는 생각이 드네요.

공원과 산책로로 조성된 경의선숲길

현재 다세대 주택을 개조해서 대형 버스도 주차 가능한 상가 주택으로 리뉴얼하는 사례가 늘고 있습니다. 주거와 상업 시설 모두 젊은 감각으로 변화하는 연남동은 앞으로도 많은 사람이 찾는 '가보고 싶은 동네'로 계속 발전할 것입니다.

동네 이야기 12

왁자지껄 늘 바쁜 동네, 성산동

성산동(城山洞)은 실제로 성산이란 산이 있기도 하지만 산이 성처럼 둘러싸고 있다고 해서 생긴 지명입니다. 성산로를 중심으로 남쪽이 성산 1동이고, 북쪽이 성산 2동입니다. 성산 1동은 아파트가 거의 없는 다세대와 빌라 위주의 주거 지역인 반면, 성산 2동은 상암동과 가까운 아파트 밀집 지역으로 마포구청, 마포보건소, 월드컵경기장이 있어서 상당히 정비된

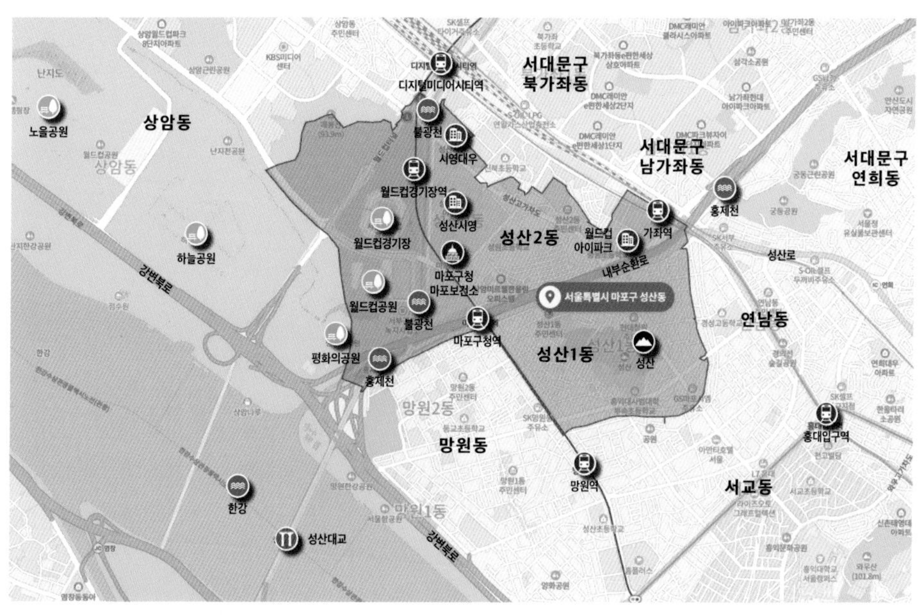

성산동 지도. 1동과 2동으로 나뉜다.

느낌을 줍니다.

과거에 논밭만 펼쳐져 있던 이곳은 일제 강점기 때 홍제천 직선화 공사를 기점으로 개발되기 시작했습니다. 이곳을 정비하면서 수많은 조선시대 엽전이 발굴되었다고 합니다. 조선 효종 때 김자점이라는 사람이 역모를 도모했는데, 당시 역모에 필요한 자금을 마련하기 위해 엽전을 위조했던 곳이 바로 이곳이었다고 하네요. 비록 가짜이긴 하지만, 돈이 많이 묻혔던 곳이라 그런지 성산동의 부동산을 소유하고픈 마음이 듭니다. 저만 그런가요?

성산동에는 주거 지역을 정비하면서 시영 아파트가 많이 공급되었습니다. 이때 지어진 시영대우·성산시영아파트 등은 이제 재건축 연한이 되어서 재건축을 준비하고 있습니다. 이미 시영유원아파트를 재건축한 가좌역 주변의 월드컵아이파크가 입주해 있습니다.

성산 2동은 한동안 이 시영아파트들의 재건축으로 인해 주목을 받을 것으로 보이며, 성산 1동은 홍대 상권이 확장되는 영향을 받을 듯합니다. 상가가 계속 늘어나고 있고, 구 단독 주택을 신규 다세대 주택으로 바꾸는 신축 공사도 활발합니다. 동네 전체에 호재가 있는 것이지요. 한동안 언론에서 계속 이 지역의 호재들을 중계할 것으로 보입니다.

동네 이야기 13

천지개벽의 새옹지마, 상암동

상암동의 역사는 난지도가 겪어온 풍파를 통해서 확인할 수 있습니다. 원래 난지도는 한강과 샛강의 물줄기가 만들어낸 아름다운 섬(하중도, 河中島)이었습니다. 이름 그대로 난과 영지가 자라던 곳이었죠. 그런데 이 아

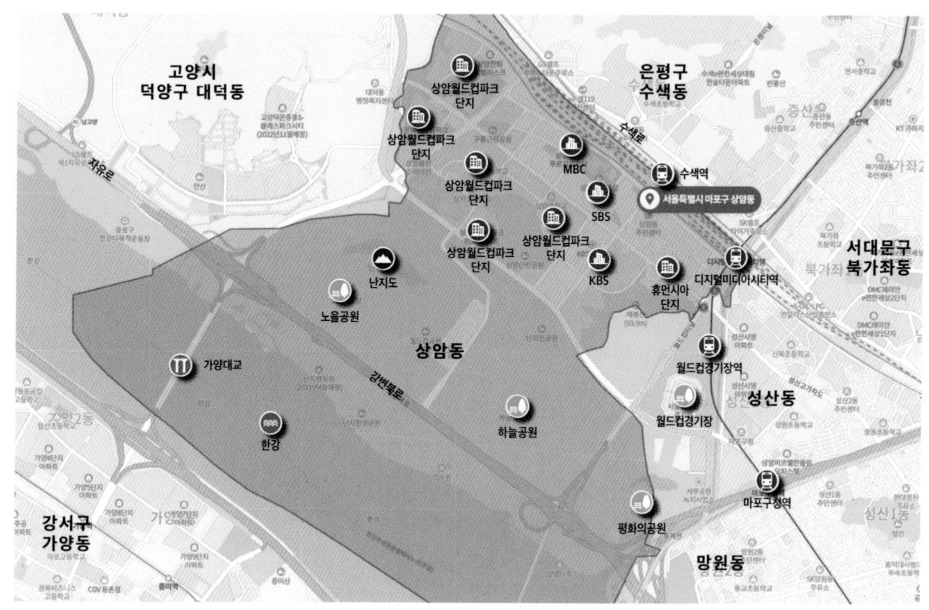

상암동 지도

름다운 곳에 제방을 쌓아 하천이 범람하는 것을 막고 수도권에서 발생한 쓰레기를 매립하는 장소로 활용합니다. 이렇게 난지도는 쓰레기 섬이 되다 못해 쓰레기 산이 되고 맙니다. 애초에는 쓰레기를 45m 정도만 쌓을 예정이었는데, 쓰레기 양이 기하급수적으로 늘어나자 90m를 넘기게 되었죠. 당연히 지역 주민들의 민원이 끊이지 않았습니다.

결국 1993년 인천 서구 매립지를 새로 조성하고 나서야 난지도에 쓰레기를 매립하는 일이 중지됩니다. 그 이후 한동안 방치되었던 난지도 쓰레기매립지에 공사가 시작되고 2002년 하늘공원이 문을 엽니다. 2005년에는 옆 부지에 노을공원이 문을 열었지요. 노을공원은 처음에 9홀 코스의 골프장으로 꾸몄다가 여론에 밀려 일반 공원으로 바뀌었습니다. 이 월드컵 공원들이 예쁘게 꾸며지는 동안 상암동은 DMC(디지털미디어센터)로 완전히 탈바꿈합니다.

이 지역에는 우리나라 디지털미디어 기업 대부분이 입주해 있습니다.

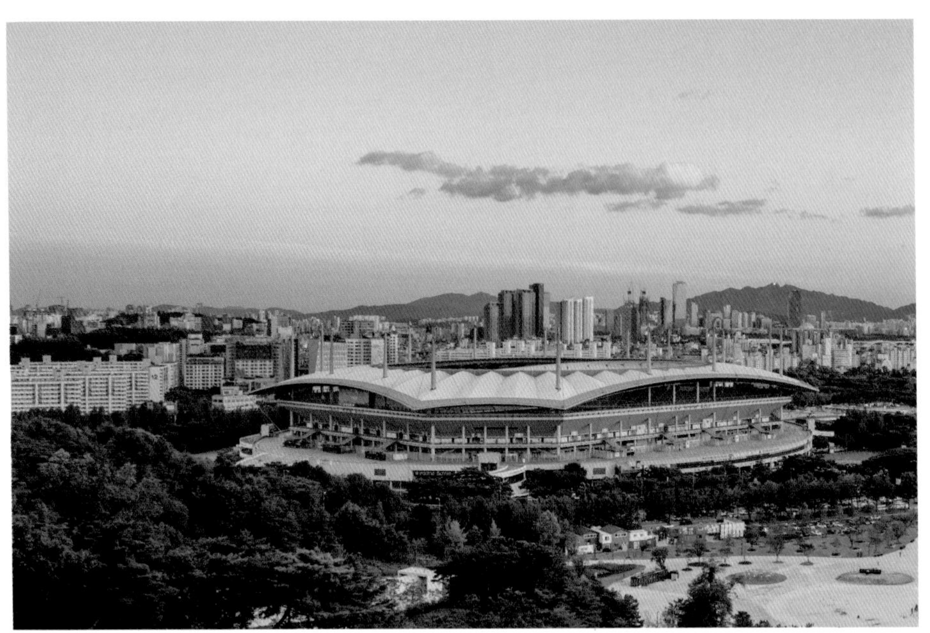

월드컵경기장

공중파 방송국 3사는 물론 CJ 등의 케이블 방송국, 유플러스 등의 통신사, 영화 관련 기업들이 상암동만의 독특한 분위기를 형성하고 있지요.

주거 시설로는 상암월드컵파크 12개 단지와 휴먼시아 2개 단지가 입주해 있습니다. 마포구에서는 유일하게 평지에 사각형으로 구획된 택지 개발지구 아파트로 신도시만큼이나 좋은 교육 환경과 기반 시설을 갖추고 있습니다.

지하철역으로는 경의중앙선 수색역과 DMC역을 이용할 수 있는데, 특히 DMC역은 공항철도와 6호선까지 이용할 수 있는 트리플 역세권입니다. 100층 높이로 계획되었던 랜드마크 타워 개발이 무산되기는 했지만, 그에 준하는 개발이 지속적으로 검토 중에 있습니다. DMC역에는 롯데복합쇼핑몰이 입주할 예정이죠. 업무 시설 관점에서 상암 DMC는 앞으로도 계속 주목받게 될 것입니다.

상암동은 난지도라는 아름다운 천혜의 자연환경을 가진 고장에서 쓰레기매립장으로 전락했다가 다시 대형 공원을 2개나 낀 최첨단 산업지구로 변신하는 천지개벽이 두 번이나 일어난 지역입니다. 월드컵파크 단지들이 입주하기 전인 2003년까지는 시세 자체라는 걸 논하기 어려운 그야말로 혐오 지역이었습니다.

그렇게 아무도 찾지 않던 버려진 땅에서 2002년 월드컵이 개최되었고, 대규모 단지들이 들어섰으며, 하늘공원과 노을공원이 개장했습니다. 알짜배기 미디어 기업들이 대거 입주하면서 이제 미디어타운으로서는 여의도를 능가하는 명품 업무·주거 지역이 되었습니다. 사람의 힘으로 한 지역의 운명을 완전히 바꾼 것이죠. 명실공히 마포구의 대표 업무 지역이자 주거 지역인 상암동의 현재 위상도 대단하지만, 계속 호재가 이어질

상암동 노을공원

상암동 하늘공원 억새축제

전망이어서 앞으로 더 많은 사람의 관심을 받을 것입니다.

미국 뉴욕을 상징하는 록펠러센터 앞에는 겨울마다 스케이트장이 개설됩니다. 상암동 MBC문화방송미디어센터 앞에도 겨울마다 멋진 스케이트장이 문을 엽니다. 이것이 오늘날 상암동의 모습입니다. 누구나 찾고

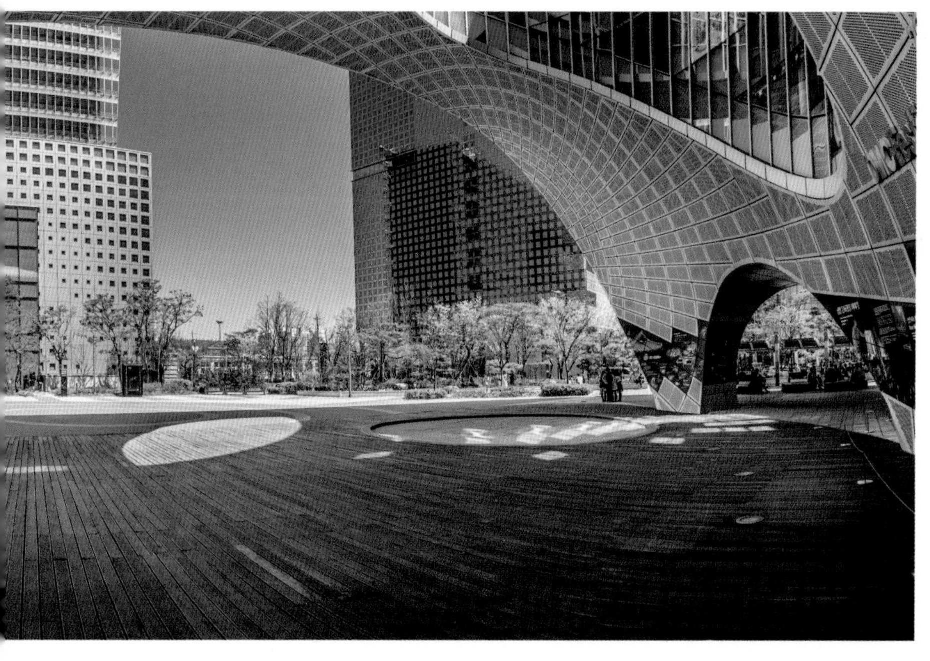

상암동 DMC © EUGENE PIKALOV / shutterstock

싶고 즐길 수 있는 공간이 되었죠. 연예인들을 보고 싶으면 상암동의 방송국을 방문해보세요. 멋진 배경 사진을 찍고 싶다면 하늘공원을 방문하시면 됩니다. 가족과 캠핑을 즐기고 싶다면 한강 둔치의 가족 캠핑장으로 가시면 됩니다. 첨단 건물들의 멋진 위용을 보고 싶을 때는 DMC로 가세요. 상암동에는 볼거리, 즐길 거리가 아주 많답니다. 살고 싶고, 놀러 가고 싶고, 누구든 초대하고 싶은 곳, 상암동이 바로 마포구의 미래입니다.

그동안 마포구 부동산의 가치가 낮았던 이유

부동산의 가치는 대체로 그 지역의 인지도와 비례합니다. 마포구는 서울에서 손꼽히는 교통 요충지로서 상업 시설이 무척 많습니다. 이미 인지도가 꽤 높은 곳이죠. 그럼에도 그동안 마포구는 저평가되어 있었습니다. 강남 3구나 용산구는 그렇다 쳐도 광진구나 양천구보다도 시세가 낮았습니다. 인지도와 상권, 교통 면에서 광진구나 양천구보다 더 좋은 마포구의 부동산 가치가 그동안 왜 낮게 평가되었을까요?

부동산의 가치는 그곳에서 오랫동안 살고 싶어 하는 사람이 얼마나 많은가로 결정되기도 합니다. 마포구는 사람들을 오래 머물고 싶게끔 하는 매력이 부족했던 겁니다. 젊을 때 잠시 머무르며 살기에는 신나고 좋은 곳이지만, 결혼하고 아이를 낳고 여생을 맡기기에는 시설이 부족한 편입니다. 잠시 동안 살기에는 좋지만 평생을 살고 싶은 곳이 되지는 못했던 것이죠.

AIP(Aging in Place), 즉 나의 노후를 맡길 수 있는 입지가 향후 부동산의 대세가 될 것입니다. 지방 여러 곳에서 추진한 실버타운이 실패한 이유도 그곳에서 삶을 마무리하기에는 부족한 점이 많아서였습니다. 일단 교통이 불편하면 자식들과 교류하기 어렵습니다. 급하게 찾을 병원도 없고 평소 편안하게 즐길 만한 편의 시설이 없는 지방의 실버타운은 실패할 확률이 높은 것이죠.

학교에 다니는 자녀가 있는 세대에게는 학교, 학원 등의 교육 시설이 교통망보다 중요합니다. 마포구에는 초·중·고등학교가 많지 않기 때문에 걸어서 학교에 다닐 수 있는 입지가 부족합니다. 게다가 상가든 주거든 낙후한 지역이 많고, 주 도로변은 신축 고층 오피스 건물들로 빽빽하게 채워져 있어서 거주 환경이 그다지 쾌적하지 않습니다. 자연환경이 주는 쾌적함은 향후 부동산의 입지를 평가하는 중요한 요소인데, 마포구는 그런 면에서 떨어지는 것이죠. 이런 이유로 마포구의 부동산 가치가 광진구나 양천구보다 낮았던 것입니다.

하지만 현재의 마포구는 많이 달라졌습니다. 계속 업그레이드되고 있

그동안 마포구 주민과 한강변의 거리를 멀게 만들었던 당인리 화력발전소는 문화 공간으로 새롭게 거듭날 예정이다.

습니다. 그동안 서울 자연환경 프리미엄의 최고봉인 한강변을 제대로 이용할 수 없었는데, 한강변 쪽으로 상권이 확대되고 있고 주거 시설 또한 계속 들어서고 있습니다. 칙칙한 철길이었던 경의선은 멋스러운 친환경 숲길 공원으로 변했습니다. 환경 쾌적성이 매우 좋아진 것이죠.

마포구 곳곳에서 뉴타운 개발이 진행되면서 낙후된 주거지에 있던 교육 시설들도 아파트 단지와 가까워지고 있습니다. 심지어 대치동, 목동, 중계동에 있는 브랜드 학원가도 들어서고 있습니다. 이렇게 자연환경과 교육 환경이 눈에 띄게 좋아지고 있다는 점이 마포구의 시세가 급등하게 된 이유입니다.

마포구의 미래는 한강 활용에 달려 있다!

지금까지의 마포구는 유동 인구 대비 정주 인구가 많지 않았습니다. 일하는 업무 공간이자 먹고 놀고 즐기는 젊은이들의 공간으로, 주거지로서의 역할은 그리 크지 않았습니다.

마포구는 지속적으로 정주 인구를 늘리려는 노력을 하고 있습니다. 이러한 노력의 일환이 한강과의 거리를 가깝게 만드는 것입니다. 강남구의 압구정동, 서초구의 반포동, 송파구의 잠실동, 용산구의 동부이촌동, 광진구의 광장동, 양천구의 목동이 지금의 위상을 갖게 된 데에는 한강변을 쉽게 이용할 수 있다는 장점이 작용했기 때문입니다. 반면 마포구는 한강에 가장 넓은 면적을 접하고 있음에도 그 장점을 제대로 발휘하지 못했죠. 당인리 발전소, 난지도 쓰레기매립장 등이 마포구민과 한강의 거리를 멀게 했던 것입니다.

이제 마포구도 한강으로 더 가까이 갑니다. 상암동, 망원동, 합정동, 용강동, 도화동이 한강을 제대로 활용하기 시작한 지금, 마포구는 용산구, 성동구와 더불어 강북의 톱 3 지역이 되었습니다. 이 발전 방향은 지속될 것이고, 수요 역시 계속 증가할 것입니다.

당인리 발전소에 문화창작발전소가 개장하면 함께 놀러 가볼까요?

=자연환경의 쾌적함이 복원되는 곳을 찾으세요

지역명과 그 지역에 대한 스토리가 담긴 가요의 가사는 늘 꼼꼼하게 읽어보세요

밤 깊은 마포 종점 갈 곳 없는 밤 전차
비에 젖어 너도 섰고 갈 곳 없는 나도 섰다
강 건너 영등포에 불빛만 아련한데
돌아오지 않는 사람 기다린들 무엇 하나
첫사랑 떠나간 종점 마포는 서글퍼라

저 멀리 당인리에 발전소도 잠든 밤
하나둘씩 불을 끄고 깊어가는 마포 종점
여의도 비행장엔 불빛만 쓸쓸한데
돌아오지 않는 사람 생각한들 무엇 하나

마포구 재개발 현황

시군구	읍면동	구역	단계	건립 예정 세대수	대지면적 (㎡)	시공사
마포구	신공덕동	마포로 제1구역 제48지구	기본계획	140	3,905	
마포구	합정동	합정 5~9구역	기본계획	–	21,616	
마포구	아현동	마포로 제3구역 제3지구	관리처분인가	239	6,217	㈜대우건설
마포구	공덕동	공덕 제6구역	추진위	166	11,326	

궂은 비 내리는 종점 마포는 서글퍼라

은방울 자매가 부른 〈마포 종점〉의 가사입니다. 이 가사를 통해 1968년 당시의 부동산 상황을 파악할 수 있습니다. 마포 종점에 막차가 끊어지면 이곳 마포구에서 식사와 숙박을 했겠죠? 마포구에 음식점과 숙박업소가 많은 이유입니다. 당인리 발전소 주변은 늘 시끄러워서 밤에는 발전소를 가동하지 않았겠다, 여의도에 비행장이 있었구나… 등등 이렇게 유행가 가사를 통해서도 많은 것을 배울 수 있답니다.

구 경의선 철길부지가 공원화된 곳 주변을 꼭 눈여겨보세요

구 경의선 노선 중 지하화된 곳은 현재 공원으로 리뉴얼하여 일반인에게 개장하거나 공사 중에 있습니다. 마포구는 도심지이기 때문에 타 지역에 비해 자연환경이 떨어진다고 말씀드렸습니다. 때문에 마포구의 공원은 부동산 가치를 높이는 프리미엄으로 작용합니다. 연남동 가로공원, 염리동·신수동 지역의 가로공원은 인기가 많습니다. 가장 기대되는 곳은 홍대입구역에서 서강대역 사이의 철길부지입니다. 이 지역 부동산 가치가 엄청 올라가겠죠?

한강 다리들의 역사를 정리해보세요!

한강에 놓인 다리들의 역사를 살펴보면, 다리 양쪽 지역의 부동산 현황을 쉽게 이해할 수 있습니다. 예를 들어 일산대교가 개통한 2008년에는 김포한강신도시가 입주를 앞두고 있었고, 가양대교가 개통한 2002년에 상암동이 개발되었다는 사실을 쉽게 파악할 수 있는 것이죠. 한강 다리의 역사를 한 번쯤은 살펴볼 필요가 있습니다.

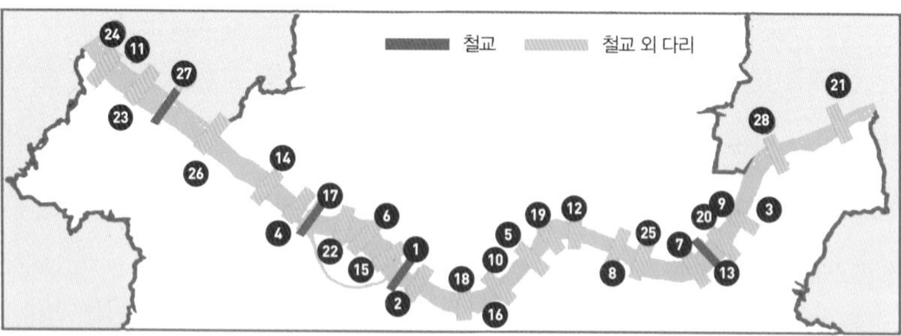

주: 서울시계 교량으로 번호는 최초 준공연도 기준

1) 한강철교(1900) 2) 한강대교(제1한강교, 1917) 3) 광진교(1936) 4) 양화대교(제2한강교, 1965) 5) 한남대교(제3한강교, 1969) 6) 마포대교(1970) 7) 잠실대교(1972) 8) 영동대교(1973) 9) 천호대교(1976) 10) 잠수교(1976) 11) 행주대교(1978) 12) 성수대교(1979) 13) 잠실철교(1979) 14) 성산대교(1980) 15) 원효대교(1981) 16) 반포대교(1982) 17) 당산철교(1983) 18) 동작대교(1984) 19) 동호대교(1984) 20) 올림픽대교(1990) 21) 강동대교(1991) 22) 서강대교(1999) 23) 방화대교(2000) 24) 신행주대교(2000) 25) 청담대교(2001) 26) 가양대교(2002) 27) 마곡대교(2010) 28) 구리암사대교(2014)

서울 시계 교량

한강다리 건설 현황

연대	건설 개수	다리 이름(준공연도)
1900	1개	한강철교(1990)
1910	1개	한강대교(제1한강교, 1917)
1930	1개	광진교(1936)
1960	2개	양화대교(제2한강교, 1965), 한남대교(제3한강교, 1969)
1970	8개	마포대교(1970), 잠실대교(1972), 영동대교(1973), 천호대교(1976), 잠수교(1976), 행주대교(1978), 성수대교(1979), 잠실철교(1979)
1980	6개	성산대교(1980), 원효대교(1981), 반포대교(1982), 당산철교(1983), 동작대교(1984), 동호대교(1984)
1990	3개	올림픽대교(1990), 강동대교(1991), 서강대교(1999)
2000	4개	방화대교(2000), 신행주대교(2000), 청담대교(2001), 가양대교(2002)
2010	2개	마곡대교(2010), 구리 암사대교(2014)

주: 시계 외 교량 4개(팔당대교, 미사대교, 김포대교, 일산대교) 제외

출처: 서울시 홈페이지 한강 교량 현황(2017년 5월)

한강다리 길이(상위 10개, 단위: m)

구분	마곡대교	방화대교	월드컵대교	가양대교	올림픽대교	행주대교	마포대교	당산철교	서강대교	잠실대교
내용	2,930	2,559	1,980	1,700	1,470	1,460	1,390	1,360	1,320	1,280

주: 신행주대교는 행주대교의 연장으로 취급하여 같은 항목으로 취급, 2021년 준공예정인 월드컵대교 포함

출처: 서울시 홈페이지 한강 교량 현황(2017년 5월)

한강다리 왕복차로 수(단위: 개)

구분	한남대교	마포대교	강동대교	성수대교	양화대교	잠실대교	한강대교	…	광진교	잠수교
내용	12	10	8	8	8	8	8	…	2	2

주: 팔당대교, 미사대교, 김포대교, 일산대교(시계 외 교량) 제외

출처: 서울시 홈페이지 한강 교량 현황(2017년 5월)

한강다리 하루 평균자동차 교통량(단위: 대/일)

구분	21개 평균	상위 10개									
		한남대교	성산대교	양화대교	성수대교	영동대교	청담대교	마포대교	가양대교	반포대교	한강대교
내용	100,070	217,618	174,232	141,548	139,449	135,367	129,879	128,126	123,406	112,409	107,910

주: 1) 한강의 남북 간 연결대교 지점의 평균 하루 교통량을 의미 2) 팔당대교, 미사대교, 김포대교, 일산대교(시계 외 교량), 철교(당산철교, 마곡대교, 잠실철교, 한강철교), 구리암사, 광진교(비조사 항목) 제외

출처: 서울통계, 2016년 한강다리 교통량(자료 출처: 서울시 교통운영과, 서울지방경찰철 교통관리과)

풍 수
이야기

아현동 애오개에 얽힌 슬픈 이야기

아현(阿峴)이라는 이름은 애오개의 한문식 표현입니다. 애오개는 '아기고개'라는 뜻이고요. 아현동 북쪽에 서대문구가 있습니다. 서대문은 한양의 서쪽 관문으로, 이 문을 통해 한양 성내의 시체를 많이 내보냈다고 해서 서대문을 시구문(屍口門)이라고 부르기도 했습니다. 특히 이 아현동 고개에는 아기 시체를 많이 내다버렸다고 합니다. 그래서 아기고개라고 했던 것이죠.

마포구에는 젊은 사람들이 많이 모입니다. 하지만 유독 초등학생 전후의 학생들은 보기 힘들어요. 공덕동에 가보아도, 서교·합정·상암동에 가보아도 20~30대 청년들은 자주 볼

1904년 당시의 서대문(돈의문). 지금은 철거되었다.

오늘날의 애오개역 주변

수 있지만, 초등학생은 잘 눈에 띄지 않습니다. 그런데 신기하게도 애오개 주변의 아현동에 가면 유치원생부터 초등학생, 중학생이 꽤 많이 보입니다. 아파트 단지가 많고, 학교가 많아서이겠지만, 제대로 공부 한번 해보지 못하고 세상을 떠난 어린 영혼들이 이제라도 이곳에서 공부를 하고픈 것은 아닐까요?

COLUMN

빠숑의 부동산 칼럼 4

현명한 내 집 마련을 위한 4가지 제언!

"1~2년 살고 말 게 아닌, 적어도 20년은 살 수 있는 '현명한 내 집 마련'을 하고 싶어요."

2020년 7월 10일 정부가 부동산 대책을 발표한 뒤 한 독자분이 제 블로그 〈빠숑의 세상 답사기〉에 댓글로 문의한 내용입니다. 질문에 대한 답변을 다음과 같이 4가지 이슈로 정리해보았습니다.

그 전에 분명히 해두고 싶은 전제가 있습니다. 내 집 마련도 결국 투자입니다. 집값이 하락할 걸 예상하고 내 집을 마련하는 경우는 없으니까요. 평생 살아갈 내 집을 마련하려는 사람도 가격이 상승할 조건을 갖춘 아파트를 구매해야 한다는 의미입니다.

① 규제 지역 내 대출 규제에 대한 전망

우선 살펴봐야 할 것은 '규제 지역 내 대출 규제에 대한 전망'입니다. 대출 규제책은 한쪽으로만 과열하는 것을 막으려는 정부의 의도에서 비롯된 정책입니다. 실수요자가 아닌 투자 세력이 대출을 받아 단기 매매를 함으로써 아파트 시세가 급등하는 걸 막기 위함입니다. 아파트 투자를 적당한 선에서 통제하려는 것이지, 완전히 거래를 막는 것은 아닙니다. 매매·전세 담보 대출을 통한 단기성 투자를 억제하거나 최근 지나치게 오른다고 판단되는 지역으로 수요가 몰리는 것을 방지하기 위한 경고성 메시지로 보면 됩니다.

대출을 규제할 정도의 지역에 이미 내 집을 마련한 실수요자라면 맘 편하게 거주하면 됩니다. 사람들이 좋아하는 입지, 즉 수요가 많은 아파트를 선택했으니 미래 가치가 하락할 리스크가 적습니다. 물론 그런 지역이라도 이미 시세가 많이 오른 뒤에 매수할 때는 일정 기간 하락하지 않을지 따져보아야 합니다. 하지만 이 또한 장기간 소유하거나 거주할 세대라면 크게 걱정할 일이 아닙니다.

반대로 대출 규제 정책과 무관한 지역, 즉 비규제 지역이면 상대적으로 사람들의 선호도가 낮은 것이니 매수 여부를 고민해봐야 합니다. 꼭 거주해야 하는 상황이라면 오히려 전세나 월세의 거주 형태를 선택하는 것도 방법입니다.

② 3기 신도시 정책에 대한 전망

다음은 '2·3기 신도시 정책에 대한 전망'입니다. 2·3기 신도시는 문재인 정부가 유일하게 신경 쓰는 공급 정책의 일환입니다. 노무현 정부의 2기 신도시, 이명박 정부의 보금자리주택, 박근혜 정부의 행복주택과 같은 정책적 결과물이라고 보면 됩니다. 특히 3기 신도시는 시간의 문제이지 결국 공급이 될 것입니다. 다만 실거주를 위해서는 상당 기간 대기해야 한다는 걸 전제해야 합니다. 그래야 3기 신도시에 대한 대처 방법이 나옵니다.

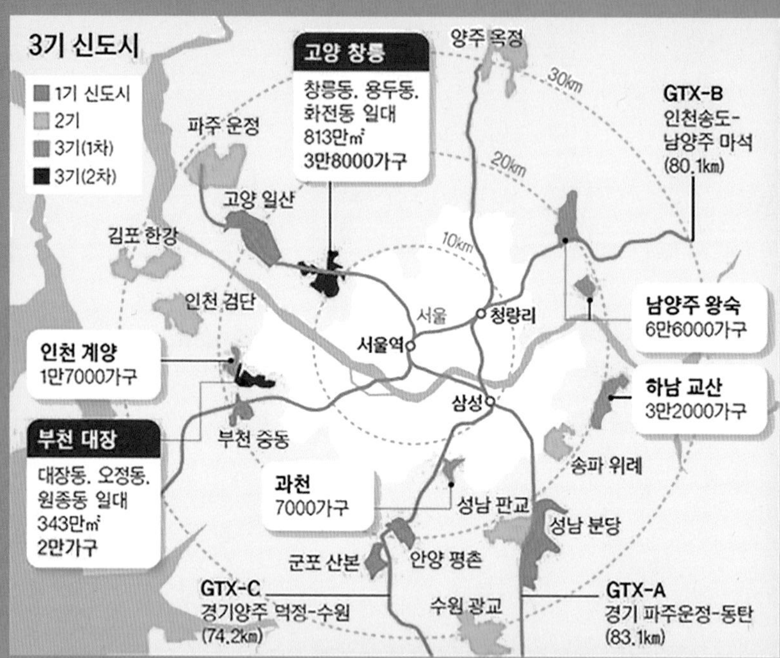

3기 신도시 대상 지역

3기 신도시 추진 일정과 주요 입지

추진 일정		주요 입지 및 사전 청약 물량(천호)
2021년	7~8월	인천 계양(1.1), 노량진역 인근 車부지(0.2), 남양주 진접 2(1.4), 성남 복정 1·2(1.0), 의왕 청계 2(0.3), 위례(0.3) 등
	9~10월	남양주 왕숙 2(1.5), 남태령 車부지(0.3), 성남 신촌(0.2), 성남 낙생(0.8), 시흥 하중(1.0), 의정부 우정(1.0), 부천 역곡(0.8) 등
	11~12월	남양주 왕숙(2.4), 부천 대장(2.0), 고양 창릉(1.6), 하남 교산(1.1), 과천 과천(1.8, 2018년 발표지구), 군포 대야미(1.0), 시흥 거모(2.7), 안산 장상(1.0), 안산 신길 2(1.4), 남양주 양정역세권(1.3) 등
2022년		남양주 왕숙(4.0), 인천 계양(1.5), 고양 창릉(2.5), 부천 대장(1.0), 남양주 왕숙 2(1.0), 하남 교산(2.5), 용산 정비창(3.0), 고덕 강일(0.5), 강서(0.3), 마곡(0.2), 은평(0.1), 고양 탄현(0.6), 남양주 진접 2(0.9), 남양주 양정역세권(1.5), 광명 학온(1.1), 안양 인덕원(0.3), 안양 관양(0.4), 안산 장상(1.2), 안양 매곡(0.2), 검암 역세권(1.0), 용인 플랫폼시티(3.3) 등

- 사전 청약 일정은 추진 과정에서 변동 가능 / 용산 정비창은 2022년 하반기 공급(변동 가능) ▭ 3기 신도시
- 태릉CC는 2021년 상반기 교통대책 수립 후, 과천청사부지는 청사활용계획 수립 후, 캠프킴은 미군 반환 후, 서부면허시험장은 면허시험장 이전 계획 확정 등의 절차를 거쳐 구체적인 사전 청약 계획 발표

만약 당장 거주할 집이 필요한 세대라면 다른 청약 전략 혹은 이사 전략을 세워야 합니다. 이때는 되도록 목표로 하는 3기 신도시가 개발되는 지자체 내에 거주해야 합니다. 그래야 청약 당첨 가능성이 조금이라도 더 커지기 때문입니다. 하지만 현재의 거주 가치가 더 중요한 세대라면 3기 신도시를 기다리는 것이 합리적인 선택인지 따져봐야 합니다.

또한 3기 신도시의 개발과 입주로 수요층을 빼앗기는 기존 도심의 전망도 고려해볼 필요가 있습니다. 해당 지자체에 거주할 수 있는 인구 총량은 정해져 있는데, 그 총량을 가지고 수요층을 나누어야 하는 지역은 기존 도심의 아파트 거주민들이 싫어할 수 있기 때문입니다. 따라서 3기 신도시가 어떤 지역에 들어오느냐를 가지고 호재인지 호재가 아닌지 따져봐야 합니다.

③ 세금·규제 강화 정책으로 정부가 의도하는 바

어떤 정부는 부동산 시장이 침체되는 것보다 활성화되는 것을 선호합니다. 그래야 국가 예산으로 활용할 세금이 더 걷히기 때문이죠. 취득세는 해당 지자체, 양도 소득세는 정부의 주요 수입원입니다. 보유세에는 지자체 수입원인 '재산세'와 국가 수입원인 '종합부동산세'가 있습니다.

정부가 부동산 관련 세금을 더 걷으려는 이유는 결국 그만큼 국가 예산이 부족하기 때문입니다. 어떤 정부든, 또 지자체장이든 국민의 저항이 발생하지 않는 수준에서 최대한 세금을 많이 걷고 싶어 할 것입니다. 뇌피셜로 드리는 말씀입니다만, 현 정부의 부동산 정책을 지켜보면서 국민의 조세 저항이 어느 수준까지 발생하는지 정부가 테스트를 하고 있다는 느낌이 들기도 합니다.

향후 세금의 중과를 축소할 수도 있고 강화할 수도 있지만 결국에는 과거보다

세금을 더 많이 낼 수밖에 없는 상황으로 흘러갈 것입니다. 때문에 자산이 증가하면, 그리고 소득이 많으면 세금을 내야 한다는 자세로 부동산 활동에 임하셨으면 좋겠습니다. 그게 곧 선진국이니까요. '이익이 발생하면 세금을 낸다'는 생각으로 정부 정책을 바라보면 서서히 익숙해질 것입니다.

④ 벤치마킹한 해외 부동산 정책

마지막은 '벤치마킹한 해외 부동산 정책'입니다. 이 부분에 대해서는 역으로 질문을 드리고 싶습니다. 여러분은 우리나라 부동산 시장이 어느 나라처럼 되면 좋겠다고 생각하시나요? 일본? 미국? 중국? 영국? 북한?

그 누구도 일본과 같은 폭락 경험을 하고 싶지는 않을 겁니다. 정부는 부동산이 적당히 활성화되어서 세금이 꾸준히 걷히는 상황을 바랍니다. 속마음 또한 부동산 투자층이 계속 꾸준한 수익을 얻고 부동산 거래와 소득이 투명해져서 세금을 안전하게 걷을 수 있기를 원할 것입니다.

당연한 이야기입니다. 어느 정부라도 일본처럼 거품이 끼었다가 붕괴로 이어져 세금을 걷을 수조차 없는 상황이 되는 것을 바라지는 않을 것입니다. 그런 측면에서 보면 세금을 확실하게 걷을 수 있는 매매와 월세만이 가능한 나라를 벤치마킹할 가능성이 큽니다. 미국이 대표적이죠. 그래서인지 전세를 축소하려는 시도도 보입니다. 정책의 핵심은 국민들의 조세 저항을 최대한 억제하면서 세금을 꾸준히 걷을 수 있는 방향입니다.

'현명한 내 집 마련'에 대한 답변을 4가지로 나누어서 정리해보았습니다. 1~2년이 아니라, 20년 이상 거주할 내 집을 마련하고 싶은 독자들께 제안해드릴 수 있는 가장 현실적인 조언은 정부 정책을 예견하지 말고 어떻게 활용할지 집중하라는 것입니다.

정부는 경쟁자도, 적도 아닙니다. 내 집 마련을 위한 파트너라고 생각하고 그에 맞추어 전략을 짜는 것이 가장 합리적인 태도와 방법입니다.

◆ 이 책에 도움 주신 분들

일러스트 지도

정유진(유유, https://yuyus.net)
일러스트레이터다. 하고 싶은 일과 해야 하는 일 모두에서 잘하려고 노력하며 살고 그리고 있다. 시각디자인을 전공했다. 그림 그리는 방법을 알려주는 책을 다수 출간했고, 여러 권의 동화에 그림을 그렸다. 〈유유네 일러스트〉 블로그를 운영하면서 독자와의 소통을 즐기며 그림을 그리고 있다.

사진

① **임찬경**(CK, imck81@naver.com)
전 세계의 도시 사진과 야경을 전문적으로 담는 작가이다. 대한민국 관광사진 공모전 금상 외 100여 차례의 공모전 수상경력이 있으며, 평창 동계올림픽 주요 경기장 야경 촬영을 담당했고, 기업 협업으로 국내 주요 불꽃축제 촬영을 전담하고 있다.

① **방방콕콕**(www.bbkk.kr)
〈방방콕콕〉은 예스콜(YESCALL.COM)이 운영하는 사이트(또는 애플리케이션)로 국내 주요 여행지와 관광지에서 즐길 수 있는 체험과 놀이 활동, 맛집, 숙소, 축제, 테마여행 등을 한눈에 살펴볼 수 있는 최적화된 채널이다. 미처 알지 못해서 또는 숨은 가치를 몰라서 가보지 못했던 비경과 명소를 이곳에서 만나볼 수 있다.

별책부록 〈미래 수도권 전철 노선도〉

호리(syong23kr@naver.com)
전철의 현재와 미래의 노선에 관심이 많다. 한눈에 살펴볼 수 있는 단순하고 명징한 노선도를 그리고 살피는 것을 즐기며, 누구나 편리하고 자유롭게 사용할 수 있는 노선도를 제작하는 것에 보람을 느끼며 일하고 있다.